Смерть Вазир-Мухтара

Юрий Тынянов

Смерть Вазир-Мухтара

ISNB: 978-1-64439-707-7

СМЕРТЬ ВАЗИР-МУХТАРА

Взгляни на лик холодный сей,
Взгляни: в нем жизни нет;
Но как на нем былых страстей
Еще заметен след!

Так ярый ток, оледенев,
Над бездною висит,
Утратив прежний грозный рев,
Храня движенья вид.

Евгений Баратынский

На очень холодной площади в декабре месяце тысяча восемьсот двадцать пятого года перестали существовать люди двадцатых годов с их прыгающей походкой. Время вдруг переломилось; раздался хруст костей у Михайловского манежа – восставшие бежали по телам товарищей – это пытали время, был «большой застенок» (так говорили в эпоху Петра).

Лица удивительной немоты появились сразу, тут же на площади, лица, тянущиеся лосинами щек, готовые лопнуть жилами. Жилы были жандармскими кантами северной небесной голубизны, и остзейская немота Бенкендорфа стала небом Петербурга.

Тогда начали мерить числом и мерой, судить порхающих отцов; отцы были осуждены на казнь и бесславную жизнь.

Случайный путешественник—француз, пораженный устройством русского механизма, писал о нем: «империя каталогов», и добавлял: «блестящих».

Отцы пригнулись, дети зашевелились, отцы стали бояться детей, уважать их, стали заискивать. У них были по ночам угрызения, тяжелые всхлипы. Они называли это «совестью» и «воспоминанием».

И были пустоты.

За пустотами мало кто разглядел, что кровь отлила от порхающих, как шпага ломких, отцов, что кровь века переместилась.

Дети были моложе отцов всего на два, на три года. Руками рабов и завоеванных пленных, суетясь, дорожась (но не прыгая), они завинтили пустой Бенкендорфов механизм и пустили винт фабрикой и заводом. В тридцатых годах запахло Америкой, ост-индским дымом.

Дуло два ветра: на восток и на запад, и оба несли с собою: соль и смерть отцам и деньги – детям.

Чем была политика для отцов?

«Что такое тайное общество? Мы ходили в Париже к девчонкам, здесь пойдем на Медведя» – так говорил декабрист Лунин.

Он не был легкомыслен, он дразнил потом Николая из Сибири письмами и проектами, написанными издевательски ясным почерком; тростью он дразнил медведя – он был легок.

Бунт и женщины были сладострастием стихов и даже слов обыденного разговора. Отсюда же шла и смерть, от бунта и женщин.

Людей, умиравших раньше своего века, смерть застигала внезапно, как любовь, как дождь.

«Он схватил за руку испуганного доктора и просил настоятельно помощи, громко требуя и крича на него: „Да понимаешь ли, мой друг, что я жить хочу, жить хочу!“

Так умирал Ермолов, законсервированный Николаем в банку полководец двадцатых годов.

И врач, сдавленный его рукой, упал в обморок.

Они узнавали друг друга потом в толпе тридцатых годов, люди двадцатых, – у них был такой «масонский знак», взгляд такой и в особенности усмешка, которой другие не понимали. Усмешка была почти детская.

Кругом они слышали другие слова, они всеми силами бились над таким словом, как «камер-юнкер» или «аренда», и тоже их не понимали. Они жизнью расплачивались иногда за незнакомство со словарем своих детей и младших братьев. Легко умирать за «девчонок» или за «тайное общество», за «камер-юнкера» лечь тяжелее.

Людям двадцатых годов досталась тяжелая смерть, потому что век умер раньше их.

У них было в тридцатых годах верное чутье, когда человеку умереть. Они, как псы, выбирали для смерти угол поудобнее. И уже не требовали перед смертью ни любви, ни дружбы.

Что дружба? Что любовь?

Дружбу они обронили где-то в предыдущем десятилетии, и от нее осталась только привычка писать письма да ходатайствовать за виноватых друзей – кстати, тогда виноватых было много. Они писали друг другу длинные сентиментальные письма и обманывали друг друга, как раньше обманывали женщин.

Над женщинами в двадцатых годах шутили и вовсе не делали тайн из любви. Иногда только дрались или умирали с таким видом, как будто говорили: «Завтра побывать у Истоминой». Был такой термин у эпохи: «сердца раны». Кстати, он вовсе не препятствовал бракам по расчету.

В тридцатых годах поэты стали писать глупым красавицам. У женщин появились пышные подвязки. Разврат с девчонками двадцатых годов оказался добросовестным и ребяческим, тайные общества показались «сотней прапорщиков».

Благо было тем, кто псами лег в двадцатые годы, молодыми и гордыми псами, со звонкими рыжими собаками!

Как страшна была жизнь превращаемых, жизнь тех из двадцатых годов, у которых перемещалась кровь!

Они чувствовали на себе опыты, направляемые чужой рукой, пальцы которой не дрогнут.

Время бродило.

Всегда в крови бродит время, у каждого периода есть свой вид брожения.

Было в двадцатых годах винное брожение – Пушкин.

Грибоедов был уксусным брожением.

А там – с Лермонтова идет по слову и крови гнилостное брожение, как звон гитары.

Запах самых тонких духов закрепляется на разложении, на отбросе (амбра – отброс морского животного), и самый тонкий запах ближе всего к вони.

Вот – уже в наши дни поэты забыли даже о духах и продают самые отбросы за благоухание.

В этот день я отодвинул рукой запах духов и отбросов. Старый азиатский уксус лежит в моих венах, и кровь пробирается медленно, как бы сквозь пустоты разоренных империй.

Человек небольшого роста, желтый и чопорный, занимает мое воображение.

Он лежит неподвижно, глаза его блестят со сна.

Он протянул руку за очками, к столику.

Он не думает, не говорит.

Еще ничего не решено.

ГЛАВА ПЕРВАЯ

Шаруль бело из кана ла садык[1].
Грибоедов. Письмо к Булгарину

1

Еще ничего не было решено.

Он вытянулся на руках, подался корпусом вперед; от этого нос и губы у него вытянулись гусем.

Странное дело! На юношеской постели, как бы помимо его воли, вернулись разные привычки. Именно по утрам он так потягивался, прислушивался к отчему дому: встала ли маменька? язвит ли уже папеньку? По ошибке влетела догадка: не войдет ли сейчас дядя, опираясь на палку, будить его, ворошить на постели, звать с собою по гостям.

Чего он хлопотал с этой своей палкой?

И он воровато прикрыл ресницы, слегка шмыгнул носом под одеялом.

Конечно, тотчас же опомнился.

Протянул желтую руку к столику, пристроил на нос очки.

Он спал прекрасно: ему хорошо спалось только на новом месте. Отчий дом оказался сегодня новым местом, он превосходно провел ночь, как на покойном постоялом дворе, зато поутру как бы угорел от тайного запаха, которым недаром полны отчие дома.

Алексей Федорович Грибоедов, дядя с палкой, умер пять лет назад. Его и зарыли здесь, на Москве.

Войти он, стало быть, не мог.

Скончался в свое время и папенька.

Но все же раздавались отчие звуки.

Часы перекликались из комнаты в комнату, как петухи, через деревянные стены. У maman в будуаре маятник всегда ходил как бешеный.

Затем шваркающий звук, и кто-то плевал.

Значение звука он долго не мог определить.

Потом затаенный смех (несомненно, женский), шварканье приостановлено и наконец с новой силой вновь началось. Кто-то вполголоса зашикал из дверей, трюхнул жидкий, дрянненький колокольчик – это, безо всякого сомнения, из маменькина будуара. И стало понятно значение шварканья и плеванья, а также смеха: Александр чистил его сапоги, плевал и толкал под бок маменькину девку.

Александр вообще проявлял в доме за этот последний приезд необыкновенную наглость: он налетел, как персидский разбойник, на господский дом, взял его приступом, он говорил: «мы», брови у него разлетались, ноздри раздувались, белесые глаза стали глупыми. Он был даже величествен.

---

[1] Величайшее несчастье, когда нет истинного друга. Стих арабского поэта иль-Мутанаббия (915-965). Источник указан академиком И. Ю. Крачковским.

Так, он вздумал, что «Александр Сергеевич не могут, чтобы ему чистить платье в людской», ночевал наверху – и вот теперь тискал девушку.

Все же Александр Сергеевич улыбнулся, потому что любил Александра. Александр напоминал лягушку.

Маменька опять трюхнула колокольцем, оберегала его покой от Сашки, а сама ведь тем будила его, несносно.

Тогда, как бы из озорства, из желания передразнить ненавистный маменькин звук, он протянул руку и тоже трюхнул в колокольчик. Звук получился столь же мерзкий, как и у маменьки, но более громкий. И трюхнул еще раз.

Вошел крадучись, извиваясь змеем, шаркая туфлями, Александр. Походка его напоминала походку дервиша в «Страстях Алиевых». На вытянутых руках он нес платье, как жертву божеству, кок его уже был смазан квасом и завит. Удивительно глупая улыбка явилась перед Грибоедовым. Он с удовольствием смотрел, как складывал Александр тонкое черное платье на табурет и обрядовым жестом сложил вровень обе штрипки от брюк.

Так они и молчали обыкновенно, любуясь друг другом.

– Подай кофе.

– Каву—с? Мигом, – щеголяя персидским словом, Сашка составил в ряд длинные острые носы штиблет.

(«Тоже, кафечи. Нашел дурак, перед кем хвастать».)

– Карету от извозчика заказал?

– Ждет—с.

Александр, кланяясь носом на каждом шагу, пошел вон.

Как затравленный, унылый зверь, Грибоедов смотрел на свое черное платье.

У самого борта сюртука он заметил пылинку, снял ее и покраснел. Он не хотел думать о том, что вскоре здесь засияет алмазная звезда, и между тем даже со всею живостью представлял ее как раз на том месте, где стер пыль.

Кофе.

Быстро он оделся, с отчаянностью решился, прошел к маменькину будуару и стукнул как деревянным пальцем в деревянную дверь.

– Entrez?[2]

Изумление было фальшиво, повышение было взято в вопросе на терцию выше, чем следовало бы, голос maman был сладостным dolce в его нынешний приезд, медовым dolce[3].

Склонив покорные длинные ресницы, он прошел сразу же через много запахов: пахли патки с одеколонью, серные частицы, можжевеловые порошки.

Маменька сидела со взбитыми на висках жидкими патками, не седыми, а бесцветными.

Она в лорнет, прищурясь, смотрела на Александра. Взгляд был слегка плотояден. Чин статского советника был обещан Александру.

– Как вы спали, мой сын? Ваш Сашка второе утро всех будит.

---

[2] Войдите (фр.).

[3] Нежно (ит., муз. термин).

Второе утро он хотел удрать из дому. На этот раз он решился, и, повидимому, предстояло объясниться. Удирал он в Петербург, собственно даже не удирал – он вез Туркменчайский мир в Петербург и мог только проездом остановиться дня на два в Москве, но маменька надулась вчера, когда Александр сказал, что утром едет, – он мог бы еще задержаться на день в Москве. Он и задержался. Она смотрела на сына в этот раз по-особому.

Настасья Федоровна прожилась.

Была ли она мотовкой? Она была жадна. Все же деньги плыли сквозь пальцы, сыпались песком – и опять начинали трещать углы, обсыпаться дом; в самом воздухе стояло разорение; все вещи были налицо, но дом пустел.

Настасья Федоровна была умна, хозяйка, мать – куда девались деньги? Самый воздух грибоедовского дома как бы ел их. Уже мужики были высосаны до последней крайности. Пять лет назад они подняли бунт, восстание, и их усмиряли оружием. Все же, несмотря на победу, губернатор заезжал, пил чай и предупреждал, что желательно не иметь более восстаний.

Александр прекрасно понимал значение голоса и лорнета. Медовое legato[4] было приглашением поговорить. Александр заговорил. С некоторым презрением он слышал в своей речи излишек выразительности, он как бы заражался ее речью.

Все это, разумеется, должно было кончиться скандалом и сорваться; и мать и сын, зная это, оттягивали.

Мать не знала, чего хочет сын. Он мог остаться на Москве, мог служить в Петербурге, а то и получить назначение в ту же Персию. Перед ним, разумеется, нынче все открыто: таким дипломатом он показал себя. Мать списалась уже с Паскевичем, женатым на племяннице, у которого служил Александр; Паскевич, чувствительный к тому, чтоб его окружали обязанные родственники, выдвигал Александра. Он посоветовал Настасье Федоровне брать Персию.

Так решали за его спиной, как за маленького; хуже всего, что он знал об этом. Мать догадывалась: как только она заговорит о Персии, Александр станет перечить, между тем он, может быть, и сам хочет Персию.

Персия была выгодна в первую голову деньгами, и чином, и начальством Паскевича; в Москве, тем паче в Петербурге, дело другое и служба другая. Ни Персия, ни Петербург не были ясны для Настасьи Федоровны – это были места, куда годами проваливался Александр; как бы уехал на службу и не возвращался не четыре часа, а четыре года. Собственно, она не говорила даже: «Александр в Персии» или «на Кавказе», но: «Саша в миссии». Миссия – была учреждение, и так было покойнее, устойчивее. Она понимала только Москву и все же не хотела, чтобы Саша оставался в Москве.

– Ты сегодня дома обедаешь?

– Нет, maman, я приглашен.

Он не был приглашен, но не мог себя принудить обедать дома. Обеды были, признаться, дурные.

---

4 Связно, плавно (ит., муз. термин).

Настасья Федоровна шаловливо посмотрела в лорнет.

– Опять кулисы и опять актрисы?

Его мать, говорящая о его женщинах, была оскорбительна.

– У меня дела, матушка. Вы всё меня двадцатилетним считаете.

– В Петербург, вижу, не так уж торопишься.

– Напротив, завтра же утром и выезжаю.

Она любовалась им в лорнет.

– Где же твой Лев и твое Солнце? Александр осторожно усмехнулся.

– Лев и Солнце, маменька, уже давно покоятся у ростовщика в Тифлисе. У меня был долг. Сослуживцу задолжать избави боже.

Она отвела лорнет.

– Уже?

Заложенный орден давал ей превосходство. Разговор был неминуем.

– Сборы твои не слишком скоры?

Она суетливо взбила патку на левом виске.

– Нет. Я, собственно, не имею права долее одного дня медлить. Я и так задержался. Дело не шуточное.

– Я не об этих сборах говорю, я говорю о том, что ты собираешься делать.

Он пожал плечами, взглянул себе под ноги:

– Я, право, не подумал еще.

И поднял на нее совсем чужое, не Сашино лицо: немолодое, с облезшими по вискам волосами и пронзительным взглядом.

– Это зависит от одного проекта...

Она забилась испуганно прозрачными завитушками на лбу и снизила совершенно голос, как сообщник:

– Какого проекта, мой сын?

–...о котором, maman, рано говорить...

Казалось бы, победил. А вот и нет, начиналась патетика, которая была горше всего.

– Alexandre, я вас умоляю, – она сложила ладони, – подумайте о том, что мы на краю... – Глаза ее стали красноваты, и голос задрожал, она не закончила.

Потом она обмахнула платочком красные глаза и высморкалась.

– И Jean, – сказала она совершенно спокойно о Паскевиче, – мне писал: в Персию. В Персию, да и только.

Последние слова она произнесла убежденно.

– Впрочем, я не знаю: может быть, ты, Саша, рассудил даже заняться здесь журналами?

Очень мирно, но, боже, что за legato! И Jean, и Персия, и все решительная дичь: не хочет он в Персию, и не поедет он в Персию.

– Я сказал Ивану Федоровичу, что прошу представить меня только к денежному награждению. Я все предвидел, маменька.

Опять посмотрел на нее дипломатом, статским советником, восточным царьком.

– Я же, собственно, расположен к кабинетной жизни. А, прочем, увижу...

Встал он совершенно независимо:

– Я пойду. Домой я сегодня буду поздно.

Перед самым порогом спасения Настасья Федоровна остановила его, прищурясь:

– Ты возьмешь каретку?

Он был готов ездить решительно на всем: на дрожках гитарой, на щеголеватом купеческом калибре, но только не в семейственной каретке.

– За мною прислал карету Степан Никитич, – он солгал.

– А.

И он спасся к парадным сеням, через первую гостиную – светло–бирюзовую и вторую гостиную – голубую, любимые цвета Настасьи Федоровны. В простенках были зеркала, а также подстольники с бронзой и очень тонким, вследствие сего вечно пыльным, фарфором; но и простым глазом было видно, что люстры бумажные, под бронзу. Чахлую мебель покрывали чехлы, которые здесь были со дня, как помнил себя Александр. В диванной он помедлил. Его остановил трельяж, обвитый плющом по обе стороны дивана, и две горки а 1а помпадур.

Глупей и новей нельзя было ничего и представить, новые приобретения разорявшейся Настасьи Федоровны.

И карсель на одном столе, чистой бронзы.

Он постоял в углу у двери, перед столбом, который вился жгутом, столбом красного дерева, который загибался кверху крючком и этим крючком держал висящий фонарь с расписными стеклами.

Все было неудавшаяся Азия, разорение и обман.

Не хватало, чтобы стены и потолок были оклеены разноцветными зеркальными кусочками, как в Персии. Так было бы пестрее.

Это был его дом, его Heim[5], его детство. И как он все это любил.

Он устремился в сени, накинул плащ, выбежал из дому, упал в карету.

2

Озираясь с некоторым любопытством, он получил впечатление, что движение совершается кругообразно и без цели.

Одни и те же русские мужики шли по мостовой — взад и вперед.

Щеголь пронесся на дрожках от Новинской площади, и сряду такой же в противоположную сторону. Впрочем, он понял, в чем здесь дело: оба щеголя были в эриванках.

Не успели еще взять Эривани, как московские патриоты выражали уже свою суетность, напялив на головы эти круглые эриванки.

Нет, для Москвы, любезного отечества, не стоило драться на Закавказье, делать Кавказ кладбищем и гостиницей.

Пересек Тверскую, поехал по Садовой. Подозрительно грязны и узки были переулки, вливавшиеся в главные улицы. Карета свернула. Точно в Тебризе, где рядом с главной улицей грязь первозданная, а мальчишки ищут друг у друга вшей. Торчали колокольни. Они походили на минареты.

Он поймал себя на азиатских сравнениях, это была лень ума.

Все эти безостановочные дни, что он в какой-то лихорадке стяжания

---

[5] Домашний очаг (нем.).

торговался с персами из-за каждого клока земли в договоре, что он мчался сюда с этим договором, имевшим уже свою кличку: Туркменчайский, — чтобы везти его сразу же, без промедления, в Петербург, — он двигался по всем направлениям, расточал любезность, ловкость, он хитрил, скрывал, был умен и даже не задумывался над этим всем, так уж шло.

Нынче же, под самым Петербургом, он осел; Москва его наспех проглотила и как бы забыла. Он начинал за эти два дня бояться, томиться, что не довезет мира до Петербурга, — боязнь детская и неосновательная.

Стоял печальный месяц март. Снег московский, внезапное солнце, а то и тень, скука — в два дня — дома, на улицах еще скучнее — не давали сосредоточиться. Все это было вроде арабесков, как он их созерцал в бессонные ночи под Аббасабадом, во время переговоров, что идешь, идешь за линией, натыкаешься на препону, и путаница. Как сильно действовала на него хорошая и дурная погода: на солнце он был мальчиком, в тени стариком.

Страшно подумать: рассеянность и холод коснулись даже проекта; он не был больше уверен в нем, даже напротив, проект, без сомнения, поскользнется... Прохожий франт поскользнулся, долго брыкал и потом оглядывался, не смеются ли.

Он и выезжал теперь с этой жаждой, с этим тайным намерением: выловить где-то на улицах решение.

Он растерял свои годы по столбовым дорогам, изъездил их — и вот теперь ловил свою молодость по переулкам.

Так обессиливала его Москва.

В последний день он решил объехать знакомых. Решения он на улицах не находил никакого. Просто был март: то солнце, то тень, много прохожих русских мужиков, толкущихся на одном месте. У них были одинаковые лица — все те же, что шли вперед, возвращались назад. Гнались друг за другом русские мальчишки со здоровым, беспричинным ревом.

И одна за другой плелись кареты, дрожки. Может быть, каждая отдельно и шла быстро, даже мчалась, но все вместе они плелись. Лошадь задрала голову из цепи.

У него промелькнула безобразная фраза: "Лошади здесь сродни черным мулам" — фраза для азиатского Олеария.

Никто на него не обращал внимания.

С огорчением он заметил, что это именно уязвляло его. Он отлично знал, что главная встреча предстоит в Петербурге, да и в Москве его встретили торжественно. Все же ему было неприятно, что, проскакав месяц, везя в своих бумагах достославный, пресловутый Туркменчайский мир, в этот день он был оставлен в Москве на самого себя.

Это было ребячеством.

Щеголи в крылатках, в эриванках, воздушные, как бабочки, казались существами из особого мира. Все нынче на Москве было заражено легкостью, бойкостью. Очень все молодцеваты стали. И ненадежны. Казалось, что дрожки с пролетным франтом сейчас полетят по воздуху, оставив внизу салопницу и мужика, несущего на голове бочонок сельдей и, как тяжким маятником, качающего рукой.

Но франта теснили лошадиные морды, и из толпы упорно выплывал все тот же мужик, с механической грацией качавший туловищем и рукою.

Он нес на голове бочонок и поэтому балансировал, как балерина.

Даже у московских мужиков за два года, что он не был в Москве, исчезла медвежеватость, даже салопницы были охвачены движением — те же самые шли вперед и возвращались назад.

Так ему казалось, он был близорук.

Навстречу медленно, как во сне, равнодушно, как на театре, проплыл мужик, в санях не по времени. Ехал он по Садовой, как по деревне.

Он плыл с открытым ртом, не думая, не чувствуя, с неопределенной сосредоточенностью глядя вперед.

А рядом в дрожках ехал Макниль.

Он испугался, как это просто он рядом с мужиком отметил доктора Макниля.

Все совершается непоследовательно, но просто: по улице едет мужик, и почти рядом с ним англичанин, главный доктор тебризской миссии, Макниль.

Он жадно посмотрел в ту сторону, но Макниля не было, а был толстый полковник с собачьими баками.

Однако как он сюда попал? Если Макниль поехал в Россию, он должен бы об этом знать. Впрочем, доктор, может быть, действовал прямо через Паскевича. Однако Паскевич должен бы и в этом случае его предуведомить.

Хотя что же в этом он находит особого?

И, может быть, это вовсе не Макниль.

Он пожал плечами с неудовольствием. Лицо англичанина так ему примелькалось в Тебризе, что он родную мать вскоре за него примет. Он снял очки и сердито протер их кружевным платком. Глаза без очков смотрели в разные стороны.

Кучер остановил карету на Пречистенке, у Пожарного депо.

3

Уже самый дом несколько поражал своей наружностью, он вдвигался в сад. Корпус был приземист, окна темноваты, парадная дверь тяжела и низка. Здесь жил теперь отставной Ермолов.

Дверь глядела исподлобья, подавалась туго и готова была каждого гостя вытолкнуть обратно, да еще и прихлопнуть.

Особенно его.

Тот любезный, искательный Ермолов, который при Александре владел Кавказом, замышлял войны, писал нотации императору, грубиянствовал с Нессельродом, более не существовал, не должен был, по крайней мере. Каков же был теперешний, в этом доме?

Отношения с Ермоловым за два последние года были мучительны. Вернее, их не было. Они избегали друг друга.

Когда Николай взял приступом дворец, он почувствовал себя сиротливо, выскочкой — parvenu. Тогда стали рыться в разговорах и нумеровать шепоты. Оказалось, между прочим, что на Кавказе сидело косматое чудище — проконсул Кавказа, хрипело, читало нотации и т. д. Показалось, что он хочет отложиться, отпасть от империи, учредить

Восточное государство. Ждали, что он после декабря пойдет на Петербург. Его окружали подозрительные люди. Он вел свою линию на Востоке, следовало его убрать.

Вскоре началась война с Персией. Старик попробовал буркнуть на Петербург, вмешивающийся в его военные дела. Но его время прошло, как и его дела.

Империи более не требовались тучность полководцев и быстрота поэтов.

К нему приставили дядькой Паскевича.

Паскевич умел подчиняться и любил подчиняющихся.

Он терпеливо доносил на Ермолова и объяснял Николаю, что лучше всего назначить главнокомандующим его и отрешить Ермолова.

Персидские дела пошли и того хуже. У персов был полководец горячий — Аббас—Мирза. Русские военачальники грызлись.

Вскоре на них обоих прислали еще старшего. Дибич был уже совсем крошкой, рыжая, пылкая, нечистоплотная фигурка.

Ермолов смотрел исподлобья, Паскевич ел глазами, Дибич косил в землю.

Он боялся, что над ним смеются.

Дибич написал императору, что нужно сместить и старика и молодого, а поставить человека средних лет.

Сам он, однако, от этого ничего не выиграл, вернулся восвояси. Выиграл Паскевич. Ермолова уволили, как были уже уволены двадцатые годы вообще.

Всех его помощников, после войны, тоже убрали на покой. Образовалась как бы ермоловская партия — недовольных генералов.

Бренча саблями или, если уж они были в отставке, просто дергая плечами, они хрипели вокруг низверженного монумента.

Они собирались в Москве к нему на Пречистенку, как тамплиеры в храм, как христиане в катакомбы. И монумент их благословлял.

Выбитый из оси, на которой он двигался тридцать восемь лет службы, он врос в землю. Он устанавливал одним примером из тактики превосходство Наполеона над Ганнибалом, одним русским словом уничтожал значение занесшегося николаевского выскочки. Тихо трепеща канителью эполет и волоча ноги, проходили перед ним генералы, опираясь по-отставному на палки.

Война кончилась; Аббас—Мирза, величайший азиатский полководец и дипломат, был сломлен. В Петербурге ждали Туркменчайского мира.

Генералы знали: война выиграна бездарно, Паскевича в деле и не видали, все сделали Вельяминов и Мадатов, а он только имя свое приложил. А потом надоносил, представил в ложном свете и обоих выгнал. Генералов в двадцатом веке назвали бы пораженцами.

Но Грибоедов — он-то что же приложил свое имя к Паскевичу?

Здесь начинался неприятный провал, смутная область.

Было подозрительно, как вдруг стал блистателен стиль Паскевича, который не знал грамоты: даже в партикулярной переписке вместо буки—аз—ба у него появилась решительная красота и стройность. Кто-то ему помогал. Неужели Грибоедов?

Ведь Грибоедов, при первом известии о посылке дядьки, говорил генералам:

— Каков мой-то халу и? Как вы хотите, чтобы этот человек, которого хорошо знаю, торжествовал над нашим? Верьте, что наш его проведет, и этот, приехав впопыхах, уедет со срамом.

Грибоедов же был питомец старика. Питомец не сморгнул глазом, когда полководца уволили; остался цел и невредим, а потом вознесся.

И неужто причиной было ничтожное обстоятельство, что он был свойственник Паскевичу?

Один генерал сказал о нем со вздохом:

— Его замутил бес честолюбия. Господа, ему тридцать два года. Это, по Данту, середина жизни или около того. Это эра, когда в ту или иную сторону человека мутит.

Ермолов же тогда посмотрел, и на лице его не отразилось ничего.

Старый слуга равнодушно встретил пришедшего в сенях и проводил наверх, в кабинет хозяина.

Кабинет был невелик, с темно-зеленой мебелью. Наполеон висел на стенах во многих видах, всюду мелькали нахмуренные брови, сжатые крестом руки, треугольная шляпа, плащ и шпага.

Слуга усадил Грибоедова и спокойно пошел вон.

— Они занимаются в переплетной, сейчас доложу.

Что еще за переплетная?

Ждать пришлось долго. В этом не было ничего обидного, хозяин был занят. Всюду висел Наполеон. Серый цвет императорского сюртука был облачным, как дурная погода под Москвой, лицо его было устроено просто, как латинская проза.

До такой прозы Россия еще не дошла.

"Цезарь" было прозвище старика, но и в этом ошибались: он был похож скорее на Помпея и ростом, и статурою, и странною нерешительностью. До Цезаревой прозы ему не дойти. И даже до Наполеоновой отрывистой риторики.

На хозяйском кресле лежал брошенный носовой платок. Вероятно, не нужно было сюда заезжать.

Послышались очень покойные шаги, шлепали туфли; пол скрипел.

Ермолов появился на пороге. Он был в сером легком сюртуке, которые носили только летом купцы, в желтоватом жилете. Шаровары желтого цвета, стянутые книзу, вздувались у него на коленях.

Не было ни военного сюртука, ни сабли, ни подпиравшего шею простого красного ворота, был недостойный маскарад. Старика ошельмовали.

Грибоедов шагнул к нему, растерянно улыбнувшись. Старик остановился.

— Вы не узнаете меня, Алексей Петрович?

— Нет, узнаю, — сказал просто Ермолов и, вместо объятия, всунул Грибоедову красную, шершавую руку. Рука была влажная, недавно мыта.

Потом, так же просто обошедши гостя, он сел за стол, оперся на него и немного нагнулся вперед с видом: я слушаю.

Грибоедов сел в кресла и закинул ногу на ногу. Потом, слишком пристально глядя на него, как смотрят на мертвых, он заговорил.

— Скоро отправляюсь, и надолго. Вы мне оказали столько ласковостей, Алексей Петрович, что я сам себе не мог отказать, зашел по пути проститься.

Ермолов молчал.

— Вы обо мне думайте, как хотите, — я просто в несогласии сам с собой, боюсь, что вы сейчас вот ловите меня на какой-нибудь околичности — не выкланиваю ли вашего расположения. И вы поймите, Алексей Петрович: я проститься пришел.

Ермолов вынул тремя пальцами из тавлинки понюх желтоватого табаку и грубо затолкал в обе ноздри. Табак просыпался на подбородок, на жилет и на стол.

— Ласковостей я вам, Александр Сергеич, никаких не оказывал; этого слова в моем лексиконе даже нет; это вам кто-то другой ласковости оказывал. Просто видел, что вы служить рады, прислуживаться вам тошно, — вы же об этом и в комедии писали, а я таких людей любил.

Ермолов говорил свободно, никакого принуждения в его речи не было.

— Нынче время другое и люди другие. И вы другой человек. Но как вы были в прежнее время опять же другим человеком, а я прежнее время больше люблю и уважаю, то и вас я частью люблю и уважаю.

Грибоедов вдруг усмехнулся.

— Похвала ваша не слишком заслуженна или, во всяком случае, предускоренна, Алексей Петрович. Я вас, как душу, любил и в этом хоть остался неизменен.

Ермолов собирался поднести к носу платок.

— Так вы, стало, и душу свою не любили.

Он высморкался залпом.

— И, стало, в душу заглядываете только по пути от Пашкевича к Нессельроду.

Старик грубиянствовал и нарочно произносил: Пашкевич. Он побарабанил пальцами.

— Сколько куру ров отторговали от персиян? — спросил он с некоторым пренебрежением и, однако же, любопытством.

— Пятнадцать.

— Это много. Нельзя разорять побежденные народы.

Грибоедов улыбнулся.

— Не вы ли, Алексей Петрович, говорили, что надо колеи глубже нарезать? Вы ведь персиян знаете — спросить с них пять куруров, так они и вовсе платить не станут.

— То колеи, а то "война или деньги". "Кошелек или жизнь".

"Война или деньги" была фраза Паскевича.

Ермолов помолчал.

— Аббас—Мирза глуп, — сказал он, — позвал бы меня к себе в полководцы, не то было бы. Меня ж чуть в измене здесь не обвиняют, вот бы он, дурак, и воспользовался.

Грибоедов опять посмотрел на него, как на мертвого.

— Я не шучу, — старик сощурил глаз, — я план русской кампании получше и Аббаса, да уж и Пашкевича, разработал.

— Ну и что же? — еле слышно спросил Грибоедов.

Старик раскрыл папку и вынул карту. Карта была вдоль и поперек исчерчена.

— Глядите, — поманил он пальцем Грибоедова, — Персия. Так? Табриз — та же Москва, большая деревня, только что глиняная. И опустошенная. Я бы на месте Аббаса в Табриз открыл дорогу, подослал бы к Пашкевичу людей с просьбой, что, мол, они недовольны правительством и, боясь, дескать, наказания, просят поспешить освободить их... Так?.. Пашкевич бы уши развесил... Так? А сам бы, — и он щелкнул пальцем в карту, — атаковал бы на Араксе переправу, ее уничтожил и насел бы на хвост армии...

Грибоедов смотрел на знакомую карту. Араке был перечеркнут красными чернилами, молниеобразно.

— На хвост армии, — говорил, жуя губами, Ермолов, — и разорял бы транспорты с продовольствием.

И он черкнул шершавым пальцем по карте.

— В Азербиджане истреблять все средства существования, транспорты губить, заманить и отрезать...

Он перевел дух. Сидя за столом, он командовал персидской армией. Грибоедов не шелохнулся.

— И Пашкевич единым махом превратился бы в Наполеона на Москве, только что без ума. А Дибич бы в Петербург, к Нессельроду...

Голова его села в плечи, а правая рука стала подавать в нос и сыпать на жилет, на грудь, на стол табак.

Потом он закрыл глаза, и все вдруг на нем заходило ходенем: нос, губы, плечи, живот. Ермолов спал. С ужасом Грибоедов смотрел на красную шею, поросшую мышьим мохом. Он снял очки и растерянно вытер глаза. Губы его дрожали.

Минута, две.

Никогда, никогда раньше этого не бывало... За год отставки...

—... писал бы на него... письма, — закончил вдруг Ермолов, как ни в чем не бывало, —... натуральным стилем. А то у Пашкевича стиль не довольно натурален. Он ведь грамоте-то, Пашкевич, тихо знает. Говорят, милый—любезный Грибоедов, ты ему правишь стиль?

Лобовая атака.

Грибоедов выпрямился.

— Алексей Петрович, — сказал он медленно, — не уважая людей, негодуя на их притворство и суетность, черт ли мне в их мнении? И все-таки, если вы мне скажете, кто говорит, я, хоть дурачеств не уважаю, буду с тем драться. Вы же для меня неприкосновенны, и не одной старостью.

— Ну, спасибо, — сказал Ермолов и недовольно улыбнулся, — я и сам не верю. Ну, хорошо, — он забегал глазами по Грибоедову, — бог с вами. Поезжайте.

Он встал и протянул ему руку.

— На прощанье вот вам два совета. Первый — не водитесь с англичанами. Второй — не служите вы за Пашкевича, pas trop de zele[6]. Он вас выжмет и бросит. Помните, что может назваться счастливым только тот, которому нечего бояться. Впрочем, прощайте. Без вражды и приязни.

Когда Грибоедов спускался по лестнице, у него было скучающее и

[6] Не очень-то усердствуйте (фр.)

рассеянное выражение лица, как бывало в Персии, после переговоров с Аббасом—Мирзой.

Ермолов провожал его до лестницы. Он смотрел ему вслед.

Грибоедов шел медленно.

И тяжелая дверь вытолкнула его.

4

И с сердцем грудь полуразбитым
Дышала вдвое у меня,
И двум очам полузакрытым
Тяжел был свет двойного дня.

Шевырев

Путешествие от Пречистенки до Новой Басманной по мерзлым лужам, конечно, было длинно, но ведь не длинней же пути от Тифлиса до Москвы.

И все-таки оно было длиннее.

Сашка сидел на козлах с надменным видом, как статуя. В этом полагал он высшую степень воспитания. Взгляды, которые он обращал на прохожих, были туманны. Кучер орал на встречных мужиков и похлестывал кнутом по их покорным клячам. В Тавризе хлещут кнутом по встречным прохожим, когда едет шах-задэ (принц) или вазир—мухтар (посланник).

Маменькина Персия, будь она трижды проклята, немилая Азия, далась она ему. О нем говорят, что он подличает Паскевичу. И вот это нисколько не заняло его. Судьи кто? У него были замыслы. Ценою унижения надлежало добиться своего. Paris vaut bien une messe[7]. И ребячество возиться со старыми друзьями. Они скажут: Молчалин, они скажут: вот куда он метил, они его сделают смешным. Пусть попробуют.

Какая бедная жизнь, какие старые счеты.

И, может быть, ничего этого не нужно.

В месяце марте в Москве в три часа нет ни света, ни тени.

Все неверно, все колеблется, нет ни одного принятого решения, и самые дома кажутся непрочными и продажными. В месяце марте в Москве нельзя искать по улицам твердого решения или утерянной молодости.

Все кажется неверным.

С одной стороны — едет по улице знаменитый человек, автор знаменитой комедии, восходящий дипломат, едет небрежно и независимо, везет знаменитый мир в Петербург, посетил Москву проездом, легко и свободно.

С другой стороны — улица имеет свой вид и вещественное существование, не обращает внимания на знаменитого человека. Знаменитая комедия не поставлена на театре и не напечатана. Ему не рады друзья, он человек оторвавшийся. Старшие обваливаются, как дома. И у знаменитого человека нет крова, нет своего угла, и есть только сердце, которое ходит маятником: то молодо, то старо.

---

[7] Париж стоит обедни (фр.).

Все неверно, все в Риме неверно, и город скоро погибнет, если найдет покупателя.

Сашка сидит неподвижно на козлах, с надменным видом.

Взгляды, которые он обращает на прохожих, — туманны.

5

Он остановил каретку в приходе Петра и Павла, у дома Левашовых.

Приятное убежище, должно быть.

В пустом саду было много дорожек и много флигелей, разбитых вокруг главного дома. Он попробовал двинуться к одной двери, но из окна выглянула весьма милая женская голова. Чаадаев же был отшельник, анахорет, совершенно лишенный вкуса к этой области. Он отступил и осмотрелся.

Флигеля были расположены вокруг дома звездой, невинная затея. Он улыбнулся как старому знакомому и дернул первый попавшийся колокольчик. Открыл ему дверь аббат в черной сутане. Он быстро и вежливо указал флигель Чаадаева и спрятался. Зачем он сам здесь жил в Москве, бог один его знал.

Дом Левашовых был не простой дом. Он стоял в саду, был снабжен пятью или, может быть, шестью дворами, в каждом дворе флигель, в каждом флигеле по разным причинам проживающие лица: кто из дружбы, кто из милости, кто для удовольствия, кто по необходимости, кто без всякого резона, хозяевам было веселее. Чаадаев сюда переехал на житье по всем резонам сразу, и главное, потому, что денег не было.

Тот же камердинер Иван Яковлевич, в франтовском старомодном жабо, поклонился Грибоедову и пошел доложить. За стеною Грибоедов услышал раздраженный шепот, кто-то шикал и покашливал. Он уже собирался сказать свинью Чаадаеву, как камердинер вернулся. Иван Яковлевич разводил руками и объявил бесстрастно, что Петр Яковлевич болен и не принимает. В ответ на это Грибоедов скинул к нему на руки плащ, бросил шляпу и двинулся в комнаты.

Не постучав, он вошел.

Перед столом с выражением ужаса стоял Чаадаев.

Он был в длинном, цвета московского пожара халате.

Тотчас же он сделал неуловимое сумасшедшее движение ускользнуть в соседнюю комнату. Бледно-голубые, белесые глаза прятались от Грибоедова. Было не до шуток, пора было все обращать в шутку.

Грибоедов шагнул к нему и схватил за рукав.

— Любезный друг, простите меня за варварское нашествие. Не торопитесь одеваться. Я не женщина.

Медленно совершалось превращение халата. Сначала он вис бурой тряпкой, потом складок стало меньше, он распрямился. Чаадаев улыбнулся. Лицо его было неестественной белизны, как у булочников или мумий. Он был высок, строен и вместе хрупок. Казалось, если притронуться к нему пальцем, он рассыплется. Наконец он тихо засмеялся.

— Я, право, не узнал вас, — сказал он и махнул рукой на кресла, — садитесь. Я не ждал вас. Говоря откровенно, я никого не принимаю.

— И тем больше не хотели меня. Я действительно несвятостью моего житья не приобрел себе права продолжать дружбу с пустынниками.

Чаадаев сморщился.

— Не в том дело, дело в том, что я болен.

— Да, вы бледны, — сказал рассеянно Грибоедов. — Воздух здесь несвеж.

Чаадаев откинулся в креслах.

— Вы находите? — спросил он медленно.

— Редко проветриваете. Впрочем, я, может быть, отвык от жилья.

— Не то, — протянул Чаадаев, задыхаясь, — я, что же, по-вашему, бледен?

— Слегка, — удивился Грибоедов.

— Я страшно болен, — сказал упавшим голосом Чаадаев.

— Чем же?

— У меня обнаружились рюматизмы в голове. Вы на язык взгляните, — и он высунул гостю язык.

— Язык хорош, — рассмеялся Грибоедов.

— Язык-то, может быть, хорош, — подозрительно поглядел на него Чаадаев, — но главное, это слабость желудка и вертижи. Всякий день встаю с надеждой, ложусь без надежды. Главное, разумеется, диет и правильная жизнь. Вы по какой системе лечитесь?

— Я? По системе скакания на перекладных. То же и вам советую. Если вы чем и больны, так гипохондрией. А начнете подпрыгивать да биться с передка на задок, у вас от этого противоположного движения пройдут вертижи.

— Гипохондрия-то у меня прошла, у меня... — протянул Чаадаев и вдруг всмотрелся в гостя. Он опять засмеялся.

— Все это глупости, любезный Грибоедов, я вас мучаю такими мизерами, что, право, смешно и глупо. Вы откуда и куда?

— Я? — удивился слегка Грибоедов. — Я из Персии и везу в Петербург Туркменчайский мир.

— Какой это мир? — легко спросил Чаадаев.

— Мир? Но Туркменчайский же. Неужели вы о нем не слыхали?

— Нет, я ведь никого не принимаю, только abbe[8] Барраль ко мне иногда заходит. Газет я не читаю.

— Вы, чего доброго, не знаете, пожалуй, что у нас война с Персией? — спросил чем-то довольный Грибоедов.

— Но ведь у нас, кажется, война с Турцией, — сказал равнодушно Чаадаев.

Грибоедов посмотрел на него серьезно:

— Это начинается с Турцией, а была с Персией, Петр Яковлевич.

— Бог с ним, с этим миром, — сказал надменно Чаадаев. — Вы-то, вы что за это время делали? Ведь мы с вами не видались три года... или больше.

— Я сел на лошадь, пустился в Иран, секретарь бродящей миссии. По семьдесят верст каждый день, по два, по три месяца сряду. Промежутки отдохновения бесследны. Так и не нахожу себя самого.

---

[8] Аббат (фр.).

— Вот как, — сказал, с интересом всматриваясь в него, Чаадаев, — но ведь это болезнь, это называется боязнь пространства, агорафобия. Вы скачете по большому пространству и оттого...

— Положим, однако, что я еще не совсем с ума сошел, — сказал Грибоедов, — различаю людей и предметы, между которыми движусь.

Чаадаев отодвинул рукой его слова.

— Вот и я тоже: сижу, сижу — прислушиваюсь...

— И что же вы слышите?

— Многое, — кивнул снисходительно Чаадаев, — сейчас Европа накануне скачка. Она тоже, наподобие вас, не находит самое себя. Будьте уверены, что в Париже рука уже вынула камень из мостовой.

Чаадаев погрозил ему пальцем. Грибоедов вслушался. Он почувствовал неестественность белого лица и блестящих голубых глаз, речи, самые звуки которой были надменны.

Новая Басманная с флигелями отложилась, отпала от России.

— Мой дорогой друг, — сказал Чаадаев, с сожалением глядя на Грибоедова, — вы, как то свойственно и всякому человеку, полагаете самым важным то, что вам ближе. Вы ошибаетесь. Не в войнах, конечно, теперь дело. Война в наш век — игрушка дураков. Присоединят колонию, присоединят другую — что за глупое самолюбие пространства! Еще тысяча верст! Нам и своих девать некуда.

Грибоедов медленно краснел.

Чаадаев прищурил глаза.

— Лечитесь. У вас нехороший teint[9]. Вам нужен геморроидальный режим. Непременно должно ходить на двор, aus freier Hand, как это называется по-немецки.

— Вы не знаете России, — говорил Грибоедов, — а московский Английский клоб...

Чаадаев насторожился.

—... для вас подобье английской палаты. Вот вы говорите: тысяча верст, а сидя в этом флигеле...

— Павильоне, — недовольно поправил Чаадаев.

Нетопленный осклизлый камин имел вид развратника поутру. Чаадаев почти лежал в низких длинных английских креслах, похожих на носилки. Ноги его в туфлях торчали.

— Во всем этом есть некоторая путаница, — сказал он в нос и, вытянув губы, закачал головой, как музыкант, прислушивающийся к новой пиесе, разыгрываемой перед ним впервые.

Грибоедов следил за ним с любопытством.

— Так, так, — сказал вдруг Чаадаев, поймав наконец за хвост какой-то ритм или мелодию, и, поднеся к губам палец, вдруг этот хвост проглотил. Он хитро и многозначительно поглядел на Грибоедова, полюбовался им, как бы говоря: "Я знаю, а тебе не скажу".

Вошел Иван Яковлевич, держа на подносе две чашки кофе. Грибоедов глотнул и с отвращением отставил свою чашку.

— Желудочный кофе, — пояснил Чаадаев, прихлебывая, — меня выучили варить его в Англии.

---

9 Цвет лица (фр.).

"Много чему тебя так выучили", — подумал Грибоедов.

— Я многому там научился, — сказал Чаадаев, пристально глядя на него. — Но не всем дано научиться. Пружины тамошней жизни сначала прямо отталкивают. Движение необъятное — вот все, не с чем симпатизировать. Но научитесь говорить слово home[10], как англичанин, и вы позабудете о России.

— Это отчего же?

— Потому что там есть мысль, одна спокойная мысль во всем. У нас же, как вы, вероятно, успели заметить, ни движения, ни мысли. Неподвижность взгляда, неопределительность физиогномии. Тысяча верст на лице.

Он позвонил.

Вошел Иван и вопросительно глянул.

— Можешь, любезный, идти, — сказал снисходительно Чаадаев. — Это я так позвонил.

Иван вышел.

— Вы видели это лицо? — спросил спокойно Чаадаев. — Какая недвижность, неопределенность... неуверенность — и холод. Вот вам русское народное лицо. Он стоит вне Запада и вне Востока. И это ложится на его лицо.

"Ну и соврал", — с сладострастием подумал Грибоедов.

— Ваш человек не русский, — сказал он холодно Чаадаеву, — он только кривляет свое лицо, он вас копирует. А мы кто? Поврежденный класс полуевропейцев.

Чаадаев смотрел на него покровительственно.

— О, любезный друг, какая у вас странная решительность мнений и разговора, вообразите, я ее встречаю везде, кругом, ее — и немощность поступков.

Грибоедов не ответил, и наступила тишина.

Чаадаев увлекся кофеем, прихлебывал.

— У нас тоже есть мысль, — сказал вдруг Грибоедов, — корысть, вот общая мысль. Другой нет и быть не может, кажется. Корысть заохотит всех более познавать и самим действовать. Я в Париже не бывал, ниже в Англии, а на Востоке был. Страсть к корысти, потом к улучшению бытия своего, потом к познанию. Я хотел вам даже рассказать об одном своем проекте.

Чаадаев пролил кофе на халат.

— Да, да, да, — сказал он недоверчиво и жадно поглядывал на Грибоедова, — помнится, я читал об этом.

— О чем читали? — остолбенел Грибоедов.

— Но, бог мой, и о корысти и... проект. Вы читали Сен—Симона? И потом... милый друг, да ведь это же об Ост—Индской компании была статья в "Review".

Грибоедов насупился. Склизкие глаза Чаадаева на него посматривали.

— Да, да, — говорил Чаадаев тускло, — это интересно, это очень интересно.

— Мой друг, мой дорогой друг, — сказал он вдруг тихо, — когда я вижу, как вы, поэт, один из умов, которые я еще ценю здесь, вы — не творите

---

[10] Дом, домашний очаг (англ.).

более, но погружаетесь в дрязги, мне хочется сказать вам: зачем вы стоите на моем пути, зачем вы мне мешаете идти?

— Но вы, кажется, и не собираетесь никуда идти, — сказал спокойно Грибоедов.

Чаадаев сбросил на стол черный колпак с головы. Открылась лысина высокая, сияющая.

Он сказал, гнусавя, как Тальма:

— О мой корыстный друг, поздравляю вас с прибытием в наш Некрополь, город мертвых! Долго ли у нас погостите?

Провожая Грибоедова, он у самых дверей спросил его беспечно:

— Милый Грибоедов, вы при деньгах? Мне не шлют из деревни. Ссудите меня пятьюдесятью рублями. Или ста пятьюдесятью. Первой же поштой отошлю.

У Грибоедова не было денег, и Чаадаев расстался с ним снисходительно.

6

... Освещенные окна вызвали знакомое томление: кто-то его ждал в одном из окон.

Он знал, что все это, конечно, вздор, ни одно окно не освещено, ни одно сердце не бьется здесь для него.

Он знал больше: за окнами сидят молодые, старые и средних лет люди, по большей части чиновники, дрянь, говорят, сплетничают, играют в карты, наконец гаснут. Все это, разумеется, вздор и бредни. И на сто человек — один умный.

Стыдно сознаться, он забыл имена московских любовниц; окна светились не для него, бордели его юности были закрыты.

Где найдет он странноприимный дом для крова, для сердца?

7

Он увидел розовое лицо, пух мягких волос, услышал радостное трепыхание дома, детский визг из комнат и женское шиканье — и ощутил прикосновение надежной щеки.

Весь он был заключен в мягкие, необыкновенно сильные объятия.

Тогда он понял, что все, что утром творилось, — раздражение нерв, дрянь, шум в крови.

Просто — он начал визиты не с того конца.

И он обнял Степана Никитича со старой быстротой, щегольством угловатых движений.

Уже бежали дети, воспитанницы, гувернантки из дверей с визгом.

Мамзель Питон отступила перед ним в реверансе, как Кутузов перед Наполеоном.

Она была налита ядом, и ее прозвали дома Пифоном.

Дети и воспитанницы тряслись на ножках, ожидая очереди на реверанс.

Детей Степан Никитич тотчас отослал. Мамзели Пифону он отдал какие-то распоряжения почти на ухо, так что Пифон с гадливостью отшатнулся. Впрочем, она тотчас же скрылась.

— Змей Горыныч, — кивнул головой Степан Никитич не Грибоедову, а вообще. — Диво женское.

Соорудился стол.

Виноград из Крыма, яблоки из собственного имения, трое лакеев побежали, запыхавшись, за остальным.

Степан Никитич расставил вино, обратился не то к бутылкам, не то к Грибоедову: "Знай наших" или: "Не замай наших" и уставил в порядок.

Потом деловито потащил его к свету, серьезно оглядел и хмыкнул от удовольствия. Грибоедов был Грибоедов.

— Что ж ты, мой друг, не заехал ко мне сразу? Ведь стыдно ж тебе маменьку беспокоить. Ведь твой Сашка там в гроб всех уложит.

Стало ясно, как дважды два равно четырем, что он, Александр Грибоедов, Саша, приехал с Востока, едет в Петербург, везет там какие-то бумаги, и баста. Расспросы и рассказы ни к чему не поведут. Они имеют смысл, только когда люди не видятся день или неделю, а когда они вообще видятся неопределенно и помалу, — всякие расспросы бессмысленны. Чтобы продолжалась дружба, нужно одно: тождество.

Степан Никитич тащил Грибоедова к окну убедиться, что он тот же, и убедился.

Принесли еще вина, пирог с трюфелями.

Степан Никитич слегка нахмурился, оглядел стол. В его взгляде была грусть и опытность.

Он взял какую-то бутылку за горло, как врага, примерился к ней взглядом — и вдруг отослал обратно.

Грибоедов, уже расположившись поесть, внимательно за ним следил.

Они встретились взглядами и захохотали.

— Анна Ивановна-то, друг мой, — сказал Бегичев значительно о своей жене, — это я только при змее Пифоне тебе сказал, что она в гостях. Она опять к матушке перебралась.

Он покосился на лакея и нахмурил брови.

— На сносях, — сказал он громким шепотом.

— Ты скажи ей, моему милому другу, — сказал Грибоедов, — что если мои желания исполнятся, так никому в свете легче ее не рожать.

Анна Ивановна была его приятельницей, заступницей перед маменькой и советчицей.

— А ты как, на которую наметил? — спросил и весело и вместе не без задней мысли Бегичев.

— Будь беззаботен, — расхохотался Грибоедов, — я расхолодел.

— А.. ? — Бегичев шепотом назвал: — Катенька.

Грибоедов отмахнулся.

— Роскошствуешь и обмираешь? — подмигнул Бегичев.

— Да я ее навряд и увижу.

— Ты в нее тряпичатым подарком стрельни, — посоветовал Бегичев, — они это любят.

— В Персии конфеты чудесные, — ответил задумчиво Грибоедов, жуя халву.

Бегичев щелкнул себя по лбу:

— Позабыл конфеты, ты ведь конфеты любишь, сластена.

— Не тревожься. Здесь таких конфет вовсе нет. Там совсем другие конфеты. Вообрази, например, кусочки, и тают во рту. Называется пуфек, или вроде хлопчатой бумаги, и тоже тают. Называется пешмек. Потом гез, луз, баклава — там, почитай, сортов сотня.

Бегичев чему-то смеялся.

— Маменька-то, — сказал он вдруг, — я ее с месяц уже не видал. Прожилась совсем.

Грибоедов помолчал.

— А твои заводы как?

Он огляделся вокруг.

— У тебя здесь перемены, как будто просторнее стало.

— Сердце мое, — говорил Бегичев, — ты нисколько не переменился. Заводы у меня совсем не идут. У жены что дядей, теток!

Бегичев все строился и пускал заводы, но заводы не шли. Состояние жены проживалось медленно, оно было значительное. Женины родственники вмешивались в дела и наперерыв давали советы, бестолковые.

Потом Бегичев повел его в диванную, Грибоедов забрался с ногами на широкий, мягкий, почти азиатский диван. Бегичев притащил с собой вина и запер дверь, чтоб Пифон не подслушивал.

— Я сегодня в вихрях ужасных, — сказал Грибоедов и закрыл глаза. — Все пробую, все не дается. Я, вот погоди переберусь к тебе, на твой диван совсем. Поставишь мне сюда стол, и буду писать.

Бегичев вздохнул.

— Перегори, потерпи еще. Поезжай в Персию на год.

Грибоедов открыл глаза.

— Маменька говорила?

— Да что ж маменька, у маменьки пятнадцать тысяч долгу у старика Одоевского.

И, взглянув в глаза Бегичева, Грибоедов понял, что не о маменьке речь.

— Я уже давно отказался от всяких тайн. Говори свободно и свободно.

— Тебе в Москве нехорошо будет, — сказал Бегичев и снял пылинку с грибоедовского сюртука. — Люди другие пошли. Тебе с ними не ужиться.

Грибоедов взмахнул на него глазами:

— Ты обо мне как о больном говоришь.

Бегичев обнял его.

— У тебя сухая кровь, Александр. Тебе самому, мой единственный друг, здесь не усидеть. Вспомни, как перед "Горем" было: бродил, кипел, то собирался жить, то умирать. И вдруг как все пошло!

Он был старше Грибоедова; у него не было имени, о положении он не заботился, просто проживал женино состояние, но он имел над ним власть. Грибоедов рядом с ним казался себе неосновательным.

Таков был мягкий пух бегичевской головы.

— Я в Персию не поеду, — лениво сказал Грибоедов, — в Персии у меня враг, Алаяр—хан, он зять шаха. Меня из Персии живым не выпустят.

Он не думал о докторе Макниле, не помнил о нем — но когда говорил о Персии, чувствовал неприятность свежего, не персидского происхождения.

— Я что? — говорил Бегичев. — Я ем, пью, тешусь заводами. Утром встаю, думаю: много еще времени до вечера, вечером: еще ночь впереди. Так и время пройдет. А тебе большое плаванье. А отчего Алаяр—хан сделался враг твой? Да, да. Это участь умных людей, что большую часть жизни надо проводить с дураками. А здесь их сколько! Тьмы и тьмы. Больше, чем солдат. Может, к Паскевичу?

— Неужто ты думаешь, — сказал Грибоедов и скосил глаза, как загнанный, — что я у него способен вечно служить?

Ему стало тесно на диване.

Они выпили вина.

— Ты не пей бургундского. От бургундского делается вихрь в голове.

Саша не пил бургундского, пил другое.

Он присмирел, сидел насторожась. Он стал послушен.

Так сидят два друга, и английские часы смотрят на них во весь циферблат.

Так они сидят до поры до времени.

Потом один из них замечает, что как бы чужой ветер вошел в комнату вместе с другим.

И манеры у него стали как будто другие, и голос глуше, и волосы на висках реже.

Он уже не гладит его по голове, он не знает, что с ним делать.

У него, собственно говоря, есть желание, в котором трудно сознаться, — чтобы другой поскорее уехал.

Тогда Грибоедов подошел к фортепьяно.

Он нажал педали и оттолкнулся от берега.

Вином и музыкой, он сразу же отгородился от всех добрых людей. Прощайте, добрые люди, прощайте, умные люди!

Крылья дорожного экипажа, как пароходные крылья, роют воздух Азии. И дорога бьет песком и пометом в борт экипажа.

Ему стало тесно метанье по дорогам, тряска, крови, тряска дорожного сердца.

Он хотел помириться с землей, оскорбленной его десятилетней бестолковой скачкой.

Но он не мог помириться с ней как первый встречный прохожий.

Его легкая коляска резала воздух.

У него были условия верные, как музыка. У него были намерения. Запечатанные пятью аккуратными печатями, рядом с Туркменчайским — чужим — миром лежал его проект.

ГЛАВА ВТОРАЯ

Арабский конь быстро мчится два перехода — и только. А верблюд тихо шествует день и ночь.

Саади. Гюлистан

1

Появилась маленькая заметка в газете "Северная пчела", в нумере от 14 марта:

Сего числа в третьем часу пополудни возвещано жителям столицы пушечным выстрелом с Петропавловской крепости о заключении мира с Персией. Известие о сем и самый трактат привезен сюда сегодня из главной квартиры действующей в Персии Российской Армии, ведомства Государственной Коллегии Иностранных Дел Коллежским Советником Грибоедовым.

С трех часов все перепугались.

Пушки Петропавловской крепости — орудийная газета Петербурга. Они издавна вздыхают каждый полдень и каждое наводнение. На миг в Петербурге все торопеют. В жизнь каждой комнаты и канцелярии вторгается пушечный выстрел. Краткий миг изумления кончается тем, что взрослые проверяют часы, а дети начинают бессознательно играть в солдатики.

Привычка эта так сильна, что, когда начинается наводнение, чиновники бросаются переводить часы.

Но с трех часов 14 марта 1828 года пушки вздыхали по-боевому. Был дан двести один выстрел.

Петропавловская крепость была тем местом, где лежали мертвые императоры и сидели живые бунтовщики.

Двести один, друг за другом, выстрел напоминал не торжество, а восстание.

Между тем все было необычайно просто и даже скучно.

Вечером коллежский советник прибыл в нумера Демута.

Он потребовал три нумера, соединяющиеся между собою и удобные. Он завалился спать и всю ночь проспал как убитый. Изредка его смущал рисунок обоев и мягкие туфли, шлепавшие по коридору. Чужая мебель необыкновенно громко рассыхалась. Он словно опустился в тяжелый мягкий диван, обступивший его тело со всех сторон, провалился сквозь дно, и нумерные шторы, казалось, пали на окна навсегда.

В десять часов он уже брился, надевал, как перед смертью или экзаменом, чистое белье, в двенадцать несся в Коллегию Иностранных Дел.

В большой зале его встретили чины. Сколько разнообразных рук он пожал, а взгляды у всех были такие, как будто в глубине зала, куда он поспешно проникал, готовилась неожиданная западня.

Все коллежские советники Петербурга были в этот день пьяны завистью, больны от нее, а ночью безотрадно и горячо молились в подушки.

Западни не было, его пропускали к самому Нессельроду.

И вот он стоял, Нессельрод, в глубине зала.

Карл—Роберт Нессельрод, серый лицом карлик, руководитель наружной российской политики.

Прямо, не сгибаясь, стоял коллежский советник в зеленом мундирном фраке перед кондотьером и наемником шепотов.

Наконец движением гимнаста, держащего на шее шест с другим гимнастом, он склонил голову.

— Имею честь явиться к вашему превосходительству.

Карлик высунул вперед женскую ручку, и белая ручка легла на другую, желтую цветом.

Коллежские советники смотрели.

Потом снова раздалось заклинание коллежского советника:

— Ваше превосходительство, имею честь вручить вам от имени его превосходительства главнокомандующего Туркменчайский Трактат.

Белая ручка легла на объемистый пакет с сургучами.

Серая головка зашевелилась, еврейский нос дунул, и немецкие губы сказали по-французски:

— Приветствую вас, господин секретарь, и вас, господа, со славным миром.

Карл—Роберт Нессельрод не говорил по-русски.

Он повернулся на каблучках и открыл перед Грибоедовым дверь в свой кабинет. Сезам открылся. По стенам висели темные изображения императоров в веселых рамах, и стол был пуст, как налой.

Взгляду, которому нельзя было зацепиться ни за книгу, ни за папку с делами, предоставлялось предаться на волю отвлеченного случая.

Тут его Нессельрод усадил.

— Перед тем как отправиться, господин Грибоедов, к императору, я хочу лично выразить вам свою глубокую признательность за ваше усердие и опытность.

Крест болтался у него на грудке с трогательной беспомощностью и как бы приглашал дернуть и оборвать.

— Условия мира, в котором вы столь много нам помогли, для нас так выгодны, что с первого взгляда кажутся даже неосуществимыми.

Он улыбнулся печально и приятно, и эту улыбочку забыл на лице, серые глаза дребезжали по Грибоедову.

Тогда Грибоедов сделал каменное выражение. Не коллежский советник сидел перед министром, а сидели два авгура, которые торговались за знание. Нессельрод делал вид, что его знание выше.

— Превосходный, почетный мир, — сказал он со вздохом, — но...

Второй авгур не сбавлял цены со своего знания, даже не вытянул головы в знак внимания.

—... но не думаете ли вы, дорогой господин Грибоедов, — немного сбавил Нессельрод, — что, с одной стороны...

Решительно, ему не хотелось договаривать.

Тогда младший заговорил:

— Я полагаю, ваше превосходительство, что, с одной стороны, границы наши по Араксу, до самого Едибулукского брода, отныне явятся естественными границами. Нас будет охранять уже не единственно мудрость политики вашего превосходительства, но и река и горы.

— Да, да, — запечалился Нессельрод и вдруг слегка обиделся. Он перестал колебаться, и крестик остановился на груди, как пришитый. На его стороне было теперь молчание.

— С другой стороны, — сказал младший и остановился так, как будто кончил фразу. Он многому научился в Персии.

— С другой стороны, — сказал Нессельрод, как бы извиняя неопытность младшего и сожалея о ней, — сможем ли мы отвечать за исполнение столь блистательного мира во всех пунктах, принимая все-таки во внимание...

И ручка сделала жест.

Жест означал: — турецкую войну.

— Я надеюсь, ваше превосходительство, что турецкая кампания быстро окончится.

Старший беспомощно оглянулся: грек Родофиникин, раскоряка, заведовавший Азиатским департаментом, заболел лихорадкой. Между тем именно у него была любезная вульгарность тона, которая помогает в сношениях с младшими. Он бы тут улыбнулся, раскоряка, он бы свел разговор на какие-нибудь пустяки, и притом самого будничного свойства ("какая халва в Персии! и хурме!"), и потом сразу же похлопал бы по плечу, конечно, в моральном смысле.

Нессельрод радостно улыбнулся и сказал:

— Да, я тоже надеюсь, вы, вероятно, знаете, что государь с небольшим кружком — o! la bande des joyeux![11] — Нессельрод с каким-то отчаянным удальством взмахнул ручкой, — собирается сам на театр войны, как только ее объявим.

Война уже в действительности началась, но не была еще объявлена.

Младший ничего не знал о небольшом кружке и высоко поднял брови. Положительно, руководитель ощутил недостаток истинной наивности.

Он ведь не мог так, прямо сказать коллежскому советнику, что как раньше он хотел ускорить позорно затянувшуюся, безвыходную персидскую войну, так всеми силами он теперь должен будет стараться замедлить войну с Турцией.

Война была для него сумбур, неожиданность, brouhaha[12].

Она как-то всегда связывалась для него по воспоминаниям молодости с падением какого-то министерства. А теперь он сам был министр.

И вот он сидит, машет удалой ручкой, а между тем просто—напросто стоит уехать и выйти в отставку, пока не поздно.

Его старый приятель, граф де ла Фероней, которого недавно отозвали во Францию, писал ему каждую неделю из Парижа: французы беспокоятся, они недовольны, Европа соразмеряет русские силы со своими, и пусть уж он, Нессельрод, сговаривается с новым послом, а граф де ла Фероней советует: мир, мир во что бы то ни стало, любой, при первой удаче или неудаче.

Князь Ливен, посол в Лондоне, писал Нессельроду, что не выходит на

[11] Веселая банда (фр.).

[12] Ералаш (фр.).

улицу: дюк Веллингтон не желает с ним знаться, и только некоторые неудачи русских войск его умилостивят.

А лорд Абердин начал странным образом симпатизировать Меттерниху. Это уже было не brouhaha, а нечто похуже. Меттерних...

Но здесь открывалась старая рана — венский учитель отрекся от петербургского ученика, он ругал его на всех языках Дантоном и идиотом.

Карл—Роберт Нессельрод должен был при всем том управлять, управлять, управлять.

Днем и ночью, не разгибая спины, радоваться.

И его не хватило.

Управление он сдал своей жене, себе оставил — радость. Это была трудная задача. Он знал, что в Петербурге его прозвали печеной рожей и один писака сочинил про него ужасный площадной пасквиль: что он peteur[13], а не министр Европы.

Карл—Роберт Нессельрод, сын пруссака и еврейки, родился на английском корабле, подплывавшем к Лисабону.

Равновесие и параллельная дружба качались теперь, как английский корабль, и это он, он, Карл—Роберт Нессельрод, кричал, как его мать в тот момент, когда она рожала его на корабле.

Впрочем, его крик наружно выражался в другом: он улыбался.

Он хотел сбавить немного цены этому странному курьеру, нащупать, что он такое за человек, но вместо того, кажется, просто выразил недовольство миром и тем показал, что мир устроился без него, без Нессельрода. Этот молодой человек тоже, кажется, из этих... из умников. Впрочем, он родственник Паскевичу. Нессельрод обернулся к коллежскому советнику, представлявшему собою смесь русской неучтивости и азиатского коварства, и весело улыбнулся:

— Мы еще поговорим, дорогой господин Грибоедов. Теперь пора. Надо спешить. Ждет император.

2

Меня позвали в Главный Штаб
И потянули к Иисусу.

Грибоедов

В мягких штофных каретах сидело дипломатическое сословие. Нессельрод усадил Грибоедова рядом с собой. В карете было душно и неприятно, карлик забыл дома приятную улыбку. Он снова найдет ее во дворце. В карете же он сидит страшный, без всякого выражения на сером личике и в странном, почти шутовском наряде.

На нем мундир темно-зеленого сукна, с красным суконным воротником и с красными обшлагами. На воротнике, обшлагах, карманных клапанах, под ними, на полах, по швам и фалдам — золото. По борту на

13 Вонючка (фр.).

грудке вьются у него шитые брандебуры. На новеньких пуговицах сияют птичьи головки — государственный герб.

Когда же карлик кутает ноги, — переливает темно-зеленый шелк подкладки.

На нем придворный мундир. На шляпе его плюмаж.

Они катят во дворец.

Все было заранее известно, и все же оба волновались. Они вступали в царство абсолютного порядка, непреложных истин: был предуказан цвет подкладки и форма прически, была предустановлена гармония. Нессельрод с тревогой оглядел Грибоедова. Он помнил указ об усах, кои присвоены только военным, и о неношении бород в виде жидовских.

Коллежский советник, видимо, тоже знал указ и был причесан прилично.

Подкатили не к главным воротам дворца, а к боковым. Караульные солдаты вытянулись в струнку, и офицер отдал салют.

Как только карлик, а за ним Грибоедов выскочили из кареты, — вытянулось перед ним широкое незнакомое лицо. Звание лица было: Придворный Скороход. Походкой гордой и мягкой, как бы всходя на амвон, Придворный Скороход повел их в тяжелую дверную пристройку и предводительствовал ими, идя все тем же задумчивым шагом по лестнице. На голове его развевались два громадных страусовых пера: черное и белое. У входа в апартаменты Скороход остановился, поклонился и, оставив прибывших, стал медленно сходить по лестнице. Так он по тройке начал вводить дипломатическое сословие.

Грибоедов был желт, как лимон.

Скороход и Гоф—Фурьер шествовали молча впереди. Оба были упитанны, чисто выбриты и спокойны.

Дипломаты были введены в Комнату Ожидания.

Здесь их встретил Чиновник Церемониальных Дел. Он присоединился к Скороходу и Гоф—Фурьеру.

Сначала впереди шли: Гоф—Фурьер и Скороход.

Потом: Чиновник Церемониальных Дел, Гоф—Фурьер и Скороход.

Церемониймейстер, Чиновник этих Дел, Гоф—Фурьер и Скороход.

Обер—Церемониймейстер, просто Церемониймейстер, Чиновник названных уже Дел, Гоф—Фурьер и Скороход.

Их встречали в каждой новой зале, присоединялись молчаливо и, не глядя друг на друга, шагали, кто по бокам, кто впереди — вероятно, по правилам.

Тихая детская игра, в которую играли расшитые золотом старики, разрасталась.

Как только присоединялся новый чин в каждом новом зале, Грибоедов испытывал детский страх: так терпеливо они поджидали их, так незаметно отделялись от пестрой стены и сосредоточенно соразмеряли свой шаг с остальными.

Это напоминало дурной сон. В Зале Аудиенции Обер—Церемониймейстер застрял, по правилам, перед дверью, а встретил их Гофмаршал и Обер—Гофмаршал.

Нессельрод быстро посапывал от моциона и удовольствия. Серое личико стало розовым — их встречали с необычайным почетом.

И вот известный лик, с подбирающим шею воротником, с тупеем, под которым ранняя лысина, с лосинами ног, почти съедобными, такой они были белизны. У него было розовое лицо.

Он сказал что-то и улыбнулся подбородком: большой подбородок осел книзу. Он взял у карлика из рук пакет и дернул головой и взглядом вбок, в сторону Обер—Гофмаршала. Старик в золоте засуетился, стоя на месте. Не сходя с места, он весь суетился, лицом и телом. Это был очень тревожный бег на месте.

Грибоедов догадался, в чем дело, когда ухнул первый выстрел.

Механизм был устроен так: нитка шла от известного лица через Гофмаршала к петропавловским пушкам. Лицо сделало жест, но пушка запоздала — и вот оно сердилось.

Так начали двухчасовой бой пушки.

Николай говорил с Нессельродом, держа его за брандебур. Потом он перешел к Грибоедову и спросил:

— Как здоровье моего командира?

Наследником он служил под командой Паскевича и с тех пор называл его командиром и отцом—командиром.

— Я, помнится, года три тому назад встречал вас у него.

— У вашего величества превосходная память.

Пушки били, как часы.

Стоило трястись месяц в жар и холод, чтобы сказать плоский комплимент.

Карлик расцветал, как серая роза.

Он считал выстрелы.

Он знал, что с каждым выстрелом что-то меняется в его формуляре.

Вот он мало—помалу становится графом, вице—канцлером.

Вот аренды, ренты, имения.

— Поздравляю вас, господа!

Грибоедов знал заранее, с чем.

Орден святыя Анны второй степени с алмазами был обещан ему Паскевичем. Он обеспокоился: неужели Паскевич забыл о деньгах — он просил четыре тысячи червонцев. Откуп от маменьки.

Карлик считал с просветленным лицом.

Он стоял золотою рыбкой в аквариуме.

Он как бы рос, выпрямлялся, тянулся, он уже не был более, как за час до того, просто Карл—Роберт Нессельрод, он был вице—канцлер империи. Он попробует вытянуться еще и еще, и, может быть, он дотянется до... чего?

Будь у него жабры, он захлопал бы ими.

Выстрелы.

Паскевич становился графом, Нессельрод — вице—канцлером.

Коллежский советник Грибоедов получал орден и червонцы.

Чеканились серебряные медали с надписью на лицевой стороне: "За персидскую войну", на обороте: "1826, 7 и 8".

Все уже были в дворцовой церкви, когда Нессельрод очнулся.

Он был английского исповедания, сын католика и протестантки, и привык молиться в православной церкви.

Пальба прекратилась. Город гудел от колокольного звона. Трезвон был не московский, не утробный и вздыхательный, а другой, пустой и звонкий, залихватский, как цоканье кавалерийских копыт.

Было молчаливое соглашение.

Под кораблем, что когда-то подплывал к Лисабону, ходили подводные течения. Они ходили под дипломатическим сословием и знатными особами обоего пола.

Никто не знал, куда идет корабль, меньше всех — руководитель наружной российской политики.

Но все чувствовали, что от цвета мундиров зависит направление умов. Все знали, что воротник коллежского советника должен быть черный, бархатный. Иначе нити потеряют осязаемость, поплывут из рук, станут неуловимы. Корабль завертится, повторится декабрь, начнется вертиж.

Было молчаливое соглашение между известным лицом, карликом и русским богом.

В дворцовой церкви, похожей на детскую рождественскую елку, принял от коллежского советника рапорт в последний раз бог. Известное лицо приняло рапорт от бога и улыбнулось.

3

Он физически устал от дворца более, нежели от скачки, и, когда ринулся к себе в нумера, стал обнимать всех без разбора, единственно чтоб размять руки. Сколько их было в нумерах! Все старые друзья. Он успокоился, только обняв по ошибке Сашку, который вертелся под ногами, и рассмеялся.

— Что ты под ногами путаешься!

Осмотрел всех, как слишком расшалившийся именинник, но на нем уже повис Булгарин.

Фаддей облысел, обнаглел. Крупная слеза повисла у него на красных веках. Он все хохотал, смотрел на Грибоедова как потерянный и переводил взгляд с него на других, с других на него.

Грибоедов сел, беспечный и молодой.

Вот их сколько к нему привалило, старых друзей. Потом он заметил, что в нумерах было много и незнакомых. Это ему не понравилось. Он, кажется, был смешон.

И уже тащили его в театр, приглашали, напоминали все сразу о старой приязни, и кто-то боялся, что Грибоедов не узнал его, и прибыл лакей от Нессельрода с приглашением на бал.

Он оставил всех в первой комнате и прошел во вторую, спальную. Третья была кабинетом.

Так останавливались у Демута восточные послы и курьеры.

За ним вполз Фаддей.

— Каково, Фаддей, ветошничаешь, с кем в войне?

Грибоедов переодевался, лил на голову ледяную воду и фыркал.

Фаддей смотрел на все это как на обряд. В переодевании чувствовал он конец дворцовой церемонии.

Грибоедов скинул белье, отяжелевшее от дворцового пота, как мундир.

— Ты загорел, ты потолстел, — говорил любовно Фаддей и гладил его желтоватую руку.

Сашка ходил с утиральником вокруг Грибоедова.

Между мыльной водой и одеколонью Грибоедов узнал, что Леночка Булгарина здорова, вспоминает его и будет сегодня в театре, что умер старик Корнеев, тайный советник, и жена его тотчас стала хлопотать о втором браке, — "скандал, братец, совершеннейший скандал", — что пошли новые моды на балах — узкие панталоны, в журналах все то же — все ждут его.

Грибоедов на него брызгал водой, и Фаддей говорил:

— Ну свинья, братец, решительно мальчик. Помолодел.

4

Умытый, затянутый, в свежем белье и податливых воротниках, скинув тысячу лет, он вошел в знакомый зал.

В Большом театре был парадный спектакль.

Его черный фрак прорезал толпу, как лодка воду.

Он не был здесь два года, и все изменилось. Зал был заново выкрашен, плафон был лазурного цвета, какая-то лепка отягощала его. Музыка полоскала бравуры Буальдье и мешала оглядеться.

Он же любил строгую пустыню старого театра, где сцена была эшафотом, ложи — судьями, партер — толпой, театральные машины — гильотиной.

Резкий воздух театральных сплетен был его дипломатической школой, споры с полицеймейстером — войной, ласки актрис за кулисами — тюремными свиданиями любовников.

Где Катенин, где Шаховской, его враг Якубович?

Где Пушкин, по обязанности острящий в первых рядах и вносящий в театр грубый дух парижской улицы?

Но Пушкин подошел к нему и просто протянул руку.

— Рад вас видеть! — закричал он сквозь Буальдье. — Завидую вам. Вы скачете по Персии, а мы по журналам.

Баки его подходили под класс "вроде жидовских". Какая-то новая независимость обращения была в нем.

— И так же надоело? — спросил Грибоедов.

Он колебался. "Горе" его лежало ненапечатанное, непредставленное, под спудом, он писал теперь другую пьесу. Быть комическим автором одной пьесы — в этом было что-то двусмысленное. Он тогда писал для театра, теперь он будет поэт. С Пушкиным должно было быть осторожным. Он смущал его, как чужой породы человек.

— Вяземский зовет теперь Аббаса—Мирзу Аббатом Мирзой, — сказал Пушкин. — Завидую вам. Давайте меняться.

Было чем меняться.

Оба увидели, что окружены.

Толпа следила за ними. Бакенбарды не лежали уже, как в его предыдущий приезд, по лицам до подбородков, но сходили прямой линией под галстук, ровно подбритые углом. Все были в узких панталонах, щеголи — в обтяжку. Искусственные букеты лежали у дам тоже выше, прямо на чашке плеча. Плечи и руки стали голее, юбки выше. Глаза под веерами скользили по ним обоим, и бакенбарды шевелились от реплик.

Дамы удивительно обнаглели: подходили, смотрели в упор и шли прочь со смехом.

Выходило, что они до балета давали бесплатное представление. Пушкин взглянул на брегет. К дамам он, видимо, попривык.

— Из-за государя опоздают, как водится, — сказал он, — я не люблю этого обыкновения, оно отзывается ожиданием в канцелярии и нравами Александра Павловича... Это было объяснением.

— Государь честен, бодр, — говорил Пушкин уныло и бродил глазами по лицам и плечам, — прям, того и гляди каторжников вернет. Я, кажется, с ним помирился, — сказал он и посмотрел вопросительно на Грибоедова, — но я не люблю, когда меня заставляют ждать.

— Ну, а он с вами? — улыбнулся Грибоедов.

Пушкин пожал плечами.

— Я из зависти к вам начинаю писать историю кавказских войн, — сказал он потом, — и уже писал Ермолову. К вам боюсь и подступиться.

Прямо на них шел, волоча за локоть Леночку, Булгарин. Вдруг Пушкин быстро пожал руку Грибоедову и сказал скороговоркой:

— Мы встретимся. Я рад. Нас немного, да и тех нет.

Заглушенный бравуром, он хотел скрыться. Но Булгарин, оставив на произвол судьбы и Леночку и Грибоедова, метнулся к Пушкину, радостно захлопотал, потом на глазах у всех взял его под руку, ровным шагом повел в угол, непрестанно убеждая, запустил руку в боковой карман и подал какой-то листок.

Леночке Грибоедов поцеловал руку с чувством, и она застыдилась. Фаддей, который так же быстро бросил Пушкина, как давеча Леночку, хрипел и ловко оттеснял от него коллежских советников. Он смотрел на Грибоедова как на собственность и печалился, что у них кресла не рядом.

Служители притушили огни, открылся балет.

Он почувствовал особую легкость всего тела, мускулы собрались. Он стал легче обычного, исчез вес. Немного наклонившись очками вперед, он посмотрел на сцену и откинулся в креслах. Потом огляделся. Лощеные человеческие лысины, белые и розовые плечи тревожили его.

Он был опять молод, ему хотелось смеяться.

Полутемная пустота, шевелившаяся и перекликавшаяся кашлем, была его молодостью. Здесь он находил самого себя: тревога, шедшая из тела, здесь была общим законом, — все тревожились, все кого-то искали глазами и ощущали смятение. Женщины в последний раз поводили головами перед невидимым зеркалом, мужчины снимали пылинки с фраков.

Он владел всеми, возвышался над ними.

Переговоры с Аббасом, угодничество перед Паскевичем, дворцовый сегодняшний парад — были подготовкой, условием для того, чтобы здесь владеть толпой.

Играли Генделев гимн "God, save the king"[14]. Толпа шарахнулась и смирно встала.

С гордостью он взглянул в сторону императорской ложи.

С кем тягаться?

Он понял сегодня двусмысленное существование Николая. Император был неполный человек. Холод его взгляда был необычаен. От солдатского сукна шел запах пудры, белые лосины были сладкого, вяжущего цвета. Пушкин писал ему стансы, Николай покорял его, потому что Пушкин был человек другой породы.

Грибоедов выгнулся к императорской ложе и прищурил глаз. Он перехитрит его.

Были рукоплескания, требовали повторения гимна — российского, национального, того самого, что сочинил немец для английского короля.

Во втором ряду у прохода — об этом никто не знал — сидело озорство в черном чопорном фраке. Он вгляделся в упор. Прямо перед ним благолепная, голая, как младенец, была лысина сановника.

Лысины внушали ему страх. В оголенных человеческих головах были беспомощность и бесстыдство. Он ненавидел лысых и курносых.

Он вспомнил, как когда-то громко хлопал один плешивец дурной актрисе, а он сидел сзади, как ему это надоело и как он спокойно хлопнул по лысине. Он был молод и дерзок тогда, полицеймейстер опешил, и он получил странный выговор:

— Что уж это за аплодисман, господа, по лысинам.

Этим он тогда и отделался. С улыбкой он смотрел на теперешнюю лысину.

Вдруг взвился занавес, и человек с лысиной крикнул:

— Браво!

Тогда, все с той же радостной улыбкой, он спокойно протянул узкую руку и тихо шлепнул по лысине.

Откачнулся.

На него выкатились человеческие глаза, голубые, старые, бешеные. Они столкнулись с недвижным взглядом, обращенным на сцену, знаменитыми очками и высоко поднятой знаменитой головой.

Человек задыхался. Он прянул и недоумевал.

Он поерзал на месте и еще раз тревожно и подозрительно посмотрел на Грибоедова. Потом пригладил голову и поглядел в сторону лож.

Грибоедов понял: в неверной темноте человек подумал, что ему почудилось.

Он отвык от театра и был пьян от театра, как человек, давно не пивший, сразу пьянеет от вина.

Шел балет "Ацис и Галатея".

Ацис метался по сцене прыжками из одного угла в другой и прижимал к сердцу руки. Это между прочим помогало ему в прыжках. Музыка швыряла его, куда хотела. Он ходил на носках, и тянулся в струнку, и застывал, и вдруг его снова начинало метать по сцене. Наконец он покружился и упал на одно колено. Перышко на шапочке у него

---

[14] До 1833 года не было так называемого национального гимна. Исполнялся вместо того английский. ("Боже, храни короля". — Ред.)

трепыхалось, он громко дышал и улыбался. Пудра валилась у него с носу. Заслышав хлопки, он встал, поклонился в пояс и снова упал на одно колено.

В трико Галатеи, с крылышками за спиной, маленькими шажками выплыла из кулис Катя Телешова, проплыла до Ациса и поскакала дробью по очерченной мелом на полу линии назад. Поворачивая голову, она проскакала мелким стаккато до другого конца. К хлопкам она привыкла и тотчас, как они раздались, с готовностью присела, как цирковая лошадь.

Ацис сразу же встал с колен.

Но Грибоедов не смотрел на Ациса.

Катя Телешова, которую он знал, как свою грудь и свои руки, приседала на сцене.

У нее были небольшие ноги, коричнево—розовые; уверенные в беспомощности руки; и балетная пена била у ляжек.

Он знал, что она танцует для него, и, когда раздавались хлопки, невольно подражая ей, чуть наклонял голову. Он был уверен, знал, что так она без него не танцевала.

Он прижал к очкам лорнет, потом снял очки, вдвинул лорнет в самые орбиты — так она была ближе.

И так он увидел ее лицо. Оно было простое, почти крестьянское, прекрасное лицо и вместе лицо коровницы. Низкий белый вырез хлынул ему в глаза, как парное молоко. Он помнил этот запах. Нельзя так улыбаться и так танцевать на людях. Катя сошла с ума.

Ацис его раздражал. Со злобой он смотрел, как Ацис поддерживал ее, все было неловко. Он танцевал решительно плохо, у него был вид летающего дурака, особенно во время баттеманов, глупые белые ляжки, самый цвет трико был глуп, томен, нагл. Его средний рост оскорблял Грибоедова, как дурной вкус Кати.

Он тихо свистнул.

— Семени, семени, — говорил он.

Впрочем, его прыжки были отдыхом для Кати.

— Невозможно, невозможно, — говорил он тихо, жалуясь.

И когда кругом зашевелились, забили в ладоши, он обернулся и, не хлопая, с любопытством посмотрел на партер.

Выходил Ацис, вел за руку Катю и кланялся.

Его-то кто вызывал?

После балета свет не зажгли, но театр мгновенно расшатался и закашлялся. Была весна, и простуда спадала только на время представления.

Ставили интермедию, живую картину "Аполлон с девятью музами". Он кусал ногти от злости, идти за кулисы сейчас было невозможно.

И тут театральная машина сжалилась над ним.

Машина, спускавшая глуар с Аполлоном и девятью музами, застопорила в пути. Она остановилась на полпути, показав белые ноги Аполлона и девять пар женских розовых ног. Так они и застряли наверху, смирно сидя в своем глуаре.

Раздался женский крик — дама испугалась, потом кто-то засмеялся, кто-то вскочил.

Началась суматоха.

Грибоедов знал, что застрявший глуар означает отставку машиниста, что кого-то выгонят: император был чувствителен к этим случайностям. Он не терпел неожиданностей. Сегодня испортилась театральная машина и застряли музы, завтра застрянет что-нибудь другое и все безнадежно испортится.

Но он сидел и смеялся в платок. Потом пошел из зала, за кулисы.

Потому ли, что порядок уже был восстановлен, потому ли, что в зале была суматоха, — за кулисами Грибоедов никого не встретил. Только ходил витязь с пожарным топориком да двое военных кого-то поджидали.

Катина дверь была открыта. Он вошел в комнату, улыбаясь.

Горели свечи. У открытого шкафа с костюмами Катя стояла и, видимо, ждала его.

Тогда он грубо сказал ей:

— Поедем к тебе.

Потом он сказал пустым голосом: "Радость" или что-то другое, слово не вышло, и увидел, как она пошатнулась.

В коридор сразу вошел шум: смех, кашель, французская хрипота, бас, присущий театралу, начался антракт.

Тогда Катя быстро взяла его голову обеими руками, поцеловала в лоб и толкнула к двери.

Сразу же, как мальчик, он выскочил в коридор. Там он превратился в медленный, чопорный фрак, на который озирались, о котором шептались.

В танцевальном зале балет танцевал котильон. Был праздничный спектакль. Пары стояли неподвижно на месте, подняв несколько кверху лица, как лошади, грызущие удила.

Они стояли крест—накрест, и на четырех концах креста пары танцевали по кругу.

Все вертелось вокруг неподвижного, но уменьшавшегося креста, пары отлетали все быстрее, приседая с танцевальной, ненужной вежливостью, а крест все таял. Это была новая модная фигура, она называлась как-то чудно: боа.

Музыканты замедлили, боа присело, расползлось и пошло вон из зала.

Грибоедов был зол. Катенька была еще занята к концу в русской пляске. Он злился и становился сам себе смешон.

Смешным, собственно, было положение: слишком долго сдерживать радость.

В зале устанавливали какие-то столбы, натягивали канат. Маленький итальянец хлопотал возле него, щупал рукою. Это был второй номер — канатный плясун Кьярини.

Серьезный итальянец, оттягивающий конец вечера, привел его в бешенство.

Он повернул и, стараясь не глядеть по сторонам, стал пробираться к выходу. Завидя Фаддея, он вдруг свернул на лестницу и столкнулся с Леночкой.

Тогда, как мальчик, как гвардеец, он схватил ее ладони в свои и повлек за собою. Леночка—сделала изумление, и глаза ее стали как сливы. Она была хитра и предалась на волю случая, ничего, ничего не понимая. Она с удивлением дала накинуть на себя салоп и только в карете сказала Грибоедову, глядя на него все теми же невинными сливами:

— Vous etes fou[15]. Das ist unmцglich[16].

Это было mцglich[17]. Фаддей был бескорыстный друг, он никогда не подавал виду. Это было чем-то вроде восточного гостеприимства.

— Lenchen, — сказал Грибоедов и потянулся к ней, — у вас болит голова, вам стало дурно, я везу вас домой.

На улице была ломкая, льдистая грязь. Колеса рассекали ее быстро и ровно, как в дни его молодости.

В дом они вошли крадучись, и теперь уж Леночка им предводительствовала. Прижимая палец к губам в длинном коридоре, чтобы не выскочила тетка, Танта, исполнявшая при Фаддее роль тещи. Она невзначай открыла дверь в кабинет и посмотрела. Грибоедов вошел в кабинет, Леночка опустилась на диван, сливы ее блестели. Она сказала:

— Das ist unmцglich.

Любовь была зла, повторяема, механична, пока смех не раздул ноздри, и он засмеялся.

Высшая власть и высший порядок были на земле.

Власть принадлежала ему.

Он тупым железом входил в тучную землю, прорезал Кавказ, Закавказье, вдвигался клином в Персию.

Вот он ее завоевывал, землю, медленно и упорно, входя в детали.

И наступило такое время, что все уже было нипочем.

Чего там! Не свист дыхания, а разбойничий свист стоял во всем мире.

Он догуливал остатки Стенькой Разиным, были налеты на землю, последние грабежи, все короче и глубже.

Какая злость обрабатывала мир.

Наступило полное равновесие — младенческая Азия дышала рядом. Легкий смех стоял у него на губах.

Зеленые занавески Фаддея были прекрасны.

Потом все представилось ему в немного смешном виде: он вел себя как мальчишка, не дождался, удрал и набедокурил. Ему было жаль Фаддея.

И он слегка толкнул в бок младенческую Азию.

5

Когда Фаддей приехал из театра, Леночка сидела в столовой с обвязанной головой и пила с Грибоедовым чай.

Фаддей обрадовался.

Он не обеспокоился тем, что у Леночки сильно болела голова и нужно было даже увезти ее из театра. Он вообще при Грибоедове мало на кого обращал внимание. И, несмотря на головную боль, Леночка исправно разливала чай. Фаддей, казалось, даже стал более уважать ее за внимание, какое ей оказал Грибоедов.

Вот это и было счастье Фаддея.

---

15 Сумасшедший (фр.).

16 Это невозможно (нем.).

17 Возможно (нем.).

В его жизни было все: польская скудная молодость, война, которой он боялся, измена и близость смерти, нищенство, съезжая, дружба с квартальными надзирателями, служба в третьем отделении.

Но он вертелся как угорь и спасался, потому что у него был приятный телесный план жизни.

Фаддей был моралист, физиологист.

Он не был ни литератор, ни чиновник. Он был чиновник литературных дел, улавливал веяния и нюхал воздух.

Если бы у этого Калибана не было от природы жажды поесть, поспать, побраниться, пошутить соленой пахучей шуткой, он занимал бы сейчас, может быть, крупное место. Но теперь требовалось приличие даже от квартальных, а все, что он делал, бывало неприлично. В нем жил вкус к скандалам, присущий разоренным и опустившимся польским помещикам, вкус к харчевне, портеру, недоеденной рыбе и шалостям с прислугой.

Грибоедов был его героем, происшествием, его слезой в стакан пива, его чувствительной дружбой.

Он бегал по его делам, занимал для него деньги, пытался напечатать комедию, которую не пропускала цензура, и долго, нахально хвастал им, как своей собственностью, перед журнальными собутыльниками.

Сволочь литературных самолюбий была ненавистна Грибоедову. Он втайне ненавидел литературу. Она была в чужих руках, все шло боком, делали не то, что нужно.

Литературные мальчики, которые, захлебываясь, читали новые стихи Пушкина и с завистью оспаривали друг перед другом первенство в сплетнях и мелочах. Литературные старцы времен Карамзина, изящные и надменные скопцы с их остроумием и безделками. Наконец, непостижимый, с незаконным правом нежного стиха и грубых разговоров Пушкин, казавшийся ему непомерным выскочкой, временщиком поэзии.

Дружба с Булгариным удовлетворяла его.

Он и по большей части любил людей с изъянами. Ему нравилось в Сашке, что тот карикатурит его. Поэтому, когда какой-нибудь человек был запятнан, или смешон, или оставлен всеми, — он получал право на его внимание.

Сначала он дружил с Фаддеем, потому что тот показался ему самым забавным из всей литературной сволочи, потом из-за того, что эту сволочь стали гнать, и наконец привык к этой дружбе. Фаддей был писатель Гостиного Двора и лакейских передних. Это нравилось Грибоедову. Его предки были думные дьяки. Негритянский аристократизм Пушкина был ему смешон.

Он знал, что поэты, воспевавшие дружбу, зарабатывали на ней, и смеялись над этим. Так зарабатывал свой хлеб Дельвиг, сгоняя друзей к себе в альманах, как на оброк.

Два года назад, потеряв любимую лошадь, он тосковал по ней, как по любовнице, вспоминал ее сизые глаза. Если бы у него был скверный, визгливый пес, он любил бы его, вероятно, больше всех.

И притом всякую покойную жизнь он невольно представлял себе как дом Булгарина: днем суетливые измены, на ходу, из-за угла, к вечеру глупенькая Леночка, прекрасная и готовная, уголья в камине и где-то в глубине громовое ворчание старших, Танта.

Борьба не на живот, а на смерть из-за дома, защита его, и потом небольшие предательства того же дома.

Жизнь желудка и сердца.

Постепенное увядание кровеносных сосудов, облысение.

Фаддей уже был совершенно лыс. Старый щелкун, наездник, он напоминал теперь лавочника своей малиновой лысиной.

Он привез из театра запах табаку и свежие сплетни.

Он накинулся на еду, как голодный вепрь, руками он брал, что полагалось брать вилкой, и, разбирая, ел.

Во время еды он забывал всех, даже Грибоедова.

Он обрабатывал пищу, свернув несколько набок голову, и в движениях его челюстей чувствовалась любовь, пухлые губы, казалось, целовали. Глаза его смотрели неопределенно, были застланы дымкой.

С шумным вздохом он отодвинул тарелку, и на несколько секунд наступил для него полный покой. Он насытился пищей, как любовью.

Грибоедов смотрел на него с беспокойством.

Фаддей отдохнул и нежно его оглядывал. Пухлые губы двинулись снова в путь, они начали обрабатывать моральную пищу.

— Невероятный скандал, — сказал Фаддей с радостью, — Пушкин оказался шантажером.

Он с торжеством оглядел Грибоедова и Леночку.

— Честное слово, — с медленностью священника прижал он руку к груди, — честное слово честного человека.

Беспокойство Грибоедова еще не прошло.

— Я только что узнал из совершенно верного источника... Мне Греч сказал, — добавил он, как бы возлагая ответственность на Греча.

(Ему это не Греч сказал, он все это сам проделал.)

— Пушкин, — начал Фаддей, словно читая по печатному, — проиграл в карты где-то у Пскова вторую главу "Онегина" Великопольскому. Ты помнишь Великопольского? — кивнул он Леночке.

Леночка отроду не слыхала о Великопольском.

— Великопольский — игрок, и Пушкин проиграл ему уйму денег. Уйму. А тот, между прочим, тоже пописывает стишки. Написал он как-то "Сатиру на игроков". Сам, понятное дело, игрок, и вот написал на игроков. Пушкин взял да ответил. Они этак часто обмениваются с Пушкиным стихами — тот ему напишет, а этот ответит. Греч говорил, что даже было условие: кто проиграет, тот и пишет стишки. Вот Великопольский ему ответил. На ответ.

— Вы что-нибудь понимаете? — спросил Леночку Грибоедов. — Ответил и ответил на ответ.

Фаддей болезненно сморщился. Его прерывали на ответственном месте. Он жалостно посмотрел.

— Александр, милый, я же стишки помню:

Я очень помню, как та—та—та...

И там еще одна строка, что-то на зе:

> Глава "Онегина" вторая
> Съезжала скромно на тузе.

Это Великопольский ему ответил. И как честный человек — он,

собственно, шалопай, но как человек недурной и даже, может быть, честный, — он через одного человека велел Пушкину сказать: что, дескать, ничего не имеете против, чтоб отпечатать?

Фаддей сделал благородный жест: склонил голову набок и развел руками с таким видом, как будто ничего другого Великопольскому и не оставалось делать, как только обратиться к Пушкину с таким письмом.

Письма, впрочем, никакого не было, а Фаддей перехватил стихи и давеча в театре сунул Пушкину.

И вдруг он откинул голову.

— Что же сказал Пушкин? — приподнял он бровь. — Пушкин сказал: запрещу печатать. Личность и неприличность. Я его так в восьмой главе "Онегина" отделаю, что он только почешется. — Это его слова, слово в слово, он при мне это сказал.

— Ты же говоришь, что тебе это Греч рассказывал, — медленно покачиваясь, сказал Грибоедов.

— Греч, но дело было при мне. Теперь ты понимаешь? Орет на цензуру, вольнолюбие да и только, — а сам разве не вводит цензуру? И притом если бы сам не был пасквилянт. А то ведь пасквили и пасквили. А попробуй запретить ему ругаться, — так это стихи, вдохновения, сладкие звуки и молитва. И ведь ввернет в восьмую главу такое, что тот бедняк прямо... — тут он не нашел подходящего слова. — Прямо—таки ходишь и голову гнешь, не то пропадешь и не откупишься.

— "Лелеешь ты свои красы", — Грибоедов сказал углом рта, сощурил глаз и покосился на Леночку.

— Нет, нет, это не он написал, — захлопотал Фаддей и вдруг обмяк, — он мне сам клялся, что не он, под честным словом, это кто-то другой, это тот, знаешь, как его...

Он забыл или не знал.

Божился он, как лавочник. Фаддей же был поэт лавок.

Его настоящая жизнь были покупки, расхаживание по лавкам. В чудесных цветных шарах аптек была его Персия. Соленые огурцы в лабазных кадках умиляли его запахом русской национальности. Неприметно он стал ближе к языку лавочников, чем хотел бы. Он торговался с ними из всякой мелочи и с удовольствием принимал подношения.

Все вместе представилось на миг Грибоедову нелепым.

Он только что обманул своего друга, который в этот день продал двух человек самое малое, а теперь они пьют чай, он посмеивается над хозяином, и разливает им чай — третья, Леночка.

Он ворвался в квартиру, разбойником пролетел по лебяжьему пуху милых грудей — и вот квартира неподвижна.

Ему было немного жаль Фаддея. Чтобы несколько возвысить его, он стал жаловаться тонким голосом:

— У тебя журнал, сплетни, хорошая жизнь, Калибан Бенедиктович...

Но Фаддей с истинной жалостью смотрел на него.

Жалость его была рассеянная.

— А твоя ферзь, — жаловался Грибоедов, — опять со своим Сахаром Медовичем...

Фаддей заерзал и покосился на Леночку. Дело шло об его страсти — хористке, которая ему изменяла, сам же Фаддей Грибоедову это выложил.

— Нет, братец, — лепетнул он, — это не то, это не моя ферзь, у меня и нет ферзи — вот это твоя ферзь, так она правду теперь с этим, с Сахаром с Медовичем, с преображенцем.

Грибоедов обжегся чаем. Он вспомнил, как Катя поцеловала его в голову. Промелькнул витязь с топориком, военные. Фаддей врал о Кате и врал правду. Грибоедов стал страшен и жалок. Жидкие волосики топорщились на висках.

Качнулся на стуле и с недоумением оглядел недоеденную телятину.

Картина колебалась.

И вдруг не выдержала Леночка. Она уже не переводила глаз с мужа на друга. Ее немецкий пухлый рот передернулся по-старушечьи, стал в маленьких морщинах, она все обращала к Грибоедову страдальческие сливы глаз и вот грубо закричала, стала сползать со стула. Грибоедов и Фаддей несли ее на диван, а она мелко дрожала губами, лепетала какую-то дрянь.

Уже отворилась дверь, и к дивану волнообразно метнулась большая Танта, встрепанная со сна. Уже квартира наполнилась кошачьим запахом валерианы.

Фаддей полоскал какой-то стакан, ловко и быстро.

Грибоедов ушел в кабинет.

Когда Фаддей, притворно отдуваясь, пришел к нему и сказал какую-то плоскость:

— Женские штуки, ничего не поделаешь, — Грибоедов сидел за столом и быстро листал какую-то книгу. Потом он тяжело встал, взял Фаддея за плечи и, сжав зубы, смотря без отрыва очками, в которых были слезы, на потное безбровое лицо гаера, сказал:

— Умею ли я писать? Ведь у меня есть что писать. Отчего же я нем, нем, как гроб?

6

Ежеминутно уходит из жизни по одному дыханию. И когда обратим внимание, их осталось уже немного.

Саади. Гюлистан

Ночью он дал себе отпуск.

Так было на Востоке, где торгуются для вида, а между тем высоко ценят каждый час лени и хорошо проведенную ночь. Он привык так жить, и здесь, вероятно, был секрет, почему его тело было молодо, а лицо старело.

Он творил вечерний намаз, сидя в чужих, но мягких креслах, вытянув длинные ноги в туфлях, прихлебывая кофе.

Сашка был вежлив и не говорил ни слова. Заговори он, Грибоедов все равно ему ничего не ответил бы.

Он гнал от себя Нессельрода, гнал от себя Фаддея, Леночкины глаза, ноги танцовщицы.

Гнал от себя встречу с Пушкиным, разговор о нем.

Он давал себе отпуск.

Но глаза возвращались, возвращались Нессельрод и Пушкин, и опять в совести начинало пробиваться какое-то неоткрытое воспоминание.

Счеты не сводились.

И он закрыл глаза и стал медленно читать по памяти стихи Саади, утешавшие его не мыслями, но звуками:

Хардам аз омр миравад нафаси
Чун негах миконам наманд баси.

"Ежеминутно уходит из жизни по одному дыханию.
И когда обратим внимание, их осталось уже немного".

Сашка лег спать.
Хардам аз омр...

Счеты сводились.

Был младенческий секрет, о котором он забывал утром: уткнуться лицом в подушку, тогда начинались переходы верблюдов по свежим белым горам.

Они сменялись лицами, из которых ни одно не было знакомо, лица — сном.

Он ненавидел крикливых любовниц, лишавших его этой ребячьей радости и по большей части любивших болтать в постели.

Крикливый пол ничего не понимал.

Хардам аз омр...

— Ежеминутно уходит из жизни...

7

Нумерной принес завтрак и удалился, первое столкновение постояльцев с чужим лицом.

Потом он снова постучал в дверь.

Грибоедов терпеть не мог нерасторопной прислуги.

— Войдите.

Никто не входил.

Он сам открыл дверь. "Свинья", — хотел он сказать. Его приветствовала водянистая улыбка и глаза, выразительные, как морская вода.

В его дверь стучался доктор Макниль.

Он стоял перед ним с тем выражением лица, которое называлось в тебризской миссии улыбкой, и молчаливо говорил Грибоедову:

— А вот и я.

Грибоедов позеленел. Он постоял перед англичанином, загораживая вход.

Вдруг он развеселился.

"Вот и тебя черт принес", — подумал он с вежливой улыбкой и сказал по-английски:

— Какая встреча! Рад вас видеть, дорогой доктор.

Грибоедов придвинул кресла и, по-английски сберегая слова в разговоре, молча указал на завтрак.

Но англичанин отказался от завтрака. Он прикоснулся жестом доверия к рукаву Грибоедова, как к камню, и произнес тихо и весело:

— Я ваш сосед. Рядом.

— Как странно. Когда вы успели, доктор?

И подумал по-русски: "... сидел бы себе в Тебризе".

— Меня послал лорд Макдональд, — ровно сказал англичанин, — с поручением ходатайствовать о наградах некоторых чинов нашей миссии.

Макдональд был английский посол в Персии.

— Так вас ведь уже наградили, доктор...

За посредничество при заключении Туркменчайского договора английская миссия была награждена орденами.

— Свыше меры, — скучно ответил доктор. — Но забыли препроводить бумагу королевскому правительству с просьбою позволить ношение орденов в Великобритании. Без этого они недействительны.

— И поэтому вы скакали из Тебриза в Петербург?

— Вы знаете, мистер Грибоедов, то высокое значение, которое лорд Макдональд придает орденам. Полковник и леди шлют вам свои лучшие приветы.

— Я благодарен полковнику и леди.

— Ваша Москва — превосходный город, — сказал англичанин без всякого выражения, как говорят учителя в школах. — Петербург меня радостно удивил своим гостеприимством. Мистер Нессельрод отличается любезностью и широтой взглядов. Он один из величайших государственных умов России.

— Он болван, — сказал вдруг громко Грибоедов и покраснел.

— A bold man[18].

И потряс головой с видом живейшего согласия.

— Вы счастливы, — сказал равнодушно доктор Макниль, — имея такую родину, и такая родина счастлива, имея таких людей.

— Вы кажетесь усталым, доктор, и говорите подряд все комплименты, какие знаете.

— Я, кажется, действительно устал, мой милый друг, — поглядел на него морской водой доктор. — Путешествие по таким пространствам и по таким ничтожным поводам. Что мне Гекуба?

— Вы цитируете Гамлета?

— У каждого англичанина есть право на сумасшествие, — сделал доктор гримасу. — У других наций, впрочем, тоже.

Англичанин говорил ровным голосом, не задумываясь над ответами. Взгляд его не выражал решительно ничего. Сюртук, слишком обтягивавший, и тугие воротники были, пожалуй, дурного вкуса, но в Тебризе и Тегеране это было незаметно. Там со своими клистирами, припарками и по- рошками слонялся он целыми днями по гаремам шаха и Алаяр—хана в Тейрани. Там он притирал и кормил слабительными всех

---

[18] Смелый человек (англ.).

этих бесчисленных жен, и Макдональд, умелый временный посланник, терпел его.

Россия завоевывала Восток казацкой пикой, Англия — лекарскими пилюлями и деньгами. Безвестный лекарь Гюзератской компании, вылечив счастливо одного из индостанских державцев, доставил Англии те владения, которые потом выросли в Ост—Индию. Макниль колдовал над шахскими женами в Персии. Он совершенно вытеснил в гаремах персидского хаким—баши с его сладкими фантастическими пилюлями.

Теперь он казался недовольным, и это смягчало Грибоедова.

— Я говорю с вами как частное лицо, — говорил доктор, будто читал приходо—расходную книгу. — Я прошу вас обратить на это внимание. Я вас не задерживаю, дорогой Грибоедов?

Грибоедов посмотрел на часы. У него оставался час времени. Он был приглашен на экзамен в Школе восточных языков, что была при Иностранной коллегии.

— Вы, вероятно, торопитесь на торжественный экзамен в Восточном университете, — сказал англичанин, — я имел особую честь получить туда приглашение, но я простужен, и это лишает меня счастья присутствовать на публичных торжествах, а мое невежество в языках делает меня там бесполезным.

Грибоедов сморщился.

"Кого только не приглашают на все эти экзамены, только будь иностранец".

— Я тоже не большой охотник до этой чести, тем более что этот Восточный университет — вовсе не Оксфорд. Англичанин улыбнулся самой неопределенной улыбкой.

— А вы знаете, — спросил Грибоедов, — наш казак Платов — почетный доктор вашего Оксфорда?

— Кто? — спросил Макниль, и лицо его стало опять неподвижно.

— Платов, — улыбнулся Грибоедов, — Платов, казачий атаман, лорд казачий.

Макниль вспоминал.

Наконец он раскрыл слегка рот и мотнул головой.

— Вы правы. Я помню. Я его четырнадцать лет назад видел в Париже. На нем были бриллианты, на сабле, на мундире и где-то еще. На казацкой шляпе. Платов. Я забыл его имя. Это был русский Мюрат.

"Вот и в Париж он таскался".

— Он был столь же мало Мюратом, мой милый доктор, как вы — Гамлетом. Он был казак и вместе доктор прав Оксфордского университета.

Но англичанин и с этим согласился.

Грибоедов смотрел на него.

Хотел ли Макдональд освободиться от своего лекаря и поэтому гонял его по пустякам из Тебриза в Петербург? Или сам лекарь, чего доброго, надумал проситься на русскую службу? Ибо не могло того быть, чтоб единственно из-за дурацких орденов он прибыл в Петербург. Но с англичан, однако же, это могло статься.

Английская легкая хандра угнетала лекаря. Он казался откровенным и сказал нечто постороннее:

— Я не учился в Оксфорде, я кончил медицинскую школу. Меня заставила удалиться на Восток любознательность.

Он ухмыльнулся.

Грибоедов ждал спокойно.

— Но я долго думал: чего ищете на Востоке вы? Вы удивляетесь моей откровенности? Я врач. Восток привлекает стариков вином, — говорил лекарь, — государства — хлопком и серой, поэтов — гордостью. Они горды своим изгнанием, хотя обыкновенно при этом их никто и не думал изгонять. Наш несчастный лорд Байрон погиб по этой причине.

— Байрон погиб более по вине ваших и его соотечественников. Вы слишком сегодня порочите передо мною Восток, — сказал Грибоедов.

Англичанин пожевал губами.

— Вы правы, — кивнул он равнодушно, — я слегка преувеличиваю. У меня сегодня ностальгия.

Он брезгливо оглядел нумер.

— Меня никто не просил говорить вам то, что я вам скажу. Примите это во внимание. Это не входит также в мои обязанности. Просто, когда два европейца встречаются среди дикарей, они обязаны оказывать друг другу услуги.

Грибоедов терпеливо кивнул.

— Я лечу у Алаяр—хана его жен.

Англичанин закурил сигару.

— Я вас не беспокою? Это дурная привычка, от которой трудно отделаться. Это гораздо лучше, впрочем, чем ваша водка. От нее болит голова и происходит желудочная колика. Граф. Сегюр или кто-то другой утверждает, что Наполеон проиграл вам кампанию из-за вашей водки. Его солдаты погибали от нее, черт ее возьми.

Тут только Грибоедов заметил, что англичанин слегка пьян. Он говорил слишком ровно, как бы читая свои трезвые мысли, и был многословен. Его, видимо, мутило, ровно и непрестанно.

— Итак, я лечу этих жен, и эти леди мнительны. Они не любят клистиров — они предпочитают пилюли на сахаре albi и розовом экстракте. Но пилюли вообще мало помогают. Предупреждаю: эти леди мнительны, — а их мужья несчастливы и ищут причин несчастья, вот что я хотел сказать.

— Кто же, по-вашему, виноват? — спросил Грибоедов.

— Наше положение не лучше вашего, — медленно ответил Макниль. — Мы должны облегчать персиянам и вам расплату по вашему миру. Я знаю вас и знаю персиян. Мы ничего не выиграем и многим рискуем.

— Хотите, я скажу вам, что вы выиграете? — любезно сказал Грибоедов.

Англичанин подставил ухо.

— Красную медь, — лукавил Грибоедов, — хорасанскую бирюзу, серу, оливковое масло...

— Оставим этот разговор, дорогой Грибоедов, — сказал серьезно Макниль, — мне надоела Персия, я хочу просить о переводе. А вам, кажется, Персия в этот раз понравилась?

Он посмотрел на часы и встал наконец.

Грибоедов ждал.

— Еще один дружеский вопрос. Я давно не был в России. Ваш

Нессельрод — любезный государственный ум, но получить какой-нибудь вкус от его разговоров я не сумел. Он слишком тонок.

Грибоедов захохотал.

— Браво, доктор!

— Я люблю ясность. У нас есть Ост—Индия. До сих пор я думал, что другой Ост—Индии нет и быть не может, — англичанин дохнул на него табаком, — но у вас великолепная природная конница — киргизы — и если вы захотите немножко... углубиться... И с другой стороны, почему бы вам в самом деле не устроить своих колоний? Мальта на Средиземном море против нас была тоже недурная мысль императора Павла. Вот в чем вопрос. А Нессельрод так тонок, и все здесь так молчаливы...

Потом он засвистал марш и махнул рукой:

— Мы еще увидимся до Тебриза. Вы ведь поедете в Тебриз?

Грибоедов ответил ему:

— Я не поеду в Тебриз, но, дорогой доктор, я сейчас поеду со двора, на экзамены.

Макниль был доволен.

— А я на смотр. У вас война, экзамены, смотры. У вас весело.

Они вышли вдвоем на Невский проспект. Коляски носились, тросточки мелькали.

— Bond—street! — сказал Макниль. — Можно вам позавидовать, что вы здесь остаетесь. Здесь так весело! Думать некогда!

8

— Милостивые государи! Семирамида была великая стерва.

В передней стоял шум.

Семирамида, может быть, и в самом деле была женщина дурного поведения, но высокий человек, который ее ругал, был странен. Шуба волочилась, как мантия. Рядом стоящий древний старик, со звездой на груди, согнутый в прямой угол, убеждал высокого. Но высокий крепко сжимал в руках цепь, на которой был привязан большой, спокойный пес, и не сдавался. Он буянил именно из-за пса, которого старик не хотел пропускать на экзамен. Как он дошел до Семирамиды, Грибоедову было непонятно.

Между тем всякий разговор, подслушанный в конце, необычен.

Академик Аделунг, преклонный старик, был директор школы, высокий молодой человек был известный профессор и журналист Сеньковский. Он обычно водил на лекции пса. Это было его вызовом и презрительным вольнодумством, похожим на старческое чудачество. Тайный советник был молодой духом немец, молодой профессор был старый, как Польша, поляк.

Поэтому молодой девяностолетний немец начал до Грибоедова доказывать древнему безбородому поляку, что пес будет мешать на экзамене.

— Он воспитанный и этого никогда себе не позволит, — сухо ответил Аделунгу Сеньковский.

С ученой старомодной грацией академик привел пример того, как растерзали псы подглядывавшего за Дианой Актеона.

— Зато Пирра выкормила сука, — сказал профессор сурово, держа за цепь пса, — а купающейся Дианы мы на экзаменах, увы, не увидим.

Академик не сдавался и нашел какую-то связь между храмом Дианы Эфесской и школой восточной мудрости.

Но профессор возразил, что школа из всех семи чудес света скорее напоминает висячие сады Семирамиды по шаткости своего положения.

Академик вздумал обидеться и буркнул что-то официальное про Северную Семирамиду, поощрявшую, однако же в свое царствование науки. Положение школы, управляемой им, весьма надежно, особенно имея в виду политические интересы.

Тут профессор, вместо того чтобы тоже принять официальный вид, прекратить спор и сдать пса сторожу, поднял оскорбительный крик о Семирамиде и упомянул что-то об ее конях.

Увидев Грибоедова, прямоугольный академик бросил профессора и устремился к дипломату.

Он жал ему руку и говорил, что польщен и вместе обеспокоен тем, что дипломат такой учености, какая редко встречается, будет судить юных питомцев, пытающихся стремиться вослед ему, но надеется, что суд его будет благосклонным.

Грибоедов с великой вежливостью кланялся и удивлялся живучести академика.

Академик не выпускал из костлявых рук его руки, как бы позабыл кончить рукопожатие, и говорил, что сын его, молодой человек, изучивший за границею восточные языки и медицину, жаждет познакомиться с ним.

Тотчас же вынырнул и сам молодой человек. Он был мал, лыс, в очках, и ему было, самое малое, сорок лет. Лицо у него было насмешливое. Он подал руку Грибоедову и сморщился весело и неожиданно.

И Грибоедову захотелось пощекотать его, помять, посмотреть, как он будет смеяться.

Профессора Сеньковского все оставили.

Это неожиданно на него подействовало. Он молча сунул сторожу своего пса и стал раздеваться. Разоблаченный из мантии, он был неправдоподобен. Светло—бронзовый фрак с обгрызенными фалдочками, шалевый жилет и полосатый галстучек выдавали путешественника—иностранца. Гриделеневые брючки были меланхоличны, а палевые штиблеты звучали резко, как журнальная полемика.

Так он нарядился на официальный экзамен.

И, грустно склонив набок голову, он подошел к Грибоедову.

Вот он, ветреная голова. Вот он, новое светило, профессор, писатель, путешественник. Новый остроумец, который грядет заменить старых комиков двадцатых годов, сданных сразу в архив, глубокий ученый, склонный к скандалам со псом.

Грибоедов с какой-то боязнью сжал его руку.

Рука была холодная, это было новое, незнакомое поколение.

И экзамен начался.

Родофиникин, все хворавший, прислал маленького черного итальянца Негри сказать слово от министерства.

Итальянец сказал несколько слов торопливо, всем видом показывая, что он человек наметанный и сам понимает, что задерживать экзамен речами невежливо.

Профессура, сидевшая за длинным столом, была небрежным смешением Европы и Азии. Смешливый доктор, седой и красный француз Шармуа, перс Мирза—Джафар и какой-то татарин или турок Чорбахоглу.

У сорока экзаменующихся учеников был вид недоверчивый, заморенный и жадный. Их отделяла пропасть от стола, за которым сидели знаменитости. Речи Негри, отвечавшего академика и болтнувшего вне очереди Шармуа были для них просто пыткой перед казнью.

Гостям — дорогим почетным и знаменитым гостям, — так сказал Шармуа, предложили экзаменовать.

Грибоедов отмахнулся, и его оставили в покое.

Зато Сеньковский сразу же принялся за дело и быстро вошел во вкус. Резким криком он задавал вопросы ученикам, которых, как магнит, тянул к столу неразборчивый голос директора.

— По какой причине бедуинские стихи хороши, по собственному мнению бедуинских поэтов?

Ученик говорил тихо и обиженно, что, по мнению бедуинских поэтов, их стихи хороши по той причине, что они кратки и хорошо запоминаются.

Сеньковский фыркнул.

— Не то. Главной причиной бедуины выставляют то, что у бедуина не бывает насморка.

Ученик был поражен.

— Какой синоним в поэзии аравитян есть для слова "счастье"?

Ученик запамятовал.

— Все, что низменно и влажно, — кричал Сеньковский, — у них довольство и счастье. Все, что холодно, — превосходно.

Лицо у Шармуа вытянулось — это был его ученик. Все, за исключением Грибоедова и доктора, были недовольны. Придираться на официальном экзамене было отсутствием государственного такта. Грибоедов ждал, что будет дальше. Доктор с удовольствием смотрел на заморенного ученика.

— Кто лучше пишет стихи, оседлые и спокойные аравитяне или же бродячие и воинственные? — кричал в воздух Сеньковский.

— Оседлые и спокойные, — ответил благонравно ученик.

— Кочевые, — кричал в воздух Сеньковский. — Разбойники, нищие, воины. Поэты аравитян презирают оседлых, они называют их толстяками, что на языке сухого, тощего бедуина значит: трус, лентяй, мерзавец. Перейдем к текстам, — крикнул он, выругавшись.

Шармуа с татарином и персом успокоились.

Так начались в невыразительной министерской зале арабские зияния и удушливые придыхания персидских гласных.

Появились Мугальгиль, утончитель речи, бегуны Шанфари и Антар из поколения Азд и сам Амру—ибн—Кельтум.

"... Когда вестники смерти произносили имя, я закричал им: "И земля еще не трясется? И горы еще стоят на своих основаниях? О мой брат, кто, как ты, мог бы возбуждать и вести всадников в величайшие опасности! При тебе, как у юных дев окрашены пальцы розовым соком хены, так у каждого всадника конец копья обагрен был вражеской кровью!"

Сеньковский прерывал бормотание учеников и сам кричал, захлебываясь, старые слова.

Он кричал словами Шанфари:

— "Отвяжите ваших верблюдов, уезжайте, не ждите меня! Я пристану к обществу диких зверей, что в пещерах и скалах! Все готово к вашему отъезду. Луна освещает пустыню. Верблюды оседланы. Подпруги натянуты. Вы можете сразу пуститься в путь. Ждать вам нечего. А я остаюсь здесь, я остаюсь один!" — Он ударил себя в грудь.

Лицо профессора надувалось все более, и склизкие глаза останавливались!

Как странно! Во дворце, на параде все было детской игрой, нарочно разыгрываемой неизвестно для чего, — здесь собравшаяся так же неизвестно для чего разноплеменная банда учителей и учеников наполняла воздух убийством и Востоком. Верблюды кочевали по министерскому залу.

— "... Копье мое прокладывает путь, — читал уже другой, бойкий ученик текст Антара, — ко всякому... вернее, к каждому храброму сердцу, и сраженного врага, как заколотого барана, я отдаю на съедение диким зверям... "

— Довольно. Прочтите Лебида, — хрипло ответствовал Сеньковский. Он действовал как восточный деспот и, не обращая внимания ни на Аделунга, ни на Шармуа, — вызывал и кричал.

— "Лился дождь из всякого утреннего и ночного облака, — переводил ученик, — приносимого южным ветром и отвечавшего другому облаку треском".

— Неправда, — закричал отчаянно Сеньковский, — так нельзя переводить арабов. Должно читать так: "Лился крупный, обильный из всякого утреннего и ночного, несомого южным и отвечавшего другому треском". Арабы не любят предметов и только предоставляют догадываться о них по признакам.

Академик Аделунг спал. Доктор весело смотрел на невиданное побоище.

Вдруг Грибоедов протянул вперед руку.

— Прочтите, — сказал он улыбаясь, — из "Гюлистана" рассказ двадцать семь, конец.

Сеньковский остановился с открытым ртом.

— "Или нет более честности в мире, — читал ученик, — или, быть может, никто в наше время не исполняет ее условий. Никто не выучился у меня метанию стрел, чтобы под конец не обратить меня в свою мишень".

— Очень изрядно, — сказал, улыбаясь, Грибоедов.

Сеньковский съежился и покосился на Грибоедова.

— Прочтите, — крикнул он вдруг, — из "Гюлистана" стихи из рассказа семнадцать.

— "Не подходи к двери эмира, везира и султана, не имея там тесных связей: швейцар, собака и дворник, когда почуют чужого, — один хватает за ворот, другой за полу".

— Передайте по-русски лучше, — сипел, надорвавшись, Сеньковский.

Ученик молчал.

— По-русски это передано в прекрасных стихах, ставших уже ныне пословицей, — сказал Сеньковский важно:

Мне завещал отец:

Во—первых, угождать всем людям без изъятья —

Слуге, который чистит платье.

Швейцару, дворнику, для избежанья зла,

Собаке дворника, чтоб ласкова была.

И профессор сжался в ком с отчаянным видом. Грибоедов насупился и посмотрел на него холодно.

Но с отчаянным вызовом сжавшийся в ком Сеньковский, с затопорщившимся галстучком, на котором уныло торчала булавка — эмалевый купидон, — злой и какой-то испуганный, одинокий, вдруг стал до крайности забавен. Грибоедов сказал с открытой, почти детской улыбкой:

— Иосиф Иоаннович, вы слишком строги.

Разноплеменная профессура мягко улыбалась. Крики разбоя и жесты деспота становились невозможны. Академик очнулся и тоже улыбался.

— Сознаюсь, сознаюсь, — сказал томно Сеньковский, — каюсь, Александр Сергеевич, — он еще пожеманился.

И все кончилось мирно.

— Переведите мне, — говорил в нос, но очень любезно Сеньковский, — из Ааша.

Он протянул: "А—а—ша" уже совершенно по-светски, даже как-то по-дамски.

— "Как ослепительна белизна ее тела, — читал высоким голосом ученик, — как длинны и густы ее волосы. Как блестят ее зубы. Медленна и спокойна ее походка, как шаг коня, раненного в ногу. Когда она идет, то величественно колеблется, подобно облаку, которое тихо плавает в воздухе. Звук ее украшений как звук семян ишрика, качаемого ветром".

— "Она сложена так нежно, — грустно прервал его Сеньковский, — что даже ни разу не может посетить своей соседки без усилия и напряжения".

— "Когда она немного поиграет со своей подругой, все ее тело приходит в трепетанье", — добавил боязливо ученик.

— "Ах, — вздохнул Сеньковский, — собственно, уа, — едва я увидел ее, тотчас и полюбил. Но, увы, — покачал он головою, — она пламенеет к другому. Так делим мы все одинаковую участь, — мелко покачивал он головой, — так чувствуем все мучения любви, и каждый, — он поучительно повысил голос и сунул пальцем в воздух, — или, вернее, всякий попадает в те сети, которыми сам опутывал других".

— "Я томлюсь желанием... "— начинал ученик.

— "... видеть, — прервал его Сеньковский, — раскрашенные руки любезной..." Очень хорошо. Можете садиться.

В министерской зале, где происходил экзамен, боевой клекот сменился воркованием.

Шармуа ощущал официальное, щекочущее довольство, перс и татарин сидели смирно, древний академик, вероятно, не думал ни о чем. Студенты смотрели, не отрываясь, на легкого человека, неожиданно явившегося им на спасенье. Грибоедов беззаботно слушал сиплого Сеньковского.

А в окнах был невнятный март, а слова Ааши, которые коверкали профессор и ученики, шли легкой походкой, колеблющейся, как ишрик, — какое это дерево? — Раскрашенные руки любезной, шаг коня, раненного в ногу.

9

Весь Петербург болел насморком. На Исаакиевской площади, которую они проходили, снег был мокрый, сизого цвета, ноздреват. Небо было белесое, чухонское.

Леса, беспорядок и щебень; мокрые доски, старческого и безнадежного вида. Три поколения уже видели эти леса вокруг церкви, которая никак не хотела стать на болоте. Покрытая черными холстами, лежала колонна, как труп морской рыбы времен потопа.

— Завтра будут ее поднимать, — сказал доктор, — будет торжество. Уже по всем гошпиталям известили, чтоб были готовы. Предполагается, что будет раздавлено несколько людей.

— Пороки в архитектуре, — заметил Сеньковский. — Какая колонна — но отойдите к бульвару, и вся церковь — игрушка. В Египте строили лучше, грубо, но с полным понятием. Притом же церковь строится на сваях и лет через сто непременно погрузится в почву.

— Может ли это статься?

— Разумеется, — сказал Сеньковский с удовольствием. — Целые государства древности, возможно, бывали сметены, или сожжены, или утопали. И не увидишь более ни сих, ни оных.

Однако ж мы довольно знаем и словесность древнюю и художества?

— Нимало. Древние Венеры, например, — сказал Сеньковский томно, — нас привлекает в них что? Их белость. А древние Венеры были накрашены, как сапоги, — сказал он с огорчением, — и только потом уж облупились.

Он притопнул своими новыми штиблетами, отряхая грязь. Пес увлекал профессора.

— И прибавьте еще действие атмосферической влажности.

— Вы изучаете древности? — спросил Грибоедов.

— Так же как геологию и физику. Говоря в собственном смысле, я музыкант.

Церковь, которая строится десятилетиями, с тем чтобы через сто лет провалиться сквозь землю, младенчество и дряхлость, черное таяние снега, во всем недоконченность и шагающий рядом человек с его обширными и ненадежными познаниями. И этот утомительный громозд сравнений!

Сеньковский был геолог, физик, профессор арабской словесности, и все ему было мало.

Пес увлекал профессора.

— У вас фортепьяно какой, — спросил Грибоедов, — Пляйеля или с двойной репетицией?

— Разве может меня удовлетворить какой-либо фортепьяно, — сказал в нос Сеньковский. — Фортепьяно стучит, и только. Он отжил свой век, нынче потребны более сильные инструменты.

— Это почему же?

— Ибо требуется большая звучность. Я организую собственный инструмент. В нем восемь клавиатур. Он называется клавио—оркестр.

— И что же, как играет ваш оркестр?

— Он не совсем еще докончен, — сказал неохотно Сеньковский.

— А что вы на нем играть будете?

— Но, бог мой, все то же, что и на фортепьяно, — мрачно ответил Сеньковский.

Вдруг он взял под руку Грибоедова и заговорил отрывисто, осклабив гнилые зубы:

— Я презираю в Петербурге всех — всех, кроме вас. Давайте основем журнал, я был бы у вас сотрудником. Путешествия, ученые статьи. Иностранные романы для дураков. Мы... все журналы опрокинем... Мы... вы... — он задохнулся, — вы...

Грибоедов пожал плечами.

— Осип Иваныч, есть в мире неприятное ремесло, это журналы. Я давно отшатнулся, отложился от всякого письма. Завоевать русские журналы — разве на это станет охоты? И для чего стараться.

Профессор Сеньковский судорожно метнулся, толкнулся назад, наскочил на пса, стал в позицию перед Грибоедовым.

— Простите, — жеманно и медленно сказал он, приподнимая светлую шляпу с ярким бантом, — Александр Сергеевич, свидетельствую мое глубокое почтение.

И быстро пошел прочь, волоча по грязи шубу, увлекаемый псом. Скоро он пропал в петербургском тумане.

Грибоедов посмотрел на доктора. Крепыш стоял и улыбался всеми бороздами красного личика.

— Дорогой доктор, — сказал Грибоедов с удовлетворением, — мне скоро потребуются, может быть, люди, веселые, как вы. Согласны ехать со мною в одно несуществующее государство?

— Всюду, куда угодно, — ответил доктор. — Но я не веселый человек.

10

Как привлекает кошек тянущий запах валерианы, так он тянул к себе людей. Когда он пытался жить оседло, вокруг него никогда никого не было. Должно было выйти за литературу, за столичную жизнь, размахнуться Кавказом и Персией, до конца износить легкое, детское сердце, чтобы люди почувствовали острый запах судьбы вокруг человека. Только когда становится слышен этот запах, люди, не зная почему, бегут на этого человека, как тот мотылек Саади, которому лестно было мчаться на огонь.

Они толклись вокруг него, не зная, что с ним делать, чтобы унять мешающее им беспокойство; Сеньковский предлагал ему журналы; Фаддей — спокойную жизнь; его радость, беспричинную, как у всякого человека, они принимали за какую-то таинственную, значительную удачу в неизвестных им делах; его молчанье наполняли мыслями, которых у него в помине не было, а когда они надоедали ему и он с беспомощной вежливостью скрывался в соседней комнате, они умно переглядывались.

Это называется славой.

Бедная тень нервного офицера Наполеона Бонапарте была когда-то так заполнена людскими глазами. А Бонапарте упал в обморок в Совете Пятисот и только потом ухватил рукой секрет: математику и солдатское легкомыслие. Он тоже учился на театре, и Тальма был его учителем в отрывистом, даже косноязычном витийстве, которое казалось людям простым и торжественным.

В тридцатых годах закочевали по Европе виртуозы, полководцы роялей, с безвредными, но шумными битвами. Их слишком черные фраки и слишком белые воротники были мундирами, надетыми на голое тело. Все эти гении были без белья и без родины. Полями сражения были фортепьяна Эрара, Пляйеля или Бабкока.

У Грибоедова была родина.

Как он любил ростовские и суздальские лица, как ненавидел петербургские, выглаженные и мятые, как воротники. Все же свою жизнь он проводил не в деревне, а на больших дорогах и в персидских, ветром обитых, дворцах.

Ветер гнал его. И пообносилось в пути белое, тонкое, дворянское белье, тканное крепостными матушки, теми самыми, что подняли однажды бунт.

Он не соглашался ни на журнал, ни на спокойную жизнь.

11

Вот и теперь, когда он вернулся к себе в нумера, — там торчало бог знает сколько людей. Они ждали его давно и поэтому расположились удобно, болтали, курили, как будто он уже умер и стесняться его не приходилось.

Он жал руки всем и с каждым говорил просто.

Молодому генералу, который приходился дальним родственником Паскевичу и называл его "mon cousin", он тоже отвечал: "mon cousin"; с молоденьким дипломатом был отечески вежлив и предупреждал его, чтобы он, если вздумает ездить на Восток, не доверялся славе о жарком климате, а брал непременно шубу, иначе продрогнет; начинающему поэту обещал прочесть его стихи, а к трем неизвестным людям, которые просто открывали на него рты, относился свободно, как к хорошей мебели.

Он поклонился им, потому что скоро уезжал, и даже в душе не посылал их к черту.

Все-таки обрадовался, когда Сашка доложил, не глядя на гостей, что в кабинете лежат письма. С час как принесли.

Он сделал жест, который означал не то: "сами видите, дела", не то: "делайте, что хотите", — и пошел в среднюю комнату.

Действительно, были письма — четыре, пять или больше.

Длинная розовая записка, с лиловым сургучом, от Кати:

"Милый друг. Я залилась горькими слезами сразу после вчерашнего спектакля. Знайте, что такое обращение с женщиной ужасно! Я не хочу совсем вас более видеть! И если б вы захотели ко мне заехать, все равно вам не удастся, потому что я занята с 11 до 2 каждый день беспрестанно, а с семи уже в театре. Итак, прощайте! Навсегда! Вы ужасный человек!!

Е.Т. "

Грибоедов расхохотался! Какая таинственность! какой ужас! младшие классы театральной школы!

Он посмотрел на розовую записку с разломанным сургучом и положил на стол. С двух до семи каждый день беспрестанно было вполне достаточно времени.

Потом ему показалось, что он и в самом деле боится встретиться с Катей. Женщины слишком долго оставались молодыми, время их не касалось; ему было заранее скучно. Он решил, что будет держать себя с Катей чрезвычайно почтительно и подурачит ее. Эта мысль ему очень понравилась.

Длинное письмо от Леночки было написано по-немецки. Она тоже с ним прощалась и тоже плакала. Грибоедову было жалко Леночку. Он сунул письмо в карман. Леночка расплачивалась за других, она кого-то напоминала Грибоедову, чуть ли не мадонну Мурильо из Эрмитажа?

И взглянул на третью печать.

Третья печать была персидская, письмо было в неуклюжем конверте, и надпись, с затейливыми росчерками, была:

ЕГО ПРЕВОСХОДИТЕЛЬСТВУ!
РУССКОМУ СЕКРЕТАРЮ!
ГОСПОДИНУ!
АЛЕКСАНДРУ СЕРГЕЕВИЧУ!
ГРИБОЕДОВУ!

Русский секретарь нахмурился и сорвал печать.

— Это письмо кто принес? — спросил он у Сашки.

— Доктор оставили.

— Какой доктор?

— Английский, — важно отвечал Сашка.

— Так вот, — медленно сказал Грибоедов, — если ты напредки будешь принимать от этого английского доктора письма или еще что-нибудь, так будет тебе напрегай. Понял теперь?

— Вгладь ничего—с, — равнодушно ответил Сашка.

— И дурак, — посмотрел на него с огорчением Грибоедов, — дурень!

"Милостивый государь!

Ваше превосходительство!

Дочитайте это письмо, потому что в конце я даю важное предупреждение.

Родина моя, в которой я родился, есть Россия. В этой самой родине я получил при покойной императрице тысячу палок да вдругорядь при его величестве императоре Павле 2500 шпицрутенов, по приключившейся отлучке из чина вахмистра Нижегородского драгунского полка, каким состоял до 1801 года.

Ваше превосходительство! Рубцы ношу до сей поры на теле, хотя мои годы теперь не молодые! Прошу вас, милостивый государь мой, теперь сообразите, какая является моя родина. Потому что всякий солдат тоже есть человек, и это забывают!

Теперь, по лишении жены и детей, за которую вечно буду мстить называвшейся бывшей родине, что оставалось делать старому солдату—вахмистру?

Господин Секретарь, я пишу теперь к вам в чине полного Генерала и

Хана и уже с 1802 года признаю, что я родился в Персии и имею мусульманское вероисповедание, хотя не вовсе разучился писать еще по-русски.

Десять лет назад вы выслали меня вон из комнаты при его высочестве Аббасе—Мирзе, при котором я состою полным Генералом, а тогда был ньюкером, что по-русски значит — просто Придворный! При этом обозвали меня на персидском языке, которому я хорошо разумею: каналья, подлец и другие слова. И увели тогда от меня 75 моих человек, молодых казаков сарбазов, которые были глупые и послушались, что вы обещали им и присягу давали, что будут счастливы, прощенные, есть русский хлеб, и другие слова. Где они счастливы теперь, Ваше превосходительство, Господин Секретарь, в котором месте их счастье? Все теперь знают, где сарбаз Ларин и сарбаз Васильков Меченой, где их счастье. Притом под моей командой состоит целый батальон бывших русских людей, солдат, которые послушают одного моего свиста и готовы разнести на куски всякого, потому что признают своей родиной Персию, а не Россию.

Два года тому назад мой батальон в одном деле претерпел маленькую неудачу, и пришлось удалиться из Хоя, родины Персии, в крепость Чехри, на нашей границе с турками. Его превосходительство генерал Вельяминов меня захотел извести с моими людьми. Но не довелось пройти сквозь палки опять или сложить голову на плахе, к радости врагов. Хотя я подлец или даже каналья, Ваше превосходительство, но господину генералу Вельяминову не удалось!

Не подумайте, Господин Секретарь, Ваше превосходительство, что пишу я вам для ругательства. Я в чине полного Генерала, звание Самсон—хан, и я не могу ругаться такими словами.

А я прошу довести до русского императора Николая, что в мир, который вы изволили заключить с нами в Туркменчае, вставлена статья, чтобы возвратить всех русских из Персии. Слов нет, что русских пленных имеете право, но только не персиян, исламского закону, хоть и бывшей родины России.

Тут позабыли нашу оговорку, но прошу довести до русского императора Николая, что нужно думать об оговорке с добровольными пленными, и на это положение сабля навострена и рука готова.

Честь имею, Господин Секретарь!

Ваше превосходительство!

Самсон—хан, называемый Самсон Маканцев".

И сбоку большая, красного цвета, печать, на которой Грибоедов прочел по-персидски: "Самсон, земная звезда".

Самсон Макинцев, вахмистр Нижегородского драгунского полка, с его русским батальоном, сражавшимся против русских войск, был позором Паскевича и Николая. Эти солдаты, с длинными волосами и бородами, в персидских шапках, Самсон с его генеральскими эполетами, быстрыми черными глазами, — это отсиживался в Персии новый Стенька. Стенька опять спознался с персидской княжной, но теперь он нахлобучил остроконечную шапку. Кто скажет слово Самсон—хану? На нем держалась вся Хойская область. Сарбазы убегали, эти разбойники втыкали штыки себе в животы, чтоб не сдаваться бывшей родине, России.

Русские солдаты перебегали к нему сотнями. Их было уже там более трех тысяч человек. Это была шахская гвардия, бехадыраны, богатыри, гренадеры. Вахмистр писал грамоту Николаю.

Грибоедов заходил по нумеру. В соседнем курили, болтали, болтали без конца.

Он вспомнил, как Самсон в шапке с алмазным пером шел перед своим батальоном на персидском смотру и подпевал солдатам:

Солдатская душечка,
Задушевной друг...

Этого унижения он не позабыл.

Самсон Макинцев был с ним всегда вежлив. Только девять лет назад, когда он действительно обругал его при Аббасе—Мирзе канальей и подлецом и велел выйти вон, Самсон криво усмехнулся, зубы блеснули, он покачал головой, сплюнул, но смолчал и тотчас вышел, качаясь на кривых драгунских ногах. К вечеру того дня он напился пьян и пел под окнами Грибоедова:

Солдатская душечка... —

вызывая его на разговор.

Грибоедов не вышел, разговора не принял.

Он был молод тогда и слишком горд. Теперь для него предрассудков не существовало. А о судьбе этих восьмидесяти человек, которых он вывел тому десять лет из Персии, он старался ничего не узнавать. До чего он был молод и глуп! Обещал им полное прощение, говорил о родине и сам верил. И оказался в дураках и обманщиках. И он вспомнил Василькова, "меченого", о котором писал Самсон, солдата, прогнанного сквозь строй в России, больного; он заботился об этом Василькове во время привалов, растирал ему колена ромом, вез на мягкой клади; и вдруг ночью Васильков вскочил с арбы и сказал, что уходит. И он вспомнил лицо солдата — рябое, белесое. Он больше ничего не знал о его судьбе: верно, его в ту же ночь прикончили персияне. И, может быть, к лучшему. Как потом с ними обходились в Тифлисе! А он вел их в страну млека и меда и говорил им речи, наполеонады.

И, нахмурясь, он швырнул пакет с отвращением.

Как, однако ж, обнаглел этот изменник!

И последняя записочка — от Нессельрода, который назначал ему свидание на завтра, перед балом. Самая короткая из всех.

Все-таки сердце у него стало качаться, как медная тарелка, он вдруг застегнулся на все пуговицы и почувствовал: час пришел.

Он воровато открыл ящик стола и вынул пакет с проектом. Он взламывал печати со своего проекта, как шпион, и взглянул на синие листы с опаской.

Все наступало слишком рано, как всегда наступают важные дни, но медлить более было никак невозможно.

Проект был принят. Он, всеконечно, перехитрит Нессельрода, и он хорошо понимает императора.

Проект его был обширен, больше Туркменчайского мира. Все было расчислено, и все неопровержимо.

Он хотел быть королем.

12

— Нынче в Петербурге можно очень просто заработать деньги.

— Рази?

— Нынче в Петербурге не то что в старое время, а находятся очень многие образованные люди.

— Рази?

— Нынче, конечно, обращают много больше внимания на одёжу, кто как одет.

— Рази?

Разговор нумерного и Сашки, которые думали, что он уже уехал, был в середней комнате. За все время Сашка из важности говорил только: "разве?" Но потом он говорил "разве?" — уже из любопытства.

А Грибоедов сидел в плаще и слушал. Он было ушел и вернулся тихонько.

— Но нужно очень много нынче внимания. Останавливаются важные бары.

— Рази?

— В прошлом году в десятом нумере играли в карты и одного барина полоснули шандалом.

— Рази?

Разговор ему помогал. Невозможно идти сейчас к Нессельроду, для того чтобы декламировать.

Если человек задекламирует, дело его пропало.

Он это знал по себе — никто не хотел слушать его стихов для декламации, а в них ведь он весь как на ладони. Так он было хотел начать свое "Горе", но потом стал портить для театра, вставлять фарсы, и все восхитились. Так было должно действовать и с Нессельродом.

— С месяца два будет, у нас даже одна американская барыня разрешилась в пятом нумере мальчиком.

— Рази?

13

Один дипломат сказал: все настоящие бедствия рождаются из боязни мнимых. Этим он хотел определить свое ремесло.

Образовалось как бы тайное братство дипломатов, с общим знаком — улыбкой. Объединенные, отпавшие от людей, в экстерриториальных, то есть по-русски — внеземных, дворцах, они выработали особые приемы поведения.

Нужно было притворяться обыкновенными людьми, чтобы уловлять людские слабости и создавать комбинации.

Все знали: если Талейран кутит напропалую, задает бал за балом, вокруг дам, — Франция накануне комбинаций. Если Меттерних говорит о своей отставке и о том, что он собирается всецело заняться философией права — у Австрии есть комбинация.

Дипломаты экстерриториальны, оторваны. Поэтому каждое вседневное человеческое действие превращается в особый обряд. Обыкновенный обед вырос у них до безобразных размеров Обеда.

Как африканские туземцы, в начале XIX века добывшие яд, который назвали "кока", и опьянявшиеся им, шагали в бреду через щепочки, потому что они казались им бревнами, — так дипломаты поднимали в своих бокалах не портвейн или мадеру, а Пруссию или Испанию.

— Молодой человек, вы готовите себе печальную старость, — сказал Талейран одному молодому дипломату, который отказался играть в карты.

Как раз в тот день, когда шел Грибоедов к Нессельроду, появилось в "Северной пчеле" краткое известие:

Новости заграничные. Франция.

В прошлое воскресенье Его Величество играл в карты с Принцем Леопольдом Кобургским и посланниками, российским и австрийским.

Молодой принц готовил себе приятную старость, а Франция в этот вечер проигрывала России и Австрии. Это была заграничная новость, а не отдел "Нравов". В отделе "Нравов" было совсем другое: "Источник сплетен", подписанный Ф. Б., там был настоящий картеж и настоящий обед, там был Фаддей Булгарин.

Коротенькая записка Нессельрода с просьбой пожаловать за час до бала — была новой комбинацией.

В кабинете Нессельрода Грибоедов оценил место и дислокацию и не сразу приступил к военным действиям.

Место было уютное. Бледно—голубые акварельки в тоненьких рамочках висели на стенках — симметрия леденцов. Домашние портретики императоров и дипломатов, лошадка Николая на литографии Гернера, гравюра Райта, где Николай изображен был на тарелочке с орлами, и Александр, пухлый, с женскими боками, на фоне Петропавловской крепости.

Челюсть Меттерниха тоже виднелась.

Место приятное, место уютное, невинное.

Это было не очень хорошо.

Он предпочитал несоразмеримо широкий и почти пустой кабинет министерства. Приходилось говорить о товарах, фабриках, капиталах. В этой комнатке никак нельзя себе всего этого представить, бумага остается бумагой.

Нессельрод преклонялся перед словами: депеша и меморандум. Изящно написанный меморандум мог заменить в разных случаях войну, кровь и brouhaha. Это было влияние кабинета, акварелек. Он все пошучивал и поднимал брови, усаживая Грибоедова в неизмеримое кресло.

Дальше.

Дальше был выздоровевший Родофиникин.

Это было так и сяк.

Это была птица старая, стреляная. Жесткая серебряная голова его не привыкла к дальним размышлениям, но привыкла к поворотам. Он служил со времен Екатерины. Был потом секретарем в Капитуле орденов при Павле и там изучил человеческое вихревращение, бывшее политикой. Был при Аустерлице и даже пожил в нем два дня. Когда он читал: "Солнце Аустерлица" — он вспоминал лаковые полы в замке, а если говорили: "День Аустерлица" — он вспоминал утро, чемоданы, повозки, базарную площадь; он убегал в этот день из Аустерлица, малого, скверного городишка. И долго потом разъезжал он с казенными поручениями по Азии, был в Константинополе, привык к военным делам и внезапным смятениям, которые потом оказывались победой или поражением. Но при Александре он был в тени, азиатские дела были не в моде, а теперь настал его час: было азиатское brouhaha, и Нессельрод без него ни на шаг. Дальних стремлений у него, как и прежде, не было, но было одно тайное: быть исконным русским дворянином, чтоб все забыли греческие звуки его фамилии. Хотел он также приращения имений и еще хотел быть предводителем дворянства, хоть уездным.

Время было неверное, равновесие полетело за борт. Восток, может быть, будет завоеван. Проект мог пройти.

Тотчас как он погрузился в кресла, с двух сторон карлик и раскоряка протянули ему бумаги.

И Нессельрод засмеялся.

Грибоедов поклонился туда и сюда и пробежал глазами. Это были письма Нессельрода и Родофиникина Паскевичу. Он притворился внимательным. Писали о нем.

Письмо Нессельрода:

"Приезд г. Грибоедова и привезенные им доказательства, что мир заключен и трактат подписан, преисполнили радостью сердца всех... "

Нессельрод любил такие слова, как "доказательства" вместо "мир".

"Благодарение богу всевышнему, благодарение государю императору, мудро все устроившему... признательность отечества победоносным войскам... "

(—Дальше, дальше.)

"Скажу откровенно вашему сиятельству..."

(— Ага.)

"... Что известие о мире получено здесь так кстати, как нельзя более. Оно, без сомнения, произведет удовлетворительное впечатление на внешние наши сношения... "

(— Почему, мол, затянули.)

"Грибоедов награжден соответственно заслугам его, и я уверен, что он будет нам полезен и впредь по делам Персии... "

(—Очень нехорошо.)

Он улыбнулся, поклонился и пробежал второй листок, греческий.

"Слов не могу найти довольно выразительных, чтобы описать вашему сиятельству всеобщую радость, которою объята петербургская публика приездом любезнейшего Грибоедова... "

Раскоряке поклон.

"... Слезы врагов тоже, думаю, будут изобильны... Я сам одержим болезнью... Поздравляю душевно с новыми лаврами... Грибоедов поздравлен от самого государя, и на другой день Карл Васильевич привез из дворца указы об ордене и четыре тысячи червонцев, согласно с вашим представлением".

(—Очень хорошо.)

"... Остается довершить дело, чтоб дать ему дело, и то будет".

(— Что будет? То будет. Нехорошо.)

Вот как они заласкали его.

Нессельрод смотрел на него, подняв брови, ожидал признательности. Наконец-то он раскусил его. Курьер знал себе цену и требовал надбавки. Нессельрод не был жаден. Свойственник Паскевича — это нужно было принять во внимание. Он знал к тому же персидский язык и нравы, Нессельрод же путал Араке с Арпачаем.

Все трое сидели и улыбались.

Начал Нессельрод.

— Дорогой господин Грибоедов, вы отдохнули у нас, у вас превосходный вид, — сказал он.

— О да, вам было от чего отдохнуть, не правда ли?

(— Они сами набивали цену!)

— И вот мы с m—r Родофиникин все думаем, все думаем, — сказал старший, — о достойном месте для вас. Признаюсь, мы его пока не находим.

(— И очень хорошо, что не находите.)

— Что мое место, дорогой граф!.. Я и так облагодетельствован свыше меры. Не место прельщает меня, меня тревожит, как и вас, вопрос о нашей будущности. Не о себе я хочу говорить, но о Востоке.

Грибоедов вынул свой проект. Синий сверток ударил в глаза дипломатов.

Атака началась. Дипломаты притихли. Сверток внушал им уважение.

Туркменчайский трактат — меморандум — Бухарестский трактат — сверток — Нессельрод определил на глаз: сверток был вроде меморандума с приложениями. Он сделал знак читать и ушел в кресла. Рыбка ушла в глубину.

Грибоедов говорил тихо, любезно и внятно. Он смотрел то на Нессельрода, то на грека.

14

Сашка проводил дни свои в беспамятстве.

Грибоедов был для него неизбежным злом, когда бывал дома, и был приятен Сашке, когда сидел в карете. Сашка любил качаться на козлах.

У него была великая склонность ко сну.

Сон охватывал его целиком, ловил его на стуле, на диване, в коляске, реже всего на постели. И тогда он зевал страшно, как бы намеренно. Он разевал челюсть, напружив плечи, и долго не мог раззеваться во всю ширь, до природных размеров зевка. Потом, исцеленный зевком, он чувствовал туман во всем теле, как будто его выпарили в бане и долго терли спину и живот мыльной пеной.

Страстью его были зеркала.

Он долго и неподвижно смотрелся в них.

Любил он также переодеваться и сам себя оправдывал тем, что начинал раскладывать и перетряхать барские платья.

Когда Грибоедов ушел и нумерной все свое рассказал, Сашка походил по нумерам. Потом открыл шкаф и снял пылинку с форменного мундира. Пальцами он дошел до глубины шкафа и нащупал костюм, давно облюбованный. Он вынул из шкафа грузинский чекмень и прошелся щеткой.

Потом лениво, точно делая любезность кому-то, Сашка надел его. Грибоедов был выше Сашки, перехват пришелся ему ниже талии.

Так он стал смотреться в зеркало.

Ему не нравилось, что чекмень был без газырей, с гладкой грудью. Грибоедов почему-то особенно дорожил этой одеждой и никогда не давал Сашке ее чистить.

Тут, у зеркала, налетел на Сашку страшный зевок.

Отряхиваясь и покачивая головой, он опустился на диван и, в чекмене, заснул.

Во сне он видел газыри, ребра и американскую барыню, барыня кричала на нумерного, что он запропастил ее мальчика, которого она родила в пятом нумере и положила в шкаф. Нумерной же все сваливал на Сашку.

15

Перед балом следовало держаться стиля семейного, стиля уютного, растормошить Нессельрода шуткой и кинуть вскользь деловое слово греку.

Грибоедов начал со сравнения:

— Я автор, и ваше превосходительство простит мне отклонение, может быть далекое и не свойственное миру важных дел.

Хорошо. Нессельрод боялся пакета перед балом.

— В бытность мою в Персии я вел такую политику: с торговцем дровами я был вежлив, с торговцем сладостями — нежен, но к торговцам фруктами — суров.

Нессельрод, как опытный шутник, поднял брови и приготовился услышать нечто смешное.

В виду акварелек следовало говорить о сладостях.

— Потому что дрова в Тебризе продаются на вес золота, по фунтам, фруктов в Персии очень много, а сладости я люблю.

— А какие там фрукты? — любознательно спросил Нессельрод.

Эк его — не надо бы о фруктах. Он слишком интересуется фруктами.

— Виноград, но длинный, без косточек, он называется тебризи — сорт превосходный, потом особый лимон.

У Нессельрода свело губы. Он живо вообразил себе этот лимон.

— Но совершенно сахарный, сладкий, — взглянул на него коллежский советник, — лиму, как они его называют, померанец, апельсин.

И с опаской глядя на чувствительного руководителя:

— Кислый, — добавил он тихо.

Так он умно, как благонравный, хитрый мальчик, поддразнил руководителей, что карлик решительно развеселился. Неучтивость? Коварство? Милейший господин!

— И я пришел к заключению, что моя домашняя политика правильна и чуть ли не отражает наши принципы.

"Наши принципы" — как это самоуверенно. Но это шутка.

— Я шучу, — сказал коллежский советник, — и заранее прошу в том прощения. Но я наблюдал Восток и старался прилежно следить за мудрою политикой вашего превосходительства.

Да, он знал себе место. Серьезный и вместе почтительный человек, шутливость вовсе не такой порок в молодом человеке, в меру, разумеется.

—... ибо для государства важен не только воинственный дух.

И это верно. Нессельрод одобрительно качнул головой. Этот родственник Паскевича немного... un peu ideologue[19], но он, кажется, понимает дело и не заносится.

— Для государства важны способы прокормления, доходы верные и приращение их по мере возрастающих удобств и приятностей жизни.

— Доходы, — насторожился Нессельрод. — Я говорил с министром финансов. Он сказал, что наша Россия именно за последние годы расширяется, вообще разрастается.

Грибоедов любезно улыбнулся.

— Я боюсь, что здесь некоторое увлечение изобилием вещества и средств к его добыванию. Мы с некоторого времени при несметном изобилии хлеба — и в этом его превосходительство министр финансов прав — ничего за него не выручаем.

Нессельрод был озадачен. Это было по финансовой части. Он уже хотел сказать коллежскому советнику, что тут, в сущности, ему придется обратиться по финансовой части со своим проектом, когда тот, почтительно на него взглянув, вдруг остановился.

— Не подумайте, ваше превосходительство, что я хочу утомить вас делами финансовыми. Это имеет прямое отношение к мудрой политике вашего превосходительства.

Нессельрод значительно поднял брови. Его область была отвлеченная, и когда оказывалось, что она соприкасается с финансами, это было приятно и тревожно.

— В северной и средней части нашего государства, — говорил коллежский советник, — просвещение, промышленность и торговля уже развиты.

Все было, конечно, благополучно. Какая-то неприятность с хлебом была несущественна.

— Мы не одолжены уже иностранцам за их произведения полосы холодной и умеренной.

Как хорошо! Это нужно будет сказать при случае Меттерниху, если он начнет язвить. "Мы не одолжены... " Но верно ли это? И если не нуждаются в иностранцах, какой смысл в существовании министерства иностранных дел?

— Нам недостает, — говорил холодно коллежский советник, — только произведений теплого и жаркого климатов, и мы принуждены заимствовать оные из западной и южной Европы и Средней Азии.

Ага, все-таки недостает чего-то. Этак и лучше.

---

[19] Немного идеолог (фр.).

— Европейская торговля довольно еще выгодна для России...

Конечно, он всегда это утверждал. Нельзя и шагу без Вены ступить. И он не виноват, если все, что творится...

— Но азиатская клонится совершенно не в ее пользу.

Азиатская? Может быть, он этого не отрицает. Вообще, азиатские дела, по правде, сомнительные дела. Он тысячу раз прав, этот коллежский советник. Не стоило начинать это brouhaha по всем причинам. Он-то всегда это чувствовал. Теперь, оказывается, и с торговой стороны...

— Почему? — спросил вдруг коллежский советник.

В самом деле, почему? Нессельрод с любопытством на него поглядел.

— Причины ясны вашим превосходительствам: взыскательность нового начальства...

Нессельрод сморщил брови. Хотя какое же это новое начальство? Да ведь это Паскевич, новоявленный граф! Внимание!

— Мятежи от введения иного порядка и вообще перемены, которым никакой народ добровольно не подчиняется.

Ох уж эти перемены.

— Нужен разбор, досуг и спокойствие.

Нессельрод вздохнул. Нужен, нужен досуг.

— Гром оружия не дает благоденствия стране.

Это его мысли, его мысли. Но нельзя говорить так резко. Он очень еще молод и неопытен, этот, в сущности, рассудительный молодой человек.

— У нас не возникло в Закавказье ни одной фабрики, не процвело ни земледелие, ни садоводство.

Ах, это резко, резко.

— Между тем тифлисские купцы ездят в Лейпциг за товарами, сбывают их дома и в Персии с успехом.

Нессельрод поискал глазами Лейпциг на акварельках.

Это был прекрасный город, уютный — не Петербург, он в нем бывал.

— И знаете, — сказал он неожиданно, — там климат совершенно другой...

— В климате все дело, — подтвердил коллежский советник, — естественные произведения разнообразны и богаты. В Закавказье — виноград, шелк, хлопчатая бумага, марена, кошениль, в древности здесь разводили сахарный тростник...

Сахарный тростник, да. Zuckerrohr — Rohr — roseau.

И по поводу сахарного тростника вспомнилась руководителю чья-то фраза, кажется Паскаля: le roseau pensant[20], которую с успехом употребил во французской палате граф... на прошлой неделе — руководитель почесал переносицу — граф...

И вдруг коллежский советник сказал резко:

— Усилия частных людей останутся бесплодными. Следует соединить в общий состав массу капиталов, создать из Закавказья единое общество производителей—капиталистов. По примеру Англии создать Компанию — Земледельческую, Мануфактурную и Торговую. Новую Российскую Восточную Индию.

— Очень интересно, — сказал вдруг пораженный Нессельрод.

---

[20] Мыслящий тростник (фр.).

— И тогда европейские народы устремятся наперерыв к Мингрелии и Имеретии — и Россия предложит им те колониальные произведения, которых они ищут на другом полушарии.

Стало тихо. Руководитель сидел серой мышкой. Он выпячивал грудь. Вот уже она предлагает, Россия, свои товары, эти мануфактуры, эти разные... хлопки. И тогда сам герцог Веллингтон, может быть...

— А скажите, пожалуйста, — спросил он не без робости, — не повлияет ли это на наши дружеские... пока, — он посмотрел скорбно, — отношения с Лондоном?

— О, — успокоил его коллежский советник, — это будет мирное торговое соперничество, не более.

Акварельки висели. Во всем мире был мир. Не было воинственного духа. Было мирное соперничество, очень вежливое, Россия получила значение, черт возьми, — Англии! И он скажет герцогу Веллингтону: мирное развитие наших колоний... Боже! Как это не бросалось ранее в глаза: Закавказье — это ведь колония!

Акварельки висели на своих местах, зеленые марины привлекли внимание руководителя.

Да, но это очень... громоздко... пустынно. Это, правда, — не война, но это тоже, может быть, отчасти... brouhaha... Льдинки, льдинки и... белые медведи. И с чего здесь начать? Это, вероятно, нужно отправить министру финансов, этот синий пакет. И потом все-таки Паскевич. В самом деле, как же здесь Паскевич? Руководитель остановился глазами на итальянском музыканте, надувшем щеки. Щеки готовы были лопнуть. Картина слегка облупилась.

— Вы говорили, — спросил осторожно Нессельрод, — с Иваном Федоровичем?

Коллежский советник глазом не моргнул.

— С общими начертаниями проекта Иван Федорович знаком.

С общими начертаниями — это означало, как говорил Сашка: вгладь ничего—с.

Ага! Так вот он какой, этот свойственник! Это положительно приятный человек. И теперь мимо Паскевича, от имени министерства, можно сунуть императору проект. Превосходная мысль. Проекты в моде... Но не начнется ли все-таки возня с Паскевичем? И где доказательства... гарантии... этого меморандума? И тут он по привычке взглянул вопросительно на Родофиникина. Грек был немного обижен.

С неимоверной живостью он пожал руку Грибоедову.

— Какой талант, любезнейший Александр Сергеевич! Я всегда, всегда говорил дорогому нашему графу.

И руководитель подтвердил кивком: говорил.

И Грибоедов сказал холодно, обращаясь к Нессельроду:

— В проекте своем я старался везде держаться образа мыслей почтеннейшего Константина Константиновича. И все, что он скажет, приму с покорностью и удовольствием: опытность его велика, а моя часто недостаточна.

— Ах нет, ах нет, Александр Сергеевич, — живо качал головой Родофиникин, — это все вы, самостоятельно, я здесь ни при чем.

— Когда Иван Федорович узнал, что вы больны, ваше превосходительство, он сказал: Родофиникин болен европейской горячкой, а азиатская болезнь ему впрок. Но болезнь ваша помешала мне ранее...

Не следовало забывать: он был свойственник Паскевичу.

Руководитель улыбнулся, Константин Константинович пустил басом:

— Хе—хе—хе...

Старший потер ручки. Приятный разговор, ни передвижения войск, ни осложнений с кабинетами, ни депеш, проект преобразования, интересный, как чтение романа, и вовсе не требующий немедленных действий.

Хотя он слишком громоздок, этот проект. Нужно вообще все это поручить... Может быть, создать комиссию? Племянник жены ходит без дела, ему следовало бы поручить создать этакую комиссию, с штатом. Это очень прилично. Жена вчера потребовала место, секретаря, но племянник шут, игрок, — комиссия — другое дело.

— Господа, прошу в зал.

Родофиникин положил синий сверток в свой портфель.

16

Бал. Усатая Нессельродиха. Плоды на серебре. Приезжий иностранец—виртуоз, который отличается необыкновенной быстротой исполнения. Посланники — французский, немецкий, сардинский — рукоплещущие. Их разнообразные, то живые и любезные, то сдержанные жены.

Стол для карт в соседней комнате.

"Молодой человек, не отказывайтесь от карт, вы готовите себе печальную старость".

Он и не отказывался, играл.

И равнодушная, в углу, молчаливая тень: доктор Макниль. Синевыбритый, получивший приглашение, как иностранец.

Экстерриториальная колония поднимает в бокалах портвейн, мадеру, Германию, Испанию.

Все пьют здоровье вице—канцлера.

Что такое вице—канцлер?

Каковы его обязанности?

Но вице—канцлер как рыба в воде с иностранными послами. Это не Франция, не Германия и не Сардиния, это все знакомые, которые пьют его здоровье. Это знакомые со своими женами.

Он сейчас скажет шутливую речь, и Франция, Германия, Сардиния раскроют рты и будут ему хлопать. Он умеет шутить, карлик, Карл Васильевич, граф, вице—канцлер, любезный русский.

Раскоряка—грек сидит скромный, его не видно. Французская дама рядом с ним скучает.

Он только пускает иногда басом, и то крайне тихо:

— Хе—хе.

Меморандумы, депеши и проекты лежат в портфелях.

Только после стола французский посол расскажет анекдот и незаметно перейдет к туркам.

Дамы оживятся, образуют свой капризный кружок, с секретами, и будут шутливо грозить дипломатам.

Потом все затихнет. Дипломаты уведут на ночное заклание своих то живых и любезных, то сдержанных жен.

Последним уйдет незаметный лекарь, имевший интересную беседу с вице—канцлером по поводу ост—индских интересов.

Только ночью, близоруко натолкнувшись на исписанный мелом карточный стол, карлик вспомнит, что он член секретного комитета, и вспомнит, что ему надлежит иметь там завтра мнение:

1) что предполагалось;

2) что есть;

3) что ныне хорошо;

4) что оставить нельзя.

Предполагалось, что он знает, что есть и что ныне хорошо. Сила его была в том, что он и понятия об этом не имел.

Ныне хорошо заснуть и не слушать жены.

Ночью карлик проснется и вспомнит о странном проекте необыкновенного коллежского советника.

От этого проекта останется сахарный тростник, le roseau pensant, да какое-то предостережение английского лекаря, да туманное помышление о герцоге Веллингтоне и генерале Паскевиче, которого было бы не дурно...

— Что — не дурно?

Что такое вице—канцлер, каковы его обязанности?

Он повернется на другой бок и с тоской увидит крепкий нос жены.

И уснет.

Это предполагалось. Это есть. Это ныне хорошо.

17

Сашка спал в грузинском чекмене на диване.

Грибоедов зажег все свечи, стащил его за ноги.

Он поглядел в бессмысленные глаза, расхохотался и вдруг обнял его.

— Сашка, друг.

Он тормошил его, щекотал. Потом сказал:

— Пляши, франт—собака!

Сашка стоял и качался.

— Пляши, говорят тебе!

Тогда Сашка сделал ручкой, потоптался на месте, покружился разок и проснулся.

— Зови из соседнего нумера английского доктора.

Когда лекарь пришел, на столе были уставлены в ряд бутылки и Сашка в грузинском чекмене, снять который Грибоедов ему не позволил, хлопотал с салфеткою в руках. Ему помогал нумерной.

— Значит, вы говорите, что Алаяр—хан меня растерзает, — говорил Грибоедов.

Англичанин пожимал плечами.

— Выпьем за здоровье этого любезного хана, — чокнулся с ним Грибоедов.

Доктор хохотал, щелкал пальцами, пил и наблюдал человека в очках без всякого стеснения.

— Так вы говорите, что Мальта на Средиземном море против англичан — хороший проект покойного императора Павла?

Англичанин и на это мотнул головой.

— Выпьем за упокой души императора Павла.

Ну что ж, англичанин выпил за покойного императора.

— Как поживает мой друг Самсон—хан?

Доктор пожал плечами и посмотрел на Сашку в длинном чекмене.

— Благодарю вас. Кажется, хорошо. Впрочем, не знаю.

Выпили за здоровье Самсона.

Пили необыкновенно быстро, ночь была на исходе.

— А теперь, любезнейший доктор, выпьем за вашу Ост—Индию. Как вы думаете, другой Ост—Индии быть не может?

Доктор поставил стакан на стол.

— Я слишком много пил, мой друг! Я уже оценил ваше гостеприимство.

Он встал и пошел вон из нумера.

— Сашка, пляши...

Золотой нумерному.

— Ты, голубчик, мне более не нужен.

— Сашка, черт, франт—собака, пляши.

18

И постепенно, пьяный, с торчащими по вискам волосами, в холодной постели, он начал понимать, кому следует молиться.

Следовало молиться кавказской девочке с тяжелыми глазами, которая сидела на Кавказе и тоже, верно, думала теперь о нем.

Она не думала о нем, она понимала его, она была еще девочка.

Не было Леночки Булгариной, приснилась Катя Телешова — в огромном театре, который должен был рукоплескать ему, автору, и рукоплескал Ацису.

Измен не было, он не предавал Ермолова, не обходил Паскевича; он был прям, добр, прямой ребенок.

Он просил прощения за промахи, за свою косую жизнь, за то, что он ловчится, и черное платье сидит на нем ловко, и он подчиняется платью.

Еще за холод к ней, странную боязнь.

Прощения за то, что он отклонился от первоначального детства.

И за свои преступления.

Он не может прийти к ней как первый встречный, пусть она даст ему угол.

Все, что он нынче делает, все забудется; пусть она утешит его, скажет, что это правда.

Останется земля, с которой он помирится; опять начнется детство, пускай оно называется старостью.

Будет его страна, вторая родина, труды.
Смолоду бито много, граблено.
Под старость нужно душу спасать.

19

Он сидел у Кати, и Катя вздыхала.

Так она откровенно вздыхала всей грудью, что не понять ее — значило быть попросту глупцом.

Грибоедов сидел вежливый и ничего не понимал.

— Знаете, Катерина Александровна, у вас очень развилась за последнее время элевация.

Катя бросила вздыхать. Она все-таки была актерка и улыбнулась Грибоедову как критику.

— Вы находите?

— Да, вы решительно теперь приближаетесь к Истоминой. Еще совсем немножко, и, пожалуй, вы будете не хуже ее. В пируэтах.

Все это медленно, голосом знатока.

— Вы находите?

Очень протяжно, уныло и уже без улыбки.

И Катя вздохнула.

— Вы теперь ее не узнали бы. Истомина бедная... Она постарела... — И Катя взяла рукой на поларшина от бедер: — ... растолстела.

— Да, да, — вежливо согласился Грибоедов, — но элевация у нее прямо непостижима. Пушкин прав — летит, как пух из уст Эола.

— Сейчас-то, конечно, уж она не летит, но правда, была страсть мила, я не отрицаю, конечно.

Катя говорила с достоинством. Грибоедов кивнул головой.

— Но что в ней нехорошо — так это старые замашки от этого дупеля, Дидло. Прямо так и чувствуется, что вот стоит за кулисами Дидло и хлопает: раз—два—три.

Но ведь и Катя училась у Дидло.

— Ах нет, ах нет, — сказала она, — вот уж, Александр Сергеевич, никогда не соглашусь. Я знаю, что теперь многие его бранят, и правда, если ученица бесталанна, так ужасть, как это отзывается, но всегда скажу: хорошая школа.

Молчание.

— Нынче у нас Новицкая очень выдвигается, — Катя шла на мир и шепнула: — государь...

— А отчего бы вам, Катерина Александровна, не испробовать себя в комедии? — спросил Грибоедов.

Катя раскрыла рот.

— А зачем мне комедия далась? — спросила она, удивленная.

— Ну, знаете, однако же, — сказал уклончиво Грибоедов, — ведь надоест все плясать. В комедии роли разнообразнее.

— Что ж, я старуха, что плясать больше не могу?

Две слезы.

Она их просто вытерла платочком. Потом она подумала и посмотрела на Грибоедова. Он был серьезен и внимателен.

— Я подумаю, — сказала Катя, — может быть, в самом деле, вы правы. Нужно и в комедии попробовать.

Она спрятала платочек.

— Ужасть, ужасть, вы стали нелюбезны. Ах, не узнаю я вас, Александр, Саша.

— Я очень стал стар, Катерина Александровна.

Поцелуй в руку, самый отдаленный.

— Но хотите пройтиться, теперь народное гулянье, может быть забавно?

— Я занята, — сказала Катя, — но, пожалуй, пожалуй, я пройдусь. Немного запоздаю.

20

На Адмиралтейском бульваре вырос в несколько дней шаткий, дощатый город. Стояли большие балаганы, между ними — новые улицы, в переулках пар шел от кухмистерских и кондитерских лотков, вдали кричали зазывалы — маленькие балаганы отбивали зрителей у больших. Город еще рос, спешно вколачивались гвозди, мелькали в грязи белые доски, достраивались лавчонки.

По этим дощатым улицам и переулкам медленно, с праздничной опаской, гуляло простонародье в новых сапогах. К вечеру новые бутылочные сапоги размякали и спускались, а они все ходили, жевали струки, с недвижными лицами, степенные.

Вечером тут же, в трактирах, они отогревались водкой и, смотря друг на друга, нехотя, словно по обязанности, орали песни под пестрыми изображениями: медвежьей охоты с красным выстрелом, турецкой ночи с зеленой луной.

Грибоедов с Катей стояли у большого балагана. Катю толкали, и она необычайно метко отбояривалась локотками, но было холодно, и она несколько раз уже говорила жалобно:

— Alexandre...

Но и она была заинтересована.

Дело было в том, что, как только они подошли к балагану, высунулся из-за занавесок огромный красный кулак и помаячил некоторое время. Человека не было видно.

В толпе сказали почтительно:

— Раппо...

То, что был виден только один кулак и этот кулак называли по фамилии, остановило Грибоедова с Катей. Высунулся второй кулак, и первый спрятался. Потом появился опять с железною палкою. Руки завязали палку в узел, бросили железный ком на помост и скрылись. Занавеска раздвинулась, и вместо Раппо выскочил дед с льняной бородой в высокой шляпе с подхватом.

Дед снял шляпу, обернул ее, показал донышком и спросил:

— В шляпе ничего нет?

Добровольцы крикнули "ничего". В самом деле, в шляпе ничего не было.

— Ну так погодите, — сказал дед, поставил шляпу на перила и пошел за занавески.

Грибоедов с Катей смотрели на шляпу. Шляпа была высокая, поярковая.

Прошло минут пять.

— И очень просто, — говорил купец, — а потом вынет золотые часы с цепочкой.

Один молодец взобрался на перила и потряс шляпу, подвергаясь случайности свалиться. Шляпа была пустая.

Катя уже не просилась у Грибоедова уйти, а смотрела как прикованная на шляпу. Так она в театре ждала своего выхода.

Прошло четверть часа, деда не было.

Катя мерзла и ежилась, она опять попросила:

— Alexandre...

Любопытные проталкивались поближе. Шляпа стояком стояла на перилах.

Минут еще через пять вышел дед. В руках у него ничего не было. Он взял шляпу, осмотрел донышко, потом покрышку. Была тишина. Купец отер пот со лба.

Дед показал шляпу толпе:

— Ничего нет в шляпе?

— Ничего, — все ответили дружно.

Дед заглянул в шляпу.

— Иии... — кто-то подавился нетерпением.

Дед поглядел в донышко и спокойно сказал:

— А и в самделе ничего нет.

Высунул язык, посмотрел на всех мальчишескими глазами, поклонился и попятился к занавескам.

Тогда поднялся хохот, равного которому Грибоедов никогда не слышал в комедии.

Старичок мотал головой, молодец стоял с разинутым ртом, из которого ровно несся гром: — Хыыы.

Катя смеялась. Грибоедов вдруг почувствовал, как глупый хохот засел у него в горле:

— Хыыы...

— Омманул, — пищал старичок и задыхался.

Но толпу тотчас отмело от балагана. Был какой-то конфуз. Купец говорил тихо, идя от балагана:

— Тальянские фокусники, те всегда вынимают часы с цепочкой. Это очень трудно.

Вокруг качелей толпа была особенно густа. Развевающиеся юбки и равнодушный женский визг вызывали смех.

Под качелями установил свой канат итальянец Кьярини, перенесший сюда свой снаряд из Большого театра. Каждые полчаса он ходил по канату, и мальчишки жадно ждали, когда уж он сорвется и полетит.

Толпа стояла и на Невском проспекте. Грибоедов с Катей взобрались на качели, завертелись в колесе, и Катя с огорчением смотрела на свои ноги. Они были в желтой глине. Платье ее раздулось, и внизу захохотали. Она рассердилась на Грибоедова.

— Александр, — сказала она строго, — этого никто нынче не делает, посмотрите, никого нет.

У человеческих слов всегда странный смысл — про тысячную толпу можно сказать: никого нет. Действительно, никого не было. Людей высшего сословия грязь пугала, потому что они называли ее грязью, простонародье называло ее сыростью. Карет не было видно.

Грибоедов поддерживал Катю не хуже гостинодворского молодца и тоже был недоволен.

Над Катей смеялись, как над своей, простонародье знало: как ни вертись, женщина останется женщиной, и у актерки развеваются юбки так же, как у горничной девушки.

Но его они просто изучали, наблюдали. Равнодушие их взглядов смущало Грибоедова. Он был для них просто шут гороховый, в своем плаще и шляпе, на качелях.

Одежда! Она не случайна.

Но ведь как бы он выглядел в народном платье, с сапогами бутылками. Впрочем, какое же это народное платье. Поврежденное немцами и барами, с уродливыми складочками. Армяки суздальцев и ростовцев не в пример благороднее и скорее всего напоминают боярские охабни. Попробуй наряди в армяк... Нессельрода.

Русское платье было проклятой загвоздкой. Всего лучше грузинский чекмень.

— Катенька, Катя, — сказал Грибоедов с нежностью и поцеловал Катю.

— Боже! Лучше места не нашли целоваться, — Катя сгорела со стыда и радости, как невеста сидельца.

Качели шли все быстрее.

— Александр! Александр! — позвал отчаянный голос сверху.

Грибоедов выгнул голову кверху, но увидеть никого не мог. Голос был Фаддея.

Фаддей был готов выпрыгнуть из люльки и простирал к ним вниз руки, напружившись.

— Упадешь, Фаддей, — крикнул серьезно Грибоедов.

Фаддей уже был под ними.

— Наблюдаю нравы, — булькнул Фаддей где-то в воздухе.

Стало необыкновенно приятно, что Фаддей здесь и Катя...

— Катя, дурочка, — говорил он и гладил ее руку.

Лучше женщины, право, не отыскать. Простая, и молодая, и разнообразная, даже штучки от театральной школы его умиляли. А изменяла она... по доброте.

Все же ему стало неприятно, и он отнял руку от Кати.

Потом они гуляли.

Вдруг кто-то крикнул "караул" и толпа завернулась воронкой внутрь; у маленького человека из крепко стиснутой руки выбивали кошелек, и тотчас, как по команде, на примятую в картузе голову опустились три или четыре кулака.

Воришку держал за шиворот квартальный и устало толкал его тесаком в спину. Грибоедов забыл о Кате и о Фаддее.

Он проталкивался, и люди с раскрытыми ртами молча давали ему дорогу.

Так он очутился в самой воронке.

Двое сидельцев молотили, молча и раскрасневшись, воришку по голове, а он, тоже молча, как бы нарочно, оседал в грязь, и осел бы совсем, если б его не держал за шивороток квартальный. Квартальный держал его правой рукой, а левой редко бил тесаком по спине.

Низ воришкина лица был в красной слякоти, воришка без всякого выражения опускался в грязь.

— Руки прочь, — сказал тихо Грибоедов.

Сидельцы в это время опускали кулаки.

— Руки прочь, дураки, — сказал Грибоедов с особенным спокойствием, которое всегда чувствовал на улице, в толпе. Сидельцы на него поглядели искоса.

Кулаки их опустились.

Тогда Грибоедов, не торопясь, полез в карман и вынул пистолет. Тонкое, длинное дуло поднял он вверх.

Вся толпа заворошилась и подалась, послышался женский визг, не то с качелей, не то из толпы.

— Ты, болван, тесак отставь, — сказал радостно Грибоедов квартальному.

Квартальный уже давно оставил тесак и отдавал левой рукой ему честь.

— Веди, — сказал Грибоедов.

Толпа молчала. Теперь она смотрела неподвижно, не смущаясь, на Грибоедова. Она раздалась, кольцо стало шире, но квартальному с воришкой податься было некуда.

Как обычно, решали те, кто стоял в безопасности, в задних рядах.

— Этот откуда выскочил? — женским голосом прокричал оттуда хлипкий молодец.

— Барин куражится, — сказал ядовитый старичок, приказная строка.

И снова кольцо стало уже вокруг Грибоедова и квартального. Воришка поматывался.

Грибоедов знал: сейчас крикнет кто-нибудь сзади: бей.

Тогда начнется.

Он ничего не говорил, ждал. Тут была десятая минуты, он не хотел действовать раньше. Все решалось не в кабинетах с акварельками, а в жидкой грязи, на бульваре.

Вдруг он медленно направил дуло на одного сидельца.

— Взять, — сказал он квартальному, — двоих, что били. И сиделец медленно подался назад. Он постоял в кольце и вдруг юркнул в толпу. Люди молчали.

— Держи его! — закричал вдруг старичок—приказный, — он бил!

— Держи! — кричала толпа.

Сидельца схватили, поволокли; он шел покорно, слегка упираясь.

Грибоедов спрятал пистолет в карман.

Квартальный вел, крепко держа за шивороток, повисшего воришку. Перед ним шли понуро двое сидельцев. Толпа давала им дорогу.

— Первого понапрасну, — сказал, протискиваясь к Грибоедову, седой старичок, приказная строка, — могу свидетельствовать, ваше сиятельство: один бил, один не бил. Нужно записать.

Грибоедов посмотрел на него, не понимая.

Когда он прошел сквозь толпу, как источенный нож сквозь черный хлеб, на углу стоял бледный Фаддей и поддерживал Катю. Катя увидела его и вдруг заплакала громко в платочек, Фаддей звал извозчика.

Он был весь потный, и его губы дрожали.

Грибоедов посмотрел внимательно на Катю и сказал Фаддею тихо:

— Отвези ее домой. Успокой. Мне нужно переобуться.

Сапоги его были до колен в желтой густой глине.

21

Родофиникин жал Грибоедову руки с чувством. Лицо у него было доброе.

— Я проект ваш, Александр Сергеевич, читал не токмо с удовольствием, а прямо с удивлением. Сигары? — указал он на сигары. — Чаю? — спросил он проникновенно и вдруг напомнил старого зоркого кухмейстера.

Он позвонил в серебряный колокольчик. Вошел длинный холодный лакей.

— Чаю, — сказал Родофиникин надменно.

К чаю лакей подал в бумажных кружевах печенье, сахарные фрукты.

— Планы ваши, могу сказать, м—м, — Родофиникин жевал фрукты и поглядывал на Грибоедова, — более чем остроумны. Прошу отведать финики. Люблю их, верно по фамилии своей. Что поделаешь — грек по деду.

Грибоедов не улыбнулся. Родофиникин смотрел на него подозрительно. Появилась морщинка.

— Хе—хе.

Чиновничьи плоскости: финик с Родоса.

— Да—с, — сказал Родофиникин, как бы покончив с чем-то, — намерения ваши, любезный Александр Сергеевич, меня поразили. Откровенно скажу, вы открыли новый мир.

Он развернул листы. Они уже были подчеркнуты кое-где вдоль рыхлыми синими чернилами, а на полях появились крестики и красные птички.

Родофиникин бежал глазами и пальцами и наконец ткнул.

— "До сих пор русский заезжий чиновник мечтал только о повышении чина и не заботился о том, что было прежде его, что будет после в том краю, который словно был для него завоеван... "

— Вот, — он потер гладкие желтые руки и покачал головой, — вы это верно усмотрели, у нас мало людей с интересом к службе, есть только честолюбие служебное. Очень справедливо.

Грибоедов посмотрел пронзительно на младшего руководителя.

— Да, там ведь все люди мелкие, — сказал он медленно, — выходцы из России, "кавказские майоры", которых уже есть целое кладбище под

Тифлисом. Водворяют безнравственность, берут взятки, а между тем преуспевают. Их там гражданскими кровопийцами зовут. Ждите, Константин Константинович, не мелких бунтов, но газавата.

"Получай, пикуло—человекуло".

— Газавата?

— Священной войны.

Родофиникин проглотил финик.

— Газавата?..

— Восстания туземного.

Тогда он спросил, как торговец спрашивает о чужих векселях, ему предлагаемых:

— И вы говорите, что Компания...

—... вовлечет всех туземцев, торгашей даже, нынче не приносящих пользы казне, и даже оставшихся без земель землепашцев.

— Без земель?

— Но ведь, как известно вам, Константин Константинович, есть намерение перевести из Персии десять тысяч человек грузинских армян, торгашей по большей части, и обратить их на земли татар. Стало быть, татар выгнать.

"И еще получай..."

Родофиникин был серьезно озадачен. Он перебирал пальцами и, казалось, забыл о Грибоедове. Потом пожевал губами и вздохнул.

— Чем более вхожу в ваш проект, Александр Сергеевич, тем более убеждаюсь, что это мысль важная. Ведь правда, нельзя же все оружием и оружием. Может получиться... газават.

Он ткнул два раза плоским пальцем, как тупым палашом.

— Земледелие, — начал он пересчитывать, — мореходство, мануфактура... А скажите, — добавил он, — эээ, но ведь есть там... мм... выгодные... предприятия мануфактурные... и без всяких компаний?

— Разумеется, — протянул Грибоедов, — а шелковые плантации? Кастеллас, как известно вашему превосходительству, близ Тифлиса построил город шелковый.

— Да, ведь вот, Кастеллас, — сказал грек и хитро прищурился, — и без компаний, самолично.

— Только что Кастеллас, — ровно сказал Грибоедов, — на краю разорения и все за бесценок готов бы продать. Да и город-то этот более на бумаге существует.

Глаза у Родофиникина сощурились, стали узкими, черными как уголь щелками. Он часто дышал.

— Вы говорите... за бесценок? У меня еще нет донесений.

— Да, — сказал Грибоедов, — но...

— Но?..

— Но каждому частному владельцу угрожает то же. Главная причина: неумение разматывать шелк.

Грек забарабанил пальцами.

— А при Компании? — спросил он со страхом и любопытством и раскрыл рот.

— Компания выпишет из чужих краев рабочих и мастеровых опытных: шелкомотов, прядильщиков...

Родофиникин не слушал его.

— Но какой же род управления изберем мы... изберете вы, любезный Александр Сергеевич, для Компании?

— Во-первых, государь издает акт, вроде закона, о привилегиях — для хозяйственных заведений, для колонизации землепашцев, устроения фабрик, для...

— Само собой разумеется, — почтительно кивнул Родофиникин.

— Засим складываются капиталы.

Родофиникин сложил ладони.

— Выписываются из чужих краев рабочие и мастеровые...

Родофиникин, округлив ладони, повторял:

— Мастеровые.

— Капиталы ни минуты без движения...

— Ни минуты, — похлопал руками Родофиникин.

— А по окончании привилегии, многолетней... — Грибоедов подчеркнул.

— Да, да, — спросил жадно Родофиникин, — по окончании что же?

— Каждый член Компании отдельно уже вступит в права ее.

— Да... это, это Американские Штаты, — улыбался Родофиникин. — Но если, конечно, вы говорите, капиталы... Он задохнулся.

— Вернее, Восточная Индия, — сказал равнодушно Грибоедов.

— Ммм, — промычал, рассеянно соглашаясь, Родофиникин и посмотрел на Грибоедова.

Он вдруг очнулся и поерзал.

— Но вот управление, все-таки там будет управление, на каких оно, если можно узнать, условиях...

— Условия? — спросил Грибоедов и выпрямился в креслах.

— Условия, да, — задохнулся Родофиникин.

Оттянуть? Оглядеться? Но здесь одна десятая минуты.

Он сказал просто, не понижая голоса:

— Должен быть комитет.

— Комитет? — наклонил голову Родофиникин.

— Директор комитета.

Помолчали.

— И... круг действий... директора? — спросил тихо Родофиникин.

— Власть? — переспросил Грибоедов.

— Мммм, — замычал Родофиникин.

— Построение крепостей, — сказал Грибоедов.

— Разумеется, — согласился Родофиникин.

— Дипломатические сношения с соседними державами.

Родофиникин перебирал пальцами.

— Право, — сказал, вдруг повышая голос и дыша необыкновенно ровно, Грибоедов, — объявлять войну и двигать войска...

Родофиникин склонил голову перед ним. Он думал. Глаза его бегали. Вот как все легко оказалось в простом и деловом разговоре. В тяжелом кабинете, с унылыми шкафами красного дерева. Что Нессельрод скажет? Но он скажет то, что скажет грек. Император... Но император выпятит грудь, как он выпячивал ее, объявляя войны, которых он боялся и втайне не понимал, зачем их ведет. Паскевич будет членом Компании.

— Его превосходительство главнокомандующий, — спросил сипло Родофиникин, — будет принимать участие в комитете?

— Он будет членом его, — ответил Грибоедов.

Родофиникин опять склонил голову. Может быть, и хорошо, что не директором. И тогда Паскевич... Но тогда конец Паскевичу... Хорошо. Директор? Родофиникин не спрашивал, кто будет директором. Он только поглядел на Грибоедова исподлобья.

— Это очень ново, — сказал он.

Он встал. Встал и Грибоедов. И вдруг Родофиникин — не похлопал, о нет — прикоснулся покровительственно к борту сюртука.

— Я буду говорить с Карлом Васильевичем, — сказал он важно. — А когда ж это именно стало ясно, разорение Кастелласа-то? — наморщил он лоб.

— Для меня — с самого начала, Константин Константинович.

И Грибоедов откланялся.

Спустя полчаса постучался к Родофиникину надменный лакей. Он протянул ему карточку. Карточка была английская: доктор Макниль, член английской миссии в Тебризе.

— Проси, — сказал рассеянно Родофиникин.

22

Бойтесь тихих людей, которыми овладел гнев, и унылых людей, одержимых удачей. Вот на легкой пролетке едет такой человек, вот его мчат наемные лошади. Радость, похожая на презрение, раздувает его ноздри. Это улыбка самодовольствия.

Внезапная первая радость никому не мешает — это когда еще неизвестно: удача или неудача, это радость действователя.

Но когда важное дело близится к успешному концу, — дела этого более не существует. Только трудно удерживать силу в узком теле, и рот слишком тонок для такой улыбки. Такова улыбка самодовольствия. Она делает человека беззащитным.

Как щекотку, тело его помнит глубокий, медленный поклон старому греку.

Все это легко, торговался же он с самим Аббасом—Мирзой.

Без достославного русского войска он завоевывает новые земли.

Удача несет его. Он едет к какому-то генералу обедать.

Все его нынче зовут.

Все идет прекрасно.

23

Предадимся судьбе. Только в Новом Свете мы можем найти безопасное прибежище.

Колумб

С самого приезда подхватили его какие-то генералы и сенаторы, и Настасья Федоровна могла быть спокойна: Александр ничего не проживал в Петербурге, жил как птица небесная.

В особенности возлюбил его генерал Сухозанет, начальник артиллерии гвардейского корпуса. Беспрестанно засылал ему записки, дружеского, хоть и безграмотного свойства, был у него раз в нумерах и вот теперь зазвал на обед.

Новые его знакомцы сидели за большим столом: граф Чернышев, Левашов, князь Долгоруков, князь Белосельский—Белозерский — тесть хозяина, Голенищев—Кутузов — новый с.—петербургский военный генерал—губернатор, граф Опперман и Александр Христофорович Бенкендорф, розовый, улыбающийся.

Кого они чествовали, кому давали обед?

Разве решается этот вопрос, разве задается неприкровенно? Здесь область чувств. Все идет водоворотом, течением — на известном лице появляется довольная улыбка, и Александр Христофорович замечает, что улыбка появилась при известном имени. Может быть, имя смешное, а может быть, лицо вспомнило об отце—командире. Но улыбка распространяется на Александра Христофоровича, женственная, понимающая, и ямки появляются на розовых щеках. Эти ямки в коридоре ловит взглядом граф Чернышев, товарищ начальника Главного Штаба, и наматывает на черный ус. Звон его шпор становится мелодическим, он достигает ушей генерала Сухозанета.

Улыбка растет, она играет на плодах, на столовом серебре, на оранжевом просвете бутылок.

Так коллежский советник Грибоедов обедает у генерал—адъютанта Сухозанета.

Новые друзья едят и пьют с тем истинным удовольствием, которого нет у сухощавого Нессельрода и тонких дипломатов. Почти все они — люди военные, люди громкой команды и телесных движений. Поэтому отдых у них — настоящий отдых, и смех тоже настоящий. Никакого уловления и никаких комбинаций, они хвалят напропалую.

Да и штатские. Например, Долгоруков, князь Василий, шталмейстер с гладкими волосами, долго держит бокал и щурится, прежде чем чокнуться с коллежским советником. Но, чокнувшись, он говорит просто и ласково, как-то всем существом склоняясь в сторону Грибоедова:

— Не поверите, Александр Сергеевич, как я сыграл на славе нашего Эриванского. Я спрашивал ленту для Беклемишева, долго просил, не давали. Вот в письме к князь Петру Михайловичу я и написал: Беклемишев, мол, давний друг графу Ивану Федоровичу, и представьте — на другой день, сразу уважили представление.

Он засмеялся радостно над своим ловким ходом.

Ну что ж, он лгал, но лгал как благородный придворный человек, и Грибоедову было весело именно от этого благородства лжи.

Беклемишева, о котором говорил шталмейстер, он не знал, но чувствовал вкус этого довольства, самодовольства и подчинялся. Необыкновенно легко придворная улыбка становилась настоящей.

Просто, свободно, без затей, военные люди любили его, как своего.

— Графа Ивана Федоровича я знаю давно, — сказал старый немец, инженер—генерал Опперман, — у него прекрасные способности именно инженерного свойства. Я его по училищу помню.

— Передайте, Александр Сергеевич, графу Эриванскому, — сказал Сухозанет, дотрагиваясь до борта его фрака, — чтобы он почаще писал старым друзьям, не то я писал, он не отвечает. Я сам воевал, знаю, что некогда, а все пусть напишет хоть два слова.

Сухозанет часто вскакивал с места, все хлопотал — хозяин.

Вокруг Голенищева—Кутузова поднялся хохот, громкий, с переливами, в несколько голосов. Голенищев сам похохатывал.

— Расскажите, расскажите, Павел Васильевич, — всем расскажите, — махал на него рукой Левашов. — Здесь дам нет.

Обед был холостой. Жена Сухозанета была в то время в Москве. Голенищев разводил руками и уклонялся всем корпусом, похохатывал.

— Да я, господа, отчего же. Но только не выдавать. Я здесь ни при чем. Мне это самому рассказывали, я не за свое выдаю.

Он разгладил бобровые баки и метнул глазами направо и налево.

— Александр Сергеевич пусть не взыщет. И чур меня графу не выдавать.

— Рассказывайте, чего уж там, — сказал ему пьяный Чернышев.

— Так вот, говорят о графе Иван Федоровиче, — начал Голенищев и снова метнул глазами. Те, кто знал анекдот, опять захохотали, и Голенищев тоже хохотнул.

— Говорят, — сказал он, успокоившись, — что после взятия Эривани стояли в Ихдыре. Селение такое: Ихдыр. Вот и будто бы, — покосился он на Грибоедова, — граф там тост сказал: за здоровье прекрасных эриванок и ихдырок.

Хохот стал всеобщим — это было средоточие всего сегодняшнего обеда, выше веселье не поднималось.

И все пошли чокаться к Грибоедову, как будто это он сказал остроту, хотя острота была казарменная и вряд ли ее сказал даже Паскевич.

Все это отлично понимали, но все усердно смеялись, потому что острота означала военную славу. Когда генерал входил в славу, должно было передавать его остроты. Если их не было, их выдумывали или пользовались старыми, и все, зная об этом, принимали, однако, остроты за подлинные, потому что иначе это было бы непризнанием славы. Так бывало с Ермоловым, так теперь было с Паскевичем.

И Грибоедов тоже смеялся с военными людьми, хотя острота ему не понравилась.

А потом все, улыбаясь по привычке, стали друг друга оглядывать.

Ясно обозначилась разница между старым инженером Опперманом и Голенищевым с бобровыми баками. Обнаружилось, что Александр Христофорович Бенкендорф несколько свысока слушает, что ему говорит рябой Сухозанет. Возникло ощущение чина.

Грибоедов увидел перед собою старика с красным лицом и густыми седыми усами, на которого ранее не обращал внимания. Это был генерал Депрерадович.

Генерал смотрел на него уже, видимо, долго, и это стало неприятно

Грибоедову. Когда старик заметил, что Грибоедов глядит на него, он равнодушно поднял бокал, слегка кивнул Грибоедову и едва прикоснулся к вину.

Он не улыбался.

За столом замешались, стали вставать, чтобы перейти в зало покурить, и генерал подошел к Грибоедову.

— Алексей Петровича видели в Москве? — спросил он просто.

— Видел, — сказал Грибоедов, смотря на проходящих в зало и показывая этим, что нужно проходить и здесь беседовать неудобно.

Генерал, не обращая внимания, спросил тихо:

— С сыном моим не встречались?

Депрерадович был серб, генерал двенадцатого года, сын его был замешан в бунте, но больше на словах, чем в действиях. Теперь он жил в ссылке, на Кавказе, старику удалось отстоять его.

Грибоедов с ним не встречался.

— Засвидетельствуйте мое почтение его сиятельству.

Генерал прошел в зало. На красном лице было спокойствие, презрения или высокомерия на нем никакого не было.

В зале сидели уже свободно, курили чубуки, и Чернышев с Левашевым расстегнули мундиры.

Левашов, маленький, в выпуклом жилете, с веселым лицом, говорил о хозяине дома. Сухозанет в это время отозвал тестя в угол и разводил руками, он оправдывался в чем-то. Толстый старый князь слушал его с заметным принуждением и поглядывал рассеянно на канапе — там сидели старики: Опперман и Депрерадович.

Левашов говорил, обводя всех значительным взглядом.

— Наш хозяин молодеет, он вспомнил старые привычки. Сегодняшний обед тому доказательством: sans dames[21].

Засмеялись. Сухозанет был выскочка, его двигала по службе жена, княжна Белосельская—Белозерская. В свете говорили о нем и то и се, а главным образом, о странных привычках его молодости.

Но Сухезанет уже верхним чутьем почуял, что смех неспроста, упустил старого князя и присоединился к компании.

Старик присел в кресло и зажевал губами. В углу шел громкий спор между Депрерадовичем и стариком Опперманом. Опперман удивлялся военному счастью Паскевича.

— С шестью тысячами инфантерии, двумя кавалерии и несколькими орудиями разбить всю армию, воля ваша, это хорошее дело.

Депрерадович сказал громко, как говорят глухие, на всю залу:

— Но ведь Мадатов разбил перед тем весь авангард, десять тысяч Аббаса—Мирзы и ничего почти не потерял людьми, при Елисаветполе.

Бенкендорф посмотрел на генерала, сощурясь:

— Генерал Мадатов мало мог повлиять на эту победу.

— Артиллерия, артиллерия решила, — крикнул туда Сухозанет.

В это время князь Белосельский спросил равнодушно Чернышева:

— Уже вступили, граф, в свои владения?

Чернышев побагровел. Он запутал в дело о бунте своего двоюродного

---

[21] Без дам (фр.).

брата, сам судил его и упек в каторгу, чтобы завладеть громадным родовым майоратом, но дело как-то запуталось, кузен на каторгу пошел, а майорат все не давался в руки.

На минуту замолчали.

Странные люди окружали Грибоедова, со странными людьми он сегодня обедал и улыбался им.

Суетливый хозяин, Сухозанет, был простой литовец. Постный и рябой вид его напоминал серые интендантские склады, провинциальный плац, ученье. Два с лишним года назад, в день четырнадцатого декабря, он командовал артиллерией на Сенатской площади, и пятнадцатого декабря оказался генерал—адъютантом.

Левашов, Чернышев и Бенкендорф были судьи. Они допрашивали и судили бунтовщиков. Два года назад, в унылом здании Главного Штаба Левашов протягивал допросный лист арестованному коллежскому советнику Грибоедову — для подписи. Коллежский советник Грибоедов, может быть, был членом Общества; Тогда Левашов был бледен, и рот его был брезглив, теперь этот рот был мокрый от вина и улыбался. Они сидели рядом. А напротив был Павел Васильевич Голенищев—Кутузов, человек простой и крепкий, с такими жесткими густыми баками, словно они были из мехового магазина. Этот человек рассказывал грубые, но веселые анекдоты. Он распоряжался тому два с лишним года, летом, на кронверке Петропавловской крепости повешением пяти человек, троих из которых хорошо знал коллежский советник Грибоедов? Один из его знакомых сорвался тогда с виселицы, разбил себе нос в кровь, и Павел Васильевич крикнул, не потерявшись:

— Вешать снова!

Потому что он был военный, деловой человек, грубый, но прямой, находчивый.

Василий Долгоруков вдруг сказал, взглянув искоса на Грибоедова:

— Но правду говорят, будто характер у графа совсем изменился.

Все поглядели на Грибоедова.

— От величия может голова завертеться, — старик Белосельский тяжело поглядел на Чернышева и Левашова.

— Нет, нет, — любезно успокоил Левашов, — просто я знаю Иван Федоровича, он порывчивый человек, человек, может быть, иногда вспыльчивый, но когда говорят, что он будто трактует все человечество как тварь, я прямо скажу: я не согласен. Не верю.

Теперь они уж поругивали его. Теперь они как бы говорили Грибоедову: ты напиши графу — мы его хвалим и любим, поем аллилуйя, но пускай не возносится, потому что и мы, в случае чего...

Голенищев—Кутузов выступил на защиту.

— Ну, это вздор, — буркнул он, — я по себе знаю: легко ли тут с этим, там с тем управиться. Поневоле печенка разыграется...

Тьфу, Скалозуб, а кто ж тут Молчалин?

Ну что ж, дело ясное, дело простое: он играл Молчалина.

Грибоедов посмотрел на белые руки и красное лицо Голенищева и сказал почтительно и тихо чью-то чужую фразу, им где-то слышанную, сказал точь-в-точь, как слышал:

— Что Иван Федорович от природы порывчив, это верно, и тут ничего не поделаешь. Mais grandi, comme il est, de pouvoir et de reputation, il est bien loin d'avoir adopte les vices d'un parvenu[22].

А между тем этого-то слова как раз и не хватало.

Это слово висело в воздухе, оно чуть не сорвалось уже у старого князя; и стали словно виднее баки Голенищева, и нафабренный ус Чернышева, и выпуклый жилет Левашова, и румяные щеки Бенкендорфа.

Была пропасть между молодым человеком в черном фраке и людьми среднего возраста в военных ментиках и сюртуках: это было слово parvenu.

Они выскочки, они выскочили разом и вдруг на сцену историческую, жадно рылись уже два года на памятной площади, чтоб отыскать хоть еще один клок своей шерсти на ней и снова, и снова вписать свое имя в важный день.

На этом они основывали свое значение и беспощадно, наперерыв требовали одобрения.

Но они об этом вовсе и не думали, у них был свой глазомер и обзор. Просто Голенищев и Левашов с ним согласились.

— Вот то-то и я говорю, — одобрительно мотнул Голенищев. И Левашов тоже мелко закивал головой.

Для Бенкендорфа был выскочкой Чернышев, для Чернышева — Голенищев, для Голенищева — Левашов, для всех них был выскочкой молчаливый свойственник Паскевича. Только старый князь тусклыми глазами побежал по всем и по Грибоедову. Он ничего не сказал. Для него все они были выскочки, и за одного такого он выдал дочь—перезрелку.

Бенкендорф встал и отвел Грибоедова в сторону со всею свободою светского человека и временщика.

Тотчас Грибоедов, смотря один на один в ямочки щек, стал молчалив и прост.

— Я патриот, — сказал Бенкендорф, улыбаясь, — и потому ни слова о заслугах графа. Но мне хотелось бы поговорить о моем брате.

У брата Бенкендорфа, генерала, были какие-то неприятности с Паскевичем.

— Константин Христофорович — благороднейший рыцарь в свете, — сказал учтиво Грибоедов.

Бенкендорф кивнул.

— Благодарю вас. Я не вмешиваюсь в причины, хотя и знаю их. Но граф, говорят, публично радовался отъезду брата.

— Я уверяю вас, что это сплетни и недоброжелательство, и только.

Бенкендорф был доволен.

— Вы знаете, завтра аудиенция для вас, и только для вас, у государя.

Потом он замялся.

— Еще одна просьба, впрочем незначительная, — сказал он и прикоснулся пальцами к пуговице грибоедовского фрака (никакой, собственно, просьбы до сих пор не было). Брату весьма хочется получить Льва и Солнце. Я надеюсь, что граф найдет это возможным.

Он улыбнулся так, как будто говорил о женских шалостях. Знаменитые

---

[22] Но, возвеличившись во власти и славе, он, однако же, очень далек от того, чтобы усвоить пороки выскочки (фр.).

ямочки воронкой заиграли на щеках. И Грибоедов тоже улыбнулся понимающей улыбкой.

Так Грибоедов обращался в атмосфере всяческих великолепий.

Так он стал важен.

24

Яростное бряцанье шпор происходило в его нумере. Войдя, он увидел офицера, который бегал по его комнате, как гиена по клетке. Увидя входящего, офицер круто остановился. Потом, не обращая внимания на Грибоедова, снова забегал.

— Я жду господина Грибоедова, — сказал он. У него было лицо оливкового цвета, нездоровое, и глаза бегали.

— К вашим услугам.

Офицер с недоверием на него поглядел.

Офицер возвращал его к нумерной действительности.

Офицер представился навытяжку:

— Лейб—гвардии Преображенского полка поручик Вишняков.

И рухнул в кресла.

— Чем могу...

— Без церемоний. Вы видите перед собой несчастного человека. Я пришел к вам, потому что сосед по нумерам и потому что слыхал о вас.

Он задергал в креслах правой икрой.

— Я накануне гибели. Спасите меня.

"Проигрался и сейчас будет денег просить".

— Я слушаю вас.

Офицер вытащил из обшлага лепешку и проглотил.

— Опиум, — пояснил он, — простите, я привык.

Потом он успокоился.

— Вы давеча могли меня принять за сумасшедшего. Прошу прощения.

— Позвольте, однако, узнать...

— Сейчас узнаете. Прошу у вас только об одном: все останется между нами. Хотите — остаюсь, не хотите — исчезну навеки.

— Извольте.

— Я в последней крайности. О нет, — офицер поднял руку, хотя Грибоедов не сделал ни одного движения. — Дело не в деньгах. Я приехал с индийских границ.

Офицер зашептал с усилием:

— Меня послали по секретной надобности. Англичане раскрыли. Я — сюда. Дорогою узнал, что здесь находится английский чиновник, ему поручено добиваться в министерстве моего разжалования. Министерство я знаю, ежели оно от меня отречется — а оно отречется, — я за год лишений, лихорадки...

Офицер забил себя в грудь.

— Я на человека стал не похож, — сказал он хрипло и добавил совершенно спокойно: — за год командировки — наградой конечная гибель.

Он начал механически тереть лбом о руку, мало интересуясь тем, что скажет ему Грибоедов.

— Вы не знаете, какой английский чиновник имеет поручение, относящееся собственно до вас?

— Не знаю, — захрипел офицер, — об ост—индских делах были сношения между ост—индским правлением и ихней персидской миссией.

Грибоедов подумал с минуту. Доктор Макниль убивал в Петербурге несколько зайцев. Один заяц сидит у него сейчас и хрипит, а другой...

Он прикоснулся к холодной офицерской руке, как человек, имеющий власть.

— Доверьтесь мне, всецело доверьтесь, не предпринимайте ничего отчаянного. Ждите.

Когда поручик ушел, Грибоедов сказал Сашке пойти к английскому доктору и спросить, может ли он принять его.

Сашка вернулся и доложил, что доктор вчера выехал, а на месте его квартирует самый большой итальянский артист — так говорит нумерной.

25

Стрелявший с отьня злата
стола салтаны за землями.

Слово о полку Игореве

И дальше, и выше, и вот его метнуло на тесную аудиенцию к известному лицу.

О чем можно говорить на тесной аудиенции с известным лицом? Обо всем, что спросят. Если же лицо скажет: "Говори откровенно, так, как ты бы сказал родному отцу", нужно понимать это буквально, потому что с родным отцом полной доверенности и откровенности у человека может и не быть. Это означает другое: можно не так часто повторять: Votre Majeste[23], а говорить просто: Sire[24].

Как говорить?

Но это совершенно известно: весело.

Повелитель седьмой части планеты имеет право укоротить расстояние между собою и дипломатическим курьером. Например, они могут оба сидеть на софе. Между ними, таким образом, не одна седьмая часть мира, а цветной штоф. Это называется: разговор en ami[25]. Есть еще другой разговор: en diplomate[26].

И что же? Они сидели на софе.

— Говори со мной откровенно, так, как если бы ты говорил с родным отцом.

Николай Павлович был безус, безбород и на полтора года моложе

---

[23] Ваше величество (фр.).

[24] Государь (фр.).

[25] Дружеский (фр.).

[26] Дипломатический (фр.).

Грибоедова. Грудь у него была обложена ватой. Он был строен, а руки слишком длинные, с большими кистями, и висели, как картонные. Он слегка горбился.

— Я уважил все представления Ивана Федоровича. Я знаю, что он даром не представит. Но боюсь его огорчить. Он представил одного солдата, некоего Пущина... из моих друзей... mes amis de quatorze[27]. В офицерский чин. Я полагаю: рано. Пусть послужит. Я дал ему унтер—офицера.

Михаил Пущин, его "друг четырнадцатого декабря", разжалованный в солдаты, командовал взводом пионеров и отличился еще при взятии Эривани. Ширванский полк взбирался на Азбекиюкскую гору. Гора была покрыта лесом, и Пущин с пионерами двое суток неусыпно, под неприятельской пальбой, расчищал лес и прокладывал дорогу. Он был опытный инженер, которому нечего было терять более.

— Грибоедов рекомендовал его Паскевичу, а Паскевич, в начале кампании не уверенный в успехе, дорожил людьми. Солдат на деле всю кампанию нес обязанности офицера. Грибоедов ходатайствовал перед Паскевичем о возведении его в офицерский чин, Паскевич подписал бумагу.

Грибоедов улыбнулся императору сострадающей улыбкой.

Пропасть была между некиим Пущиным, которого, однако, он превосходно знал, и цветной софой, на которой он сидел.

— Я понимаю, как тяжело вашему величеству принять такое решение.

— И притом некоему Бурцеву, полковнику, Иван Федорович, как слышно, поручил написать историю кавказских войн. Или кому-то другому из тех... из...

И он сделал короткий жест указательным пальцем: вверх, в окно. За окном была Нева, за Невою Петропавловская крепость, в Петропавловской крепости сидели — те. Он привык к этому жесту, и все понимали его: он показывал на шпиль собора.

Бурцов тоже был его "друг четырнадцатого декабря", сосланный, по выдержании в крепости, на Кавказ.

Какая доверенность говорить с ним о таких вещах!

Николай быстро вдруг и метко взглянул на Грибоедова.

— Я получил письма, которым не доверяю. Пишут, что Иван Федорович будто стал раздражителен и заносчив свыше меры.

— Он, ваше величество, порывчив, вы это знаете. Mais grandi, comme il est, de pouvoir et de reputation, il est bien loin d'avoir adopte les vices d'un parvenu.

Николай, отвоевавший престол и сидевший на нем при живом законном наследнике, был немного в том же роде. Он смотрел на Грибоедова внимательно, он осмотрел его сразу всего, скользнул вверх и вниз и остановился взглядом на очках. Взгляд был неопределенный, как бы смущенный, быстрый и, как начинали поговаривать, был похож на взгляд Петра Великого. Осмотром Грибоедова он остался доволен. Он кивнул. Потом сказал важно:

— Теперь хочу от вас услышать по вашей части. У меня к вам полная доверенность.

---

[27] Моих друзей по четырнадцатому [декабря] (фр.).

Грибоедов склонил голову и увидел начищенные сапоги Николая.

— Меня заботит уже давно обстоятельство важности чрезвычайной. Иван Федорович же ничего мне об этом не пишет.

Он сказал то, о чем ему, три дня назад говорил князь Петр Волконский и для чего он вызвал Грибоедова, но так как будто все придумал сам.

— В Персии занято двадцать пять тысяч войска. Три провинции, — он забыл их названия, — под моим ружьем. Это необходимо, чтобы иметь заклад. Войска нужны Иван Федоровичу в Турции. Сражаться sur deux faces[28] невозможно. Иван Федорович имел об этом с вами суждение?

Будучи недурным фронтовым генералом, он плохо разбирался в планах кампании. Каждая задержка и неисправность казались ему неустранимыми, а победе он радовался, как случайности. Важность голоса он вырабатывал с трудом в течение двух лет и боялся сомнения в себе. Так он вел себя с военным министром и с ужасом знал, что старик Волконский понимает его. Поэтому он полюбил внезапные решения, которых сам немного пугался. Разговор начинал с кавалергардской фамильярности, а к концу отталкивал совершенным холодом. Или наоборот. Он привык, как женщина, много думать о том, что о нем говорят и что думают, и поэтому обращение его было не мужское. Пять и шесть раз на день он менял мундиры.

— Передайте на словах Ивану Федоровичу, чтобы он во всем надеялся на меня. Моральное здоровье его после победы над персиянами восстановится. Физические недуги полечит после победы над турками. Вам мы скоро приищем дело. Я уже говорил с Карлом Васильевичем.

Говорил он быстро и отрывисто — фразу за фразой. Легко укоротить расстояние от седьмой части планеты до софы, но потом требуется особая, механическая легкость слов, иначе расстояние чрезмерно укоротится. Требуется неопределительность взгляда. Требуется, чтобы коллежский советник думал, что собеседник обо всем думает сам, что он уверен в победе над турками и уверен в коллежском советнике.

И Грибоедов вдруг необыкновенно просто спросил:

— О чем, ваше величество?

Но император посмотрел уже решительно туманно. Он не знал, приличен ли вопрос, и принял по привычке озабоченный вид: нужно было кончать аудиенцию; надлежало поставить какой-то point, точку. Этот point должен был одновременно показать расстояние и расположить. Требовалось: оказать знак доверенности и осадить.

Николай вышел из озабоченного состояния.

— Признаюсь, entre nous deux soit dit[29], — сказал он и улыбнулся, — я уже опасаться начинал во время наших негоциации с персиянами.

— Опасаться неудачи, ваше величество?

— О, напротив, — и Николай посмотрел поверх Грибоедова, — напротив, я опасался чрезмерной удачи.

Склонив глаза до уровня коллежского советника, он остался доволен его удивлением.

---

[28] На два фронта (фр.).

[29] Между нами говоря (фр.).

— В Персии могло подняться возмущение черни, — он холодно приподнял бровь, — я же признаю законных государей. Династия Каджаров должна царствовать.

Он смотрел куда-то в окно, поверх Грибоедова, как будто никого перед ним не было.

Ермолов разрабатывал персидский план войны против России. Николай боялся, чтоб не свергли шаха с престола.

— Каджары в Персии не народны[30], — сказал коллежский советник и спохватился.

Николай, не отвечая, не смотря на него, кивнул еле заметно. Аудиенция кончилась.

Длинноносые штиблеты, расшаркиваясь, столкнулись и так легко пошли по паркету.

Совершенные ляжки в белых лосинах остались на цветочном штофе.

26

Все идет прекрасно, не так ли?

Вот стоит апрель на дворе, вот предстоит большая удача. Вот человек почти забыл, что самой природой предназначено ему не верить людям, вот он простил любовницу, которая ему изменила, вот он думает о другой, еще девочке. Все принадлежит ему. Он не изменился, не правда ли? Он только повеселел?

Правда, большая власть ему готовится, но ведь он-то — тот же самый?

Кто сказал, что он стал самодоволен и важен и даже потолстел? Это Пушкин сказал где-то в обществе или, кажется, Сеньковский?

Что он как бы раздулся, стал выше ростом и немного задирает плечи?

Почему это сказали и кто это сказал?

Никто этого, может быть, даже и не говорил.

Может быть, он стал только более близорук, и потому он кажется надменным.

Не так ли?

Он все тот же.

Только теперь пошли важные дела, ему некогда всматриваться в мелочи, в мягкие, и нежные, и незрелые мелочи.

Все идет прекрасно, он не чувствует ничего дурного, не правда ли?

Он вот полюбил по вечерам распить бутылку вина вдвоем с зеленым и заморенным офицером, у которого несчастье в Индии.

Он предупредил это несчастье, он замолвил слово Нессельроду, и тот пошутил.

Приятно сознавать, что спас человека. Это приятнее, чем подать милостыню нищему на улице. И он не придает этому никакого значения.

Офицер сидит и дрожащими пальцами наливает себе вино. Он еще запуган. У него неприятности.

---

[30] Народность — в смысле популярности.

Приятно самому не пить, а наблюдать другого.

Офицер поет безобразную песню, тихо:

Я иду...
Куда?
В... Кострому...
А зачем?

И он усмехается.

Когда офицер напивается и мало что понимает, Грибоедов говорит ему тихо, но так, чтобы он расслышал:

— Я уезжаю скоро на Кавказ. Но вы оставайтесь здесь, — он повышает голос, — или можете уехать к себе в деревню.

И офицер соглашается.

27

Он поехал в министерство.

В большой приемной он просидел всего минуты две.

Потом дверь кабинета широко распахнулась, и зеленый, какой-то съежившийся, выбежал оттуда поручик Вишняков, придерживая саблю.

Он бежал, выгнув голову вперед, на цыпочках, широкими, неслышными шагами, как будто прыгал через лужи.

Грибоедов негромко его окликнул:

— Поручик...

Тогда поручик остановился и посмотрел на Грибоедова. Он постучал перед ним зубами.

— Ммм. С кем имею честь?

И, забыв что-то или не узнав Грибоедова, не обратив на него ни малейшего внимания, повернулся, перепрыгнул последнюю лужу и скрылся в дверях. Грибоедов услышал, как брякнула сабля за дверью.

Дверь опять распахнулась. Из кабинета вышел чиновник и попросил Грибоедова.

Нессельрод стоял у стола, без очков. Лицо у него было серое, без улыбки, а глаза, выпуклые, жидкие, растекались во все стороны. Он был в гневе. Родофиникин сидел в креслах. Потом Нессельрод надел очки и улыбнулся Грибоедову.

Начались странные разговоры.

— Мы вам одолжены тем, что трактат был подписан только тогда, когда персияне внесли уже первые... суммы... куруры.

Нессельрод махнул ручкой.

— Вы знаете, любезнейший Александр Сергеевич, наш граф Эриванский награжден миллионом.

Это сказал без надобности Родофиникин.

У руководителей был какой-то разброд, в глазах и словах. Они не ожидали ответа, а говорили в воздух, точно ждали чего-то или кого-то.

— Государь говорил мне о вас. — Нессельрод наконец остановил свои глаза. Он потер зябкие ручки и взглянул на Родофиникина.

— Мы нашли наконец место, достойное вас.

Грибоедов вытянул губы гусем. Он сидел, наклонившись вперед, поджав под кресла ноги, и не мигал.

— Место важное, единственное, — Нессельрод вздохнул, — место поверенного в наших делах в Персии.

Он поднял значительно палец.

И ни слова о Кавказе, о Закавказской Мануфактурной Компании. А ведь он пришел сюда, чтобы услышать именно о проекте, который...

Он взглянул на Родофиникина, а тот был седой, почтенный, учтивый. Нужно было тотчас же, тут же рассердиться, стукнуть кулаком по столу и разом покончить с министерством иностранных и престранных дел.

Но он не мог.

Человек, сидевший на его месте, в зеленом чиновничьем вицмундире, сказал его голосом, довольно сухо:

— Русский поверенный в делах ныне в Персии невозможен.

Нессельрод и Родофиникин смотрели на него, и выражение у них было выжидательное. И он вспомнил о другой казенной комнате, о той военной и судебной комиссии, где заседали Левашов с Чернышевым; и те так же тогда смотрели на него и ждали, когда он проврется.

— Потому что англичане содержат в Персии своего посла, а все дело в Персии теперь на том стоит, чтоб шагу не уступать английскому послу.

Руководители переглянулись.

— Государю надлежит там иметь своего полномочного посла, а не поверенного в делах.

Грибоедов слушал свой голос, голос ему не нравился. Он был невыразителен.

— Я же и по чину своему на этот пост назначен быть не могу. И притом же я автор и музыкант. Следственно, мне нужен читатель и слушатель. Что же я найду в Персии?

И с надменностью, как будто он гордился тем, что чин его мал, он откинулся в креслах и заложил ногу на ногу.

Он был неприступен — чин коллежского советника его охранял. А музыка и авторство были смешные занятия в глазах начальства, и он нарочно, назло это им сказал.

Тогда Нессельрод вдруг сощурил глаза и сморщил личико.

— Напротив, уединение совершенствует гения, как помнится, сказал...

Кто сказал?

Нессельрод улыбался.

Он улыбался, как будто вдруг понял тонкую штучку, разгадал шараду, постиг наконец, что ныне хорошо и чего оставить нельзя.

Он больше не глядел на Родофиникина.

Он сказал беспечно:

— А между тем мы уже пригласили для знакомства с вами человека, который вполне достоин быть вашим секретарем, если бы вы, конечно, согласились.

И позвонил в колокольчик. Вошел дежурный чиновник, ему сделан знак, чиновник исчез, и через минуту вошел в кабинет молодой человек в очках, с тонким ртом, бледный.

Молодой человек был Мальцов, Иван Сергеевич, литератор, как он отрекомендовался, и, вероятно, его почитатель.

Так в этих Чернышевских комиссиях, верно, вводили к человеку другого, на очную ставку.

Неприятно было то, что человек, этот Мальцов, был до странности похож на него, Грибоедова. Слишком унылая усмешка была у него на губах. Молодые люди подражали то пушкинским бакенбардам, то его очкам и пробору.

Грибоедов, не сказав с ним и слова, начал прощаться. И старшие равнодушно и вежливо пожали ему руку.

О проекте помину не было. Произошло какое-то понижение его в чине.

Потом он пошел медленно по лестнице, по ступеням которой столь еще недавно бряцала шальная поручикова сабля.

28

Так он вышел на улицу и вздохнул первый раз за все время свободно и полно.

Не испытавшие большой неудачи вовсе не знают, как можно свободно и полно вздыхать. С весов сваливаются все гири, весы с человеком легко и высоко взлетают.

Свободно и свободно.

Он стал замечать на улице раз во сто больше того, что замечал сегодня же, когда ехал к Нессельроду. Это было оттого, что теперь он шел пешком, медленно.

Оказалось, что снег совершенно стаял и панельные плиты теплы, а прохожие женщины были говорливы, как птицы.

Можно было не садиться в дрожки и не уподобляться скачущим франтам. В нумера он всегда успеет, и можно пообедать сейчас, напротив Штаба, в кондитерской у Лоредо. У старого итальянца, в его кондитерской он когда-то обедывал со старым другом Кюхлей, и там спорили о театре и стихах, и он возил туда, случалось, дев веселья.

Странно: подумав, он не нашел знакомых, к кому бы можно было сейчас поехать. Никого не было.

Был Фаддей, был Сеньковский, были еще, но сегодня они были где-то далеко. Генералы же провалились в тридесятое царство.

Была Леночка, и была Катя. Сегодня вечером он их повидает.

Нужно было, собственно, наведаться в нумера, справиться о поручике, но поручик напоминал Нессельрода и прошедший день, который стал вдруг давнопрошедшим.

Собственный проект показался отвратительным и ненужным. Но скоро он простил себя и просто стал гулять по плитам. Когда его толкали, у него просили прощенья, когда он толкал нечаянно, он просил прощенья и улыбался. Он научился во время одной болезни не заниматься любимыми делами: не читать любимых книг, не писать стихов. Потому что, когда выздоравливал, ему постылели те книги и те стихи, которыми он занимался во время болезни. Он даже боялся их трогать. Проект временно провалился, ни слова более. Каково свели концы! Ну, напредки не заманите.

Сегодня были теплые плиты, новые шляпки и новая улица. Был час пополудни. Слепой нищий дед, с розовой лысиной под солнцем, сидел на углу Большой Морской. Он кинул ему пятак в мягкую шапку. Розовой лысине было тепло.

Стекла лавок, звонкие шпоры, шляпки и даже самое несчастье были похожи на окончательную радость, полное освобождение. И, может быть, удача была бы несчастьем. Он ехал бы на пролетке, не шел бы по улице, не увидел бы розовой лысины; обедал бы у генералов. А теперь можно пообедать у Лоредо.

29

Потом он поехал к Леночке, нашел Фаддея дома и разбирал с удовольствием их ссору.

Фаддей получил какие-то деньги, Леночка говорила, что большие, и скрыл их от нее. Как ни странно, Фаддей не пользовался особой домашней свободой — так установилось, что все деньги он должен был отдавать Леночке. И правда, полагаться на него не приходилось. Леночка же, мадонна из Эрмитажа, была непреклонная дама. Обыкновенно ссоры разбирала Танта, и это было мукою для Фаддея.

Он поэтому был вдвойне рад Грибоедову. Грибоедова Леночка, видимо, уважала, и ни одного резкого слова вроде "Canaille"[31] или "Wьstling"[32] не было сказано, хотя Леночка была зла как черт и топала ножкой.

Фаддей был все-таки друг Грибоедова, а у Грибоедова, помимо всего прочего, не было жены, и он свободно распоряжался деньгами. Это несколько возвышало Фаддея, и он все разводил руками в сторону Грибоедова.

Леночка отошла в несколько минут. Она была дама, женщина, мадонна Мурильо. Вот она и сидела мадонной Мурильо перед Грибоедовым. Она полуоткрыла рот и улыбнулась и махнула рукой на Фаддея. И Грибоедов, довольный, что справедливо разобрал ссору, хлопал по плечу Фаддея и целовал Леночкины руки.

Расцеловав дружески обоих, он поехал к Кате. Был уже вечер, и Катя была одна. У Кати Грибоедов засиделся до полуночи, и Катя более не говорила, что он ужасть какой нелюбезный.

Он, пожалуй, остался бы и долее, пожалуй, остался бы и навсегда у нее, у простой белой Кати, которая гладила его по волосам, как гладят, верно, своих неутомимых молодцов молодые коровницы, где-нибудь на сеновале, под дырявой крышей.

Но вот то, что он вдруг ощутил, что действительно может так у нее остаться навсегда, и услышал капель за окном, совсем близко, его все-таки напугало, он вскочил, еще раз поцеловал присмиревшую Катю и поскакал к себе в нумера.

В нумерах же была большая неприятность.

---

[31] Негодяй (нем.).

[32] Развратник (нем.).

30

Поручик Вишняков застрелился.

Вернувшись к себе в нумер, поручик вел себя сначала тихо, ходил по комнате и коридору, как бы ожидая кого, но к вечеру начал вести себя как шальной. Он бил в нумере стекло, порожние бутылки и потом метал саблю клинком в пол.

Нумерной показал, что он подождал входить в нумер, и через полчаса все стало тихо. Но, как постоялец был вообще сомнительный, нумерной постучал в дверь. На стук ему поручик не ответил, тогда нумерной всунул голову в дверь. Поручик стоял, показывал нумерной, голый. На полу у двери лежали два сорванных эполета. А поручик стоял у окна и плевал на дальнем расстоянии в эполеты. Нумерной утверждал, что один плевок попал прямо ему в глаза, когда он просунул голову в дверь. Затем поручик бросился как бешеный на нумерного, вытолкнул его за дверь и запер дверь на ключ. Через минуту раздался выстрел, и нумерной побежал за квартальным.

Квартальный сидел за столом в поручиковом нумере и записывал.

Нумерной солгал только, что плевок попал ему в глаз и что выстрел раздался через минуту. Это он сказал для наглядности и для важности: "Ей—богу, в этот глаз", — говорил он и показывал на правый глаз. Дело было, конечно, не так. Когда он увидел поручика голым, он пошел сказать об этом Сашке, и Сашка спросил его "рази?". Потом они рассказали об этом горничной девушке, и та завизжала от восторга. Выстрел был сделан через полчаса, самое малое.

Но поручик действительно был гол и мертв.

Он лежал голый на полу, и квартальный запрещал его трогать.

— Для суда, — говорил он, — чтоб все было в порядке и все обстоятельства.

Грибоедову квартальный поклонился, но не встал. Он допрашивал теперь Сашку. Сашка врал с таким азартом, что Грибоедову захотелось его хлопнуть по лбу.

— Покойные поручики, — говорил спокойно Сашка, — были образованные. Они прибыли с Индийского Китаю с письмом от ихнего императора к нашему императору. Они были вроде как русский губернатор в Китае, и там у них вышла неприятность с деньгами. Человек они самый секретный и важный и при деньгах, денег при них было много. Каждый раз, как придут в гости к барину, так, как уйдут, так, бывало, давали полтину, а раз оставили два целковых.

— Что ты врешь, каналья, — сказал ему изумленный Грибоедов.

Квартальный важно поглядел на него. Но Грибоедов притронулся к его плечу и позвал в свой нумер.

Пробыли они там минуты с две.

Выйдя, квартальный сразу прогнал из нумера и из коридора горничных девушек, которые, стыдясь и прикрывая глаза передниками, жадно смотрели на мертвеца, велел поставить выломанную дверь на завесы и показал нумерному кулак.

— Если кто из вас слово скажет, — сказал он, сам испуганный, — в Сибирь.

И побежал, придерживая саблю, куда-то.

Через четверть часа прибыла глухая каретка, поручика завернули в белые простыни и увезли.

Квартальный снова показал кулак нумерному и дернул головой Сашке, как загнанный конь.

Когда Грибоедов сел, не раздеваясь, в кресла, Сашка подал ему измятый конверт, раздул ноздри, поднял брови и сразу их опустил.

— От них—с.

— От кого?

— От покойников—с.

Грибоедов прочел лоскут:

"Уезжайте сами в деревню. Черт с вами со всеми.
Рядовой Вишняков".

31

Нас цепь угрюмых должностей
Опутывает неразрывно.

Грибоедов

Человек сидит, попивает вино или чай, и это удача. И вот та же мебель, вино и чай, и это неудача.

Когда Грибоедов ушел от Родофиникина в памятный день, когда он ехал к генералам обедать, он мало думал о том, что делает теперь старый чиновник.

А Родофиникин сразу после ухода Грибоедова тяжело вздохнул и высвистнул носом воздух. Он был важен и озабочен.

Капиталы, лежащие без движения, рассыпанные по хлопотливым закладным, кровные, греческие, можно теперь, на Кавказе, соединить в один кулак. Он сжал кулак.

Об этом Грибоедов не мог знать.

Если бы старик сделал этот жест при Грибоедове, тот, может быть, и не стал бы говорить про плантации Кастелласа, не назвал бы этого имени. Но жест случился уже после ухода Грибоедова.

Потом старик сощурил глаз: он думал, кому быть директором, и решил, что будет сам добиваться этого места.

Так добрался он до Грибоедова. Чего, в сущности, добивался этот человек?

Ясно чего: директорской власти.

Добравшись до Грибоедова, Родофиникин начал пересчитывать по пальцам. Дипломатические сношения с соседними державами. Построение крепостей. Право объявлять войну и передвигать войска...

После этого Родофиникин подскочил в креслах: какой же это директор, черт возьми, ведь это не директор, а диктатор! Диктатор! Вице—король! Король!

Тогда-то он и осмотрелся кругом, тогда-то он и встал из кресел и уставился на чернильницу, изображавшую голую грацию, — потому что на законном основании коллежский советник представил бумагу, в которой истребовал королевскую власть.

Но как условий письменных не было, то Родофиникин успокоился.

Он спрятал в стол сверток и запер его на ключ, словно бы это был список заговорщиков, в котором было и его имя.

Потом он потер лоб и позвал своего секретаря, старого и вострого. Секретарю он строго сказал, чтобы тот немедля отправлялся в Тифлис и навел сторонние справки. Некто Кастеллас владеет там шелковыми плантациями и хочет их продать. Тут же он пообещал секретарю представить его к награждению.

И вскоре сунулся к нему в дверь англичанин, доктор Макниль, который пришел с визитом и за бесценок предложил акции некоторых ост—индских заведений, и он эти акции купил. В разговоре было упомянуто, между прочим, имя поручика Вишнякова и говорено об ост—индских интересах вообще.

Потом он поехал к Нессельроду.

Так как старший руководитель был к вечеру рассеян, старик сказал ему, что следовало бы скорее отправить в Персию Грибоедова и что нужно жестоко распечь одного поручика, агента, совершенно разоблаченного англичанами, который может вконец испортить отношения с Лондоном.

Нессельрод согласился вообще, но сказал, что, кажется, с Грибоедовым еще не сговорились. У Грибоедова, кажется руководителю, были какие-то другие планы.

Грек же отвечал, что вот именно и нужно сговориться, что это дело, пожалуй, неотложное, а что планы, насколько он понимает, сейчас маловозможны, беспокойны, да и сам Грибоедов едва ли не беспокойный, может быть даже сомнительный человек.

И старший руководитель не спорил.

Вишнякова он распек, пообещал ему добиться разжалования в рядовые, а Грибоедова познакомил с Мальцевым, мать которого, старая красавица, была в дружбе с его женой и просила о сыне.

Вообще же говоря, у него была куча дел.

Грибоедов многого из этого не знал, но не все ли равно, дела это не меняло.

32

И вот он развернул малые и большие, уже истрепавшиеся листки. Это был не проект и не инструкция, а трагедия.

Листки он исписывал персидскими ночами, во время переговоров с Аббасом—Мирзой. Тогда под жидким небом, в виду пустыни, войск, в виду цветных окон, русские слова ложились в ряд, как иноземные, и ни одного слова не было лишнего. Это младенческая, ему одному известная радость давала ему по утрам силу мышц и вежливость разговора. Он был автор, временный и случайный человек для цифр и городов, записывавшихся в

Туркменчайский трактат. Он был всегда гибок и изворотлив в разговорах и предположениях, потому что всерьез этого ничего не брал, а просто играл в торговую и географическую игру, совсем непохожую на авторство. Это давало ему тогда превосходство.

Стоило ему полюбить по-настоящему игру в географические карты, и все завертелось, изменилось. Угрюмая должность, им самим придуманная, опутала его неразрывно. Тело теряло свежесть мышц, и многое стало непонятным.

Нессельрод и Родофиникин, сами того не зная, возвращали ему свободу движений.

Но разворачивал листки он с некоторой боязнью, он многое забыл из того, что написал. Он читал свои строчки, вспоминал, когда это писал, и обстоятельства оказались далекими.

Фаддей прервал его работу.

Увидя Грибоедова за листками, Фаддей от почтения заложил руки за спину.

— Комедия? — кивнул он опасливо. — Новая?

— Трагедия, — ответил Грибоедов, — новая.

— Трагедия! — воскликнул Фаддей. — Каково! Что же ты раньше мне не говорил? Трагедия! Легко сказать.

Он был почти испуган.

— Надобно читать ее, Александр. Трагедия! Да все ждут трагедии.

— Кто это ждет? От кого?

— И театры ждут, и все. Ни одной ведь трагедии сейчас нет. От тебя ждут.

Тут Грибоедов тоже несколько испугался. Он подвинулся в креслах.

Как так ждут? Почему от меня ждут трагедии?

— Не трагедии в особенности, но вообще ждут. Пристают ко мне: что ты написал нового? Все интересуются.

— Кто пристает? И что же ты отвечал?

— Я, признаться, сказал, что ты много нового написал. Я, правду говоря, это заранее предчувствовал. Пушкин спрашивал, потом... ба! да Крылов спрашивал.

Грибоедов поморщился.

— Эк, куда ты, братец, все спешишь. Много нового, а у меня брульоны только.

— И отлично, — сказал Фаддей с вдохновением. — И отлично. Брульоны — нынче все. Все интересуются. Я устрою твое чтение. Где хочешь? Хочешь у меня?

— Нет, пожалуй, — сказал Грибоедов, и Фаддей обиделся.

— Как хочешь. Можно не у меня... Можно у Греча, у Свиньина, — сказал он хмуро.

— Так, пожалуй, у Греча, — сказал, как бы уступая, Грибоедов, — и только не чтение, а так, обед.

— Разумеется же, обед, — сказал вконец обидевшийся Фаддей. — Что ж, я разве не понимаю, что обед должен быть. Я сам и вино закуплю, не то Греч с Гречихой век не справятся.

— Или знаешь что, — посмотрел на него Грибоедов, — устрой у себя, пожалуй. Только не зови без разбора. Пушкина пригласи.

Фаддей улыбнулся. Малиновая лысина засияла.

— Мне все равно, — развел он руками, — как хочешь. Я Крылова позову, Пушкина. Все равно. Как тебе лучше.

И с новой целью существования Фаддей устремился из нумеров, озабоченный и уже забыв про обиду.

33

Мертвое лицо поручика Вишнякова вразумило его довольно. Скакать — чтоб потом наплевать на эполеты, уже оплеванные другими? Сила его всегда была в том, что он забывал и умел выбирать. В этом была его сила, потому что люди мелкие идут одной дорогой и любят прошибать лбом стену.

Он больше не думал о проекте. Люди кругом засиделись, он невольно смотрел на них свысока, как человек, много путешествовавший и поэтому много забывавший. Им же нечего было забывать.

Итак, первое, с чего он начал: он присмотрелся к нумерам, и они ему не понравились.

Если зажечь свечи, комнаты нарядны, но по утрам имеют постылый вид, и в них много пыли.

И притом дороги сверх всякой меры. Этак можно и разориться.

Он послал Сашку справиться о квартирах и назавтра же переехал в дом Косиковского, на Невском проспекте. Квартира была в верхнем этаже, самая простая и почти скудная. Единственная роскошь в ней был рояль, уступленный ему старым хозяином, но действительно прекрасный, с двойной репетицией.

34

Он хорошо помнил литературные битвы.

Но теперь не из чего было биться, теперь больше обедали. За обедом составлялись литературные предприятия, которые по большей части не осуществлялись. Сходились бывшие враги, непримиримые по мнениям, — ныне литературная вражда была не то что забыта, а оставлена на время. Было время литературных предприятий.

Поэтому у Фаддея обед очень удался.

В дверях нагнал Грибоедова Пушкин.

В сенях тоненький Мальцов скидывал на руки лакею тяжелую шинель. Пушкин быстро повел глазами и проговорил:

— Вам нынче подражают.

Мальцов, боясь принять на свой счет, нетвердо прошел в комнаты.

Пушкин был недоволен, зол.

— Архивный юноша, они все нынче очень умны стали...

Он посмотрел на Грибоедова и вдруг улыбнулся, как заговорщик.

— Анна? — Он увидел следок от ордена на грибоедовском сюртуке. И потом, уже другим тоном: — Все говорят, вы пишете южную трагедию?

— Анна. А вы заняты военной поэмой?

Тут Пушкин поморщился.

— Полтавская битва. О Петре. Не будем говорить о ней. Поэма барабанная.

Он посмотрел на Грибоедова откровенно и жалобно, как мальчик.

— Надобно же им кость кинуть.

Грибоедов читал, как и все, — стансы Пушкина. Пушкин смотрел вперед безбоязненно, в надежде славы и добра, — в этих стансах. Казни прощались Николаю, как Петру. Скоро полтавская годовщина, а турецкая кампания, хоть и не шведская, должна же кончиться. Все понятно. Ни одного друга не приобрел Пушкин этими стансами, а сколько новых врагов! Александр Сергеевич Пушкин был тонкий дипломат. Сколько подводных камней миновал он с легкостью танцевальной. Но жизнь простей и грубей всего, она берет человека в свои руки. Пушкин не хотел остаться за флагом. Вот он кидает им кость. Однако ж никто об этом так прямо не решается говорить, а он говорит. И Грибоедов насупился.

На обед они, как водится, запоздали, все уже сидели за столом.

Он был событием для позднейших мемуаристов, этот обед.

Рельефнейшие, знаменитые головы рассматривали пустые пока что тарелки.

Здесь была своя табель о рангах и Фаддей строго следил за тем, чтоб меньшой не "пересел" большего. На почетном месте сидел Крылов, раздувшийся, бледный и отечный.

Его желтая нечесаная седина в перхоти курчавилась, бакены были подстрижены. Наклоняя ухо к собеседнику, он не мог или не хотел к нему повернуться.

Потом был, собственно говоря, прорыв: знакомая молодежь и люди средние, хоть и нужные.

На ухо Крылову тихо и говорливо повествовал о чем-то Греч.

Он наклонялся к нему через пустые приборы — по бокам Крылова были оставлены места.

Сидели в ряд: Петя Каратыгин, высокий и наметанный, с красным лицом, актер Большого театра, на все руки; молодой музыкант Глинка с лохматым и востроносым итальянцем; братья Полевые, в длинных купеческих сюртуках, со светлыми галстуками и большими в них булавками.

Из дам были: дама—кривляка Варвара Даниловна Греч — Гречиха, как называл ее Фаддей; рябая маленькая Дюрова, жена Пети Каратыгина, французинка, фрянка, по Фаддею, и, конечно, Леночка в совершенно роскошном наряде.

Когда Грибоедов и Пушкин появились, все встали. Слава богу, музыканты не ударили в тулумбасы, с Фаддея бы это сталось.

Крылов быстро вдруг поглядел туда и сюда и сделал вид, что готовится встать. Это заняло у него ровно столько времени, чтоб не встать.

Обед начался, вносили блюда.

Пушкин, уже вежливый и быстрый, говорил направо и налево.

Фаддей хлопотал как мажордом, вина были превосходны.

Греч встал.

— Александр Сергеевич, — сказал он Грибоедову, — и Александр Сергеевич, — сказал он Пушкину...

Потом он говорил о равных красотах обоих, о Байроне и Гете, о том, что предстоит совершить, — и кончил:

—... вам, Александр Сергеевич, и вам, Александр Сергеевич.

Все хлопали. Дюрова хлопала, Петя и Леночка захлопали.

Грибоедов встал, желтый, как воск.

— Нынче Гете и Байрон. Никто не смеет сказать, что он проник Гете, и никто не хочет признаться, что он не понял Байрона. Я напомню вам Стерна. "Я готов пройти тридцать миль пешком, — сказал он по-английски, — чтобы поглядеть на человека, который вполне наслаждается тем, что ему нравится, ни у кого не расспрашивая, как и почему". Я не понимаю, как ставить под рекрутскую меру разные красоты. Две вещи могут быть хороши, хотя вовсе не подобны. Ваше здоровье, Николай Иванович, — протянул он бокал Гречу, — и здоровье Фаддея Бенедиктовича.

И сел.

Говорил он просто и нераздражительно, и опять захлопали.

А потом начались винные разговоры. Кажется, началось с Дюровой или с Варвары Даниловны Греч, Гречихи, что-то по поводу мужчин вообще. Потом было сказано по поводу женщин вообще Петей Каратыгиным, актером, крепким и молодым.

— Женщины никогда не читают стихов мерой, они всегда коверкают — вы заметили? — спросил Пушкин. — Они не понимают стихов, они притворяются.

— Не люблю, когда женщины невестятся и ребячатся, — ответил ему Грибоедов. — У азиатов все благополучно: женщина рожает детей.

Леночка покраснела:

— Ah!

— Monsieur, vous etes trop percant[33], — сказал обдуманный каламбур Греч.

— Невестятся...

— Ребячатся...

И Петя Каратыгин пожаловался, что в новой пьесе приходится ему говорить странное слово: бывывало.

— Что такое "бывывало"? — пренебрежительно спросила Варвара Даниловна, Гречиха.

— Бывывало?

— Бывало?

— Нет, бывывало.

Крылов нацелился на этот разговор. Он оторвался от тарелки:

— Бывывало, — сказал он, жуя и очень серьезно. — Можно сказать и бывывывало, — он жевал, — да только этого и трезвому не выговорить.

Пушкин, любуясь, на него глядел.

Крылов ел.

Обед кончился, начался чай.

---

[33] Сударь, вы слишком проницательны (каламбур по созвучию со словом "persan"— "перс") (фр.).

Грибоедов, угловато и быстро, прошел к роялю. Он стал наигрывать.

Гуськом подошли музыканты, Глинка и косматый итальянец. Грибоедов кивнул и продолжал наигрывать.

— Что это такое? — спросил Глинка, и черный хохлик на голове у него приподнялся.

— Грузинская какая-то мелодия, — ответил Грибоедов.

— Что это такое? — крикнул с места Пушкин.

Грибоедов играл и, полуобернувшись к Пушкину, говорил:

— Вообразите ночь в Грузии и луну. Всадник садится на коня, он едет драться.

Он наигрывал.

— Девушка поет, собака лает.

Он рассмеялся и отошел от рояля.

Тут заставили его читать. Листков он с собой не взял, чтоб было свободнее, и так, между прочим.

Трагедия его называлась "Грузинская ночь". Он рассказал вкратце, в чем дело, и прочел несколько отрывков. Вскоре выходил вторым изданием Пушкина "Кавказский пленник". Так вот, у него в трагедии Кавказ был голый и не прикрашенный, как на картине, а напротив того, дикий и простой, бедный. О "Пленнике" он, разумеется, ничего не сказал.

Странное дело, Пушкин его стеснял. Читая, он чувствовал, что при Пушкине он написал бы, может быть, иначе.

Он стал холоден.

Духи зла в трагедии его самого немного смутили. Может быть, духов не нужно?

— Но нет их! Нет! И что мне в чудесах
И в заклинаниях напрасных!
Нет друга на земле и в небесах.
Ни в боге помощи, ни в аде для несчастных!

Он знал, что стихи превосходны.

И огляделся.

Петя Каратыгин сидел, раскрыв рот, на лице его было ровное удивление и восторг. Но он, может быть, заранее зарядился восторгом.

Братья Полевые что-то записывали. Грибоедов понял. Они пришли на него как на чудо, а он просто прочел стихи.

Фаддей уморился.

— Высокая, высокая трагедия, Александр, — сказал он даже как бы жалобно, в полузабытьи.

Пушкин помолчал. Он соображал, взвешивал. Потом кивнул:

— Это просто, почти библия. Завидую вам. Какой стих: "Нет друга на земле и в небесах".

Грибоедов поднял взгляд на Крылова.

Но ничего не сказал Крылов, уронивший отечную голову на грудь.

35

Военные обеды, литературные обеды, балы. Он ездил в собрание, танцевал котильон со всеми барышнями, писал им на веерах мадригалы, как это повелось в Петербурге. А маменьки радовались, он был l'homme du jour[34], его наперерыв зазывали. Залы были всюду начищены и блестели великолепно. Ему объясняли: этой зимой стали по-московски вытирать стены и потолки хлебом, мякишем. Этот хлеб потом раздавали бедным. Помилуй бог, он сыт.

А странная авторская судьба была у него. Все писали и печатали, а у него все было навыворот: напечатана была какая-то молодая дрянь, которую надо бы сжечь в печке, а настоящие пьесы были изустны и вот — в клочках. Фаддей говорит, что "Горе" напечатать теперь совсем невозможно.

Трагедию он, во всяком случае, докончит и напечатает. Но вот какова она? Нужны переделки.

Что-то пустовата его квартира и холодна. Сашка тоже не топит.

Он приказал Сашке затопить камин, подождал, пока тот отгремит дровами и кремнем, и уселся.

Он взял листки и начал их перебирать. Трагедия была прекрасна.

Она должна была врезаться в пустяшную петербургскую литературу словом важным и жестоким. Звуки жестки были намеренно. Какая связь между этою вещью и залой Фаддея, чаем, Петей Каратыгиным? Ее надобно читать на вольном воздухе, в кибитке, может быть среди гор. Но тогда какая же это трагедия и какая словесность? Совсем один он перечитывал у камина, вполголоса, стихи.

Тут он заметил, что Сашка стоит и слушает.

— Что слушаешь, франт? — спросил Грибоедов. — Нравится?

— Очень сердитая старуха, — ответил Сашка, — смешно она ругается.

В трагедии были жалобы страшной матери, у которой отняли сына—крепостного, старухи, подобной Шекспировой ведьме.

Грибоедов подумал.

— Да ты что, читаешь что-нибудь? — спросил он Сашку.

— Читаю, — ответил Сашка.

Он вынул из кармана слежалый песельник, что ли.

> Мне волшебница, прощаясь,
> Подарила талисман.

Сашка прочел строки четыре и ухмыльнулся.

— Что ж, тебе нравится?

— Нравится.

— А—ты знаешь, что такое талисман?

Сашка и отвечать не хотел.

— Известно, знаю... Нынче все про это знают.

— Ну а стихи, что я читал?

— Вы не стихи читали, Александр Сергеевич, — поучительно сказал Сашка, — стихи это называется песня, а у вас про старуху.

---

[34] Герой дня (фр.).

— Ну пошел, пошел вон, — зашипел на него Грибоедов, — чего ты, в самом деле, разоврался.

36

Начинается в доме шуршание, начинается возня и звон. Вероятно, это мышь забралась в рояль.

Квартира остается нежилою; несмотря на Сашкину лень, чистота и опрятность ее напоминает о том, что хозяин не задержится здесь.

В конце концов, трагедия его не умещалась в театре, а стихи были изустны и почти немыслимы на страницах журналов. К тому же, может быть, поэзия стала совсем не та, пока он терял время с Аббасом—Мирзой.

Как ворон на падаль, пожаловал Сеньковский.

— Александр Сергеевич, — осклабил он гнилые зубы, — поздравьте меня: кажется, вновь уезжаю в путешествие по Востоку.

— Не хотите ли, — спросил его Грибоедов, — в Персию? Вы знаете, там в возмещение мы берем библиотеку Шейх—Сефи—Эдина. Кроме вас, там и разобраться будет некому.

— Если не считать вас, Александр Сергеевич. Нет, благодарю покорно, я помышляю о египетских пирамидах.

Грибоедов показал ему свою коллекцию — надписи на отобранных у персиян знаменах: "Мы обещали Магомету победу блистательную"; "Во имя Аллаха, милости, сострадания"; "Султан, сын Султана, Фетх—Али, шах рода Каджаров"; "Шестой полк победоносен"; "Аллах вам даст блага, которых вы жаждете, могучую свою защиту и близкую победу. Возвести это правоверным... "

— Никогда не должно слишком многое обещать широковещательно, — сказал Сеньковский, — ибо все это достается в конце концов в руки врагов.

Положение менялось: он уезжал. Грибоедов оставался. Путешествия дают человеку превосходство. Он более не звал его в журналы.

Грибоедов смотрел на ученого поляка.

Он догадался.

Слава не застаивалась.

Стоит ему осесть, все они отхлынут. Не сразу, конечно. Они будут ждать подвигов чрезвычайных, слов никогда не бывалых, острот язвительных. Они потребуют нагло, открыто, чтоб он оплатил им их любопытство, их низкопоклонство тотчас же.

Потом они привыкнут. Начнут тихонько смеяться над медленною работою, они отступятся, но своего низкопоклонства не простят.

Они будут называть его "автором знаменитой комедии" или "автор ненапечатанной комедии". Он сгорбится немного, его черный фрак поизносится. Начнется причудливый кашель, старческое умное острословие, а по вечерам сражение с Сашкой из-за пыли. Стало быть, он станет чудаком.

Он будет появляться в гостиных, заранее уязвленный, недоконченный человек: автор знаменитой комедии и знаменитого проекта.

Он полысеет, как Чаадаев, — волос на висках уже лишился. Будет клясть Петербург и гостиные. И, когда он будет говорить о Востоке, все будут переглядываться: давно слышали, и вострый какой-нибудь Мальцов похлопает его по плечу: "А помните, мол, Александр Сергеевич, мы раз чуть не уехали туда, на Восток, совсем из России... "

— А отчего вы так стремитесь к путешествию? — спросил он строго Сеньковского. — У вас ведь журналы.

— Бог с ними, с журналами русскими, — ответствовал надменно Сеньковский, — в России все слишком неустойчиво, слишком молодо и уже успело между тем состариться. — Собственно, он повторял его же слова.

— Милостивый государь, — вдруг побледнел Грибоедов.

Он встал.

— Вы, кажется, забыли, что я тоже русский и трепать имя русское почитаю предосудительным.

И Сеньковский скрылся.

Он раскланялся бегло и ускользнул, уязвленный.

А Грибоедов остался.

Он посмотрел на пожелтелые листки и вдруг бросил их в ящик стола. Трагедия была дурна.

— Сашка, одеваться. Я еду со двора.

37

Никто так не умел скучать, как он.

Он перелистывал Моцарта, любимые свои льстивые сонаты, наигрывал, рассматривал свои ногти, полировал их, не вылезал из пестрого азиатского халата, слонялся из угла в угол и сосчитал: двадцать шагов. Выдумывал небывалую любовь к кавказской девочке с круглыми глазами. Никакая любовь не брала его.

За окошком был ясный холодок, а в домах чужие люди. Он же любил обсыханье земли, тепло, красно—желтые листики на земле, которым не знал точного названия. Какой-то захолустный предок оживал в нем, нелюдим и странствователь, провинциал. Здесь ему решительно нечего было делать.

Втайне, может быть, он был бы рад, если б теперь Нессельрод послал за ним и сказал: "Будьте, Александр Сергеевич, столоначальником в городе Тифлисе". Только не Персия, ради бога не Персия!

Он боялся ее так, как можно бояться только человека.

Так он слонялся и раз набрел (у самого камина) на решение: ехать в Тифлис. Представить проект Паскевичу; пусть Паскевич будет директором.

Представить себе Ивана Федоровича, бравого, с колечка—ми усиков, управляющим Мануфактурною Компанией было просто весело. Он уткнется в бумаги, закапризничает и бросит их Грибоедову:

— Александр Сергеевич, разберитесь.

И Александр Сергеевич тогда разберется.

— Мы еще, Сашка, попутешествуем. Тебе здесь не надоело?

И Сашка отвечал, неожиданно впопад:

— Погода очень хорошая, Александр Сергеевич. Теперь на Кавказе очень даже тепло, если только дождь не идет.

38

И вот в один прекрасный день получил он письмо от Настасьи Федоровны, маменьки.

"Мой любезный сын!

Не имею слов, чтобы тебя отблагодарить. Ты, мой друг, — единственный помощник своей матери. Как ты меня одолжил, что сразу же и послал четыре тысячи золотом, не то, вообрази, не знаю, как бы и справилась с этими кредиторами. Говорят, Иван Федоровичу дали миллион. Какое счастье! Я писала Елизе и поздравляла. Письма идут медленно, так что ответа до сей поры не получала.

Не оставляй, мой друг, Ивана Федоровича. Он при нынешних стесненных обстоятельствах большая для нас подпора. Дошло до меня и о ваших почестях, любезный сын, и сердце матери радовалось издали.

Дошло и о некоторых ваших литературных подвигах, но зачем нам говорить об увлечениях молодости! Четыре тысячи я в ту же неделю отдала за долг Никите Ивановичу, не то срок закладной, и ваша мать осталась бы без крова! Надеюсь только на бога и на вас, бесценный сын.

A. G.

Здесь, на Москве, очень удивляются, что до сей поры не слышно ничего о назначении твоем. Помни, сынок, что голы мы как сосенки".

Грибоедов оглядел голую комнату.

— Прорва, — тихо сказал он и сжал зубы.

И, чтоб самому не подумать, что сказал это о матери, стал рыться в Сашкиных счетах.

Он закричал Сашке:

— Сашка, прорва. Ты меня до сумы доведешь. Ты знаешь, сколько ты за переезд, франт—собака, ухлопал! Кричал он совершенно голосом Настасьи Федоровны.

39

Нежданно—негаданно назавтра пришла записка от Нессельрода, краткая и крайне вежливая.

Грибоедов чрезвычайно медленно и вяло собирался к нему. Сидел без фрака в креслах, пил чай, прихлебывал и мирно говорил Сашке:

— Александр, ты как думаешь, можно здесь найти квартиру несколько пониже, хоть во втором жилье?

— Можно.

— А дешево, как думаешь?

— Можно и дешево.

— У тебя оба локтя продраны.

— Оба—с.

— Что ж ты другого казакина себе не сошьешь?

— Вы денег не давали—с.

— Зачем же ты мне не говорил? Вот тебе деньги; что останется, себе возьми, на орехи.

— Благодарим.

— А у тебя знакомых здесь нет, Александр?

Сашка подозревал хитрость.

— Нету—с знакомых. Ни одной.

— Вот как, ни одной. Напрасно, Александр. Заведи себе знакомых.

— У меня со второго этажа знакомые.

— Подай мне фрак. Орден.

Он долго вворачивал перед зеркалом золотой шпенек в черное сукно.

— Криво? — спросил он Сашку.

— Нет, прямо—с.

— Хорошо. Я пойду. Я дома, может быть, не скоро буду, так ты пообедай, квартиру запри и можешь идти со двора.

— Слушаю. К вечеру быть?

— Можешь к вечеру, можешь и раньше. Как хочешь, Александр.

Говорил он с Сашкой очень покорно и вежливо, точно это был не Сашка, а Бегичев.

У Нессельрода он повел точно такой же разговор.

— Я получил вашу записку, граф. Может быть, слишком рано? Я не помешаю?

— Напротив, напротив, дорогой господин Грибоедов, даже немного поздно.

Нессельрод был сегодня праздничный, прозрачный, сиял, как хрустальная лампадка.

— Я еще вчера вспоминал вашу тонкую мысль.

Грибоедов насторожился.

— Действительно, в Персии нынче не может быть поверенного в делах, там может быть только полномочный министр. Вы совершенно правы, и эта мысль одобрена государем.

Грибоедов усмехнулся очень свободно.

— Напрасно, граф, напрасно вы считаете эту мысль столь тонкой.

Но карлик засмеялся и закивал головой, как заговорщик, — потом он потер руки и привстал. Брови его поднялись. Вдруг он ткнул Грибоедову свою серую ручку.

— Поздравляю вас, господин Грибоедов, вы награждены чином статского советника.

И быстро, ловко пожал грибоедовскую холодную руку.

Он протянул Грибоедову высочайший указ, еще не подписанный. Коллежский советник Грибоедов возводился в чин статского советника с назначением его полномочным министром российским в Персии, с содержанием в год...

Грибоедов положил бумагу на стол.

— А что, — он сказал отрывисто и грубо, — что, если я не поеду?

Нессельрод не понимал.

— Вы откажетесь от милости императора?

Назначение — был законнейший повод, законнейший выезд на почтовых, и даже на курьерских, а путь на Персию — через Кавказ. Стало быть, Кавказ, Паскевич, стало быть, тяжелые полудетские глаза. Но это все-таки не Кавказ, не Закавказье, не Компания, это Персия.

— Тогда я буду откровенен, — сказал карлик. Он поджал губы и остановился глазами. — Нам нужно вывести из Хоя двадцать пять тысяч войска и отправить их на Турцию. Но для этого нужно получить контрибуцию, куруры. Мы ищем человека, который мог бы это сделать. Этот человек — вы.

Он испугался своих слов и сжался в горестный, отчаянный комочек.

Карл Васильевич Нессельрод, граф, вице—канцлер империи, проболтался.

Они отправляли его на съедение.

Вдруг Грибоедов щелкнул пальцами и напугал Нессельрода.

— Простите, — он засмеялся, — я принимаю назначение с благодарностью.

И Нессельрод не понимал.

Значит, с этим человеком все должно вести... наоборот. Пока не пробалтывался, человек вилял. А как, по крайнему легкомыслию, сболтнул фразу военного министра, пока совершенно секретную, человек — вот он — щелкнул пальцами и согласился. Какая это, однако же, опасная наука, дипломатия. Но он вовсе не проболтался, он знал, с кем говорит, — он с самого начала понимал, что с этим человеком должно, как и вообще, во всей этой несчастной азиатской политике, вести себя... наоборот, — и тогда получаются неожиданно хорошие результаты. И он скажет новому послу персидскому: "Мы не возьмем у вас ни... как это называется... тумана, томана" — и сразу же... куруры, куруры.

Нессельрод вздохнул и, улыбаясь, любовно поглядел на статского советника.

— Господин министр, — сказал он, — я буду счастлив на днях представить вам инструкции.

— Но, господин граф, — уже совершенно на равной ноге сказал ему статский советник, — знаете ли, я сам составлю инструкцию.

Нессельрод окаменел. Как быстро взят тон, тон, однако же, делающий всю музыку.

— Но, господин Грибоедов...

— Граф, — сказал Грибоедов, вставая, — я набросаю инструкции, — а в вашей воле их одобрить или не одобрить, принять или не принять.

Нессельрод не знал русского обычая, что рекрут, сданный не в очередь, за другого, — куражится. Но он что-то понял.

Хорошо. Пусть, если ему так нравится, сам составит эти инструкции.

— Полагаю, — сказал он почти просительно, — вы ничего не будете иметь против того, чтобы первым секретарем вашим был назначен Мальцов. Таково желание государя, — добавил он торопливо. — А о втором секретаре мы сразу же позаботимся.

Грибоедов подумал и вдруг улыбнулся.

— Я прошу вас, граф, назначить вторым секретарем человека, сведущего в восточных языках... и тоже в медицине. В знаниях господина Мальцева по этим частям я не уверен.

— Но почему... в медицине?

— Потому что медики важнее всего на Востоке. Они проникают в гаремы и пользуются доверенностью шаха и принцев. Мне нужен человек, который мог бы противостоять английскому доктору, господину Макнилю, который представлялся вашему сиятельству.

Неопределенным взглядом посмотрел вице—канцлер империи.

— Но я боюсь, что нам придется отказаться от этой мысли, — сострадательно улыбнулся он, — потому что столь редкого совмещения — медика и знающего восточные языки — вообще, кажется, не существует.

— О, напротив, напротив, граф, — сострадательно улыбнулся полномочный министр, — это совмещение именно существует. У меня есть такой человек, доктор Аделунг, Карл Федорович. Осмеливаюсь рекомендовать его вашему высокопревосходительству.

Фамилия смешливого доктора, согласного ехать в любое несуществующее государство, ставит в тупик руководителя.

— Но тем лучше, тем лучше, — возражает он, слегка озадаченный, — извольте, если таковой, как вы говорите, является совмещением...

Он провожает Грибоедова до приемной и остается один.

— Какое счастье, — говорит он и смотрит на свой паркет. — Какое счастье, что этот человек наконец уезжает.

40

Встала обида в силах Дажьбожа внука, вступила девою на землю Трояню, всплескала лебедиными крылы на синем море.

Слово о полку Игореве

Встала обида.

От Нессельрода, от мышьего государства, от раскоряки—грека, от совершенных ляжек тмутараканского болвана на софе — встала обида.

Встала обида в силах Дажьбожа внука.

От быстрого и удачливого Пушкина, от молчания отечного монумента Крылова, от собственных бедных желтых листков, которым не ожить вовеки, — встала обида.

Встала обида в силах Дажьбожа внука, вступила девою.

От безответной Кати, от мадонны Мурильо, сладкой и денежной Леночки, от того, что он начинал и бросал женщин, как стихи, и не мог иначе, — встала обида.

Вступила девою, далекою, с тяжелыми детскими глазами.

Встала обида в силах Дажьбожа внука, вступила девою на землю Трояню. От земли, родной земли, на которой голландский солдат и инженер, Петр по имени, навалил камни и назвал Петербургом, от финской, чужой земли, издавна выдаваемой за русскую, с эстонскими чудскими, белесыми людьми, — встала обида.

Встала обида в силах Дажьбожа внука, вступила девою на землю Трояню, всплескала лебедиными крылы на синем море.

На синем, южном море, которое ему не отдали для труда, для пота, чужого труда и чужого пота, для его глаз, для его сердца, плескала она крылами.

— Сашка, пой "Вниз по матушке по Волге"!

— Пой, Сашка, пляши!

Несколько удальцов бросятся в легкие струи, спустятся на протоку Ахтубу, по Бузан—реке, дерзнут в открытое море, возьмут дань с прибрежных городов и селений, не пощадят ни седины старческой, ни лебяжьего пуха милых грудей.

— Стенька, пой!

— То есть Сашка, — говорит вдруг Грибоедов, изумленный, — Сашка, пой.

Сашка поет про Волгу.

Александр Сергеевич Грибоедов слушает и потом говорит Сашке сухо, как кому-то другому:

— Я хотел сказать, что мы едем не в Персию, а на Кавказ. На Кавказе мы задержимся у Ивана Федоровича. Вы, кажется, полагаете, что мы едем в Персию.

Кому это говорит Александр Сергеевич Грибоедов? Александру Грибову — так ведь фамилия Сашкина? Александру Дмитриевичу Грибову.

Но Грибоедов стоит, и топает ногой, и велит петь Сашке, и Стеньке, и всем чертям про Волгу.

И не слушает Сашку, и все думает про Персию, а не про Кавказ, что его провел немец—дурак, что не задержится он на Кавказе, что Иван Федорович Паскевич... Иван Федорович Паскевич тоже дурак.

И он топает тонкой ногой и смотрит сухими глазами, которые в очках кажутся Сашке громадными:

— Пляши!

Потому что встала обида.

Встала обида, вступила девою на землю — и вот уже пошла плескать лебедиными крылами.

Вот она плещет на синем море.

Поют копья в желтой стране, называемой Персия.

— Полно, — говорит Грибоедов Сашке, — ты, кажется, с ума сошел. Собирайся. Мы едем на Кавказ, слышишь: на Кав—каз. В Тифлис, дурак, едем. Чего ты распелся? Теплого платья брать не нужно. Это в Персии нам было холодно, на Кавказе тепло.

ГЛАВА ТРЕТЬЯ

Подорожные выдаются двух родов: для частных разъездов с одним штемпелем, для казенных — с двумя.

Почтовый дорожник

1

Помаленьку в чемодан укладывались: billets doux[35] от Катеньки, книги по бухгалтерии, двойной, тройной, которая его нынче более интересовала, чем антиквитеты и отвлеченности, белье, проект, заполученный обратно от Родофиникина, локон от Леночки, грузинский чекмень и мундирный фрак.

Помаленьку в чемодане все это утряхалось.

Бричка двигалась помаленьку.

Дорога! Ах, долины, горы, то, се, колокольчик!

Реки тоже, извивающиеся, так сказать, в светлых руслах своих!

Небо со столь естественными на нем облаками!

Ничуть не бывало: все это было видено и проезжено тридцать раз.

Дорога и есть дорога. Жар, пыль и мухи. Оводы непрестанно жалят лошадей, и те ни с места.

В обыкновенные четвероместные коляски, с одним чемоданом и сундуком, едущим двум и трем полагалось четыре лошади. Но статским советникам и всем чинам, состоящим в четвертом классе, — восемь.

Чин его был ныне статский советник, ехал он с Сашкой, но ведь звание-то его было какое: полномочный министр.

Однако в уставе о подорожных и вовсе такого звания не числилось. Павлинное звание! Оно по крайней мере равнялось званию сенатора, а сенаторы все были второго класса — и полагалось им не более не менее как пятнадцать лошадей.

На станции смотритель решил по-своему дело и выдал ему после спора десять лошадей. Десять лошадей полагалось контр—адмиралам, епископам и архимандритам, которые присутствуют в Синоде.

Это было очень неудобно и ненужно — десять лошадей, где от силы нужно пять, и потом он на станциях их быстро разронял, но сперва взял единственно из озорства.

Он скоро устал от смотрителевых спин, перед ним склоняющихся, предоставил почет своей поклаже и ускакал вперед, в бричке, сам—друг с Сашкой, инкогнито.

Бричка — та же квартира: в северной комнате — вина и припасы, в южной — платье и книги, все, что нужно человеку. Только меньше пустоты и движений. За человека движутся лошади..

Оседлая его деятельность здесь, на простой, пыльной дороге, изумила его.

---

[35] Записочки (фр.).

Сколько разговоров, улыбок, разнородных покроев собственного невеселого лица.

Всласть он наговорил иностранных слов иностранным людям.

Всласть он наигрался в сумасшедшую игру с авторами, подобную игре на клавиатуре, закрытой сукном.

Жил он не в себе, а в тех людях, которые поминутно с ним бывали, а все они были умники либо хотели ими быть, все были действователи: военные, дипломатические, литературные.

Какие ж это люди?

Они жили по платью, по платью двигались: куда платье, туда и они.

— Александр! Ты что ж, опять заснул? Видишь, привал. Разве ты не чувствуешь, что кони стали? Доставай вина, телятины. Сядем под дуб. Ямщик, присаживайся, голубчик. Ты какой губернии?

Леночка просила в последний миг расставанья:

— Alexandre, приезжайте к нам в Карлово.

(Карлово — лифляндское имение Фаддея, заработал себе на старость.)

Тогда же дала свой локон и всхлипнула.

Подумать всерьез.

Кавказская девочка исчезла из поля зрения.

Дуб у дороги, похожий на корявую ростральную колонну петербургской биржи.

Накануне отъезда он был на колонне, взбирался на нее с неясной целью. Вид был великолепен — разноцветные кровли, позолота церковных глав, полная Нева, корабли и мачты.

Когда—нибудь взойдут на столб путешественники — когда столб переживет столицу — и спросят: а где стоял дворец? где соборы? Будут спорить.

Родофиникин, финик-то, так ведь и не выдал за месяц вперед, ускромил.

Ах ты финик!

Ах ты азиатское начальство, ваше превосходительство, пикуло—человекуло, мать твою дерикуло!

И напоминать нельзя, не то торопить будут в Азию.

Станция.

— Вы что, голубчики, читаете?

— Объявление новое, о войне, вышло.

— Так какое же новое? Оно ведь в апреле вышло, схватились. Мы уже, почитай, месяца как три деремся.

— Мы не знаем, только опять персияны с нами дерутся, с нас уж рекрутов и то берут, берут. Все с нашей деревни.

— Как персияне? У нас война теперь с турками.

— Для чего с турками? Написано: персияны.

— Ты не тут читаешь. Тут о причинах войны.

— Все одно, что причина, что война. Мы не знаем. С нашей деревни, с Кривцовки, рекрутов побрали.

Катенька — вот истинно милая женщина.

Явился к ней попрощаться, а она в амазонке.

— Я с вами еду, Александр.

— Куда вы, Катенька, что с вами, милая!

Как она тогда вздохнула.

Оказалось: все у нее перепуталось. Стала Катенька патриоткой, как все актерки, купила амазонку — из театра Большого собралась на театр военных действий.

— Бог с вами, Катенька, ну где вам воевать. Да и я не на войну еду.

Старый солдат сидел в будке при дороге и спал.

— Дед, ты что здесь делаешь?

— Стерегу.

— Что стережешь?

— Дорогу.

— Кто ж тебя поставил здесь дорогу стеречь?

— По приказу императора Павла.

— Павла?

— Тридцатый год стерегу. Ходил в город узнавать, говорят, бумага про харчи есть, а приказ затерялся. Я и стерегу.

— Так тебя и оставили стеречь?

— А что ж можно сделать? Говорю, приказ затерялся. Прошение подавали годов пять назад, ответу нет. Харчи выдают.

На станции смотритель сказал обождать — нет лошадей. Он прошелся по двору. Ямщик засыпал овес лошадям.

— Ты что, любезный, свободен?

— Сейчас свободен, да смотритель сказал генерала ждать.

Гривну ямщику на чай.

Смотрителю:

— Ты что, любезный, генерала ждешь? Давай—ка лошадей.

Как он заторопился.

Так следовало вести себя: начинать с ямщика, а не со смотрителя.

А он в Петербурге понес свое "Горе" прямо министру на цензуру. Занесся. Тот и так и сяк, любезен был до крайности, и ничего не вышло. Теперь "Горе" у Фаддея.

Он ведь только человек, ему хотелось иметь свой дом. Он боялся пустоты — и только. О Персии он пока думать не хочет. На день довольно. Все просто в мире, и, может быть, лучший товарищ — Сашка.

Много ли человеку нужно.

Воронежские степи.

Бычок мычал внизу, в долине. Двое, очень медленно и лениво, везли воз сена на волах, выбираясь на верхнюю дорогу.

Волов кусали слепни, и они не шли. Один, толстый, тянул их за рога, другой с воза кричал отчаянно и бил волов палкой. Правый вол остановился решительно, словно на этом месте уже сто лет так стоял. За ним другой. Тогда человек спрыгнул с воза стремительно, лег в канаву и стал курить.

Солнце пекло. Молодайка внизу пела.

— Скидаю маску. Новый свет для меня просиял.

— Чего прикажете? — спросил Сашка.

— Мы сюда сворачиваем, друг мой. Ямщик, мы здесь заночуем.

2

Натальюшки, Марьюшки,
Незнамые девушки.

Песня

Лошади, распряженные, щипали лениво траву и дымились. Ямщик все пощупывал им бока. Когда они поостыли, спросил у молодайки воды, и лошадь недвижно пила из ведра, осторожно храпя и вздыхая синими ноздрями.

Молодайка покачивалась на высоких бедрах под плавный ход ведер. У нее было плоское смугло—бледное лицо, босые крупные ноги.

В доме жил только дед да она.

Муж, казак, уж год не слал вестей. Она напасала сена, дед ходил изредка в извоз. Останавливались у нее и проезжающие.

Работала она, по видимости, плавно и медленно, все ей давалось легко: так она носила ведра.

Грибоедов приказал Сашке нести в дом припасы, вино.

Сели ужинать. Сашка с ямщиком ужинали во дворе, разговаривали со стариком, а молодайка прислуживала Грибоедову. Он сквозь открытое окно слышал чавканье ямщика, хлюпанье Сашки и тот неторопливый и нелюбопытный разговор, который ведут между собою незнакомые простолюдины.

— Как звать тебя, милая?

Молодайка, так же все покачиваясь, накрыла грубой скатертью стол. Она была вовсе не стройна, слишком широка, но ноги были очень легки. Лицо тоже широкое, бледное, словно она страдала, не теперь, а давно, какой-то болезнью.

— Марьей, — она улыбнулась.

— А теперь, значит, едете туды обратно? — спрашивал дед Сашку за окном.

— Мы теперь получили назначение, — отвечал Сашка, прихлебывая.

— Ага, — дед удовлетворился.

— Садись, Маша, ужинать будем, — сказал Грибоедов.

— Мы уже отужинали, — ответила Марья и присела в стороне на край стула, стала смотреть в окно.

Ямщик за окном начал икать, чтоб показать деду, что сытно поел, и приговаривал:

— Тьфу, господи.

— Так одни и живете? — спрашивал Сашка.

— Одни, — равнодушно отвечал дед.

Вдруг Марья широко и сладко зевнула большим ртом. Грибоедов тотчас выпил за ее здоровье.

— Искупаться тут у вас можно? Речка недалеко?

— Речка недалеко, да мелка. Ребята в ней только купаются. Можно баньку стопить.

— Стопи, Маша, — попросил Грибоедов.

Маша, не очень довольная, размялась и пошла во двор.

В низенькой баньке, что стояла травяным гробом во дворе, было жарко, и глиняный пол пропах столетним дымком.

Ямщик спал в бричке. Сашка свернулся под гунькой и непробудно вздыхал в тридесятом царстве.

Маша сидела на крылечке.

— Маша, — сказал Грибоедов, — ну—ка подвинься.

И он обнял Машу.

3

Утром, часов в шесть, ямщик постучал кнутом в окно. Грибоедов проснулся и махнул ему голой рукой сердито. Ямщик отошел.

Грибоедов спал без белья, было очень жарко, а от мошек натянул на себя грубую простыню. В сенцах копошился дед. Потом начался под окошком обряд: ямщик подправлял подпругу, кричал на пристяжную, она дергала мордой и колокольцами, а дед делал замечания:

— Хомут затяни. Натрет она веред.

— Ничего, — цедил самолюбивый ямщик.

Дед щупал одну из пристяжных.

— Мышаки у твоего коня, такое дело.

— Ну да, мышаки, — сказал ямщик недовольно, однако послышались колокольцы — лошадь дернула головой, и ямщик крикнул: — Ну, ты!

Потом он сказал, уступая:

— Пойти к конскому лекарю на станции...

— Чего к лекарю, — говорил дед, — нужно коновала. Он клешами мышаки вытянет.

Грибоедову надоело. Он выглянул в окно.

Бричка стояла уже запряженная, дед в тулупе и белых исподниках стоял с ямщиком у лошадей.

Сашка под гунькой не шевелился.

Грибоедов распахнул окно:

— Вот что, любезный, — сказал он ямщику, — скидывай вещи. Поезжай себе порожняком.

— А разве не поедете? — спросил ямщик недоброжелательно.

— Нет, не поеду. Вот тебе на водку.

Ямщик, как ошарашенный, стал отвязывать сундук и чемодан и составил их с азартом прямо к Сашкиному носу, видневшемуся из—под гуньки.

4

Праотец Иегуда ехал жарким днем на осле и заприметил по пути женщину с открытым коленом. Он захотел освежиться, и вошел к ней, и познал ее, а то, что женщина оказалась Тамарью, его невесткой, было случайностью или даже словесным остроумием библического рассказа. Таков, вероятно, был обычай всех путешественников, и даже апостолам полагалось брать с собой от селения до селения девицу, причем о назначении девиц евангелист попросту ничего не говорит.

Радостно почувствовать под ногами не бледную пыль дороги, а синюю траву, примятую босыми ногами, распрямиться и вдруг понять, что вкусней всего — молоко с черным хлебом, нужней всего — самый крохотный угол на земле, пускай чужой, с этим помириться можно, сильней всего — женщина, молодая, молчаливая.

Нетороплива речь простонародья, нелюбопытного к чужим делам. Дед не интересуется тем, что он, Грибоедов, засел у него, и не видит в этом ничего странного. Мало ли людей на свете, мало ли что кому нужно. Он заплатит к тому же за постой.

Он начал обвыкать, разложил книги, но не читал их. Писем тоже не писал и о Кавказе и Персии старался не думать. Раздражали только брички, проезжавшие по верхней дороге со звяком. Они торопились, пролетали. Вечерами же он уходил на большую дорогу и подолгу гулял.

Легко вообразить, что человек влюблен в кавказскую девочку, у него замыслы, их нужно совершить и что он несчастен. Все это так, но не в этом дело. Не может он быть непрестанно несчастен и все время влюблен. На похоронах друга засияет солнце, человек здоров — и неожиданно с ужасом иногда замечает: счастлив.

Странное дело: он был счастлив.

И Маша, то и дело просившая взглядом подарков, была настоящая женщина.

Уже из грибоедовского сундука перешли в ее кованый сундучок полотенца, шаль, которую вез на Кавказ, а в самом углу спрятался браслет.

Носить его Маша не решалась.

5

— Дед, почему ты не живешь в станице? —спросил Грибоедов.

— Обида была, — спокойно отвечал дед. — Годов тридцать назад отселился, Машки на свете не было.

— Какая обида?

— А что вспоминать? — сказал дед и пошел куда-то.

Была лет тридцать тому обида, дед был молод, отселился, купил себе домок, нажил Машу, потерял жену, потом Маша вышла замуж за казака, ушла в станицу, он сам побобыльничал с год, казака услали в походы, и Маша пришла к нему на лето.

Чего тут спрашивать? Трава не спрашивает, бычок не спрашивает, только проезжие казаки воротят нос, а то и заезжают.

В четыре дня завязалось грибоедовское бытие.

Сашка спозаранок уходил с дедом на косьбу — у деда был покос неподалеку, — а днем больше спал.

Странная была Сашкина косьба! Грибоедов как-то раз встал пораньше, пошел на покос. Дед ходил с косой, как маятник, по полосе, взмахивал косовищем, блестящим, как лак, от лет и рук, останавливался, и опять махал, и гнал перед собой траву. Он быстро запотевал, пятнами по белой рубахе.

А Сашка лежал задрав ноги и читал смятую, грязную, тоже блестящую, как лак, от кармана, книжку. Впрочем, он не читал, а пел. Книжка была песельник.

Сашка пел:

> Смолкни, ветер, хотя на минуту,
> Дай мне полную волю рыдать.

Старик не обращал на него никакого внимания.

Однако каждое утро, как будто это само собою разумелось, говорил Сашке:

— Вставай, что ль. Пойдем.

И беспамятный дед уходил, а за ним плелся Сашка, и тогда в доме начиналась эта самая Машина походка. Уже тридцатитрехлетнее тело решало и думало за себя. Оно решило тайком и втихомолку: не неделю и не месяц, а сколько богу будет угодно проживет он здесь.

Родофиникин с Нессельродом пускай живут в Петербурге или едут на театр военных действий. Кавказская девочка пусть растет.

Все они казались далекими, вряд ли они даже существовали. Тысяча верст от Петербурга, тысяча верст от Кавказа.

А он исчезнет.

Но, стало быть, он беглец, в бегах, в нетях, он дезертёр?

Ну и что же, беглец. Человек отдыхает.

6

Он лежал во дворе, в траве, как ящерица, было свежо, ему нездоровилось. Было уже очень поздно. Луна стояла, как тарелка. В стороне от дома сидели дед и Сашка. Они его не видели.

— Работница она хорошая, по двору, или, как говорится в крестьянстве, по хозяйству, — говорил Сашка.

— Хорошая, — отвечал дед неохотно.

Потом он спросил Сашку:

— А барин твой богат, што ли?

— Барин завсегда имеет деньги, по чину, — ответил Сашка отрывисто. — Они персиянские министры.

— Ну? — удивился дед.

— А ты что думал?

— Рука у него сухая, — сказал чего-то дед.

— Это прострелено на дуелях, — медленно произнес Сашка.

Удивительное дело. Никто, ниже он сам, в Петербурге и на Москве не замечали этого. Рука у него была прострелена, но, кроме шрама да неловкости в большом и указательном, ничего не оставалось. А дед заметил.

— А слышь, дед, — сказал Сашка потише, — дочка твоя, она что, балует?

— Дает помаленьку, — равнодушно согласился дед.

— А муж вернется?

— Ну и что ж, может побьет, а может и не побьет. Она ему избу справит, сено уберет. Не побьет.

— Рази?

— Паши хоть плугом, хоть сохой, а урожай — твой, — сказал дед твердо.

Потом дед пошел к себе. Сашка остался.

Грибоедову почудилась босая поступь и легкий шумок платья.

— Садитесь, Марья Ивановна, — сказал Сашка. — Не угодно будет вдвоем подышать воздухом степей?

— Тише вы, — сказала Маша, — барин...

— Они ушли со двора, помечтать, — ответил Сашка, — на большую дорогу при свете луны.

Маша хихикнула. Потом они притихли — видно, целовались.

— Спойте уж лучше, Александр Дмитриевич, ну вас совсем, — сказала Маша, оторвавшись. — Ту спойте.

— Ту? — спросил Сашка. — Рази? Она мне вовсе не нравится, но, если желаете, я, конешно, могу исполнить.

Если девушки метрессы,
Им ненадобны умы!
Если девушки тигрессы,
Будем тиграми и мы!

Грибоедов тихонько, как в детстве, захихикал. Несомненно, Сашка побеждал его своим обхождением. Уж не стреляться ли с ним на дуэлях? Он просто отхлещет его на первой станции.

Какое пошлое приключение; слава богу, что никто, кроме этого болвана Сашки, ничего не знает.

А она-то, святая простота, придорожная тигресса, метресса.

Да и сам хорош. И вправду мечтает при свете луны на большой дороге.

— Марья Ивановна! — сказал Сашка протяжно. — Марья Ивановна, дозвольте вашу рученьку.

И опять они притихли.

— Марья Ивановна, — сказал, задыхаясь, Сашка, — я лучше вам спою песню, которую вы можете считать за разговор, как будто я всерьез говорю.

Он замурлыкал:
Поедем, шинкарочка,
Со мной на Кавказ!
У нас на Кавказе
Не по-вашему:
Не жнут, не прядут,
Девки хорошо ходят.

— Марья Ивановна, — Сашка шептал и возился, — Марья Ивановна, примите во внимание, что дальше в песне поется: сдавалась шинкарочка на его слова. Марья Ивановна...

И шелест, и пыхтенье, и стук головы Марьи Ивановны о скамейку.

Каковы скоты!

Промаячил у дороги пять дней для Сашкина удовольствия. Полно же им, наконец. Ведь это уж, однако, ни на что не похоже.

— Сашка! Болван!

Звук такой, как будто куры в курятнике разлетелись.

— Чего прикажете, Александр Сергеевич?

— Чего я прикажу? Я тебе прикажу...

— — Слушаю, Александр Сергеевич...

Грибоедов смотрел на Сашку с брезгливостью и любопытством.

— Скажи деду запрягать сейчас же, складывай вещи. Я с тобой поговорю еще!.. Тигр...

Деда разбудили. Он долго отказывался, наконец заломил цену: за двадцать верст — пятнадцать рублей.

Грибоедов бросил сотню на стол.

— За постой и за лошадей.

— Маловато, ваша милость, — сказал дед.

Грибоедов посмотрел на деда.

— Живо!

Дед стал торопиться.

Когда они выезжали, Маши не было. Только ручники ее висели на веревке, сушились.

— Эх, Маша...

— Марья Ивановна, тьфу!

7

Заря занялась. Я в путь увлечен.

Грибоедов

Безотрадный вид степи от Черкасска до Ставрополя попал в военную историю императора Николая, как лик, уныние наводящий, в историю отца его.

Император Павел сослал одного офицера в Сибирь за лик, уныние наводящий. Приказом императора лик был перенесен в Сибирь, откуда уныние его не было видно.

Он не мог править людьми с ликами, наводящими уныние.

Генералы, взбороздившие бричками при Николае степи, внезапно задумались над политическим значением их вида.

Потому что нельзя весело править степями, вид которых безотраден.

Каждая победа замрет в безветренной тысячеверстной тарелке.

И в 1826 году генерал Эмануэль, начальник Кавказской линии, сделал донесение Ермолову о безотрадном виде степи от Черкасска до Ставрополя.

Он созвал совет, на котором было решено для увеселения вида произвести посадку вербовых кольев и раиновых черенков близ селений и по дороге.

Через два года генерал Эмануэль пришел в отчаяние от своего проекта: вид кольев и черенков сам по себе возбуждал уныние. Они присохли, запылились, преклонились до земли.

Где-то течет холодная, свежая река. Там купаются, работают, там пасут стада.

Здесь же — дикое поле, глотающее без возврата колья, черенки, брички и путешественников, глотающих пыльный воздух.

Обыкновенно жизнь числят по оседлым местопребываниям. Но стоит покатиться по дикому полю, и счет начинается другой: оседлости кажутся промежутками, не более.

Опытные путешественники советуют не брать с собою в такое путешествие более одной мысли, и то самой второстепенной. Чтение во время привалов советуется самое растительное: так, например, хорошо перелистывать почтовый дорожник и рассматривать бесцветную дорожную карту. Вся Российская империя тогда предстает в виде простом и размеренном — в виде корчем, крепостей, починков и форпостов, в виде непрестанного движения между ними туда и обратно, при одинаковом количестве лошадей и прогонных, но без определения цели движения. Например, желающий знать расстояние от Утицы до Кременца в расписании городов увидит, что первый из них находится в Подольской, а последний в Волынской губернии. А таблица покажет часть и номер. Но не более того, о цели движения между Утицей и Кременцом не сказано в дорожнике ни слова.

Путь не всегда избирается по своему желанию, но всегда расчислен по таблице под особым номером в своей, собственно до него относящейся части — и это настоящее спасение. Самый бессмысленный подневольный путь, например путь арестанта, имеет свой номер и свою часть.

Не советуется, однако, глядеть слишком близко на дорогу — от этого происходит вертиж. В спину ямщика глядеть можно. В спине всегда есть нечто глупое, действующее весьма успокоительно.

8

В Ставрополе, на дальней черте кругозора, видны небольшие белые облака.

Эти облака — горы.

9

В Екатеринограде съехались. Мальцов был запылен, ошарашен, пришиблен дорогою, даже понурая спина его была сердитая. Доктор — тот ничего, тут же, в станционном домике, вытащил походную чернильницу и стал записывать, обдумывать, покусывать перо. По дороге они с Мальцевым успели поссориться.

Серая солдатская слободка выросла, как лопушник, в Екатеринограде. Здесь начиналась оказия и конвой — далее дорога до Владикавказа была через Кабарду. Там они сидели, на горах, люди со слишком прямой походкой, в темно—серых, почти монашеских хламидах — чекменях, с газырями на ребрах.

А здесь была духота, пыль. Как брошенная старуха, стояла розовая, облупившаяся храмина: дворец графа Павла Потемкина. Сюда он сзывал ханов и беков, здесь он напаивал их дорогими винами и одаривал. Ханы и беки пили и ели, потом возвращались к себе — в горы и молча чистили ружья. Там их сыновья и внуки сидели и по сей день, а дворец был заброшен. Грибоедов знал место, откуда Эльбрус и Казбек были видны прекрасно.

Но Мальцов уперся, остался в душной станционной комнате. Ну что ж, франт — охотник до почетных назначений, dandy с петербургского Bond-street, Невского проспекта, полюби умеренность в желаниях и неизвестность.

Грибоедов с доктором миновали солдатскую слободку. Загорелая солдатка, подоткнув подол, мыла в корыте ребенка, и ребенок визжал. Толстые ноги солдатки были прохладны, как Эльбрус. Прошли. Солнце садилось. В самом деле, горы были видны прекрасно. Становилось понятным, отчего у горцев так пряма грудь: их выпрямляло пространство. Грибоедов обернулся к доктору и представил ему горы, как своих знакомых.

Направо были стеганные травой холмы, женские округлости холмов были покрыты зеленой ассирийской клинописью трав. Доктор сказал:

— Я думаю, что через сто лет здесь будут ходить дилижансы, до Владикавказа, как уже ходят от Петербурга до Царского Села.

Он смотрел на дорогу.

Грибоедов смеялся без всякой причины.

Горы присутствовали при его смехе, как тысячи лет уже присутствуют при смехе, плаче, молитвах и ругани многих тысяч людей, при лае собак, при медленном мычании волов, при молчании травы.

10

Двадцать линейных казаков окружают их.

Впереди тащится пушка, ее окружают несколько гарнизонных солдат. Они курят короткие трубки и идут кое-как, с перевальцем.

Почтовый дорожник отменен, началась оказия.

Они бросают наемных лошадей, за которых заплатили до Тифлиса по девяносто рублей за пару, что вовсе не дорого. В Ларсе они садятся на казачьих лошадей.

Казбек.

Все заполняется Казбеком.

В Коби скачут навстречу грузины и казаки. Впереди майор.

Смеркается. На дороге стоят несколько осетин, они останавливают людей у пушки. Всего два—три ломаных слова: на дороге залегли разбойники, триста человек. Дальше ехать нельзя.

Мальцов одержим внезапной храбростью.

— Едем вперед! Господа, умоляю!

Доктор говорит сурово:

— Покорно благодарю. Я не желаю романтической смерти под грязным ножом.

Они возвращаются.

Ночью их кусают блохи в станционном домике.

Грибоедов лежит в коляске и смотрит на черное небо. Звезды, как разговоры, мешают ему спать.

11

Много чиновников тянется в Гартискари, на дрожках, в колясках, верхом.

Важная весть получена в Тифлисе: на последней станции остановился полномочный министр.

Их интересует чудо.

Был коллежский советник, автор, Александр Сергеевич Грибоедов. Приходился он родственником самому Паскевичу. Был он странного нрава: ребячлив, а то неприступен, горд, человек неприятный, но иногда ласковый, к чиновникам относился, без сомнения, свысока, но был все же коллежский советник, их же поля, птица невеликая, у правительства не в большой чести.

И вот уехал коллежским советником — а вернулся министром в орденах, с червонцами.

Чудо может вознести всякого.

И коллежский асессор надевает свой единственный бриллиантовый перстень на белый палец.

Ох, может, может задеть его чудо, этаким легким, легкомысленным, не трудовым, случайным крылом. Он к тому же знаком с Александром Сергеевичем. Он едет к нему навстречу на рассыхающейся от сухости коляске.

Не служебное положение Грибоедова привлекает всех. Нужно посмотреть на человека, с головы до ног обнять его, что-то понять в этой случайности, в этом венчике, который теперь у него вокруг головы ярче, чем у Николая Мирликийского.

В чем тут сила?

Нужно крепко и мгновенно обнять глазом Александра Сергеевича, уловить — в чем тут сила?

Никто не думает ни о чем. Все несутся вскачь, тащатся, перегоняют друг друга безо всякой мысли. И когда встретят Грибоедова, они от восторга ничего не поймут, не увидят. Но в теле, в коленях, в кончиках пальцев они нечто ощутят. И, не подумав, уже дома, они как-то сладостно вздохнут, и не в голове, а в коленях, в пальцах начнутся какие-то мысли, какие-то изменения чиновничьего существа. Они не подумают, но ощутят: может быть, перенять улыбку? прическу? или особый французский выговор? или манеру носить одежду? или даже начать носить очки?

Потому что в очках, в этой мелочи, — тоже очень многое заключается. Самые легкомысленные глаза приобретают в очках ученость.

Ах, если б не болтливость коллежского асессора, которую он ощущает в себе с какой-то тревогой, и казнит, казнит себя за нее.

Молчаливость важна, вот в чем сила.

Уязвленный, притихший к вечеру, каждый асессор скажет громко своей жене, за чаем, в скудной комнате:

— Я бы, ангел мой, никогда бы не согласился поехать в Персию. Там губительный климат.

И жена, у которой верхнее чутье и которая тоже думает больше грудью и животом, нежели головой, потреплет его начинающуюся лысину:

— Там, говорят, ужасный, ужасный климат, все умирают. Я бы просто с тобой не поехала.

Но завтра асессор будет грозен, молчалив, и взятка, полагающаяся ему по чину, будет отвергнута с негодованием, и она будет удвоена, утроена, и только так уравновесятся колени, успокоятся кончики пальцев, и грудь снова станет колесом, колесом.

12

Грибоедов обедал на ковре, разостланном под старым дубом. Сашка ему прислуживал.

Тифлис был его второй родиной. Восьмилетние упорные его труды были там. И на своих лицах эти люди принесли тот тифлисский воздух, на одежде ту тифлисскую пыль.

Он был им рад.

Один из них жил неподалеку от Паскевича, другой вместе С ним гулял когда-то по Тифлису, третий переписывал его проект.

— Как, друзья мои, граф поживает, так же ли все сердит?

Оказалось, нет, напротив, граф стал ужасно добр, сделал кучу ласковостей, они его любили теперь прямо как отца. Бездну добра делает, общего и частного, с тех пор как стал графом, и стал внимателен.

Слезы стояли в глазах у них.

Мало ли что бывает, мало ли о чем они с ним раньше говорили, а ведь они, чиновники, — народ добрый, собачья натура такая, они забыли прошедшее, и любят его, и графа любят. Главное, человек превосходный, нараспашку человек.

— Граф в городе?

Ах, в Петербурге и не знают, что граф уже месяц на главной квартире.

Подъезжает богатая коляска, не коляска, а ландо. В ландо сидит жирный человек в статском, сидит развалясь и всем корпусом являя уверенность в себе, в своем ландо и своих лошадях. Обе руки держит он на широко расставленных коленях, и на пальцах нанизаны перстни, как шашлык на вертеле.

Рядом с человеком тоненький, бледный, длинноносый и черноглазый мальчик в круглой меховой шапке с белым донышком.

— Давыдчик, Давыдчик приехал!

Давыдчик — брат Нины, кавказской девочки.

Давыдчик прыгает на ходу с коляски, бежит к Грибоедову, обнимает его и крепко, с азартом целует.

У безбородого человека, чудесно вознесшегося в Петербурге, глаза мгновенно промокли, по-отцовски. Он растерялся.

— Давыдчик приехал!

Он вежливо, по рассеянности, жмет руку жирному господину и только потом смотрит на него с недоумением. А жирный человек, столь еще недавно независимый и гордый в своем ландо, мнется, шея его утолщается, как у потревоженного удава, и он сладостно говорит по-французски, с явным греческим акцентом:

— Добро пожаловать... добро пожаловать, ваше превосходительство !

Он грек, но притворяется французом.

Эх, сразу запахло этой милой, запутанной, беспомощной семьей — зеленым табором Прасковьи Николаевны.

Эх, глаза у Давыдчика сестрины, Нинины.

Грека, рыцаря промышленности, приветствует Грибоедов как родного, хоть он плут и мошенник. Пусть у него усы нафабрены, разговор фальшивый и документы фальшивые.

Гудит там, копошится нелепая, сбродная семья в Тифлисе, у Прасковьи Николаевны Ахвердовой.

Разваливается ее дом, увитый вконец плющом, расползаются ее вдовьи капиталы, но едят у нее, и пьют, и танцуют, и молодежь сгорает по уголкам, целуясь.

— Ты, Давыдчик, уже усы растишь. Но до чего же мил, до чего же мил, что ко мне прискакал. Душа моя!

И коллежский асессор тоже вдруг наполняется безродной, собачьей радостью, он чувствует бестолковое щекотание в носу, он благодарен за что-то Давыдчику и тоже бормочет:

— Он мил, он очень мил...

И, уже опомнясь, со значительным смешком толкает в бок соседа:

— А monsieur Севиньи явился—таки встречать...

ГЛАВА ЧЕТВЕРТАЯ

1

Ему ломали руки, ноги, колотили его по спине. Рот, лицо были в пене.

Татарин бил его и мучил сосредоточенно, со старательным выражением лица, оскалив белые зубы, словно хотел из него сделать новую и редкостную вещь. Он быстро менял способы пытки: барабанил по спине кулаками, потом заворачивал руки за спину, тут же мимоходом толкал кулаком в бок.

Потом он вытягивал ему длинные ноги, и суставы трещали.

Грибоедов лежал обессиленный, ничего не понимающий.

Он глубоко дышал.

Его пугал только треск собственных костей, он его слышал как посторонний звук. Странно, боли никакой не было.

Татарин, согнувшись, вскочил вдруг ему на спину и засеменил по спине ногами, как булочник, месящий в деже хлеб.

Грибоедов дышал глубоко и редко, как в детстве, перед сном.

Тогда татарин напялил на кулак мокрый полотняный мешок, надул его, хлопнул по грибоедовской спине, прошелся по всему телу, от ног до шеи, и бросил Грибоедова с размаху со скамьи в бассейн.

Мраморный бассейн был полон кипятком.

Бани тифлисские, бебутовские, превращают человека в азиатца, отбивают у него всякие сколько—нибудь холодные мысли, лишают возраста и вселяют ленивую, как мыльная пена, любовь к себе — и ни теплое, ни холодное, как края бассейна, равнодушие ко всем. Они напоминают любовь очень зрелой женщины и похожи на счастье.

Грибоедов, потягиваясь, как кошка, вышел одеваться в просторный предбанник. Татарин в коротеньких мокрых штанишках — пророк велит змею быть скрыту — шел за ним уверенно, он привык к наготе. Непривыкшие же к наготе люди идут измененной походкой. Так подходил голый по-азиатски Грибоедов к своему европейскому платью.

Татарин беседовал с другим банщиком.

— Отчего ты такой красный, Али? — спрашивал другой татарин грибоедовского.

— Когда я мою русских, — отвечал Али, — я их очень сильно ворочаю и много бью. Своих я совсем не так сильно бью и больше мою. Русские моются не для чистоты, а чтобы рассказать потом о нашей бане, им интересно, хозяин приказал их очень много бить.

Грибоедов понимал, что это о нем говорят, он плохо знал татарский язык, и ему показалось, что татарин говорит о нем с уважением.

Маленькая боковая дверь отворяется, и высовывается голова. Голова смотрит на банщиков равнодушно, но они тотчас скрываются. И сам банный откупщик, "хозяин", — Мушади — появляется в предбаннике. Походка его легкая, танцующая, неожиданно изящная. По этой походке сразу познается персиянин, существо слабое и изнеженное, изящное и скрытное. Мушади — старый знакомый. Он приложил руку ко лбу со всею свободою учтивого азиатца. Какое древнее достоинство в осанке и походке у содержателя бань.

— Ахвали дженаби шума худеест? Хороши ли обстоятельства вашего благородства?

Мушади долго жил в Тифлисе, отвык от Персии и превосходно говорит по-русски.

Он — первый учитель Грибоедова в персидском языке, рад Грибоедову и играет небольшую комедию восточных приветствий из желания напомнить свое старое учительство.

— В порядке ли ваш мозг? — продолжает он лукавые вежливости.

— Увы, — вздохнул Грибоедов, — к сожалению, в полном порядке, Иван Иваныч.

В Тифлисе все русские звали Мушади Иваном Иванычем.

По улице прошли, ковыляя, к майдану две хромые старухи. Обе хромали на правую ногу. Их становилось все меньше в Тифлисе, этих хромых старух. Когда Ага—Мохамед взял город, его солдаты бесчестили женщин и девушек. И они подрезали девушкам поджилки под правым коленом. На память.

День был тихий, солнце ровное, старухи шли медленно. Двое мальчишек за углом пели какую-то песенку, может быть, дразнили старух.

2

В тот год, когда он родился в Москве, на Кавказе был казнен Тифлис, казнь его длилась шесть дней, а казнил его евнух Ага—Мохамед, шах персидский.

Из двух разбойных покровителей, санктпетербургской Екатерины и тегеранского Аги, — Грузия, Имеретия и Мингрелия избрали, как зло меньшее или более дальнее, Екатерину и отдались ей под покровительство. Таков был трактат Кайнарджийский. Тогда шах Ага—Мохамед поднялся и двинулся на Тифлис с войском, которое потом долго уподобляли туче, саранче, смерчу, потопу, степному пожару, и трудно стало представить, чтобы это была полуголая, наскоро вооруженная, многотысячная толпа людей. Это была толпа, действительно поднятая с места и сбитая в одно — как бы смерчем.

И город был беззащитен.

Екатерина продала его, отступилась, как отступались помещицы от тяжебного степного угодья, расположенного в далеком и беспокойном месте. Покровительствовать слабому и чужому народу легче, чем сильному, с богатым и своевольным, своеобычным городом.

Город Тифлис был беззащитен, а тоска беззащитных городов сильнее всякой другой тоски на земле. И Ага—Мохамед разрушил город Тифлис в сентябре 1795 года. Его солдаты сожгли все, что можно сжечь, и зарезали всех, кого можно зарезать, в шесть дней. Тогда курчавый дым шел к небу от Авлабара, похожий на стада баранов, которых бьют, красный и мягкий дым, а вытье женщин, рев детей и плач раненых животных не были слышны среди звуков пожара.

Шах Ага—Мохамед был мал ростом, с лица плюгав и сморщен, как нечистый отрок, зад же его был широк, как у старой женщины. Он сделал все, чтоб не быть смешным. Но, заставив бояться не только себя, но и своей тени — имени, — он не мог добиться того, чтоб его считали человеком. Он слышал о царских банях Тифлиса, ему говорили, что бани горячие и приятные, они возвращают человеку мужество и молодость и излечивают язвы. И вот, когда Ага—Мохамед взял город Тифлис, он велел везти себя по обугленным и пустым улицам в эти бани. Он осмотрел их. Строение из твердого камня и мрамора, с мраморными широкими бассейнами, удивило его. Он пощупал рукой камни и похвалил их гладкость.

Потом, оставив свиту, он вошел в горячий серный бассейн и пробыл в нем полчаса. Были к этому времени разысканы лучшие, старейшие тифлисские банщики, и они растирали тело шахово. Выстрелы и домовые обвалы были здесь не слышны, потому что стены были очень толстые. Бани были оцеплены войсками и охранялись. Так шах лежал на мраморной скамье и смотрел в потолок, на котором живописцы вывели бесконечный и простой рисунок, успокаивающий глаз. Так он лежал до вечера. Встав, он медленно ощупал себя, и его одели. Проходя мимо сосуда, в котором была холодная и спокойная вода, он заглянул в него и долго смотрел на свое отражение. И, выйдя из бань, он приказал их разрушить до основания. После шестидневной казни он ушел из разоренного города и увел за собою половину всех жителей в плен. А потом город стал расти, но робко. Печные трубы, торчавшие со всех сторон как памятные столбы, стали снова обрастать стенами. И переулочные горбы стали упираться, как до пожара, — тот в лавку сапожника, этот — в дом пекаря.

Но жизнь была уже другая — много тише.

Здесь была его вторая родина, восьмилетние упорные труды. После того как в один памятный день он бежал из Петербурга, без возраста и без будущего, — он образовался здесь, обрел возраст и оседлость, и город оправлялся от ран, как человек, вместе с ним. Теперь в Тифлисе было уже снова двадцать тысяч человек жителей. С соседних гор он был похож на большую каменную сковороду, на которую повар все подбрасывал новые серые, темные грибы — дома.

На майдане, под высоким дощатым навесом, стучали каблуки продавцов—армян; молчаливые персияне раздували уголья в жаровнях; выступали, повеся голову, ослы с вязанками мелких дров, виноградного хвороста на спине. А вечерами выходили на плоские кровли разрумяненные женщины и, как летучие мыши, сновали там покрывала, лечаки, — плясали.

Дома лепились, лезли друг на друга, как будто искали спасения от жары. Дома распирало балконами. На неопрятных этих балконах, загороженных деревянными балясинами, обедали, ругались, спали, любили, сберегая, как старое вино, — прохладу. Отсюда несколько поколений тупо и жадно слушали вечерами козий рев зурны. В слепой и грузной жажде преобразований, похожей на любовь солдата, Ермолов велел ломать балконы, на которых сохранилась старая Азия. Он хотел сделать Тифлис европейским городом и рубил улицы по военной привычке, как лесные просеки.

Город боролся.

Балконы облетали, дома стояли ощипанные. Грибоедов с ужасом думал тогда, что Тифлис расплавится от жары. В этой борьбе он был на стороне города. Азия была медлительна и грязна, пот ее был прохладен. Европа в Тифлисе скоро оказалась рядом казарм. Таковы были главные улицы.

Как неудавшаяся любовь полководца, возник городской сад с темной листвой, с лампионами, с просеками дорожек.

На боковых же улицах балконы росли, как гнезда ласточек.

Ермолов отступился. Город победил. Тифлис и был и остался многобалконным.

Нынче он подтянулся, как бы ожидая повышения по службе. Перила мостов, в полосатой краске, имели вид щеголеватых квартальных. Полицейские в новеньких мундирчиках, с иголочки, обливались потом на перекрестках. Трактир Матасси — асессорский храм — был закрыт. Постный, гошпитальный вид часового у дверей напоминал о войне. У подъезда длинного двухэтажного здания, где увидел когда-то впервые Грибоедов Ермолова, стоял пыльный ряд провиантских ароб. Но если взять направо, потом идти прямо и все вверх — там был неподалеку деревянный дом в саду. В большом деревянном доме сохранялось счастье.

3

Каменный дом строится не для удобства, а по ра́счету людей, которые в нем не будут жить. Только потом он оказывается неудобным для обитателей, сидящих, как звери в клетках.

Деревянный дом строится нерасчетливо. Проходит несколько лет после его возведения, и хозяйка с изумлением замечает: дома не узнать. Справа выросла несообразная пристройка, слева обрушился карниз (первоначально милая затея), плющ разросся как бешеный и совсем закрыл балкон, заплата на заплате. Хорошо, что обрушился карниз, он был теперь некстати.

Но дом не рушится мгновенно в пыль и мусор, он только расползается. Все его части могут перемениться, а он стоит.

Судьба семей зависит от того, в каменном ли доме они плодятся или в деревянном. У зверей в клетках каждодневное желание поскорее удрать. И уже думают родители в каменном доме: куда бы ткнуть сына, по гражданской ли или по военной части, за кого бы выдать дочь, за старого князя или молодого пройдоху.

И вылетают дети. Как пули, вылетают они из каменного дома. Семья рушится в пыль и мусор в одно мгновенье. Остаются два чижа и чирикают о поместьях, о бале, о спектакле, дороговизне и об изъянах своих знакомых. Попрыгивают до времени.

В деревянном доме семья не рушится, она расползается. Вырастает нелепая пристройка. Кто-то женится, рожает детей, жена умирает. Вдовец зарастает плющом, новый карниз возводится — хлоп, женился. Опять идут дети — и уж муж умирает. Вдова остается, а у детей подруги и приятели из соседнего дома, который уже расползся и полег деревянными костьми на зеленой земле. И вдова берет выводок к себе на воспитание. Все это растет, смеется, уединяется в темных углах, целуется, и опять кто-то выходит замуж. Приезжает подруга, с которой лет тридцать не виделась вдова, и остается навсегда, возводится пристройка, ни на что не похожая.

Кто здесь мать? Дочь? Сын?

Дом один все за всех знает: он расползается.

В нем уже все части новые.

Не нужно думать, что деревянный дом дешевле каменного: он много дороже. Продается чье-то наследство, пропадает в темном углу чье-то приданое, вдовьи капиталы обваливаются, как карниз, и опять — хлоп, появились откуда-то деньги.

В тринадцать лет петербургские птенцы и московские птенчики, сунутые в пансионы, пишут мудрые утешительные письма матери по случаю кончины отцов.

В тринадцать лет приходит к ним белая ночь и раскрашенная женщина. Птенец может случайно ошибиться и подумать о своей матери: недурна. И будет ли он к двадцати годам великим поэтом, будет ли он чиновником, может птенец белою ночью взломать свинцовую кассу дяди—сенатора, вспоминая при этом тонкое имя Евгения Баратынского. И потом, катясь без мыслей на дрянной пролетке по звонкому проспекту, он уловит лимонный, нежный цвет солнца на своем носу. И не забудет этого.

В деревянном доме пожилой, с подагрой, генерал говорит совершенно чужой по документам женщине, и притом моложе его: маменька, и целует ручку. У генерала много морщин и шрамов, каждый шрам достался ему недаром, но генерал с кем-то уже в темном углу целуется, и все забывает генерал. Он чувствует тепло человечьего хлева и, как бычок, мычит чужой женщине: маменька.

Такова путаница в семействе Прасковьи Николаевны Ахвердовой.

Был генерал Федор Исаевич Ахвердов, имел звание начальника кавказской артиллерии, жену, урожденную княжну Юстиниани, грузинку, и деревянный дом в зеленом саду, в Тифлисе, у горы Давида. Жена умерла и оставила генералу двоих детей: Егорушку и Сонечку. Генерал не растерялся и сразу, по-суворовски, взял да женился на Прасковье Николаевне. После этого быстро стал зарастать плющом, наскоро родил дочку Дашеньку и умер. Прасковья Николаевна осталась попечительницею дома и капиталов Егорушки, Сонечки, Дашеньки.

В это время по соседству начал расползаться дом генеральского друга и тоже генерала, князя Чавчавадзе, Александра Герсевановича. Князь был поэт, человек хорошей фамилии, веселый и быстрый, воспитан в лучшем петербургском пансионе; он был лет на десять старше Грибоедова. В молодости случилось ему участвовать в восстании под Анануром, и за то посидел он в скучной, но почетной ссылке в Тамбове, а через восемь лет участвовал в подавлении другого кахетинского восстания — крестьянского — и смыл пятно неблагонамеренности. В походах двенадцатого года был он адъютантом Барклая, брал Париж, смотрел с высот Монтреля на город, покрытый густым туманом, и навсегда его запомнил.

Вернувшись домой, он повздорил в Тифлисе с Ермоловым. Теперь, в Паскевичевых походах, он быстро наверстывал потерянное время: был начальником области Эриванской и Нахичеванской. Он был в походах, а жена его, княгиня Саломе, блекла и зевала, как все пожилые грузинки, которые больше не могут любить мужей и никак не найдут себе другого дела; мать его, старая княгиня, была старуха с придурью, суровая, как обломок Эльбруса, и покрикивала на слуг.

В доме была смесь: дедовская грузинская роскошь, которая убывала, линяла, и новые европейские вещи, которые уже состарились. Но русские засматривались на резьбу, которая осталась, на ковры, которыми были когда-то обиты стены, и многие еще уцелели. А в большой комнате была еще библиотека, и здесь в шкафах были Саади и Гафиз, Чахрухадзе, Гете и новые английские журналы.

Между тем у князя были от той поры, когда княгиня Саломе была еще прекрасна, дети: Нина, Давыдчик и Катенька. У них быстро завязались игры с соседними детьми, и генерал, уезжая как-то в поход и глядя на разверстый, зевающий рот жены, вдруг распорядился и отдал на воспитание Прасковье Николаевне Нину, Катеньку и Давыдчика. Переход из Грузии в русский свет был для них нетруден — нужно было только перебежать улицу.

Стали жить: Прасковья Николаевна, Сонечка, Егорушка, Дашенька, Нина, Катенька и Давыдчик.

Егорушкин и Сонечкин капитал обваливался, как карниз, Дашенькин тоже.

Сонечка выросла, стала походить на свою маму, покойную княжну Юстиниани, и вышла замуж за полковника Муравьева. Полковник был немолод, тучен, ворчлив, но основательность характера сразу растаяла у него в каком-то темном углу, и он стал звать Прасковью Николаевну: маменька. Изредка он опоминался и ворчал.

Полковник уезжал в походы, у Сонечки родилась дочь Наташа, с черными грузинскими ресницами и шишковатым носиком Муравьевых. Сонечка с Наташею остались в доме Прасковьи Николаевны.

Жили все весело. Когда обнаружилось, что деревянный дом съел легко и незаметно капиталы покойного генерала Федора Исаевича Ахвердова, Егорушка уехал в Петербург, в Пажеский корпус, и ему высылали уйму денег.

Тогда Прасковья Николаевна собралась с духом, она была всегда быстра на решения, и решила разыграть дом и сад в лотерею. Деревянному дому грозил оборот в лотерейном ящике. Она собрала сорок четыре тысячи рублей этой лотереей, которые легли в опеку, и тогда князь Чавчавадзе, генерал Александр Герсеванович, отдал своих детей Прасковье Николаевне. Вместе с тем генерал, считая, что лотерея невыгодна и что если б отремонтировать дом, так можно бы его продать и за шестьдесят и, может быть, за все семьдесят, уговорил Прасковью Николаевну взять те сорок четыре тысячи из опеки. Тотчас оказалось, что хотя кабальные земледельцы князя платили исправно и по две и по четыре коды пшеницы, но у него на двадцать пять тысяч долгов, и Прасковья Николаевна ему эти двадцать пять тысяч дала взаймы. Они быстро исчезли. Генерал был удалец, хват, он был поэт, переводил Байрона и Пушкина на грузинский язык, знал Гете наизусть — деньги у него текли, как вино.

Тогда приехал из корпуса Егорушка: то ли корпус ему не понравился, то ли за полгода он прожился.

Дом, однако же, стоял, лотерея ему была нипочем.

Сад разрастался.

Девушки в нем смеялись по вечерам.

Сонечкин муж, полковник Муравьев, приехал из похода и уж как-то распорядился, отсрочил знаменитые лотерейные билеты, частью покрыл их, а потом махнул рукой и опять уехал в полк. Кажется, эти лотерейные билеты потом исподволь погашались. Вернее, они сами собою угасали. В каких-то рыбных промыслах и стеклянных акциях догорало Егорушкино и Сонечкино наследство.

Вырастали Дашенька, Егорушка, Нина, Катенька и Давыдчик. И к Прасковье Николаевне хаживали разные гости, в большом числе.

Птенец из С.—Петербурга или из Москвы мог незаметно остаться в доме и даже впоследствии времени оказаться пасынком, племянником, внучатным братом, какой ни на есть роднёю можно было счесться.

4

Он помнил первые дни, первые месяцы своего здесь пребывания. Медленно освобождался он ото сна; двигался как тень, точно привороженный Москвой и Петербургом; отсутствовал душою. Город, женщины, небо, базар были для него непонятны, как говор на улицах. А говор был воздушный и захлебывающийся, спотыкающийся, неумолкаемый. А потом, как-то раз, поднимаясь здесь на гору к Ахвердовым, он вдруг понял, что любит это всеобщее тифлисское знакомство и восточную общежительность, что он выздоровел. И говор стал языком: он стал прислушиваться, гулять по вечерам. И тогда московский свет, который он оставил, стал редеть, сквозить и сделался непонятен. Он перестал его бояться, и вскоре московские тетушки издали показались и вовсе смешными. Остались в памяти ужимки кузин и женские обиды, хвастовство старичков московских, их покровительство и суетня бессмысленная, у шуб, в передних. Решил, что не ездок туда, и тогда, как бы с отдаленной точки, увидел себя в Москве и ужаснулся сам себе: ведь всего три месяца назад он был на ходу сделать такое дурачество — жениться на какой-то кузине и жить в Москве. Слава богу, что она догадалась замуж выйти. Так он оглянулся на город, и так началось его "Горе" — с тифлисского пункта, с горы Давида. Тут было пространство.

Потом Тифлис стал его оседлостью, стал как вторая родина, и он его перестал видеть со стороны, как не замечают люди собственного дыхания. А теперь недолгая отлучка снова выбила его из колеи. И он, как бывало, оглянулся вниз, на город, и опять, как восемь лет назад, — увидел внутренности дворов и клетки галерей, балконов, простые человеческие соты. Он толкнул калитку.

В саду никого не было; густой виноград рос шпалерами, и аллеи шли глубокими, сырыми и душными просеками.

В стороне, в большой винnице — марани слышались голоса работников, обновляли гулкие громадные кувшины — куеври; слышался неподалеку водопровод. Только эти звуки и были прохладны; до вечера было еще далеко. Он вошел в дом.

Когда они все были маленькие, у них были секреты. Они боялись старика—угольщика, который проходил мимо. Они жались, бежали к Прасковье Николаевне. Грибоедов дразнил их. Он сочинил песенку:

Детушки матушке жаловались,
Спать ложиться закаивались,
Больно тревожит нас дед—непосед.

Он певал эту песенку, сидя за фортепьяно, и дал фамилию угольщику: Психадзе. Так назывались разбойничьи шайки на кавказских дорогах. Он делал большие глаза и говорил шепотом: Психадзе.

Вокруг дома бродили психадзы, а дома пели сверчки, домашние психадзы.

Теперь они все разом выросли. Барышни были на выданье, а психадзы занимались действительным грабежом на больших дорогах. Что делать с неожиданным ростом барышень, Прасковья Николаевна догадывалась. Только что ушли гости: маркиз Севиньи (грек или француз), который смотрел на Дашеньку приоткрыв рот, как усталый от трудов ремесленник, исполнивший трудный заказ и задумавшийся над ним; губернатор, молодой поляк Завилейский — балкон Прасковьи Николаевны был тем же для Тифлиса, чем салон Нессельрода Для Петербурга;

откупщик Иванов, действительный статский советник, которого Ермолов звал кратко: подлец, — у которого были рыбные промыслы на Сальянах и очутилось большинство лотерейных билетов на сад;

Бурцева Софья Федоровна, полковница, у которой муж был на войне, и госпожа Кастеллас, француженка (или испанка), жена шелкового плантатора и фабриканта, великолепное явление.

Последним ушел значительный гость дома, капитан Искрицкий, племянник Фаддея.

Его чин был малый, но у него было особое положение — он был ссыльный, замешанный.

Прасковья Николаевна была вольнодумицей. Она с гордостью рассказывала всем, что есть приказ из Петербурга следить за Николаем Николаевичем Муравьевым, Сонечкиным мужем. Она рассказывала это громким шепотом и содрогалась. И правда, был такой приказ: следить за Николаем Николаевичем, потому что многие его однофамильцы замешаны в бунте.

Искрицкий был племянник Фаддея, капитан-топограф, ссыльный, но, глядя на белобрысую голову, Грибоедов никак не мог понять, почему он герой. Однако, когда капитан огорчился, что Фаддей совсем позабыл о нем и не велел даже поклона передать, Грибоедову стало его жалко. Вскоре он ушел.

И тут появилась прямая психадза: Давыдчик со своими друзьями, и с ними вернулся Завилейский, они его вернули с полпути. Все они громко разговаривали, много смеялись, потом сразу притихли и снова куда-то убежали — в сад. Он знал их всех с самого детства. А теперь они все выросли, стали говорливы, подвижны. И он удивился новой всеобщей дружбе с Завилейским, человеком сторонним. Ему рассказали все тифлисские новости — им любовались.

Грибоедов глядел на Нину, она была полусонная и тяжелая, несмотря на ранний возраст, потом поглядел на княгиню Саломе, очень увядшую и равнодушную, засмотрелся на смешливую Дашеньку, совершенную прелесть; Сонечка, только что кормившая ребенка, пристально смотрела на него. Он был в нее когда-то влюблен, как и все молодые люди, бывавшие у Ахвердовых. Он усадил Нину за фортепьяно, рассеянно похвалил фортепьяно за обшитые кожей молоточки и нашел, что Нина утратила беглость пальцев.

Старшие ушли, чтоб не мешать внезапному уроку.

Сонатина, которую они разыграли, была механическим повторением пройденного.

Но тут за окном брякнула гитара, как будто только и дожидалась Ниночкина фортепьяна. Где-то поблизости, напротив, в переулке, сладостный и жидкий голос запел:

Влюблен я, дева красоты...

И Нина засмеялась, приоткрыв рот, как ранее не делала...

крысоты...

Грибоедов вдруг оживился. Он слушал.

Дева гор, дева гор...

В доме напротив, из-за деревьев, в открытое окно виднелся конец молодого носа, поднятого кверху, и из—под расстегнутого ворота бился и трепетал галстук.

Нина и Дашенька смеялись, глядя друг на друга. И Грибоедов ожил. Какая, однако же, прелесть Дашенька!

В горах я встретила черкеса...

Певец взял слишком высоко и пустил петуха.

5

Лунный свет падал на черные листья, а из окна влюбленного молодого в галстуке человека, который не мог быть не кем иным, как коллежским асессором, — падал другой, теплый желтый свет на улицу. Это был тот самый глупый лунный свет, который воспевали толпы поэтов и над которым он вдоволь посмеялся. Асессор влюблен и поет самые плоские романсы.

Но вступив в эту полосу света, Грибоедов вздохнул и понурился. Асессорский свет был теплый, желтый, мигал и колебался, ветер задувал свечу. Что же за власть, за враждебное пространство опять отделило его от глупого, смешного, радостного до слез асессорского света?

Навсегда ли отягчело над ним его же неуклюжее и со зла сказанное слово: горе от ума?

Откуда этот холод, пустой ветерок между ним и другими людьми?

Он вышел из полосы света.

Двое шли перед ним и тихо разговаривали.

Он не обогнал их. Медленно шел он за ними, благословляя человеческие спины, мягкого и сырого в полумраке цвета. Случайные люди на улице, случайные спины прохожих, — благословение вам!

Он услышал тихий разговор.

— Когда вы еще, милый мой, женитесь, а десять тысяч придется вам, хоть в сроки, уплатить. Я тоже ведь разоряться не могу. Да и женитесь ли еще?

Это говорила спина пошире и пониже, голосом откупщика Иванова. Невозможным голосом отвечала другая, гибкая, голосом узким, свистящим и ложным:

— Это наверное, это обещали. Мсьё Иваноф, еще два месяца. В последнее время мне очень, очень...

(И какая сила убеждения была в слове: очень)

—... везет в игре.

— Но вас, милейший мой, я слыхал, уже здесь и бивали...

Гибкая спина был грек Севиньи.

Грибоедов остановился. Мертвая зеленая ветка была в уровень с его головой. Сквозь нее был виден кусок неба и звезды, странные, как нравственный закон.

6

Была уже ночь. На балконе у Прасковьи Николаевны не было более народу, не было молодости с веселым злословием, с дыханием, которое не вмещается в собственной груди и передается другим. Поэтому она и любила молодых. Она была большая, быстрая. С нею сидела княгиня Саломе, и она рассеянно ее слушала.

Она думала: сердце стало побаливать, как-то не так радостно... неприятно... от Муравьева нет писем... неприятно... платежи Иванов отложил, но все же неприятно... Наконец она наткнулась на взгляд Грибоедова, случайный взгляд, брошенный на княгиню Саломе, — и остолбенела. Вот это и было неприятно. Не нужно княгине сюда ходить. Почему — она не знала, но получалось будто бы какое-то сравнение с Ниною. Бывали такие случаи, что похожая мать становилась тошна влюбленному, а через нее и дочь. И она, побледнев от неприятности, поскорее перескочила на Нину. Нина тоже непонятна: влюблена ли или, совсем напротив, чувствует отвращенье. Николай Николаевич Муравьев, Сонечкин муж, предостерегает, потому что Грибоедов легкомысленный и ветреник, Нину любит слегка, а действует более по расчету. Нина хорошей фамилии, у Грибоедова есть какие-то намерения в Грузии. Но ведь тут, может, ничего дурного нет. Хоть расчет, так благородный. А вдруг и неблагородный? И после ее же обвинят. Ах, все мужчины ведь таковы. Еще бог знает, что сам-то Николай Николаевич творил и задумывал, пока не женился на Сонечке.

Но что-то все же такое во всем этом было, и Прасковья Николаевна сердилась на княгиню Саломе, которой и заботы мало, а посоветоваться не с кем, разве с Сипягиным. Он очень умен, но ведь ветер, ветер в голове у него. И она вдруг сказала княгине о молодой Кастеллас:

— Марту я не люблю, княгиня, и только так принимаю. Я не люблю, знаете, этих иностранок. И хороша и одета прекрасно, но как-то, княгиня... неподвижна. Как будто статуя, в Болонье или Барселоне, голая, в фонтане, а у нее на коленях лежат эти итальянские мальчишки.

Княгиня отвечала отрывисто:

— Но ведь говорят, что госпожа Кастеллас... Этот старик... Ce vieillard affreux...[36] генерал Сипягин...

— Не нам судить, княгиня, — строго отвечает Прасковья Николаевна, — мы еще не так стары. И вовсе он не affreux, Сипягин-то.

Она вдруг нападает на Софью Федоровну Бурцеву, полковницу, которую без ума любит.

— Но Софи я не одобряю. Муж в походе, дерется там, сражается, спит на глиняном полу, а она кого избрала? Избранник-то кто? — спрашивает она княгиню.

— Mais on dit...[37]— улыбается княгиня.

— Вот то-то и есть, — говорит Прасковья Николаевна, — все правда. Избранник Завилейский... вот кто. — И она укоризненно качает головой. — А муж спит на глиняном полу... Не люблю я, княгиня, этих тихих: усы пушистые, котенок, жмурится на солнце, но вы думаете, что? — Она сама не знает что и добавляет вдруг: — А как бедные князья Баратовы?

Княгиня Саломе оживляется. Баратовы — ее друзья. Князья подделывали бумаги на дворянство и княжество. Так как в Петербурге боялись, чтобы князья опять не обратились к олигархической вольности, то стали считать князей скупо и бережно, а именно приказали каждому доказывать свое право на княжество. А стали доказывать — оказалось, что почти ни у кого из князей нет документов. Сделалась большая княжеская фабрика документов в Тифлисе, и к документам прилагались печати Ираклия, царя Теймураза и царя Бакара, очень похожие. Худо было то, что не поделились: на одни и те же владения оказалось много охотников. Полетели взаимные доносы, и князей арестовали.

— Я хотела вас попросить, ma chere[38], поговорить с Грибоедовым.

Прасковья Николаевна вдруг смущается:

— Так отчего же... Я уверена, что он не откажется. Уверена, — говорит она нерешительно. — Он всегда был близок и так любезен. Он без ума от Нины, — говорит она потерянно княгине Саломе.

— Разве это решено уже? — спрашивает княгиня шепотом.

— Но ничего так вдруг, княгиня, не решается. Никогда так вдруг не бывает. Он влюблен, вот и все.

— Но он ведь едет в Персию?

— Ну и что же, едет. Поедет на месяц! Ниночка вздыхает тоже. Девочка еще совсем.

Княгиня Саломе смотрит на Прасковью Николаевну осторожно и ждет.

— Нужно подумать, — вздыхает Прасковья Николаевна, — согласится ли Александр Герсеванович?

При имени мужа княгиня значительно кивает головой.

---

[36] Этот ужасный старик... (фр.)

[37] Но говорят... (фр.)

[38] Дорогая (фр.).

— Положим, что Александру Герсевановичу отказывать-то не приходится, — говорит тогда Прасковья Николаевна, — в тридцать лет министр, а впереди и того лучше? А человек? А музыкант, а эти мысли, это благородство мыслей, княгиня?

Княгиня говорит равнодушно:

— Я хочу просить monsieur Griboie—dof, — она произносит фамилию в два приема, — когда он поедет в Персию, может быть, возьмет с собой Рустам—бека и Дадаш—бека. Они милые молодые люди и могут быть полезны. Здесь им нечего делать, и меня очень просила моя кузина, княгиня Орбелиани.

— Конечно, конечно, — машет устало головой Прасковья Николаевна.

Когда княгиня уходит, Прасковья Николаевна смотрит на черный сад... неприятно... маркиз Севиньи, который сватается за Дашеньку... непонятно. Она дала ему отказ, вежливый, похожий на отсрочку. Господи, разве так в ее время влюбляются и такие женихи были?

Много людей, много забот. Какие неприятные вещи в доме: дура Софи доведет до несчастья, Александр чужими глазами на всех глядел... Марта Кастеллас неприятна... И расползается дом. Неверные люди стали. А как бы весело, как бы хорошо, боже мой, можно было жить, если бы... Бог с ними с капиталами, с княгиней, она деревянная какая-то, бог с ней совсем, но дети-то ведь растут, и детей-то — кто направит, кто определит? Александр, Александр изменился...

7

Синие листы его проекта, где клубящиеся росчерки над и были похожи на дым несуществующих заводов, — были ли они расчетом или любовью?

Волоокая девочка, высокая, нерусская — была ли она любовью или расчетом?

А Кавказская земля?

8

В крепости, рядом с домом военного генерала—губернатора Сипягина, в просторном каземате сидят трое пленных персидских ханов.

Каземат убран, по приказу Сипягина, хорошо, и ханы сидят на коврах. Им приносят плов, и они едят медленно, ничего не говоря во время еды. За окном, в черном котле кашевар мешает ложкой звезды. Ханы не оборачиваются к окнам.

Когда дежурный унтер—офицер приходит убрать плов и приносит конфеты в меду, ханы вытирают жирные пальцы о полы халатов и тихо рыгают, из вежливости, показывая этим, что они сыты. Генерал—губернатор, действительно, кормит их превосходно.

Ханы потолстели, они не жалуются, и лишены они одного: жен. Они с удовольствием вспоминают в беседах особо вкусные блюда, не генерал—губернаторской кухни, с которой приносят им теперь, а родные.

Потом они подробно вспоминают особо удачные ласки жен, пальцы их двигаются, рты полураскрыты.

Они тихо рыгают.

И наступает время для важной беседы.

Бородатый и тучный хан, бывший сардар Эриванский, говорит другому, узкобородому:

— Фетх—Али, да продлятся его дни, не будет, кажется, очень недоволен нашим пленением, ибо русский генерал разговаривал с нами о важных предметах и мы изобразили все в должном блеске. И об этом знает Абуль—Касим—хан.

Абуль—Касим—хан послан Аббасом—Мирзой в Тифлис для встречи посла и переговоров о пленных и имеет с ними свидания, но хан хвастает, потому что хоть Сипягин и угощает их, но говорит с ними мало.

— Нынче, — говорит узкобородый, — наш кафечи сообщил, что в скором времени прибывает русский полк, который — увы — везет сюда наше золото и свитки Ардебиля, в которых русские даже не могут прочесть ни одной строки.

— А знает ли Гассан—хан, что это за полк? — говорит третий, седой.

— Я слыхал нечто, слыхал, — говорит тучный хан, который ничего не слышал.

— Этот полк, как говорил мне Абуль—Касим, дрался за шах—заде Николая против шах—заде Константина.

Тучный хан ничему не удивляется. Русский престол, так же как персидский, занимает победивший сын. После старого шаха останется триста один сын, и они будут резаться, пока один из них не победит. Таков закон персидского — и вот — и русского престолонаследия.

— Фетх—Али—шах, да светятся его глаза, еще не стар.

Это говорит сардар Эриванский.

Фетх—Али—шаху семьдесят лет. Когда он умрет, сардар по дружбе с Аббасом—Мирзой может надеяться на пост губернатора Тебризского.

9

Как бы ни был мал дворец и как бы он ни был заполнен вещами, он всегда похож на гостиницу, и стены, наскоро обитые гобеленами, голые. В лучшем случае вещи соглашаются, как старые лакеи, пожизненно служить постояльцам, потому что у дворцов не бывает владельцев, а есть постояльцы.

Доктору Аделунгу и Мальцеву отвели во дворце комнаты.

Прежде всего доктор поставил на кресла свой ни на что не похожий чемодан, утвердил на резном столе походную чернильницу и в ночном шлафроке сидел теперь и писал свой походный дневник.

Мальцов же двигался по дворцу как выскочка, несмотря на свое благородное происхождение, он не задевал вещей и извинялся перед ними.

Впрочем, он нашел себе дело. Он стал chevalier servant[39] у Елизы.

---

39 Пажом, рыцарем (фр.).

Графиня Елиза недавно прибыла в Тифлис.

У нее были месяца два назад fausses couches[40], и она была бледна и недовольна, скучала. Злые языки утверждали, что в первые же дни генерал Паскевич испугался Елизина тона и бросился из Тифлиса наступать на турок, чуть ли не желая доказать ей, а затем уж и всему миру свои права на звание великого полководца.

Грибоедов знал ее отлично, понимал значение ее густых бровей, тонких усиков на верхней губе, она была своя, грибоедовская.

Он прочно утвердил с ней свои отношения.

Во—первых, племянница маменьки, Настасьи Федоровны, московская кузина, и, значит, разговор о маменьке и дядюшке, Алексее Федоровиче, том самом, который с палкою входил к нему в спальню тащить на визиты. Благонравные разговоры со смешком над старшими, вовсе безобидные, как у взрослых детей. И воспоминание о шалостях, тоже невинных. А о других шалостях не вспоминали.

Затем — жена Ивана Федоровича; почтительный и краткий разговор, со значительными недомолвками.

Наконец еще: благодетельница, и прочая дрянь, но уж очень редко, и только в намеках, слегка.

А что она раза два задержала его руку в своей, с холодным выражением и с открытым пухлым ртом, так на это был Мальцов.

Мальцов занимал ее анекдотами о Наполеоне (по поводу "жизни Наполеоновой" Мальцов тиснул в прошлом году статейку в "Московском вестнике" и гордился ею), фарсами Соболевского и — преуспел.

У Грибоедова было легкое отвращение к родственникам. Елиза же напоминала теперь маменьку, В молодости, давно, московская кузина была хороша, но возобновлять старую комедию он не собирался ни теперь, ни позже.

Итак, Мальцов и Аделунг были благополучны.

Но Сашка начал обнаруживать тревожные черты.

Он говорил мало, отрывисто. Он изменил свое обращение с женским полом, не смотрел на горничных, и они затихали при его появлении. На другой день по приезде он предстал перед Грибоедовым в странном наряде: в его же грузинском чекмене. Именно в этом наряде он медленно прошелся по улице, и рядом, вздыхая, трепеща и вздернув на него голову, шла горничная Елизы. Оба с покупками. Грибоедов притворился, что ничего не видел. Но не забыл.

Он всегда деловито относился к пустякам.

И ночью, прокравшись на службы к Сашке, он унес его сапоги.

Утром он с наслаждением дернул колокольчик. Сашка долго не появлялся.

Наконец он явился, в сапогах.

Грибоедов вздел очки и долго смотрел на его ноги.

Сашка ничего, стоял.

— Александр, — сказал Грибоедов строго, — ты вечно проспишь. Убирайся вон.

Он с отвращением выбросил Сашкины сапоги.

---

[40] Неудачные роды (фр.).

У Сашки были две пары.

10

Теперь, возвратившись, Грибоедов тихонько прошел проверить Сашку.

Больше всего во дворце Грибоедов любил низенький коридор, галерею, соединявшую апартаменты со службами. Коридор был стар, как Ермолов. Изредка по нему шлепали туфли сонных слуг и шуршали белые облачка горничных. В этом неподобающем месте стоял теперь вечером Грибоедов, рискуя напугать прохожего лакея. Он засматривал в дверное окошко, низенькое и до половины занавешенное, в комнату Сашки.

Как притягивала его тайное внимание жизнь людей со стороны!

Сашка сидел на стуле, а кругом уселись повара, лакеи и дымили трубками какие-то черные усатые люди. Поваренок стоял тут же, разинув рот.

Сашка читал.

— "Я был известен под именем сиротки... Никто не приласкал меня из всех живших в доме, кроме старой заслуженной собаки, которая, подобно мне, оставлена была на собственное пропитание..."

Грибоедов жадно слушал.

Сашка читал "Сиротку", новое сочинение Фаддея, первую главу из его будущего обширного романа "Выжигин". Вот исполнение пророчества...

— "Для меня не было назначено угла в доме, для меня не отпускалось ни пищи... "

... пророчества Фаддея перед расставаньем:

— Я теперь, братец, пишу настоящий роман с приключениями, и герой страдает прямо как собака, пока доходит до благополучия. Человек богатый всегда прочтет, потому что приятно, братец ты мой, читать о холоде и там о страданиях перед роскошным камином. А в хижине читать, братец, об этом лестно, потому что кончается-то благополучием.

Но Сашка стащил книжку из ящика, негодяй, а он сам и не успел прочесть.

— "Зимою меня употребляли, — читал Сашка, — вместо машины для оборачивания вертела на кухне... "

Повар крякнул и сказал вдруг с неудовольствием:

— Как же это можно машиной вертел поворачивать? Вертел и всегда человек оборачивает.

"А вот и первый критик", — подумал Грибоедов.

— Я так полагаю, — сказал Сашка, не отрываясь от книжки и сдержанным голосом, — что здесь более говорится об аглицких машинах...

Браво, Сашка!

— "Смотря, как другие дети ласкаются к своим матерям и нянькам, я ласкался к моей кудлашке и называл ее маменькою и нянюшкою, обнимал ее, целовал, прижимал к груди и валялся с нею на песке".

Брр. Собачьи нежности. Фаддей как на ладони, фламандская, свинская душа. Душа Фаддей!

Человек в черном чекмене вдруг вытащил трубку изо рта, зашевелился и плюнул. Лицо его покраснело.

— Собака не мама, — сказал он и напружился. — Нельзя говорить: собака — мама.

Сашка поднял наконец свои ясные очи.

— Что собака не может быть, как говорится, маменькой, — сказал он, напирая на "маменьку", — это еще малое дело. Очень просто, что в раннем возрасте можно и собаку поцеловать. А что если одному про вертел не нравится...

Нет, Сашкину антикритику надобно послать Фаддею и напечатать в "Сыне отечества".

—... а другому там про собаку или даже маменьку, так можно и вовсе даже эту поему не читать.

Ага, обиделся все же.

И наступила тишина.

— "Мне хотелось любить людей, — читал Сашка, — особенно женщин, но я не мог питать к ним другого чувства, кроме боязни".

— И это очень даже часто случается, — холодно сказал вдруг Сашка, — не только что ребенок, а иногда и пожилой мужчина не довольно умеют разговаривать с барышнями.

Но ведь он талантлив, черт возьми, ведь он критик прирожденный! Он Сеньковского читал. Сашка — модный критик.

Грибоедов, осторожно ступая длинными туфлями, прокрался в свою большую белую комнату, напоминавшую присутственные места, и позвонил.

Сашка явился недовольный.

— Александр, — сказал томно Грибоедов, — Александр Дмитриевич, не угодно ли вам начистить к завтрему мой мундир?

И так как Сашка молчал, Грибоедов продолжал:

— Я бы вас и не подумал, Александр Дмитриевич, тревожить, но, к прискорбию, будет большой парад, и, согласитесь, неудобно щеголять в мундире, по которому вы ни разу еще не изволили пройтиться щеткой. Вы согласны?

Он качался в креслах.

— Согласен, — сказал Сашка равнодушно.

— Спасибо. Скажите, пожалуйста, Александр Дмитриевич, — покачивался Грибоедов, — сегодня были у вас гости?

— Сидят, — сказал Сашка.

— Кто же, Александр Дмитриевич, у вас в гостях?

— Цари.

Кресла остановились. Грибоедов серьезно смотрел на Сашку.

— Как цари? — произнес он медленно.

— Да—с, — спокойно ответил Сашка, — царевнины сыновья, царевичи.

— Какие царевичи? — спросил, оторопев наконец, Грибоедов. — Что ты врешь!

— Царевичи нам приходятся соседи, — ответил отрывисто Сашка, — царевны Софьи кумовья или, может, крестные. Кучер Иван, или, как здесь говорится бичо, вроде как конюх...

— Ну и что же конюх?

— Ихний знакомый.

— Как кучер Иван? Тот, который нас по городу вез?

— Нет, он наши чемоданы привез, то другой, Амлих, нас по городу вез.

— Но откуда ж он?

— Амлих?

— Да почем я знаю, как его зовут? Ты ж сказал Иван.

— Нас по городу Амлих вез, а не Иван. Иван состоит при лошадях, он называется багажный.

— Ну багажный, багажный... Кто же этот багажный?

— Кучер Иван является майорский сын, а Амлих является...

— Что ты, смеешься, каналья?

— Смеху моего здесь нет. Вчера Иван принимали даже депутацию.

— Де—пу—та—цию?

— Он ихних крепостных мужиков. Конечно, грузинских. Пришли довольно бедно одетые, если можно сказать, рваные, и говорят, что им есть нечего. Обедняли здесь очень.

Грибоедов сидел как потерянный.

— Убирайся, — вдруг замахал он руками на Сашку и только вдогонку крикнул: — Ты ж книжку из чемодана моего стащил, так что ж, эти цари твои по-русски понимают? Черт!

Сашка усмехнулся не без самодовольства.

— Один понимает, но понятие у него, конечно, другое.

Грибоедов уже не поминал про мундир. Он зашагал по комнате.

Сашка был враль непостижимый, роскошный и фантастический. Он врал даже тогда, когда, казалось, и соврать было трудно. У него было воображение. Однажды он сказал как-то сквозь зубы Грибоедову, что время придет и тогда он докажет еще, кто он такой.

— А ты как полагаешь, кто ты такой ? — спросил его тогда Грибоедов.

— Да уж такой, — уклонился Сашка. И вдруг сказал: — Из графов. Графов мне фамилия. Потом уж только Грибовым звать стали.

И Грибоедов долго тогда смеялся, а потом как-то раз задумался. Самая Сашкина фамилия: Грибов, до странности похожая на его собственную, и то, что его тоже звали Александром, поразило его. Ведь и Трубецкой своего сына от какой-то шведки назвал когда-то: Бецкий, и Румянцев назвал приблудного сына: Мянцев. Это было в обычае. Может, и папенька ему последовал.

Так и теперь. Сашка, разумеется, врал, и врал безбожно. И про депутацию от каких-то мужиков, и, вероятно, про кучера Ивана, да уж заодно и про "царей". "Кумовья". И все-таки Грибоедов оторопелый зашагал по комнате. "Обедняли здесь очень". Поди разберись. Роман Фаддея, Сашка, кучер Иван, депутация, цари. Шахразада, "Тысяча и одна ночь". Каков, однако же, Кавказ! И как быстро идет это нисхождение аристократии туземной!

11

В самом деле, что же такое Кавказ?

Елисавет Петровна сидела таким образом:

Сидит и ноги простирает
На степь, где хинов отделяет
Пространная стена от нас.
Веселый взор свой обращает
И вкруг довольства исчисляет,
Возлегши локтем на Кавказ.

Так описал ее Ломоносов.

В такой неудобной позе сидела Елисавет Петровна. Трудно было ей, простирая ноги на степь и возлегши локтем на Кавказ, еще обращать свой веселый взор и при этом вести исчисления довольства. В особенности трудно было вести исчисления потому, что хотя Дербент, врата Каспия, и был взят Петром в 1722 году, но потом его отняла Персия, а у лиц женского пола и младенцев, сменивших Петра, были другие заботы.

Персия была в музыкальном смысле клавиша, а Кавказ — струна. Как ударяла клавиша, так и отдавалась струна. И Дербент отпал, и локти Елисавет Петровна убрала с Кавказа. Исчислять довольства на Кавказе она просто не могла.

При Екатерине испытал это довольство адмирал Марко Войнович. Ага—Мохамед, шах персидский, вежливо пригласил его на праздник и посадил в оковы за исчисление довольства на южном берегу Каспия. В 1769 году Екатерина просила Коллегию иностранных дел прислать ей карту Кавказа поисправнее, потому что непонятно, где стоит город Тифлис: на одних картах — на Черном море, на других — на Каспийском, а на третьих — и вовсе среди земли. Она играла в лапки с евнухом, то он ее бил по рукам, то она пыталась, увернувшись, ударить его. А между их локтями лежал Кавказ.

Потом военною рукою безногого графа Зубова был покорен Дербент в 1796 году. И Зубова прозвали на Кавказе: Кизил—Аяг, Золотая Нога.

Тотчас же Державин дал в описании Кавказа довольно верное изображение альпийской страны:

Как серны, вниз склонив рога,
Зрят в мгле спокойно под собою
Рожденье молний и громов.

И особенно удалась льдяному старцу картина альпийских льдов:

Там солнечны лучи, средь льдов.
Средь вод играя, отражаясь,
Великолепный кажут вид.

Павел двинул два полка на Тифлис и в 1801 году объявил Грузию — Карталинию с Кахетией — присоединенной.

Хоть Дербент был взят, но Глазенапу пришлось его опять брать в 1806 году.

К Имеретии, Мингрелии и Гурии — с запада была расположена Блистательная Порта.

Пашалыки Ахалцыхский и Карсский были собственностью оттоманов.

Ханства Эриванское, Нахичеванское и Хойское лежали с юга рядом с Персией. А потом шли подозрительные султаниаты и ханства, не то персидские, не то турецкие, не то ничьи.

У Александра Павловича было трудное занятие: он соблюдал европейское равновесие. Жонглировать Францией, стоя на плечах Австрии, да еще ходить одновременно с ними по канату было ремеслом трудным и неблагодарным. Ни о каком Кавказе, ни о каких персидских происках Александр и слушать не хотел, он был директор и главный жонглер Европы и непременно на азиатских делах уронил бы Францию, а его уронила бы Австрия. От Ермолова он отмахивался, как от наездника, не вовремя выехавшего на арену.

Кто там жил на Кавказе? Кто обитал?

Жуковский попробовал было набросать краткий список и утверждал, что там

Гнездятся и балкар, и бах,
И абазех, и камукинец,
И карбулак, и абазинец,
И чечереец, и шапсуг,

что они, как серны, скачут по скалам, а дома курят трубки.

Иноземная, барабанная музыка имен была превосходна и слишком щедра, потому что камукинцев и чечерейцев — таких племен на Кавказе не было. Были еще кумикинцы, а чечерейцев и вовсе не бывало. Гнездиться они, стало быть, не могли. Персидские повести входили в моду.

Платон Ободовский в 1825 году в повести "Орсан и Лейла" дал трогательную картину из жизни Арарата и шаха персидского:

Как дуб, дряхлеющий в корнях,
На теме сохнет Арарата,
Сох одинокий падишах
На троне, вылитом из злата.

Что падишах сох на троне, вылитом из злата, в этом, может быть, даже была доля правды, но что на высоте семнадцати тысяч футов сох дуб, это было сомнительно. Не мог туда попасть дуб. Впрочем, ханство Эриванское еще не было завоевано.

Теперь настало время для ханства Эриванского. Ханы стали русскими генералами и генерал—майорами, но в официальных донесениях их называли: "Эриванское ханье". Каждый из них ждал, когда уж новое отечество споткнется не на Персии, так на Турции.

Дело было за пашалыками Ахалцыхским и Карсским. Чем оно решится, было неизвестно. Паскевич, убоявшийся злого глаза Елизы, действовал теперь там.

Война же на Кавказе шла все время, не то с камукинцами, не то с чечерейцами. И если не Котляревский, так кто-нибудь другой "губил, ничтожил племена", по восторженному выражению Пушкина.

Никто, собственно, и не задавался вопросом, как это так и чего ради идет она, эта постоянная война? Каждый раз по донесениям явствовало: имеем успех и приводим к покорности такие-то племена, не то камукинцев, не то опять же чечерейцев.

А война тянулась, и опять воевали — может быть, даже те же

чечерейцы. Нессельрод же все вообще племена на Кавказе называл: les cachetiens[41], так как помнил кисловатый вкус кахетинского.

Что делать, если весь Кавказ вдруг будет завоеван, плохо себе представляли и Николай, и Чернышев, и Волконский. Они знали:

Персия победила бы, Кавказ восстал бы.

Турция победит, Кавказ непременно восстанет.

Но что такое Кавказ?

12

Странное чтение, непонятное никому, кроме географов и детей. Если кто-нибудь войдет в комнату, он услышит, как прилежный человек с мягкими усами заклинает:

— Дарачичагские рудники в Армении, в Дарачичагском Магале, в десяти верстах от деревни Баш—Абарана, в пятидесяти восьми от Эривани.

— Породы: гранит, афанит темно—зеленый, змеевик серый, обсидиан черный с красным...

И другой человек, в очках, повторяет, кивая:

— Обсидиан... Рудники в сторону.

— Сады речбарские в провинции Шехинской. Речбары бежали, и коконы без шелковой пряжи.

— Хлопчатая бумага в области Санжинской, в весьма малом количестве... Можно было бы изготовить изюм, если бы знали французский способ...

Табачный дым виснет хлопчатой бумагой в воздухе.

— В Ширванской области юз—баши злоупотребляют: собрано четыре тысячи восемьсот двадцать пудов шелку, в пользу казны должно бы четыреста шестьдесят, получено сто двадцать. Генерал Сипягин лично...

— Тем лучше. В сторону Сипягина. Цифры внести надобно в доклад.

— Кахетинское индиго...

— Эриванская кошениль дикой породы...

— Кофейное дерево тек, в воде не гниющее, дало бы возможность строить корабли лучше европейских...

Что такое Кавказ?

Шафран, кошениль, марена были слова. Но слова охлопьями уже лежали в пустой комнате, лежали тюками, и ноги вязли в каких-то ошметках: марены? шелковичных червей? Полуголая дворцовая комната, ни русская, ни грузинская, становилась негоциантской конторою.

— А смотреть на область Закавказскую как на такую колонию, которая бы только грубые материалы доставляла для России, — не смогут.

— Почему? — спрашивает он, торжествуя.

— Потому что пути не устроены, — отвечает он и хитрит, — и еще потому, что фабрик таких в России нету.

Тот, другой, покручивая польские усы, задает ему тогда вопрос, вопрос тихий и настороженный:

---

41 Кахетинцы (фр.).

— А при учреждении мануфактур на Кавказе, если все здесь разбогатеют чрезмерно, не может ли ослабнуть взаимная связь с Россией?

И это вопрос не пустой. Губернатор Завилейский, которого Грибоедов выбрал в наперсники, говорлив в обществе, ласкателен, со всеми женщинами ласков до крайности. Но иногда он устает, и тогда становится видно, что человек он осторожный и не такой уж ласковый, что он человек чужой, польский человек. И, может быть, оттого так до крайности ласков, что более всего занят собою и своими мыслями. Он знает наизусть Мицкевича. Он точен, он столько сведений со всех сторон извлек для проекта, безо всякого шума. И этот вопрос он второй уже раз задает Грибоедову. О каком ослаблении связей хлопочет он? О Кавказе, о Польше? Самый воздух тифлисский стал неверен.

Но Грибоедов машет беспечно рукой:

— Не будем об этом заботиться чрезмерно. Время само о себе позаботится. В России стрелять умеют, не умеют только пуль отливать.

И вот если человек другого, более старого века, например папенька Грибоедова, Сергей Иванович, вошел бы в эту комнату, он подумал бы: двое мальчишек, один в очках, а другой усатый, играют в странную и даже скучную игру, которая, сдается, называется гео—гра—фия, тогда как девы, девчонки и даже девки ждут их объятий, а кони — шпор.

Прислушавшись, он, пожалуй, брякнул бы:

— Маменькины штучки. Жадности. Торгашом, что ли, Алексаша стал?

Потому что он был прям и прост, папенька Сергей Иванович.

И только старый англичанин, один из основателей государства Ост—Индийского, пыхнул бы сигарным дымом и повторил бы насмешливо и понимая все и даже больше:

— В России стрелять умеют, не умеют только отливать пуль.

И, причесав баки, он утвердил бы на шишковатой крепкой голове цилиндр и отправился бы в Сент—Джемсский кабинет.

Сент—Джемсский кабинет был теперь распущен на летние вакации, и министры длинными, сплинными рыбами плескались в разных заливах Средиземного моря.

В Петербурге шел косой дождь, и Нессельрод переселился в Царское Село.

Таковы были дела дипломатические. В гошпиталях лежали раненые солдаты, казачьи лошади выплывали на турецкий берег. А белая комната была пуста. В ней сидел теперь русский автор и шевелил длинными пальцами. Он был в одном белье, потому что была невыносимая жара. Он был совсем один. Завилейский, человек с пушистыми польскими усами, ушел.

И проект не ладился, что-то в нем не клеилось. И не самый проект, который был и прост и верен, а люди, а деньги. Но, может быть, так строится и всякое государство?

Он пил вино; вино было привозное, у него был слабый нефтяной привкус: бурдюки, в которых его привозили, обмазывали нефтью.

13

— Солдаты! Вы оказали врагам нашим военную руку победоносного его величества войска!..

Серая площадь пестрела, как сковорода, на которой печется рыба, помидоры, каперсы. Рыба была чешуйчатая, в форме.

Генерал Сипягин сидел на белом коне и помахивал рукою в белой лайке. Конь под ним танцевал, солнце било в круглый, выкинутый назад генеральский стан, затянутый в корсет. Сверху, с террасы, казалось, будто генерала поразила пуля, он падает назад и застыл в падении.

— Солдаты! Кампания окончена с желанным успехом действием военного оружия!

Перед полком караваном стояли дроги, запряженные четверками, покрытые парчой, и между ними длинные пушки. Лошади были в чехлах. Только передние дроги были не покрыты, и на них желтый, тусклый стоял золотой трон. Руки барабанщиков с палочками подрагивали. Ждали, когда кончит генерал. Сверху, с террасы, парад был подобен военным похоронам, остановившимся в движении, трон — опочившему полководцу, остальные повозки — безымянным мертвецам.

Это проходил мимо дома военного генерал—губернатора сводный гвардейский полк, возвращавшийся из Персии и везший куруры и трофеи.

Этот полк был особый полк. Тут были части Московского полка л части Кавалергардского. Их стасовали из обломков, их старательно перемешали, после того как, взятые в плен русскими же полками на Сенатской площади в декабре месяце 1825 года, они посидели в острогах и крепостях. И перед каждой ротой стоял безотлучно особо испытанный офицер. Командир был тоже не простой — это был тот гвардейский командир, которого в декабре столкнули младшие офицеры с каменной казарменной лестницы. Он слетел с лестницы и возвысился. Теперь он внимал генеральским словам.

Трофеи, которые привез полк, были: трон Аббаса—Мирзы, семь пушек персидского мастерства, Ардебильская библиотека старых свитков и две картины, изображавшие победы Аббаса—Мирзы.

Куруры была самая тяжелая кладь, трон — самая высокая, а мертвая библиотека — самая тихая. Картины же были взяты в Уджанском замке, потому что там нечего было больше взять. Их можно было преподнести императору, чтобы тот показывал их в своем дворце хотя бы французам—путешественникам.

— Солдаты! Вы имели случай изгладить пятно минутного своего заблуждения и запечатлеть верность свою к законной власти, проливая кровь при первом военном действии!

Они были в запыленных сапогах, с лицами землистыми, по цвету столь непохожими на лицо генерала, будто они и генерал принадлежали к разным нациям.

Все тифлисское население высыпало на широкие плоские кровли и смотрело на парад.

Грибоедов, стоя на террасе, нечаянно толкнул высокого архиерея, стоявшего рядом. Грибоедов в забывчивости пробормотал:

— Pardon...

Архиерей не дрогнул ни одним мускулом фиолетовой толстой мантии. Панагия сияла на нем, как детский нагрудник; было так жарко, что капли медленно падали с архиерейского носа.

Грибоедов смотрел на солдат, он кого-то искал взглядом внизу.

— Справедливость и кротость покажет ныне врагам нашим ясно, что не порабощения мы желаем, но ищем единственно освободить их от бедствий и угнетений. Солдаты! Сии трофеи! Сии куруры!..

Становилось ясно: единственным бедствием народа персидского были куруры, и его от них освободили.

— Это, кажется, из Тацита, — сказал на ухо Грибоедову Завилейский. Он стоял рядом. Из Тацита ли или из Карамзина — вспомнить на такой жаре было невозможно.

Грибоедов нашел то, чего искал.

Вот он стоит, внизу, в первом ряду за курурами, этот человек.

Сминая, комкая, стаскивал для чего-то белую перчатку Грибоедов. Руки его дрожали.

Лицо у человека было сизо—бритое, цвета розового с смуглым, как тронутая тлением ветчина. Форма капитана была на нем. И он стоял, как все, прямо и вытянувшись, внимая и не внимая словам Карамзина, или князя Кутузова, или Тацита — смотря по тому, откуда генерал набрал цитации.

Он никогда не знал, что его слова, то любезные, то жесткие, слова, которые он обращал к Аббасу—Мирзе, тоже любезному и веселому, — обернутся мертвыми курурами, мертвой библиотекой на площади.

Генерал кончил. Лошадь танцевала на месте.

Тогда началось ровное, длительное:

— Ура...

Рты у солдат были раскрыты ровным строем, словно лекарь, обходя фронт, дергал зубы.

И он никогда не знал, что его куруры привезет человек с лицом цвета сизого, лежалой ветчины, тонкий прямой человек, шутовское имя коего произносится шепотом...

— Ура...

... капитан Майборода, предатель, доносчик, который погубил Пестеля, своего благодетеля, который их на виселицу...

Руки в белых перчатках возятся. Рядом оперлись на перила белые пальцы архиерея.

Если перчатка полетит вниз...

Перчатка полетела вниз.

Архиерей с любопытством глянул, как она закружилась листком и легла на безветренные камни.

Барабанщики забили в барабаны.

Полк прошел. Дамы зашевелились на террасе, как одушевленные розовые кусты.

— Oh! comme c'est magnifique![42]

— Notre general...[43]

---

[42] О! как это великолепно! (фр.)

— Charmant![44]

—... mant...

— Magnifique!

— А красноречие-то все-таки из Тацита, — сказал Завилейский, подмигнув Грибоедову.

Но зубы у Грибоедова были оскалены, губы дрожали, и Завилейский подхватил его, и засуетились слуги.

— Александру Сергеевичу дурно!

14

Потом было поздравление от аманатов — залога верности племен разнородных: сытых, полуголодных и совсем голодных, бедного состояния. Их принарядили.

Привели под слабым караулом пятьсот пленных персиян, в совершенном порядке. Наибов угощали, а солдаты стояли вольно.

На террасе было угощение: экзарха и знатного духовенства, почетных граждан и пленных персидских ханов, приведенных без всякого караула: Алима, Гассана — бывшего сардара Эриванского — и еще третьего, узкобородого.

Угощение губернатора Завилейского и полномочного министра персидского Грибоедова.

Угощение знатных дам.

Был молебен, молодецки отслуженный экзархом, и была большая пальба из пушек. На террасе близ дома разложили ковры для аманатов и ремесленников, и они уселись на них.

Генерал Сипягин обходил их и пальцем считал. Насчитал пятьсот человек.

Нарочно расставленные песельники в разных местах города, и главным образом на площадях, запели национальные грузинские песни.

Были извлечены пыльные барабаны и трубы, употреблявшиеся при грузинских царях, и в них играли.

Национальные плясуны скакали.

Аманаты внимали музыке, звуки которой всегда доставляют неизъяснимое удовольствие.

В окнах и на крышах домов сидело большое количество зрителей. Женщины, робко укутавшись в чадры, вышли на площадь.

Аманатам было роздано по пятаку и вдовам по гривне. Сироты ели жареных баранов. Генерал Сипягин смотрел, чтобы всем досталось.

И национальные плясуны скакали.

Тифлисское купечество пожертвовало на устроение богоугодных заведений сорок шесть тысяч рублей ассигнациями.

В семь часов вечера все окончилось.

Тогда поставили столы на сто пятьдесят персон в зале.

И снова тогда началось.

---

[43] Наш генерал... (фр.)

[44] Прелестно! (фр.)

15

Сипягин сказал толстому полковнику, указывая глазами на грибоедовскую спину и, в другом конце залы, на край Нинина платья:

— Это брак по расчету, полковник. Я распознаю влюбленных. И не пахнет. У него есть замысел на Грузию, я это знаю достоверно. Жаль, хороша!

Он на ходу написал записочку, подозвал лакея и тихонько сказал: — Госпоже Кастеллас, незаметно, — бросил полковника, потом подхватил Грибоедова, по дороге подцепил Завилейского и рухнул с ними на диван.

— Музыка какова? — спросил он и засмеялся глазами.

— Откуда вы взяли музыкантов?

— А что, хорошо ведь играют, Александр Сергеевич?

— Нет, плохо.

— Музыкантов я так набрал, — сказал тогда Сипягин вовсе не смущаясь: — пять человек из своей дворни, пять из проходимцев да один аманат из князей. И иногда гляжу на них: Васька ли это? Ведь это же Васька, говорю себе. А он, шельмец, в черных одеждах, и уж не Васька, нет. Он — музыкант. Он капельмейстер. Управитель.

— Это, стало быть, Васька капельмейстером?

— И заметьте, Александр Сергеевич, как это возвышает, так сказать, облагораживает. И потом — это даже сближение двух народностей. Аманат — тот плохо играет, я того, если хотите, так взял: может быть, туземный гений какой-нибудь из него образуется.

— Покамест, не видно, — сказал почтительно Завилейский.

— Не видно, — согласился генерал. — Но опыт, опыт. Все опыт, все. Все вокруг — опыт.

Прекрасными серыми глазами посмотрел вокруг генерал. Прямо перед ним был Муштаид—Ага—Мир—Фет, главный мулла тифлисский. Он сидел важный, в отличном халате, и осанкою напоминал архиерея.

Но котильон скрывал по временам Муштаида, котильон, в котором плескались вместе с русскими девами и грузинки в национальных костюмах. Вот проплыла Нина. Грузная чета грузинских князей играла в мушку, в отдаленном углу, и — рядом заглядывал в карты старый русский полковник с кальяном в руках.

— И все политика, — сказал генерал восхищенно — все, что вы здесь видите, — политика. Я знаю, что осуждают: Сипягин — мот, Сипягин — тот да этот. А я: Сипягин — политик.

Генерал хитрит. Он запрокидывает голову. И не дождавшись любопытства:

— Политика, — говорит он, — границы, — говорит он, — ведь это не только что раз—два. Границы провести легко, но стереть-то, стереть-то их трудно. Я центром политики ставлю что? Единственно душевные потребности.

— Но, например... — начинает Завилейский.

— Например, — перебивает генерал, — ханы. Бунтуют? Недовольны?

Пожалуйте на раут. Например, капитаны и поручики — на раут, на раут, господа. Не ворчите на походы. Хлеб—соль, господа. Туземная аристократия негодует на нисхождение? — веселитесь, господа. Вы пленный... наиб? — спрашивает он у Завилейского. — Приходите покурить, если танцевать не умеете. И вот, собственно, уже до вас относящееся, милый мой Александр Сергеевич: почтите, полюбите в соприкосновении особу. Наружное оказательство ведь имеет на здешний народ большое влияние. А потом и до Персии дойдет.

— За что же они меня, Николай Мартьянович, любить-то будут?

— А за что Милорадовича любили? — спрашивает генерал серьезно.

— То есть не персияне же собственно Милорадовича любили?

— Все любили. А за что? А ни за что, — торжествует генерал. — Просто русский баярд, chevalier sans peur et reproche[45]. Он понимал человека, душевные потребности понимал. Он, например, с Блюхером цимлянское пил. Шампанского он не любил. Сидят, молчат. Ну и... употребят. Блюхер спустится под стол, адъютанты его подымают и относят в экипаж. И Милорадович мне раз говорит: люблю Блюхера, славный, говорит, приятный человек, одно в нем плохо: не выдерживает. Но, ваше сиятельство, возразил я ему раз, вот как вы, — генерал кивнул Завилейскому, — Блюхер не знает по-русски, а вы по-немецки. А по-французски оба плохо знали. Какое же вы находите удовольствие в знакомстве? И граф мне тогда ответил: э, как будто надо разговоры. Я и без разговоров знаю его душу. Он потому и приятен, что сердечный человек.

Грибоедову вдруг захотелось пощекотать Сипягина. Генеральские серые глаза были детские, и по корпусу, лицу, даже морщинам ясно было видно, каким генерал был в детстве.

— О, — говорит вдруг генерал, — а что было в Париже! Какие женщины! Какие женщины, бог мой! Combien de fillettes![46] Одна — Jeannette[47] танцевала на столе — sans dessous[48], — громко шепчет генерал, — так граф ей, знаете, цветы, цветы туда бросал.

Но, заметив невдалеке Елизу с Мальцевым, он сорвался и их тоже притащил в угол.

— Здесь прохладнее, графиня. Надеюсь, на этой жаре лед растаял? У наших милых дам самолюбие охладело? У нас здесь, в глуши, у милых дам очень развилось самолюбие.

Елиза не хочет наносить первой визиты, а дамы тоже не хотят. Сипягин терпеть не может Паскевича, а тот его, и потому генерал всячески печется об Елизе. На балу познакомились, и теперь визиты пойдут как по маслу.

— Вспоминал, графиня, своего баярда. Цифра четырнадцать имеет для меня, графиня, особое значение. Четырнадцатого октября я родился, четырнадцати лет поступил на военную службу, сержантом, — генерал улыбается, — четырнадцатого ноября двенадцатого года был назначен начальником штаба авангардных войск. В четырнадцатом году вступил в

---

[45] Рыцарь без страха и упрека (фр.).

[46] Сколько девочек (фр.).

[47] Женетта (фр.).

[48] Без белья (фр.).

Париж. О, Париж, графиня! Какой это был геройский год! И четырнадцатого декабря я потерял своего баярда.

— Граф ведь был вашим начальником, генерал, — говорит Елиза, чтобы что-нибудь сказать.

— Отцом. О, это была важная для России пора! На пути от Вязьмы к Дорогобужу, поверите ли, графиня, среди разломанных повозок, побитых лошадей и разбросанного оружия, я наблюдал... людоедство.

Графиня смотрела значительно на Мальцева.

— Не более и не менее. Французы безо всякого содрогания резали на куски тела своих павших товарищей и, обжаривая оные на огне, — ели.

— Oh! — Графиня ищет защиты у Грибоедова.

— И часто, Николай Мартьянович, вы наблюдали подобные случаи? — спрашивает с участием Завилейский.

— Часто, — генерал машет рукой, — но покойный наш баярд за вечерним товарищеским чаем, бывало, любил рассказывать, как случалось во время голода питаться ему своей амуницией.

Елиза нарочно роняет веер. Генерал наклоняется за ним.

— Как же это он питался амуницией? — любопытствует Завилейский.

— Ваш веер, графиня. Просто. Нет фуража, нет разных баранов, нет, графиня, разносолов — и вот однажды, когда уже граф съел под Вязьмою свое сено...

— Но как же сено? — Елиза не смотрит уже на генерала и начинает задыхаться.

— Это часто случалось, — генерал закрывает веки, — когда приходилось плохо, граф обыкновенно брал себе в палатку сено из стойла, и доктор его, немец, я забыл к сожалению, его фамилию, нужно заглянуть в мемориалы... фон Дальберг...

— Вы пишете записки?

— Писал. Клочки походной жизни. Исчезнут вместе со мною... фон Дальберг...

— Это, должно быть, страх как любопытно?

— Нет, — генерал смотрит добряком, — просто некоторые тактические соображения и ряд, может быть, живописных, но увы, уже не имеющих цены случаев. И фон Дальберг отбирал съедобные стебли для графа. Что пишет наш дорогой граф, графиня? — спрашивает генерал, слегка краснея.

— Благодарю вас. Он здоров и бодр.

Кивок человека, посвященного в семейные тайны и сочувствующего.

— А к Александру Сергеевичу у меня великая просьба, — говорит генерал напоследок, — я хочу вашим именем, Александр Сергеевич, украсить первые нумера "Тифлисских ведомостей". Ведь вы у нас главный член Комитета.

— А разве статей не довольно?

— Много. Как можно, это ведь умственный канал. И я, знаете ли, делаю это постепенно. Сначала легкий отдел — примечательности, смесь. Иностранные известия. А потом — пожалуйста, политические и собственно военные статьи. Петр Демьяныч статью дал, презанимательную.

— В этом нумере, — говорит Завилейский, — будут чудесные статьи. Я читал с удовольствием: об ученых блохах — простите, графиня, — и об одном мужике.

Генерал крякнул с неудовольствием, но глаза его смеются.

— Да что ж об ученых блохах. Их ведь нынче тоже много развелось, — говорит он весело, — ученых-то блох. А о мужике, признаться, прелюбопытный эпизод. Вы напрасно, Петр Демьянович, критикуете.

— Я не критикую, — поспешно говорит Завилейский, — действительно, о мужике очень любопытно, и я даже удивляюсь, как духовная цензура не придерется.

— Духовная цензура, — говорит генерал с удовольствием, — да мне это сам экзарх рассказывал.

— Расскажите же нам, дорогой генерал, что это за мужик? — просит Елиза.

— Сущие пустяки, графиня. Просто один комиссионер, который хлеб заготовлял где-то там в Имеретин, купил у мужика хлеб и, не успевши возвратить ему десять мешков, умер. Ну, провиантская комиссия послала своих чиновников описывать мужиково состояние. Но мужик чиновникам говорит: извольте мне вернуть мои мешки. А чиновники, видно из молодых, отвечают, что как комиссионер умер, то мужик может о мешках просить у бога. И вот проходит несколько дней. Что там чиновники делают, я не знаю, но мужик опять является и объявляет комиссии: я, говорит, по полученному приказанию просил у бога, но бог, говорит, направил меня в комиссию, чтоб от нее получить мешки. Те, конечно, изумились и говорят ему: что ты лжешь? А мужик отвечает: если, говорит, не верите, то справьтесь о том у бога.

Грибоедов засмеялся счастливо.

— И это вам, генерал, сам экзарх рассказывал?

— Не верите, так спросите у него, — сказал Сипягин и захохотал.

Елиза поднялась. Она нашла, что все это неприлично.

Завилейский ускользнул. Издали мелькнули грек Севиньи и Дашенька.

И генерал, оставшись с Грибоедовым наедине, вдруг взглянул на него добрым оком.

— Стар становлюсь, — сказал он. — Так ли я плясал когда-то.

Он действительно осел весь, глаза у него были старческие.

Тут только Грибоедов увидел, что генерал сильно, по его выражению, употребил.

И вдруг генерал взял его за руку и пролепетал, указывая на кого-то:

— Tenez—vous, mon cher...[49]

В углу залы стоял, с длинной талией, капитан Майборода.

— Я вот не люблю сего создания века, — сказал генерал и зевнул. — Это роняет, если хотите, гвардию. Ну пусть бы оставили в армии, наградили бы как—нибудь, не то зачем же в гвардию? Это шермицель.

Генерал выражался по-военному. Шермицель — это был урон, афронт, поражение.

— А в армии можно? — спросил с любопытством Грибоедов.

— В армии можно. Куда ж его деть? — уверенно ответил генерал.

Грибоедов, улыбаясь, положил свою руку на красную и растрескавшуюся генеральскую.

— В армии можно, — повторил озадаченный генерал.

---

[49] Держитесь, мой дорогой... (фр.)

— Ив гвардии можно. Теперь... теперь, генерал, можно и в гвардии. И полковником. И... — он хотел сказать: генералом...

Но тут Сипягина перекосило несколько. Он пожевал пухлым ртом.

— Зачем же, однако, так на наше время смотреть. На наше время, когда военная рука опять победоносна, знаете ли, Александр Сергеевич, так неуместно смотреть.

И он поднялся, совсем старый, и с неудовольствием осмотрелся. Но, задержавшись взглядом на цветах в вазе, вдруг улыбнулся, звякнул шпорами, и стан выпрямился, и глаза засмеялись, и он сказал:

— А я совсем и позабыл о своих обязанностях. Пойти распорядиться фейерверком.

И он прошелся разок по зале.

К Грибоедову подошел Абуль—Касим—хан. На нем был шитый золотом халат, и он говорил по-французски.

— Я понимаю, ваше превосходительство, что вы несколько медлите отъездом в наш бедный Тебриз, когда в Тифлисе так весело, так любезно.

— Я нимало не медлю, ваше превосходительство, — ответил Грибоедов спокойно, — я еще не получил дополнительных инструкций и верительных грамот.

Хан улыбнулся с пониманием.

— А между тем его высочество сгорает нетерпением... И его величество также.

— И его светлость Алаяр—хан также, не правда ли, ваше превосходительство ?

— Его светлость поручили мне передать генералу Сипягину живейшую благодарность за его любезность во время пленения его светлости. Все забыто. Вас ждут как старшего друга. Какая прекрасная музыка! Когда я был в Париже...

Тут случилось странное перемещение: его превосходительство спрятался за хана и несколько согнулся. Персидский глаз засмеялся, персидский глаз покосил в ожидании женского платья: близко проходил высокий, стянутый в рюмку пехотный капитан. Лицо его было узкое, гладкий пробор напоминал пробор его превосходительства. Абуль—Касим—хан сказал:

— Как здесь приятно, как здесь любезно. Но здесь слишком жарко, не правда ли?

Хан был очень любезен, Грибоедов давно его знал. Он прозвал его когда-то: chan sucre[50], и все его теперь так звали в Тифлисе.

А Сипягин полюбезничал мимоходом с дамами и с ханами и потом свободно, независимо вышел в дверь и спустился в сад, где его ждала молодая госпожа Кастеллас.

До фейерверка оставалось еще добрых полчаса, ночь становилась бледнее, хмель бежал из тела и не следовало упускать времени.

Какие в Тифлисе женщины! Мой бог, какие женщины! Combien des fillettes![51] И где-то подвывает зурна, а вдали, в городском саду, еще горят лампионы.

---

[50] Сахарный хан (фр.).

16

Кавказ император Александр называл жаркою Сибирью.

В ту ночь был разбит за городом серый полотняный город солдатских палаток. Квартирмейстеры развели офицеров по городу, и они возвращались после бала в жилые комнаты. А так как две тысячи без малого солдат нельзя было поместить и удобно и безопасно, так, чтобы они ни с кем из статских не разговаривали и чтобы поблизости не было ни корчмы, ни кабака, — их вывели за город.

Полотняный город окружали воинские патрули, посланные Сипягиным. У каждой палатки стоял тифлисский часовой. Воины, оказавшие военную руку, могли отдыхать спокойно, но, выходя до ветру, встречали внимательный глаз часового.

Они не спали по большей части. Ничто так не бередит солдатского тела, как парад. Переходы и бои сваливают солдата, и он спит как убитый. Но парад дребезжит ночью в членах, еще рот забит криком ура, в глазах стоят разноцветные пятна: знамен, генеральских штанов, золотых мундиров и архиерейской панагии с террасы. Еще нужна трубка и тихая речь, чтобы тело потеряло ненужное упорство, обмякло, чтобы подул сонный ветер на веки.

В одной палатке располагались солдаты на ночлег. Их было десять человек. Двое из них были раньше унтер—офицерами, один — полковником, один — подпоручиком, а шестеро и раньше были солдатами.

Легко было полковников и поручиков сделать солдатами, но их должно было потом поместить куда—нибудь. Этот вопрос встал перед Паскевичем и перед Николаем и был еще далеко не решен. Решили было помещать их в отдельные квартиры и палатки, потому что так они были лишены способов сообщать прочим нижним чинам какие—либо вредные внушения. Но, не имея никакого ни с кем сообщения, варясь в собственном соку, не смогут ли они с большей удобностью утверждать себя во вредных мнениях, а также как их не один десяток, то не возникнет ли покушение на какое-либо злое намерение? И решили: помещать их в квартирах и лагерях с солдатами, но с препоручением их в надзор старослужащих и староопытных унтер—офицеров.

Поэтому в палатке были бывшие и сущие солдаты: Акульев, Дмитриев, Горкин, Сапожников, Еремеев, Байков, бывшие унтер—офицеры и сущие солдаты: Шутиков и Ломов, бывший гвардии подпоручик Нил Петров Кожевников и бывший гвардии полковник, сущий солдат, Александр Карлов Берстель.

Только что заглянул в палатку вице—унтер—офицер, проверил, по списку, внимательно на всех взглянул и ушел.

Унтер—офицерам и вице—унтер—офицерам запрещалось быть в одной квартире с солдатами, они должны были находиться поблизости и навещать спящих два раза в ночь.

Дмитриев, молодой бледный солдат, сказал:

---

[51] Сколько девочек! (фр.)

— Опять кошкодав ночью будить придет. И будит, и будит, войдет, выпялится...

Он лежал на шинели, которую раскатал у самого входа. Было очень душно.

Акульев, седой солдат, набивал трубку и сказал спокойно:

— Нет, он не придет больше...

Он затянулся, пустил дым в дверь, направил его рукой и повторил:

— Он больше теперь не придет...

И, глядя на товарищей с удовольствием, он пояснил:

— Он наглотавшись теперь.

Оборотясь к Берстелю, который уставился седыми усами в пол, он протянул кисет:

— Александр Карлыч, табачку не желательно? В Табризе три фунта за грош купил.

И Берстель взял табак и тоже стал курить.

Они были самые старые в палатке.

Акульев был разговорчив и спокоен. Разговорчивость перед сном солдатам еще приятнее, чем чтение романов в постели авторам. И солдаты ждали его разговоров. Отзыв о вице—унтер—офицере и отчасти предложение табаку было авторским вступлением. Но, разговаривая, Акульев всегда как бы обращался к Берстелю, а остальные слушали.

— Я этот табак за грош купил, — сказал Акульев, — когда мы на карауле у Аббаса—наследника стояли. Можно курить, Александр Карлыч?

— Ароматный табак, — сказал Берстель.

— Вот. А я его купил. Я стоял с Одинцовым да еще с двумя на карауле. Проходит человек. А если ночью там ходит человек, так это либо б..., либо вор. Так и есть. Нос срезан, и из—под шапки видно, что в ушах нехваток. А идет прямо на нас. Одинцов ему ружье показывает: проходи. Надо правду сказать, что воры у них — почище наших. Не говоря худого слова, подходит он и в руке показывает табак. Фунтов пять. Дает нюхать. Я ему на пальцах показываю: сколько? Он мне руку показывает, а на руке всего-то два пальца у него и осталось. Нету других у голубчика. Там ведь за воровство тоже и пальцы рубят. Ну, мол, показал два пальца — получай два гроша. Он сунуться пробовал, Одинцов приложился, для смеху. Видит — нас двое, он один, зубы оскалил, ушел.

— А скажи, дяденька, — сказал рябой солдат, Еремеев, — что с Одинцовым сталось, без вести он, что ли, пропал?

— Это через наиба Наумова, — отвечал Акульев. — Наиб Наумов ему записку прислал. Он — у Самсон Яковлича полковником, Наумов. Погляди—ка там, — он мигнул Еремееву.

Еремеев вышел тихонько.

Через минут пять он вернулся и махнул рукой:

— Ничего. Можно. Я До ветру ходил, он говорить не знает по-русски, здешний.

— Наиб Наумов большой человек у Самсона Яковлича. Его Самсон Яковлич в Тебриз спосылал с запиской, чтоб остаться в его царстве. Одинцов не передал. Одинцов и есть: он все любит один ходить. В последнюю ночь только со мной простился, говорит: не встретимся. Я его не стал корить. Человек идет на смерть, такого нельзя останавливать. Ну, одному ему и способнее было. Говорят, еще трое ушли, только не московцы, не наши, те — кавалергарды. И с других полков уходили, прапорщик один, солдаты. Человек двести будет. Один каптенармус, медаль, крест имел — ушел. На новую жизнь. Да.

Помолчали.

— Да, — сказал Кожевников, сухой и смуглый, бывший подпоручик, и сел на шинели, — а мы кресты себе выслужим, березовые.

Акульев махнул ему головой:

— И я так понимаю. Ничего не поделаешь.

— Чудно что-то, — сказал Дмитриев, — цельное русское царство в Персии?

— А что? — сказал Акульев. — А ты об Опоньском царстве не слыхал?

— Опоньское царство в Апонии, а русское, — сказал он твердо. — Туда при Петре раскольники ушли, и там есть десять городов русских: Апсков, Амченск, Орел, Кострома, Нижний Новгород, а главный город — Опоньская Москва. Опоньские люди их сильно уважают, они больше торгуют лесом и еще рыбой. Мне матрос рассказывал.

— А солдаты там есть? — спросил Еремеев.

— А на что им солдаты? Они никого не задирают, и их никто не обижает. Тебя им не нужно.

Берстель подумал. Потом выколотил трубку и сказал Акульеву:

— А ты сам как полагаешь, Акульев, может такое быть?

— Мне матрос сказывал, Александр Карлыч, а только я думаю, что если в Тегеране есть, в Тебризе, скажем, есть, так почему бы в Апонии не быть. Самсон-то Яковлич — человек, рукой не достать, а много ли мы про него в Петербурге слыхали? А какое царство устроил. Больше трех тысяч человек под ним ходит.

— А как это Самсон Яковлич произошел? Откуда он объявился? — спросил Дмитриев, который жадно слушал.

— Мне сказывали как, — сказал значительно Акульев. — Только уж спать пора.

— А ну, расскажи, Акульев, — сказали солдаты.

— Я могу рассказать, но только что сам я Самсона Яковлича не видал, дело давно было. Что тут рассказывать?

Он положил трубку в карман, стянул сапоги, посмотрел на товарищей, увидел, что никто не спит, набрал воздуху, выпустил и начал.

РАССКАЗ О САМСОНЕ ЯКОВЛИЧЕ

Самсон Яковлич был казачий сын. С пятнадцати годов его забрили. В драгунском полку, в Нижегородском служил. Под Ериванью мы дрались — они с левого фланга шли. Нижегородцы. Ну, это тридцать лет назад было, еще Павел Петрович в императорах был. Вы его и не помните. Ну, Александра Павлыча помните? Он на лошади прямо держался. А Павел Петрович — так назад откидывался. Перчаткой как махнет! Он строжее был, царствовал на троне — император! Он взыскивал. Ну, всего не переговорить.

Служба была — пустого времени не было. Все аккурат, волос в волос.

Начальство старалось, отличиться они хотели. Там очень сурьезное, скучное начальство было, в Нижегородском полку.

Генерал там был, чудно его звали, я позабыл... Грызенап. Грызенап ему фамилия. Немец, его все знали: Грызенап. Тоже строгий. Притязатель был. А потом был там один поручик, немец тоже, знаменитый человек, — прозвание: Розьёв—птица, или: Пунш.

Ну, и был он птица. Как кукушка: палатки своей не имел. Ей—богу. У знакомых ночевал. Кожаный картуз, бурка, нагайка — вот тебе и вся форма. Пунш, одно слово. Он на конном учении очень отличался, он был жадный на конное ученье.

Тут и манежная езда, тут и на корде без седла, тут и на седле без стремян.

Шереночное ученье.

Через барьер.

Через рвы.

Отдыху от конного ученья не было. Лошади, и те понимали: падали.

Розьёв—птица, он свой штраф выдумал.

Кто на ученье осечется, кричит:

— Конь!

Эскадрон на смотру фукнет: — Кони.

— Как прыгаете, кони? Чего, кони, смотрите? Я вас, кони, под суд.

Всем скучно стало коней слушать. Как что, так — конь.

Тогда была тоже война здесь, на Кавказе. С этими, с жителями воевали.

Самсону Яковличу было тогда двадцать пять лет, он уже вахмистр был. Начальник ему прямой был Розьёв—птица, начальствовал, а выше хоть тот же Грызенап. Он был очень сильный, могучий человек. Красавец был — волосы из кольца в кольцо. Казачий сын. Его уже в полку знали:

— Самсон Яковлич, Яковлев—де.

Вот раз остановился эскадрон у речки, а те, здешние, которые тогда воевали, на том берегу. И вот едет от них на переговоры ихний человек, от здешних, с того берегу. Главный ихний силач и стрелок. Если кто, значит, найдется, сразиться с ним пожелает, так нечего людей портить. Он победит — нижегородцам отступать, его — ихние сами уйдут. Теперь бы этого не допустили, теперь все равно всем драться надо, а тогда этот Розьёв—птица, показалось это ему, он шальной был, дал разрешение.

— А ну, говорит, кому, говорит, невесты не жаль?

Тут Самсон Яковлич подумал, помечтал, и потом:

— Дозвольте сразиться за весь эскадрон.

Вот этот узден слез с коня, а Самсон Яковлич тоже спешился. Вот они схватились. То этот гнет, а то тот. Нет победы.

Вот сели они опять на коней, разъехались, взяли пики, пустили лошадей. Ну, Самсон Яковлич его пикою проткнул насквозь, как шилом, тот узден и с седла слетел.

Самсон Яковлич был характерик, заговоренный. Его ни пуля, ни пика не брала.

Ихние на том берегу закричали, но здесь они болею частью честные, покричали—покричали и отступили за гору. По условию, была дадена передышка на день. Как сговорились.

Самсон Яковлич стоит, качается, у него кровь на лице, тоже не сладко и ему, но весь эскадрон освободил на день. Он был очень сильный, высокий тогда. Теперь он старик, но, говорят, и теперь шомпола вяжет. А тогда ему было двадцать пять лет.

Он стоит, он качается, он по сторонам смотрит. Смотрит он, где конь. Узденя. У этого узденя был очень хороший конь. А раз Самсон Яковлич победил — ему по закону полагается: оружие и конь.

На оружие—кинжал он не смотрит, он стоит, он качается, он во все стороны смотрит: где конь.

А конь не стоял на месте, он дикой, неученый, он не умеет танцевать. Он убежал.

А Розьёв—птица за ним. Розьёва—птицы нет нигде. Он тоже лошадей любил и все старался достать такую лошадь, чтоб сам Грызенап позавидовал.

Ну, Розьёв через час вернулся, догнал. Сидит уже на этом коне, на узденском, а своего в поводу ведет. А Самсон Яковлич стоит, ждет.

— Спасибо, говорит, вашесокородие, что моего коня догнали.

Розьёв—птица ему говорит:

— Эй, конь, ну куда тебе такой конь, бери моего. Посмотрел тут Самсон Яковлич на него, рассмехнулся маленько и тихим голосом говорит:

— Отдавай коня, ваше высокоблагородие, не то может случиться, я тебя пикой щекотну, и тогда будет стыд: как уздень ляжешь.

Тот саблей на него.

— Взять, говорит.

Ну, не взяли.

Потом два дня прошло, сражались, все было спокойно. В лагерь вернулись, тогда началось.

По-здешнему это Казик—чекмень, красный кафтан.

Поставили кобылу, всех выстроили, вывели Самсона Яковлича, скрутили руки. Розьёв—птица сам распоряжается.

— Эх, — говорит Самсон Яковлич, — кобылка стоялая, вывози меня.

— Эх, — говорит ему Розьёв—птица, — эх, конь, не вывезет тебя кобылка.

Все-таки вывезла кобылка. Он после две недели лежал, потом поднялся. Конь под Розьёвым, под птицей ходит. Ничего.

Потом Самсону Яковличу скучно стало. Прокрался он в стойло и вспорол коню груди. Ни ему, ни Розьёву.

Убежал он оттуда. Бежал в Азов, из Азова в Царьград. Ему не показалось у турок. В Ширванском царстве тогда один индеец большие откупа держал. Рыбные. Оно еще вольное было тогда, Ширванское царство. Вот он туда подался. Ловил рыбу—шемаю в шелковую сетку. Потом сам от себя ловить стал. Разбогател. Такой денежный стал, страх — пьет, гуляет. Вот он богат, а все ему скучно. Вернулся он в Росейское государство. Бродит по Кавказу. (Он своего полка искал.) Напал на след, стал кружить. (Хотелось ему товарищей повидать, не забыл, видишь.) Он волосы отрастил, бороду. Объявился. Сначала его не признали. Потом поговорили товарищи, решили сто человек с ним уйти. По десяткам уходили, а потом вместе собрались. Стали они к границе подходить, к Джульфинской заставе — как людям перейти, когда их по лесам ловят? Ну, Самсон Яковлич опять их по десяткам разбил. Всем велел растить волосы и бороды, святых наколоть на руках. Вот как у меня — порохом крест наколот. Раздобыл рясы им, клобуки. А у заставы армяне промышляют билетами. Хоть ты солдат, хоть ты купец, могут выправить билет, что ты грек, священник грецкой или там монах и что тебе в Ерусалим хочется пройтись, к гробу приложиться. К гробу так к гробу. Вот он их монахами и провел. Они с собой русскую землю в платках унесли. Обнялись, как вышли за русскую землю, заплакали. Тут Самсон Яковлич маленько заробел, после оправился, велел песни петь. Как они пели песню, так и думали, что дома еще. Замолчат — видят, что чужое.

С тех пор нигде так песен не поют, как у Самсона Яковлича. Драгуны всегда хорошие песельники.

Скоро он шаху объявился. Поехал это шах гулять, видит — идет по улице незнакомый человек. Шах сейчас свои кареты останавливает, подзывает Самсона Яковлича.

— Кто вы, говорит, такой будете, чей и откудова? Вы мне незнакомый.

А Самсон Яковлич так спокойно отвечает, что я родился на Москве и вырос в Петербурге, где был и что делал, долго рассказывать, а сейчас я из Макинского царства, и, выходит, макинец. И что военную службу он довольно знает. Я, говорит, казачий сын.

Очень он шаху показался, и велел ему шах садиться к нему в золотые кареты. Там его с собой и повез.

Стал Самсон Яковлич — Макинцев. У них еще только войско заводили, возьмут, бывало, нищего или опять того же лота, сунут ему ружье в руки, вот и солдат. Из—под пушек гоняй лягушек. Стал Самсон Яковлич батальон складывать. Наши пленные там жили, все как есть поступили. Стали они гренадерами. Багадераны. По-тамошнему значит: богатыри. Стали отличаться. Теперь под ним три тысячи человек ходит.

Завел Самсон Яковлич резерв. Все в полном порядке, готовности. Который солдат хочет жениться, Самсон Яковлич не притязал. Селили, давали землю. Теперь у них есть бабы, живут домами. Там очень хорошие бабы, хоть и не видные, но тихие.

Ну, говорили потом, что будто после дочка шахская к Самсону Яковличу ходила. Что было будто у них это дело, как говорится, тень—тень да каждый день. Пока шах не дознался. Но только я этому не верю. И будто Самсону Яковличу шах-то ничего не сделал, а дочку в яму посадил. Конечно, все может быть.

А теперь Самсон Яковлич — Самсон—хан, шахская гвардия. Шах с ним каждый день разговаривает. (Там заведение такое.) Есть там наибы. Главный наиб — Боршов.

Самсон Яковлич там другой раз женился, это уж после этой дочки шахской. У него уж у самого дочки большие. А здесь у него осталась любовь, одна казачка, видная женщина, здоровая, белая. Она его в лесах кормила, поила. У нее сын от него остался. А там бабы невидные, черненькие.

А казачку есть наказ из Петербурга стеречь. Ей ни шагу нельзя податься.

Самсон Яковлич через это поседел. Тоскует по казачке. Теперь до него рукой не достанешь. Главный генерал персидской службы гренадерского корпусу. Нашему командиру до него как до синего неба. А бывает, ночами запрется, водку пьет. К нему тогда не входят. Он плачет тогда. Тогда его сам шах боится.

— Где, говорит, моя сторона? Где, говорит, моя сударыня, моя белолицая?

В платке не много земли унесешь.

Уже ночь побелела.

Уже белая палатка казалась снаружи одушевленным, но давно умершим существом.

Все спали.

Кожевников повернулся на своей шинели и глухо шепнул Берстелю:

— Вы не спите?

— Не спится мне, Нил Петрович.

— Как вам понравилось Опоньское царство? А Самсон—богатырь?

— Мне оно понравилось, Нил Петрович.

— У нас вкусы разные.

— Ранее, когда конфирмацию объявляли, — сказал Берстель, — я подумал: помилуй бог, в солдаты без выслуги. Это что? Это яма, это конец. Но конец вот не настал. Я доволен.

Кожевников вдруг сел.

— Я вас понять не могу, Александр Карлович. Очень почтенно все, что вы говорите. Но неужели цель существования — маршировать, говорить об Опоньском царстве, спать на земле?

— Вы молоды, Нил Петрович. Вы еще выслужитесь, даст бог. Мне же терять всего десять остальных лет. Вспомните, что друзья наши все в таком же и более тягостном положении.

— Но ведь, Александр Карлович, вы только по дружбе с Пестелем платитесь. Вы только "прикосновенный". И человека ваших лет, вашего состояния ввергнуть вдруг в это поругание. Вы что же, справедливым это находите?

— А что же делать прикажете, Нил Петрович? В молодости и я полагал, что достаточно ответить по-логически. Существует несправедливость. Ergo[52], она должна быть устранена. Но ответы ума не так сильны, как кажется. После Павла Ивановича в России не так много ума осталось. Надобно и это понять.

— А парады, — покачивался Кожевников, обняв ногу, — а помои красноречия? Не всем друзьям тяжело, Александр Карлович. Вы говорили о друзьях. А кто с террасы на нас смотрел? В позлащенном мундире?

— А кто? — спросил Берстель. — Чиновники.

— Нет—с, не чиновники только. Там наш учитель стоял. Идол наш. Наш Самсон—богатырь. Я до сей поры один листочек из комедии его храню. Уцелел. А теперь я сей листок порву и на цигарки раскурю. Грибоедов Александр Сергеевич на нас с террасы взирал.

> Когда в душе твоей сам бог возбудит жар
> К искусствам творческим, высоким и прекрасным.
> Они тотчас: разбой, пожар.
> И прослывешь у них мечтателем! Опасным!
> Мундир! Один мундир!

---

[52] Следовательно (лат.).

Он проговорил стихи шепотом, с жаром и отвращением. И вдруг лег на шинель и добавил почти спокойно:

— А впрочем, он дойдет до степеней известных — Ведь нынче любят бессловесных.

Берстель усмехнулся.

Кожевников скосил на него глаза и прищурился:

— Я вам, видно, смешон кажусь, Александр Карлович?

Его передернуло.

— Вовсе нет, Нил Петрович, я молодость всегда люблю. Но я комедию господина Грибоедова вовсе не так уж высоко ставлю.

Кожевников смотрел во все глаза на пятно, которым была в полутьме голова Берстеля.

— Я полагаю, что Чацкой напрасно все это на балу говорит. На балу люди танцуют, и он истинно неуместен со своей проповедью. Он ведь тоже в бальном наряде. И притом им движет уязвленное самолюбие.

— Но ведь это же лишь внешность, Александр Карлович, — сказал удивленный Кожевников.

— Нет, полагаю, не только внешность. Мундир, говорите вы. Так мундир та же внешность. Вы ведь на него разгневались, Нил Петрович, более из-за позлащенного мундира, а не только почему он стоял на террасе.

— Я не понимаю вас, Александр Карлович. — Кожевников действительно не понимал.

— Я только говорю, что если вы Чацкого по бальному наряду не судите, так зачем вы его автора судите по позлащенному мундиру?

Берстель закрыл глаза.

— А как вы сами судите, Александр Карлович? — робко спросил, глядя на старое, серое пятно Берстеля, Кожевников.

— Я так сужу, Нил Петрович, — отвечал, не открывая глаз, Берстель, — что, не зная господина Грибоедова близко, я о нем по справедливости и судить не могу. А теперь нам нужно спать, потому что скоро пробьют зорю.

И Кожевников скоро заснул, глубоко и спокойно.

Берстель же кряхтел, ему не спалось, он выкурил еще одну трубку, потом долго смотрел на серое полотно палатки, и она казалась ему парусом на корабле, и корабль останавливался, и снова плыл, и опять останавливался, и так без конца. И все складывалось в знакомую и давно забытую латынь, похожую на монашескую молитву:

O navis! Referent in mare te novi Fluctus. O quid agis! fortiter occupa Portum[53].

Потом корабль остановился. Берстель заснул.

17

В это утро суворовским маршем через лесистые горы шли к Ахалкалакам войска. И с ними шел начальник траншей, полковник Иван Григорьевич Бурцев.

---

53 О корабль! Вновь несут тебя в море новые бури,
О, что ты делаешь! Смело занимай гавани (лат.).

В это утро проснулся желтый, как лимон, Родофиникин и плюнул в плевательницу. Секретарь, изведя деньги, доносил из Тифлиса: дела Кастелласа превосходны, и он фабрик не продает. Сведения Грибоедова оказались ложны.

В это утро Абуль—Касим—хан сидел над донесением Аббасу—Мирзе.

В это утро Нина проснулась в маленькой комнате.

Сашка в это утро проснулся не в своей комнате, а в девичьей.

В это утро приехал в Тифлис доктор Макниль.

Грибоедов долго спал в это утро.

ГЛАВА ПЯТАЯ

1

Фаддей с утра засел в Летнем саду. Он чувствовал себя очень приличным. На нем был новый сюртук, и он купил в лавке очки. Газета шла, журнал шел, он отдыхал сейчас в Летнем саду, все было в порядке.

Он чувствовал себя толстым, потому что новый сюртук был в обтяжку. И независимо поглядывал на статуи, как на молодых людей из другого, легкого и нисколько не мешающего ведомства.

— Эк, какой... Катилина, — отнесся он к одному мраморному юноше. Посмотрел на зеленые листья, просвечивающие на солнце, снисходительно, но не очень внимательно.

Ему хотелось сказать не то статуям, не то даже листьям:

— Эх—хе—хе. Так-то вот, молодые люди.

И очень хотелось, чтобы встретился какой-нибудь молодой литератор, совсем юнец, птенец, и подумал бы: Булгарин отдыхает, и он его сначала не заметит, когда тот скинет картуз, а потом подзовет и поздоровается и скажет:

— Э—хе—хе. Так-то вот, молодой человек. Гуляете?

Потом разговор перекинулся бы на последний бал у князя Юсупова, или, может быть, на заседание Общества любителей российской словесности, или на моды, и он сказал бы что-нибудь такое:

— Фамильяриться со старшими (или: со стариками, или: с портными) смерть не люблю и гнушаюсь всяким фанфаронством.

С утра уже, когда он надел новый сюртук в обтяжку, это навертывалось: фамильяриться не люблю, и потом о фанфаронстве, что он гнушается всяким фанфаронством. Это как-то сказалось уже утром, в Третьем отделении, куда он отнес большую и хорошо сработанную статью: "О направлении повременной литературы и литераторов", и теперь хотелось повторить это в более светском кругу, на вольном воздухе.

Потом бы он похлопал по колену молодого литератора и т. д.

Пока же он любовался безмолвной дракой двух мальчишек, которые, вдали от глаза сторожа, дрались в углу аллейки вовсю, пыхтели, обняв друг друга, но молчаливо — так, чтобы сторож не заметил. Оба проникли в сад незаконно.

Один уже пошатывался, и сопли были у него размазаны, а другой терпеливо мял ему нос.

"Так его, так его, притирай ему персону, моську", — мысленно кивал Фаддей побеждающему.

Он любил детские нравы.

Было лето, и, следственно, мог случайно забрести отдыхающий на даче человек, приехавший за покупками в город, и подумать: Булгарин отдыхает.

Он был счастлив, потому что гнушался фанфаронством.

Мог в Летний сад зайти даже градской голова, с которым он знаком.

Или произойти, наконец, высочайший анекдот: великий князь или царица пройдет по аллее, подумает: Булгарин отдыхает, а он ему или ей скажет:

— Ваше величество — или ваше высочество, — фамильяриться со старшими не привык и гнушаюсь фанфаронством, которое не чтит ни лет, ни заслуг, ни звания.

Тут на пороге показался человек с покупками. Он был малый и круглый, в белом жилете.

"Аполлон Александрович", — подумал Фаддей об одном пожилом литераторе.

Приближались ноги, они были кривые.

"Михаил Николаевич, — подумал Фаддей, из цензуры. Вот занесла нелегкая".

Черные усы двигались, как у таракана.

— Константин Константинович, ваше превосходительство, — произнес Фаддей с недоумением.

Родофиникин с покупками опустился на скамью.

— Отдыхаете? — спросил он у Фаддея, но не так, как этого хотелось бы.

— Устал очень за зиму, — огорчился Фаддей.

— Дела литературные?

— Я делами литературными, ваше превосходительство, прямо скажу, — сказал Фаддей с внезапным отвращением, — занимаюсь более из выгод коммерческих.

— Эх, господа литераторы, господа литераторы. Писем от господина Грибоедова не получали?

— Нет еще.

— Разумеется. И мы также. Ох, эти поэты.

— Фамильяриться со старшими не терплю, — сказал сдавленным голосом Фаддей, — и гнушаюсь фанфаронством, но уж если ваше превосходительство недовольны моим другом, то я не могу играть роли серальского немого и никогда не стану вести себя как кариатид. Позвольте узнать, почтеннейший Константин Константинович, в чем заключаются поводы для такого отзыва?

Грек был несколько ошарашен кариатидой.

— В чем? — спросил он желчно. — А в том, что я всегда был противником назначения чиновников молодых и пылких, а тем паче поэтов, на посты, от коих зависит участь государства. Все это зыбко... и подлинные намерения неизвестны.

— С моим образом мыслей я никогда не скрываюсь, — сказал Фаддей, — не скрывался и до гробовой доски скрываться не стану по моему характеру. Если бы мне нравился образ правления Северо—Американских Соединенных Штатов, то, не обинуясь, я поехал бы в Америку и поселился в ней. Поэтому, может быть, ваше превосходительство сообщит, где здесь зыбкость и в чем, по вашему мнению, подлинные намерения Александра Сергеевича?

Про Северо—Американские Соединенные Штаты у Фаддея сказалось так, из нелюбви к фамильярности, но грек даже насторожился.

— А я скажу, почтеннейший Фаддей Бенедиктович. А я скажу, в чем. Я все знаю. Не беспокойтесь — у нас есть частные известия, хотя Александр Сергеевич и не соизволил нам написать ни строки. Он более занят нежными сердечными делами, нежели служебными. Это первый пункт. На службу в Персию словно и не собирается. Что контрибуция не платится, — так на это плевать; что войско в Урмии и Хое остается, а у графа сил нет с турками воевать, — так на это плевать еще более; что, может быть, если б не этот месяц, в тифлисских воздухах проведенный с пиитическими намерениями, так Аббас—Мирза давно бы воссоединился, может быть, с графом противу турок, — так на это плевать трижды...

Тут уж Фаддей был ошарашен.

— Я не умею играть роли лакея, — отвечал он, — я не кариатид и не Катилина, и позвольте вам, ваше превосходительство, дать понять, что я не в темя бит и превосходно знаю смысл русской пословицы: кошку бьют, а невестке намеки дают...

— Те—те—те, — желчно прервал грек, — вы изволили упомянуть и о Северо—Американских Соединенных Штатах, и даже о Катилине, и я вижу, что вы имеете, может быть, дальнейшее понятие о том, что я считаю за намерения чисто пиитические...

Фаддей остолбенел. Объяснить чиновнику Американские Штаты, кариатид и Катилину утром и вдохновением — что было бы только чистой правдой — было трудно.

— Язык мой — враг мой, — сказал он добродушно, и его глаза заплыли слезами, — для литературного оборота, ваше превосходительство, случается приплести не то что Каталину, но и родного отца. Это я так, ни с села ни с города сказал. Готов пасть на колени и подтвердить крестным знамением.

— Ох уж эти мне литераторы, ох уж эти мне поэты, — сказал грек и опять превратился в отдыхающего с покупками немолодого человека. — А мы расхлебывай, мы расхлебывай.

— Убей меня бог, ваше превосходительство, — сказал Фаддей, вдруг прикоснувшись ко лбу, — не помню, послали ли вам уже последнего "Сына отечества" и получаете ли исправно "Пчелу"?

— Получаю, благодарствуйте, — ответил грек вяло и как бы смирившись. — Могу сообщить вам для газеты список подарков, отправляемых шаху персидскому, в Баку или в Решт, еще не решено, так как мнение об этом господина Грибоедова решительно неизвестно.

И Фаддей тут же вытащил большой карандаш и маленькую книжечку и стал записывать так тщательно, что ему говорил грек, как будто это были слова присяги.

— Имя ваше, почтеннейший Константин Константинович, можно упомянуть? — спросил он.

— Не нужно, — ответил грек. — А Александру Сергеевичу мы достанем такое высочайшее именное повеленьице — тифлисские воздухи покинуть.

Когда он скрылся за поворотом, Фаддей вырвал исписанный листок, с отвращением скомкал его, точно хотел тотчас швырнуть, и положил в карман. Он харкнул во всю мочь на дорожку и испуганно поглядел — ушел ли грек.

Потом горестно всплеснул руками и побежал домой писать письмо Грибоедову.

На углу он наткнулся на давешних мальчишек. Они опять безмолвно сцепились и пыхтели, и старший терпеливо мял младшему нос. Фаддей схватил их за шивороты.

— Если вы, пострелы, дикари, низкие твари, не уберетесь к черту на кулички, я городового кликну.

— Городово—ой!

2

ОТРЫВКИ ИЗ ЗАПИСЕЙ ДОКТОРА АДЕЛУНГА

1. Ресторация под названием "Прекрасный вид Кавказа". Нравы. Обращение на четырех языках: "Играете?", нем., фр. и грузинск. Г. Севиньи, выигрывающий крупную сумму денег, в сониках и на пароли. Я сел за стол. Проигрыш. Хладнокровие. Наблюдение за понтерной колодой: перстень с острым бриллиантом. Прокалывает две карты.

— Я более не играю.

— Почему?

— Потому что боюсь уколоться.

Смешное зрелище: человек, называющий себя маркизом, есть шулер.

2. Aquae distillatae
Menthol
Alcohol
Balsami capanini Syropi capillorum
Veneris
Aquae florum auranciori
Spiritus nitri dulcis
Faeti
Misce[54].

3. Comme les mots changent des notions[55]. А. С. Г. в разговоре со слугою Александром — слово: скот. Разъяснил ему историю сего слова. Словарь Дюканжа — scot, scottum означает деньги, подать, побор (англо—саксонское наречие). Rome — scot — подарок денежный папе. Ср. pecuniae — деньги — pecus — скот по-латыни. Смех.

— Следовательно, Аббасов трон тоже скот?

— Разумеется. Не то скот, что скотина, но то скот, что деньги и дань.

— Но тогда, доктор, и все мы скоты.

— Не прекословлю.

4. Зван к больному. Не отказался, но без гонорария. Большое развитие любострастных болезней среди чиновников, передающееся туземному женскому населению. NB. Проверить, не обратное ли, что было бы всего любопытнее.

5. Июля 11—го. Задержка в жаловании.
Ночные туфли кавказские 3р. сер.
Табак бестаможенный 1р. сер.
Чубук 3р. сер.
На плоды ежедневно 10 к. сер.

---

54 Надпись на рецепте (лат., мед.).

55 Как слова меняют смысл (фр.).

6. Приглашение к ген.—губ. Сип. Конфиденциально. Интерес к животному магнетизму. Рак на хвосте. Стоял 1/2 минуты. Мой смех от фигуры рака. "Сила духа". Я: "В. пр—во уверены в том, что у рака есть столь сильный дух?" Система ускользнула у Шеллинга, а русские генералы ныне занимаются магнетизмом. Каково?! После рака вопрос медицинский, о мужской силе. Мой совет.

7. +54№. Толстота на востоке как первое достоинство женское. Общее любострастие тифлисское, нет ли причин в испарениях почвы? Или влияния солнца? Симпатия худых к толстым. А. С. Г. и jeune personne Daschinka[56]. Был в привратном доме разврата. Более наблюдал.

NB. Необходимость введения maisons de tolerance[57] под лекарским надзором по образцу государств европейских.

8. Июля 20—го. Задержка в жалованьи. Объяснение с А. С. Г.

9. Открыл, что за А. С. Г. тайное наблюдение. Маркиз С., игрок. Если за министром наблюдение, кто наблюдает за наблюдателем? Организм государства как нерв наблюдения: не следят, следственно, лишь за вершиною. Не сообщил пока. Любопытно, что будет.

10. Письмо от Паррота. Готовится к экспедиции. Цель: восхождение на Арарат. Преимущество простых целей над неясными. Одинакая бесполезность обеих.

11. Опыт характера А. С. Г. Начать с простых движений, постепенно переходя к высшему (по Лафатеру). Шевеление пальцами, признак неуверенности. Снимает с рукава механически как бы пылинки. Легкая походка при длинных ступнях — признак неуравновешенности. Откидывание корпуса назад при беседе и, напротив, приближение носа к собеседнику. Плавность речи с несоответствующим выражением лица. Неопределительная сосредоточенность взгляда. Заключение, по Лафатеру: преступность!.. Ср. снимание пылинок с движениями леди Макбет, как бы моющей руку. Все же Лафатер должен в этом случае ошибиться.

12. Быстрый рост трактиров — признак растущей цивилизованности. Предпочесть ли естественное состояние?

13. Разговор с А. С. Г.

— Доктор, вы не похожи на немца. Это меня радует. Прошу прощения и пр. Я люблю русских, люблю свое отечество и пр.

— В. пр—во, я в этом не сомневался.

14. Замечаю, что во время войны люди, не подверженные военным опасностям и вдалеке, очень много говорят и испытывают как бы некоторое удовольствие опьянения. Лукреций: "Я со сладострастием взирал, стоя на безопасном берегу, на пловцов, кои гибнут в открытом море". Inde[58] — патриотизм и красноречие.

15. Из Индии в Турцию принесена новая зараза — колера морбус, происхождение и течение неизвестно + существующая уже чума.

16. Слышал в трактире любопытный анекдот о способе казней при генерале Ермолове. Повесили муллу в виду всего города за ноги. Сей был оставлен для позорища народу. Полагая, что казним за разноверие,

---

[56] Молодая особа Дашенька (фр.).
[57] Домов терпимости (фр.).
[58] Отсюда (лат.).

обещался есть свинину. К концу полудня лишился зрения и, раскачавшись, ухватился руками за перекладину, сел на оную. Был стащен.

По докладу генералу Ермолову был повешен наконец за горло.

Рассказчик — грузинский чиновник. "Еще многое увидим".

Ныне вешают за горло.

17. Жалованье выплачено. А. С. Г. молчит о дальнейшем движении. Остановка в Тифлисе долговременая. Причины неизвестны. La jeune personne Daschinka? Впрочем, мне нет до сего дела. Имел столкновение с М[альцовым]. Слуга Александр — развратный молодой человек, коего не то что везти в Персию, но должно бы выгнать из дому тотчас же. Причины расположения А. С. Г. непонятны. Едва ли не самое неприличие слуги и вздорный его характер.

18. Был утром в немецкой колонии. Составлена par exellence[59] из сектаторов города Виртемберга. Живут 14 лет. Помнят отечество, но привыкли. Был угощен добрым немецким пивом. Любопытный анекдот. В одном доме находилась молодая девица лет 19, которая, быв похищена, бежала из персидского плена при помощи родственников. Пасмурный вид, в семействе чужая. С негодованием отвергает скудный достаток и со слезами вспоминает жизнь в гареме. Дика.

19. Писем из С.—Петербурга нет. Господин маркиз весьма услужлив, подарил кинжал, впрочем не имеющий цены. Нужно полагать, что желает выведать об А. С. Г.

— Как жаль, что вы не играете в карты, доктор.

— Я играю, но с болваном.

20. Графиня и Maltzoff. Порча нравов, как во времена маркизов, но более тайно. Крайне слаб в философических науках, не мнит (?) и слывет философом. Чуть ли не считает меня за лицо комическое.

21. Слух, что выезжаем на военный театр к шефу. Сожалею о согласии. Подвержен нервическому страху выстрелов. Спросил о петербургских словах: "несуществующее государство". — Ответ: Оно скоро, м. б., осуществится.

Дружба и занятие А. С. с губернатором, г. Завилейским. Слуга Александр был открыт в девичьей комнате, где имел обыкновение ночевать, и, по просьбе графини, высечен, но, по просьбе А. С., — слегка.

22. А. С. играл вальс собственного сочинения.

Я сказал о музыке как об искусстве непонятном, но действующем на организм.

Возражение А. С.:

— Я от музыки, как от женщины, требую изящности и легкости. Поэзия — дело другое.

Указал ему на счастливую фигурацию: сами пальцы набрели на нее, не вымышлена, но случилась в пальцах. Повторение в параллельном мажоре доказывает руку опытную, драматическую.

Но presto![60] presto в средней части! В вальсе! Верх внезапности! Прыжок! варварство!

Слушал внимательно. Отнесся:

---

[59] По преимуществу (фр.).

[60] Быстро (ит., муз. термин).

— Почему при ваших многообразных сведениях вы остаетесь неизвестны, мой милый доктор?

— Затем что их много.

Улыбка и потом некоторое недовольство.

— Доктор, вы не понимаете: я люблю дорогу, серые шинели, простую дорогу. А вечером — тепло и танцы.

К чему сказано, точно не понимаю.

Четвертый день ходит в туземном кафтане. Жалоба на болезненность дыхания. Предписал холодные водяные обтирания.

23. Получил письмо из СПб. Жаркое лето и множество театральных развлечений. А. С. в разговоре о Персии: "мое политическое изгнание". 100 р. сер. + прежде бывших 150 = 250. Теплота изгоняется теплотой: объяснение бараньих шапок у туземцев. Много смеялся уличной драке двух старцев.

24. Сказано А. С. о маркизе С.

Побледнел, сжал губы, сделался страшен и как бы в беспамятстве от бешенства. Через полчаса — музыка, смех, читал на память стихотворения.

3

Ему нравилась возможность выбора и безусловное покорство Нины.

Он смотрел на Дашеньку и на Нину, сравнивал их, и доступность обеих, о которой никто, кроме него, не знал, успокаивала его. Нина взмахивала ресницами на малейший его взгляд и тотчас же беспрекословно шла играть с ним на фортепьяно. Все подготовительные периоды кончились, и ему нравилось еще и еще оттягивать их. Ему нравилось, что доктор Аделунг с тревогою посматривал на него, а Мальцов, как неопытный, был доволен, словно он получил назначение не в Персию, а в Тифлис — к Елизе. В этом странном состо—янии, на внезапной, непонятной для самого себя, тифлисской остановке, он часами просиживал над фортепьяно, словно старался извлечь из клавиатуры нечто совершенно ясное, решительное, рассеянно глядел на Дашеньку — и ужасал Прасковью Николаевну.

Вдруг он, все так же свободно и легко, помурлычет на фортепьяно и скажет ей: — Я хочу поговорить с вами, — и поговорит... о Дашеньке, а не о Нине, из одной рассеянности.

Ей уже нечто подобное снилось.

Завилейский писал, писал — и, когда встречался с Грибоедовым и пробовал говорить о проекте, Грибоедов говорил, даже как бы сочувствуя:

— Это очень любопытно.

Он был вежлив невыносимо.

4

Вечером он вышел из ахвердовского дома.

Прямо под ногами, внизу, на плоской кровле, двигались тени — плясали женщины под глухое подземное ржанье барабана — доли. Он оглянулся.

К забору, прямо против Нининой светелки, прижалась какая-то тень. Грибоедов рассмотрел пышный галстук. Молодой асессор смотрел на Нинино окно.

Грибоедов рассердился. Он хотел подойти к асессору и прогнать его, сказать, что это неприлично. Асессор его не замечал. Но, увидев асессорово лицо, Грибоедов остановился. Это было человеческое лицо невысокого пошиба, с усиками и баками, но оно так тянулось к свету в окошке, так забыло о самом себе, что Грибоедов сам стал смотреть в Нинино окошко. Там мелькали иногда: лоб, волосы, видны были движущиеся руки, но всего лица, всей фигуры не было видно. Нина в окно не посмотрела ни разу, она была чем-то занята.

То, что было в комнате, внутри, простою фразою: "Подай мне, Дашенька, ту книгу" или: "Мне надоело, Дашенька, мое платье", — то здесь, в обрывках и со стороны, получало особое значение.

И, глядя на полуоткрытый рот асессора, он догадался, что Нина необыкновенно хороша. Он знал об этом. Теперь он это понял. Барабан внизу бил глухо, безостановочно.

Он стоял как вкопанный.

Какой вздор Дашенька.

Только Нина существует.

5

Терем злат, а в нем душа—девица,
Красота, княжая дочь.
Грибоедов

Утром доктор Аделунг сказал ему о маркизе Севиньи, что заметил, как маркиз и один неизвестный ему чиновник, с которым доктор встретился у господ Кастеллас, следят за ним.

В час дня прибыла почта и привезла письмо от Фаддея. Фаддей писал о гневе Родофиникина.

В два часа дня он был у Завилейского, заставил прочесть весь доклад, сам написал две последние страницы и все исправил. Тут же Завилейский отдал писарю переписать доклад в трех списках. В три часа дня Сашка на базаре покупал верховых и вьючных лошадей. Он долго смотрел им в зубы, потом давал пинка лошадям в живот и так туманно, оголтело смотрел в жадные черные глаза продавцов, что они смущались и немного сбавляли цену. К общему удивлению, Сашка купил лошадей довольно сходно и удачно. Только две клячи оказались из рук вон плохи. Сашка взял их за карабахских жеребцов.

В три часа Грибоедов послал депешу графу Эриванскому с просьбой дать способы к нему пробраться и, вызвав Мальцева и Аделунга, сказал им собираться назавтра.

В четыре часа он был у Прасковьи Николаевны. Он был неузнаваем.

Севиньи сидел с Дашенькой, и один глаз его остановился, когда он увидел Грибоедова. У Дашеньки было выражение девушки, знающей, что ее любят.

— Маркиз, известно ли вам, что старшая ветвь Севиньи, от коей вы происходите, прекратила свое существование?

Севиньи осклабился.

— С каких пор, Александр Сергеевич?

— С сегодняшнего дня.

— Я не понимаю, — пробормотал маркиз.

— Дашенька, друг мой, оставьте нас. Итак, маркиз...

Севиньи стал вставать перед грузинским чекменем.

— Первый вопрос, обращенный к вам: что вы скажете о Греции, вашей родине? Например, о Морее, славящейся продуктами бакалейными?..

— Я не понимаю, — бормотал Севиньи с остановившимся глазом.

— Безо всякого сомнения. Вопрос второй: сколько получаете вы за сведения о том, что я занимаюсь картежною игрою и состою в компании шулеров?

— Третий вопрос: кто вас бил в ресторации Матасси?

Слышно было, как белые фальшивые зубы били дробь.

— И четвертый вопрос: когда вы думаете покинуть этот дом навсегда?

Тут грек стал оседать, подаваться назад и сел бы снова в кресла, но Грибоедов двумя пальцами, почти не прикоснувшись, как бы схватил его за шиворот, и грек не смог сесть в кресла.

Потом Грибоедов быстро отбежал к двери и распахнул ее.

Медленно, с трудом, почти торжественно грек проходил в дверь.

Грибоедов следил глазами за ним — от кресел к двери.

На пороге грек мотнулся. Он стал вытаскивать что-то из кармана — верно, карточку, — нашел ее и протянул Грибоедову, как нищий протягивает прошение. Двумя пальцами взял Грибоедов эту карточку и пальцами же не сгибая руки, сунул греку в карман.

— Прошу.

Дверь захлопнулась.

Прасковья Николаевна выбежала, смотрела, не знала, что случилось.

Грибоедов смеялся.

— Я подвергнул его остракизму...

Она схватила его за рукав и пробормотала:

— Александр, Александр... Пойти к Дашеньке.

Грибоедов остался один.

Этот дом был его домом.

И обед, утихомиривающий все потери и все радости, потому что люди, теряющие родных и приобретающие их, все-таки обедают, — этот обед ничего не изменил.

Он смотрел на заплаканную Дашеньку, которая плакала из-за него, и ему хотелось прижать ее, растрепать ей волосы, почти по-отцовски.

Прасковья Николаевна, почему-то радостная, много говорила, но не о новостях, не о Сипягине, а о том, что было перед глазами, — о цветах на столе, и потом о своих рисунках — она рисовала, — что цветы ей не удаются, роза не удается, оттенка неуловима.

Предстояла встреча с Паскевичем, путь обходом через чуму, будущее государство.

А здесь был его дом.

И тут впервые он осмелился посмотреть на Нину. Она смотрела на него испуганная, она оседала перед ним, почти как грек, опускалась перед ним, тяжелая, со ртом, который вдруг стал большим и раскрылся. Она была похожа на Леночку. И вместе с тем — она была и давешним комнатным, асессоровым виденьем.

Выходили из-за стола.

Грибоедов взял ее за руку и сказал просто:

— Venez avec moi, j'ai quelque chose a vous dire[61].

— Что?

Дальний отголосок грузинской речи был в русском слове. Она послушалась его, как всегда. Он пойдет, усадит ее за фортепьяно. Он будет ее учить.

Он пошел с ней через сад, ничего не говоря, словно никем не видимый. Оба они вдруг и сразу уклонились к ее дому, к дому князей Чавчавадзе. Они взошли в комнату.

И дальше идти было некуда.

Нина заплакала беззвучно, слезы стали течь из тяжелых круглых глаз, она засмеялась.

6

Их благословили. Потом, вечером, княгиня и Прасковья Николаевна долго сидели на крыльце и говорили тихо, очень тихо, опустошенные и уставшие, словно это они опять выходили замуж, или как будто умер в доме человек и начиналась непонятная радость последних одеваний.

В темном закутке, на окошке сидели Грибоедов и Нина, и он повис у нее на губах.

Они сидели час, и два, сидели всю ночь. Он учил ее целоваться, как раньше учил музыке, и тут тоже был тот же иноземный, детский отголосок, что в ее речи, что в ее игре.

7

Перед отъездом он сел и своим косым почерком, очень свободно, написал письмо Родофиникину.

"Милый Финик, — хотел он ему написать, — пикуло—человекуло, финикуло, я вас знаю, мать вашу дерикуло, и плюю, милейшая букашка, на вас и на вашего сына. Желаю тебе, Финик, заболеть чумою, выздороветь и помнить преданность беспредельную Александра Грибоедова".

Вместо того он написал:

"Ваше превосходительство. Покорно благодарю за содействие ваше к отправлению вещей моих в Астрахань. Но как же мне будет с посудою и проч. ? Нельзя же до Тейрана ничего не есть. Здесь я в доме графа все имею,

---

61 Пойдемте со мной, мне нужно вам нечто сказать (фр.).

а дорогою не знаю, в чем попотчевать кофеем и чаем добрых людей?.. Теперь поспешаю в чумную область.

("Не хотите ли и вы...")

По словам Булгарина, вы, почтеннейший Константин Константинович, хотите мне достать именное повеление, чтобы ни минуты не медлить в Тифлисе. Но ради бога, не натягивайте струн моей природной пылкости и усердия, чтобы не лопнули.

("А не то неприятностей от Паскевича не оберетесь".)

Примите уверения в непритворном чувстве...

("Каком?")

... уважения и преданности беспредельной.

Вашего превосходительства.

("пикула—человекула")

всепокорнейший слуга А. Грибоедов".

И — на коня.

8

РАЗГОВОРЫ ГЕНЕРАЛА СИПЯГИНА ВЕЧЕРОМ ТОГО ЖЕ ДНЯ ЗА БУТЫЛКОЮ ВИНА С ПРИЯТЕЛЕМ ПОЛКОВНИКОМ

Я человек без предрассудков. Я — тактик. Я — стратег. Вот кто я.

Из областей военного красноречия я, например, какую предпочел? Стратегическую: просто фигуры страстей. Восклицание и возглашение — это вот фигуры. "Россияне, россияне, Петра Великого забыли!" — или: "Что, например, видим, что делаем? — Петра Великого погребаем!" Хотите верьте, хотите нет, — но вот представляю себе ясно: колесницы, войска, и вот везут покойного императора, и действительно вот — россияне! Петра Великого забыли!

Я в своей книге "Руководство для егерей" должен был написать, чтобы застрельщик не торопился. Ну, напишешь так — кто это запомнит? А я написал, пожалуйста.

Вопрос: Должен ли застрельщик торопиться при стрелянии?

Ответ: Нет, и напротив того.

Потому что это прямо идет в душу, поэтому и запомнится.

Или вдумайтесь, полковник, в эту фразу: "Горы есть ключ к овладению плоскости". Тут ведь, если хотите, вся кавказская стратегия заключена в одну фразу, в единое слово: ключ.

Или: наружный вид имеет большое оказательство. Ведь об этом, если хотите знать, никто не думает и не заботится. А в наше время, при покойном Александре, которого, кстати сказать, россияне тоже позабыли—таки, это было все. Le moral est bon[62] — и побеждали.

В Паскевича я не верю. Он озирается, и в этой черте — весь как на ладони у вас. Суворов озирался? Нет, Суворов не озирался. Милорадович озирался? И Милорадович не озирался.

---

[62] Нравственность хорошая (фр.).

Светило дня и звезды ночи
Героя видят на коне!

А у нашего графа бегают глаза. Уверенности нет, веры нет. Le moral est mauvais[63]. Вы знаете, как Ермолов его прозвал? Граф Ерихонский. Как же, мне из Петербурга писали.

И я жду терпеливо событий. Правда—матка скажется, наша правда, солдатская. Я послал ему сегодня пакетец: иностранные газеты.

Пожалуйста — "Journal des debats" пишет: генерал Паскевич, талантами не одаренный, просто счастлив, удачлив, и всюду помогают ему les gens du malheur[64], господа сенаторы, те, что на Сенатских площадях в декабре танцевали.

Я эти места карандашом обвел, в числе прочих разумеется. Пускай его поерихонится.

Я им удивляюсь. Как человек, как военный, как сын отечества — я им удивляюсь.

Сидит у него артиллеристом Бурцев, отличный полковник — и все решительно делает. А он ведь тоже, знаете, из стаи славной. У меня о нем вот такая тетрадь наблюдений. В солдатах — офицеры, инженеры — тоже все за него делают. Слава отечества им дорога? Плюньте, дорогой полковник, плюньте, дуньте и перекреститесь. Россию они готовы моментально на месте уничтожить. Им слава отечества важна? Нет — просто им выслужиться смерть хочется, шкуру меняют, часа ждут. А потом извольте — тут как тут!

И вы думаете, полковник, — дураки? А вот и не дураки.

Вы думаете здесь, например, господа тифлисцы, моло—дежь тифлисская, они довольны? Ну, а я этого не думаю. Только на балах изображаю это довольство всеобщее. И вот это уж пусть умрет с вами, полковник, и за дверь не выйдет: милейший наш губернатор, мой юный наперсник, господин Завилейский, — он кто такой? Нет, вы скажите, полковник! Кто такой господин Завилейский? А я скажу, пожалуйста. Господин Завилейский — поляк! Польша! Сейм народовый!

Ведь тут такое получается взаимное сосредоточение и узел, что, хотите верьте, хотите нет, а ждешь: действительно вот — возьмет да и грянет!

Тут такая логистика нужна!

Я вот сегодня одного коллежского асессора заарестовал. Пишет в письме к приятелю — и как будто ничего тайного: "Влюблен, мол, в деву гор и жду часа". Но прислушайтесь, полковник: де—ва гор. Это что? Что это такое — дева гор? Что это за час такой, скажите, полковник? И чего его ждать, часа-то? А вот то-то и есть. Тут под девой гор, может, целое общество скрывается.

Скажу вам, как старому другу, с которым на поле брани, слава тебе господи, рядом стоял, — я знаю каждый их шаг. Я, но не Паскевич. Я затем здесь ведь главным образом и поставлен.

Но он чего требует? Он требует, чтобы я ему все свои рапорты посылал. Ну—с, а завтра потребуется, скажем, о нем самом рапорты писать? Так что же, и их ему направлять? Пожалуйста, подождет. Кто в деле, тот в ответе.

---

63 Нравственность плохая (фр.).

64 Пострадавшие (фр.).

Я ведь понимаю, куда он метит: дескать, солдаты гарнизонные в крепостное состояние обращены, командирам дома строят, сторожами служат. Это у меня. А где тут крепостное состояние? Это городское благоустройство. Ну, а у самого— как христолюбивое воинство кормится? С небеси манна падает? Нет—с, кур да баранов побирывают, мародерством воинство-то промышляет. У меня ведь не его реляции имеются: "Ура! Фельдмаршал Суворов!" — я глаз свой далеко кидаю.

Ведь даже над Муравьевым, очень, очень близким лицом, приходится иметь наблюдение. Действительно, много-то ведь Муравьевых замешаны. Может, и в однофамильце кроется. Это хоть и странно, а однако же довольно вероятно.

Но за всем тем скажу вам: я устал.

Я ведь века Александра человек. Я тактик, но я устал. Мне хочется иногда, хотите верьте, хотите нет, забыться или даже пасть со славою. Вы не верите, полковник, что я задаю балы с политическими целями, как я, кажется, намедни вам говорил. Конечно, и это есть, но главное то, что я устал.

Просто все неверно и колеблется. Я, может быть, разучился понимать людей.

Бросаюсь в поэзию — я ведь очень люблю стихи — и что же нахожу? Падение вкуса. Я люблю одни баллады Жуковского. Есть у меня рукопись Александра Сергеича, нашего жениха.

Прочел и бросил ее, полковник, в стол.

Я люблю смеяться — пожалуйста, мало ли сюжетов? Боккачио, например. Как загонял монах дьявола в ад девице. Это прекрасно, полковник. Неужели вы не читали? Я вам дам книжку. Но я прочел Александра Сергеевича комедию и поразился. Есть смешные положения, удачные портретцы, и кой—кому достается так, что любо. Но ведь уж над всем, над всем смеется без конца и без краю. Гвардия ему не нравится, видите ли, уж гвардия ему смешна стала. "Гварди—онцы".

Это смешно? Это плоско.

Теперь к Паскевичу ускакал. Вдруг объявление о помолвке и вдруг скок. Я ему дал двенадцать казаков, пусть едет. Мне что? Эти его проекты о Закавказье! У меня есть сведения, весь этот проект читал я, в донесении разумеется, но, хотите верьте, хотите нет, я над ним заснул.

Скучнейшие фантазии, как будто человек сидел, сидел, писал, писал, и все это ему приснилось.

И все-таки, полковник, вы знаете, кого я уважаю? Его. Все-таки. Все-таки уважаю.

В нем есть свободный тон, старый, московский. Он говорит свободно. Если хотите знать, я люблю его, полковник.

Я не тактик и не стратег, я хочу любви, мой любезный друг, и хочу свободной молодежи, чтоб они целовались, чтоб они плодились, черт их возьми совсем, чтоб они смеялись.

Эвоэ! — и неги глас!

Пускай он женится на девочке, пожалуйста. Выпьем за его здоровье.

За здоровье новобрачных, ура!

Я и вас, полковник, люблю. И помяните меня добрым словом, когда меня не станет. Пускай обо мне болтают тогда.

Взвод, вперед!

Сипягин — грудь полков!

О, сколь он ужасает!

Помните, полковник?

А теперь помогите мне встать с кресел.

Я сам, кажется, не могу. Я употребил.

9

Грибоедов шпорил коня. Конь похрапывал, поднимаясь на отвесную гору.

Война не пахла кровью, она пахла хлебом. Он втягивал в ноздри ее плотный запах.

— Отчего здесь пахнет хлебом? —спросил вдруг доктор.

Он трясся на лошади, как мешок с мукой.

Мальцов, стараясь прирасти к седлу и прыгая в нем, взглянул на доктора иронически.

— Это пахнет кровью, — сказал он значительно.

— Нет, верно, что хлебом, ваше благородие, — сказал линейный казак. — Извольте поглядеть: ямы.

Действительно, откосы при дороге были изрыты большими рытвинами.

— Это след ядер? — спросил важно Мальцов.

— Нет, зачем ядер. Сюда еще ядра не долетали. Это стоянка была. Это печка такая. Копачи на стоянке роют ямы, вот и свод и под. В другой ямке набьют колушков, смажут клейстером — вот квашня. И хлеб пекут. И еще кваску заведут.

И этот теплый хлебный запах, державшийся в теплой, накаленной земле, — было первое, чем встретила Грибоедова война.

Он чувствовал потребность заботиться о докторе, не умевшем ездить на коне, и даже о Мальцеве, который думал, что это — первое "дело", и едва ли не воображал, что воюет.

Проект у Паскевича пройдет; он вернется и женится на Нине. Или проект не пройдет — он вернется и будет жить с Ниной отшельником, еремитом в Цинондалах. Это имение Нины, там тонкий, синеватый воздух, трава, виноградники, и с балкона видно, как бежит Алазань, прохладная. А здесь горы и жара.

А в Персию он не поедет и не хочет о ней думать: вещи ушли в Астрахань — дурак Финик услал, верительных грамот нет пока — император где-то на Дунае.

— Мы и бани, ваше благородие, в яме складываем, — говорил старший казак доктору. — Камелек из камня, бурьян запалим или кизик. Сверху — палатку, снизу дерном покроем. На палатку ведра три воды вылить, чтобы пар не выходил, и очень хорошая, легкая баня бывает.

Они взобрались на самую крутизну Безобдала, и тут их встретила ночь и гроза с черными тучами, фиолетовыми молниями, громом и ливнем. Они вымокли до костей. Доктор разделся догола, сложил платье и лег на него животом, охраняя от грозы. Казаки не смеялись, но Мальцов багровел от стыда за его поведение.

К Гумрам подъехали в семь часов дня.

В Гумрах уже было тревожно.

Сообщение с главным отрядом было прервано, появлялись пыльные и какие-то закопченные, дымные верховые, передавали, что граф оставил Карсский пашалык и с тылу его теснят турецкие партизаны, что была стычка у Черноморского полка в горах, за Арпачаем, и исход неизвестен.

Мальцов спросил у Грибоедова, краснея:

— Неужели поражение?

— Не думаю, — ответил Грибоедов спокойно, — так всегда.

Здесь, в Гумрах, война уже не пахла хлебом. Гумры — большое селение — было еще разорено персидской войной. В пустыне бесстыдно торчали печи и трубы, как внутренности несуществующих жилищ. Кошки, худые от голода, бегали по пепелищу. Одичалые ротные свиньи, которых защитил коран — их не резали персияне, — поднимали кверху черные рыла среди развалин.

Небольшой дом был русской квартирой. Другой небольшой дом — карантин.

В Гумрах он получил записку от Паскевича:

"Иду под Ахалкалаки. В Гумрах комендант даст вам безопасный конвой при одном орудии. Жду".

Война и спешка удивительно способствовали краткости и даже красоте слога: "Иду под Ахалкалаки".

Переночевали в Гумрах, видели, как бегают карантинные стражи в длинных балахонах, с курильнями, похожими на кадила, и утром выехали.

Под Гумрами сразу наткнулись на отряд: две роты Козловского полка, две Карабинерного и сто человек выздоровевших шли к главному корпусу и не знали, где он.

Грибоедов скомандовал им "смирно!" — и взял их под команду.

Он ехал с двенадцатью казаками да еще двенадцатью гумринскими кавалеристами, за ними шла пушка, а за пушкой — его войско.

У него уже было свое войско.

Сзади трясся обоз — арба с припасами, и в ней сидел статский человек — Сашка.

На каждом шагу на них могли напасть и уничтожить.

И каждый шаг коня был легкий, отчетливый.

Двадцать пятого июня они пробрались в главную квартиру, в Ахалкалаки, к графу Паскевичу.

10

От этого человека зависели две кампании — с персиянами и с турками, а стало быть, участь России в Азии, и больше: участь новой императорской России, участь Николая.

От него зависела жизнь и смерть всех русских армий, жизнь и медленная смерть разжалованных за декабрь людей, о которых он писал донесения императору. От него зависела жизнь Кавказа, его устройство. От него зависел проект Грибоедова.

У Ермолова никогда не было такой власти.

Присмотримся к этому человеку.

Он был из тех людей, которые появляются на свет раньше своих предков. Он был выскочка, и знатность его была нова. Предок его, Цалый или Чалый Пасько, выехал с домишком и животом еще при царе Горохе из Польши. Этот генеалогический предок появился на свет, когда молодой Паскевич был сделан пажом, а раньше его не было. Раньше отец Ивана Федоровича Паскевича был мещанин полтавский. И именно он, а не Чалый Пасько обладал смелостью и денежным капиталом, которые передал сыну—полководцу.

Мещанин Федор Паскевич со товарищи взял при Екатерине поставку соли из крымских озер и через сильного человека добился от казны многомиллионных задатков "во ограждение от падежа волов". Волы остались живы, а соль была не доставлена. И мещанину Федору Паскевичу со товарищи угрожали взыскания и, стало быть, либо нищета, либо посылка на каторгу. Тут-то он и вознесся. В Петербурге он выказал такое ласкательство, такое придворное проникновение и быстроту денежного действия, что и ему и товарищам его простили и недоставленную соль и миллионы. И вся Полтава праздновала победу Паскевича, потому что это был подлинно Полтавский бой: почти все обыватели Полтавы участвовали в соляной поставке. И в скором времени у старого украинского мещанина появился предок Цалый Пасько, старый польский шляхтич, и Федор Паскевич через посредство все того же наружного оказательства и придворных проникновении поместил своих сыновей в Пажеский корпус. Мальчиком Иван Федорович служил камер—пажом при Екатерине. Он стал придворным офицером. Как новый человек с простым чутьем, он понял, что высший секрет придворных успехов вовсе не в тонкости и лести, а в грубости. Она называлась прямотой и откровенностью, и такой человек становился нужным двору, всегда втайне неуверенному в том, что творится за окном, — и легковерному. Под командой Паскевича служил великий князь Николай, и Паскевич выговаривал ему, покрывая его вины перед Александром, подозрительным, придирчивым и не терпевшим брата. Так он умел отличиться и приобрести заслуги заранее.

Он сопровождал великого князя Мишеля в путешествии и кричал на него. Он был человек отличной военной удачи, с грубым голосом и повелительными, короткими жестами.

Он был вовсе не бездарен как военный человек. В нем была та личная наблюдательность, та военная память, которая нужна полководцу. В молодости, в 1812 году, он взобрался первым на стену крепости и был ранен. Когда французы стреляли в лоб, он подумал: как было бы хорошо, если бы сзади и с боков палила в них русская артиллерия. И эта память ему пригодилась: он стал выдвигать на первое место артиллерию. Он был и неглуп по-своему — он понимал, как люди смотрят на него, и знал императора лучше, чем сам император. И он знал, что такое деньги, умел их употреблять с выгодой.

И вот все знали о нем: он выскочка, бездарен и дурак. Дураком его трактовали ближайшие люди уже через день по отъезде от него.

В петровское время умный князь Куракин сказал бы о нем: "Превеликий нежелатель добра никому". В Елизаветино время о нем сказал бы Бестужев—Рюмин: "Человек припадочный (случайный) и скоропостижный". А Суворов скрепил бы петушиным криком: "Человек предательный! Человек недальний!" Ермолов же звал его Ванькой и графом Ерихонским.

Никто не принимал его всерьез. Только у купцов висели его портреты, купцы его любили за то, что он был на портрете кудрявый, толстый и моложавый.

Есть люди, достигающие высоких степеней или имеющие их, которых называют за глаза Ванькой. Так, великого князя Михаила звали "рыжим Мишкой", когда ему было сорок лет. Ведь при всей великой ненависти Паскевич ни за что не мог бы назвать Ермолова, всенародно униженного, Алешкой. А его походя так звали, и он знал об этом. И сколько бы побед он ни одержал, он знал, что скажут: "Когда удача! Что за удачливый человек!"

А у Ермолова не было ни одной победы, и он был великий полководец.

И Паскевич знал еще больше: знал, что они правы.

Самая наружность лишила его места среди великих полководцев. Небольшой, розовый, колбаской нос, заботливо отпущенные лихие усы и баки и выпуклые глаза. Он был из посредственного теста, ему не хватало лишних черт, которые создают героев.

Как человек новой знатности и придворный, он говорил почти всегда по-французски. Русская же речь его была отрывиста и похожа на ругань.

С ужасом иногда он чувствовал, что действительно удачлив, что в его славу полководца замешался все тот же Цалый Пасько, которого никогда не бывало.

Елиза довершила дело. Она была московская барыня и понимала его совершенно. Щурила на него глаза и цедила сквозь зубы: "Вам следовало бы, друг мой, поменьше спать после обеда".

И вот, когда он уяснил себе, как понимает его Елиза, он стал бояться ее как огня и стал тем, чем был: превеликим нежелателем добра никому.

Он был занят недоверием к окружающим. Он все высматривал, не смеются ли над ним. Был нерешителен, колебался во всех военных планах, а жесты его были короче и повелительнее, чем надо бы, и крики на подчиненных грубее, чем у человека власти. Он растерял свои военные познания, свою военную память на этой недоверчивости и боялся неудачи, когда у него случались только удачи. Он забыл, что сам восставал против излишней военной выправки, и недоверчиво косился на строй, требуя выправки, потому что придирчивость — грозное свойство и заставляет забывать о человеке, который придирается.

Он прогнал из армии всех ермоловских насмешников и заменил их разноплеменными хищниками. Влиятельные лица, окружавшие его, были: корнет Абрамович — поляк, еврей или татарин, заведовавший его конюшнями; старый доктор—итальянец Мартиненго, шарлатан с поддельным аттестатом; испанский полковник Эспехо, которого, неизвестно почему, прозвали Екимом Михайловичем, и Вано Карганов, замешанный в дело о фальшивых княжеских документах, — армянин, которого звали Ванькой Каином.

Как же он побеждал?

11

Может быть, именно оттого, что он был плохой стратег.

Он так колебался, он был до того нерешителен, и вдруг отчаянно смел, так часто менял план одного и того же движения, что путал все неприятельские планы. Карл Австрийский писал по окончании кампании Паскевичу, что он с редким умением путал стратегические принципы. Умения большого, может быть, здесь не было, нерешительность и внезапность были подлинные, — но они пригодились и привели к удаче.

За Паскевича побеждала необходимость.

У него было много денег и мало войска. Война была объявлена сразу же, без отдыха, вслед за персидской кампанией, и нельзя было подготовить обозы в достаточном количестве. И вот вместо тяжеловесных магазинов брали у жителей легкие арбы, которые были способны передвигаться по каким угодно крутизнам.

Население кавказское ждало случая, чтобы восстать. Тыл был не обеспечен. И поэтому в первый раз в русском военном деле главными были не пули, а деньги.

За исключением курдов, у которых просто брали, за всякую реквизицию платили.

И в первый раз — потому что было мало войск и много денег и артиллерии — родилась колонна, и было оставлено каре в действиях против турецкой кавалерии.

Миних во время императрицы Анны строил войска сплошным прямоугольником: кавалерия в центре каре и с фриза, артиллерия — по углам, пехота — штыками во все стороны.

Так было легко защищаться и трудно нападать.

Румянцев убрал поэтому лошадей с фриза и разбил армию на несколько каре: при Ларге было пять каре и главное — на главной линии; при Кагуле пять каре в одну линию, с кавалерией в интервалах.

Суворов нашел, что такой строй неспособен маневрировать. При Рымнике было шесть каре, по два батальона в каждом, с кавалерией на третьей линии.

В своих "Беседах с солдатами" Кутузов писал:

"Каре против мусульман, ни одной колонны. Но при перевесе врага — каре должны соединяться в колонны".

Такой порядок был гибче, но все в нем зависело от храбрости пехоты.

Артиллерия, разбросанная по углам, теряла три четверти своего огня.

Паскевич не доверял храбрости пехоты, он полагался на деньги и на ядра.

Поэтому он разделил войска на колонны по трем линиям: в первых двух — пехотные колонны с артиллерией в центре, в третьей — кавалерия, тоже с артиллерией в центре.

Турецкие бешеные атаки встречали глубокие колонны; пока они врубались в них, артиллерия без помехи их решетила.

Это не было планом, это было необходимостью. А необходимость эту понял не Паскевич.

Ее понял человек, о котором Паскевич просто—напросто молчал: полковник Иван Григорьевич Бурцов, "из стаи славной".

Случайность и необходимость рождали новую войну, дурные качества полководца делали Паскевича полководцем нового типа.

Бурцов был его главным артиллеристом и, будучи начальником траншей, взял Карс. Ему помогал солдат Михаил Пущин, военный инженер. Миклашевский командовал прикрытием. Победу довершил полковник Леман. Коновницын был квартирмейстером. Обер—квартирмейстером всего Кавказского корпуса был Вольховский. Всю корреспонденцию безграмотного графа вел сотник Сухоруков. Все были ссыльные.

Паскевич был полководец, которым руководили политические преступники.

Большим его военным качеством было то, что он умел ими пользоваться. Выбросив ермоловских людей на улицу, окружив себя международным обществом хищников, он пользовался политическими преступниками. Его любимец испанец Эспехо потребовал за исправление дороги на Карс через Мокрую Гору — сто тысяч рублей. Паскевич не доверял ни солдатам, ни полковникам, ни даже Елизе. Он боялся всех и всего.

Он послал солдата Пущина проверить полковника Эспехо. Солдат Пущин нашел в три дня другую дорогу. За это Паскевич ругал его полковнику Эспехо и обещался отдать под суд.

Доверяя им военные дела, он доносил на них в С.—Петербург.

"Journal des debats", который Сипягин послал графу, был прав: в удаче повинны были люди декабря.

Так побеждал граф Эриванский.

12

Белая высокая палатка возвышалась над серыми, как бык над барантой, стадом овец.

— Покровитель мой, бесценный покровитель мой, — сказал Грибоедов и опустил голову.

— Ну—ну, — поцеловал его в лоб маленький Паскевич. — Здоровье как? Елиза?

Он усадил его. В палатке было просторно и чисто. На столе лежали бумаги.

Грибоедов достал пакеты.

— От Завилейского...

— От Сипягина...

Паскевич, нахмурясь, сорвал печати и стал бросать бумаги на стол. Потом отодвинул их, не читая.

— Как ехали?

— По вашей милости, благодетель мой, превосходно. А по дороге привел к вам войско.

Паскевич поднял брови.

— Отряд заблудился, я его взял под команду и привел.

— А, — сказал Паскевич, и через минуту улыбнулся. Он был рассеян и недоволен.

— В Петербурге что?

— Только о вас, граф, и говорят.

Паскевич перестал дергать ногой.

— Государь так вас любит, вспомнил, как вы в Вильне с его величеством на брюхах лежали над картами и ругались.

Паскевич улыбнулся по-настоящему. Лицо его стало почти красивым.

— Ну—ну, — сказал он тонким голосом. — Что ж, помнит еще.

— Все полно вами. Аллилуйя поют.

Паскевич перестал улыбаться.

— Все в друзья полезли. Даже Бенкендорф.

— Ага! — усмехнулся Паскевич.

— Как вы воюете, Иван Федорович? Пушкин бесится, хочет ехать к вам.

— Ну что ж, пусть едет, — сказал Паскевич. — Мм... да, — размялся он, — воюю. Людей нет, начальники избалованы. Все начинаю снова. Ну да авось—либо. Ну, а вы — министр?

— Вашею милостью, граф.

— Погуляли?

Грибоедов почти не улыбнулся, и Паскевич вдруг захлопотал.

Грибоедов был похож на Елизу.

— Да, теперь вам в Персию ехать надобно. Дело трудное.

— Да уж гаже и быть не может.

— Да, — сказал Паскевич поспешно, перебивая, словно наступая кому-то на ногу, — так вот, изволите видеть, попрошу мне именно обо всем доносить. В Петербурге дело мало разумеют.

— Нессельрод сетует несколько на медленность действий.

Паскевич побагровел.

— А вот бы ему ко мне на помощь идти. Медленность. Тут полки повернуться не умеют. Много он в тактике разумеет, свинья. И покорно прошу доносить мне первому, а их извещения сообщать.

Он постукивал о стол красным кулачком.

— Касательно же Персии: деньги нужны мне. Я ведь не бог, без денег воевать не умею. Нужно вам ехать.

— Я полагал бы, граф, что здесь, в Тифлисе сидючи, я с них более денег смогу получить. А как туда прибуду, дело уж будет другое, они торопиться перестанут, и я вдруг окажусь у них заложником.

Паскевич подумал и вдруг погрозил ему пальцем.

— Ну да, — улыбнулся он покровительственно, — оставьте. На месте виднее. Вторая статья — истребите вы мерзавцев этих там, дезертёров. На всю Европу срам. При Ганже весь ихний правый фланг деэертёры были. Вывести их надобно. И перепороть. Pas de quartier[65].

— Нессельрод главным почитает, чтоб отряд Панкратьева из Урмии и Хоя освободить, по уплате, и к вашей армии присоединить.

— Оставьте Нессельрода. Я эту войну веду, а не Нессельрод. Пусть Панкратьев в Хое и сидит. Не нужно мне его отряда. У него солдаты избаловались, чуть не те же дезертёры. Он мне всю армию запаршивит.

Он постучал пальцем по столу.

Он смотрел рассеянно на Грибоедова и на пакет с газетами.

---

[65] Без пощады (фр.).

Вошел адъютант, розово—смуглый, с черными усиками, Абрамович.

— Ну, тут без церемоний, — сказал Паскевич, еще сердитый и только через секунду улыбнулся неохотно, — погуляйте. Палатку разбили уже? Ну—ну. Мы еще поговорим. Гуляйте осторожнее, сюда долетают пули.

Вот она, власть — в этом рыжем маленьком толстяке, вот эти сосиски пальцев и колбаски бакенов, ставшие уже несмешными. Вот он держит судьбу России в своих коротких пальцах. Как это просто. Как это страшно. Как это упоительно.

13

Вечером черное небо обняло, как руками, баранту палаток, и, как обиженные, загорелись постовые фонари. Грибоедов сидел у Паскевича.

Паскевич был взъерошен, ослеплен.

Грибоедовский проект он выслушал, однако, по привычке внимательно.

— Этот мерзавец, — сказал он вдруг, — поглядите, что он отчеркнул.

Он протянул Грибоедову "Journal des debats" и какую-то английскую газету.

"Полководец без храбрости и плана", — читал Грибоедов.

— Меня знает император, и я плевал на господ Сипягиных. Я все знаю. Я ревизию назначаю над ним. Растратил, негодяй, восемьсот тысяч. Второй герой... крашеных мостов. Завилейскому передайте благодарность за донесение.

... Все, что вы говорите, Александр Сергеевич, — сказал он все так же брыкливо и печально, — меня уж давно занимает. Пора унять мерзавцев. Я бы сумел это провести. Не все мне воевать. Я покажу этой сволочи, как надобно Кавказ устроить. Я кончу кампанию и вызову вас из Персии. Посидите там месяц. Я напишу Нессельроду. Вас заменят. Вы будете моим помощником.

... Да и эти мерзавцы — как вы их назвали? Французишки из Бордо. Плевал я на их брехню. Это все Нессельрода штучки и... ермоловские, — добавил он вдруг. — Они, разумеется, не могут планов моих понимать.

Он горько усмехнулся и вдруг подозрительно глянул.

— А я, благодетель мой граф, — сказал Грибоедов, оглядывая рыжие бачки и выпуклые глаза, как поле сражения, — имею к вам великую просьбу.

— Hein?[66]—спросил Паскевич, насторожась.

— Хочу жениться до отъезда и не имею возможности испросить высочайшего разрешения в столь короткий срок. Будьте отцом родным.

— На ком же? —спросил Паскевич и высоко поднял брови, улыбнувшись.

Он по-светски поклонился Грибоедову, избегая его взгляда:

— Поздравляю вас.

Грибоедов вышел. Было очень темно, черно, и в черноте лагерь

---

[66] Что? (фр.)

шевелился, мигали фонарики, тлели ночные разговоры, шепот, дымилась махорка... По холмам колебалось что-то, как редкий лес от ветра. Деревья? Всадники?

Граната решила сомнения. Это была конница, и она рассеялась.

И эта легкость, эта зыбкость встревожила Грибоедова.

Мальцов спал в палатке. Доктор хлопотал над чемоданом и сразу же попросил Грибоедова отпустить его: на десятой версте открылась чумная эпидемия, не хватало врачей. Доктор Мартиненго получил донесение.

14

Полковой квартирмейстер Херсонского полка, которым командовал начальник траншей полковник Иван Григорьевич Бурцев, был добряк.

Он любил своего арабского жеребца, как, верно, никогда не любил ни одной сговорчивой девы.

Кучером и конюхом у него поэтому был молодой цыган, который лучше понимал конский язык, чем русский. Жеребец ржал, цыган ржал, квартирмейстер посапывал сизым носом, глядя на них.

Цыган купал жеребца, и их тела в воде мало отличались по цвету: оба блестели, как мазью мазанные солнцем.

Конь храпел тихо и музыкально и, подняв кверху синие ноздри, плыл, цыган горланил носом и глоткой.

И у квартирмейстера ходил живот, когда он на них глядел.

Полк стоял лагерем в селении Джала. Офицеры жили в домах, лагерь был разбит за селением.

Когда в двух верстах от стоянки, за рекой, появился оборванный, кричащий цветом и сверкающий гортанью цыганский табор, когда стали заходить в полк цыганки с танцующими бедрами и тысячелетним изяществом лохмотьев, цыган стал пропадать. Он уходил купать коня, переплывал на другой берег и исчезал.

Квартирмейстер говорил:

— Пусть погуляет на травке.

Цыган гулял на травке, и под ним гуляли бледные бедра цыганского терпкого цвета. Однажды утром квартирмейстер не мог докричаться цыгана.

— Загулял, собака, — сказал он и пошел проведать своего жеребца.

Цыган лежал в конюшне, синий, с выкаченными глазами.

Он пошевелил рукой и застонал. Конь тихо бил ногой и мерно жевал овес. Квартирмейстер выскочил из конюшни и зачем-то запер ее.

Он сразу вспотел.

Потом, осторожно ступая, он разыскал денщика, велел нести веревки, отпер конюшню и приказал посадить цыгана на жеребца. Цыган мотался и мычал.

Денщик прикрутил его веревками к коню. Квартирмейстер, посапывая, вывел коня из конюшни и, все так же осторожно ступая, повел к реке. Он пустил его в воду.

Конь поплыл, похрапывая, а цыган мотался головой. Квартирмейстер стоял, согнувшись, и смотрел пустыми глазами. Конь переплыл реку и, тихонько пощипывая траву, стал уходить к табору, а цыган танцевал на нем каждым членом.

Когда он ушел из глаз, квартирмейстер вдруг заплакал и тихонько сказал:

— Конь какой. Пропало. Нужно гнать чуму.

Он пришел к себе, заперся и стал пить водку.

Назавтра квартирмейстер вышел и увидел, что денщик лежит, разметавшись, выкатив глаза и ничего не понимая.

Он отправил его в карантин.

Он дождался ночи. Ночью запихал в карманы по бутылке водки, вышел из дому, запер за собой дверь и ушел.

Он побродил, потом, постояв, толкнул какую-то дверь и вошел. На постели лежал незнакомый офицер и спал. Он не проснулся. Квартирмейстер скинул сюртук, снял рубашку, лег на пол посредине комнаты, вынул из кармана штоф кизлярки и стал молчаливо сосать. В промежутках он покуривал трубку.

Вскоре офицер проснулся. Увидев лежащего на полу незнакомого полуголого офицера, пьющего из бутылки водку, он подумал, что это ему снится, повернулся на другой бок и захрапел.

Квартирмейстер выпил штоф и на рассвете ушел, так и не принятый офицером за живое существо. Он накинул на себя сюртук, а рубашку забыл на полу.

Он скрылся, и больше его никто не видел ни в реальном, ни в каком другом виде.

Офицер, проснувшись и увидев пустой штоф и рубашку на полу, ничего не понимал.

Он был здоров и остался здоровым.

Прачка, жена музыканта, занимавшаяся стиркой для прокорма трех маленьких детей, жила с ним в землянке, тут же, в селении.

Девочка в это утро пришла к офицеру за бельем. Она подняла с полу рубашку. Офицер сказал, что она может взять ее себе. Вернувшись домой, в землянку, она заболела. Командир полка отдал приказ взять ее отца и мать в карантин, а девочку в гошпиталь.

Троих маленьких детей оставили в землянке, потому что карантин был переполнен. Карантинные балаганы, прикрытые соломой, кишели людьми, и там спали вповалку.

У землянки поставили часового. Селение опустело. Арбы заскрипели в разные стороны. Лохмотья, ведра, кувшины, пестрые одеяла, а среди них сидели злые и испуганные женщины и крикливые дети. Мужья молчаливо шагали рядом, и, высунув языки, терпеливо шли сзади собаки.

Темною ночью мать заболела в карантине. Она чувствовала жар, который плавил ее голову и нес ее тело.

Она как тень пробралась из карантина и как тень прошла сквозь цепь. Ночь была черная. Она шла вслепую, быстро и не останавливаясь, шла версту и две, как будто ветер гнал ее. Если бы она остановилась, она упала бы.

В голове у нее было темно и гудело, она ничего не понимала и не видела, но она прошла к землянке, к детям, перевалилась через порог и умерла.

Часовой смотрел, разинув рот, в окошко и видел труп матери и совершенно голых детей, которые молча жались в углу. Сойти с места и дать знать дежурному офицеру он не имел права. Дети выбежали наконец из землянки и с криками, уцепившись за часового, тряслись. Когда на рассвете пришли сменить часового, вызвали офицера. Он велел часовому, не прикасаясь ни к чему руками, шестом достать из землянки одеяло и прикрыть голых детей, которые тряслись, кричали и стучали зубами.

Часовой так и сделал.

Сменясь с караула, он в ту же ночь, в палатке, заболел. К рассвету заболела вся палатка.

Так в войско графа Паскевича пробралась чума.

15

— Сашка, друг мой, скажи мне, пожалуйста, отчего ты такой нечесаный, немытый?

— Я такой же, как все, Александр Сергеевич.

— Может быть, тебе война не нравится?

— Ничего хорошего в ней, в войне, и нету.

Молчание.

— И очень просто, что всех турок или там персиян тоже не перебьешь.

— Это ты сам надумал, Александр Дмитриевич? А отчего ты так блестишь? И чем от тебя пахнет?

— Я намазавшись деревянным маслом.

— Это зачем же?

— В той мысли, чтоб не заболеть чумой. Выпросил у доктора полпорциона.

— А доктор тоже намазался?

— Они намазали свою рубашку и вымылись уксусом четырех разбойников. Если вам желательно, могу достать.

— Достань, пожалуй.

— Потом курили трубку и кислоту. Сели с другим немцем на коней и поехали.

— Что же ты с ними не поехал?

— Их такое занятие. Я этого не могу.

— А так небось поехал бы?

— У меня статское занятие, Александр Сергеевич, у них чумное.

— А что ж ты на вылазку с Иван Сергеичем не поехал? Он ведь статский, а напросился на вылазку.

— Господину Мальцеву все это в новость. Они храбрые. Они стараются для форсы. А я должен оставаться при вас. Мало я пороху нюхал?

— Как так для форсы?

— Никакого интереса нет свой лоб под пули ставить. Да вы разве пустите. Смех один.

Молчание.

— Ты, пожалуйста, не воображай, что я тебя, такого голубчика, в Персию повезу. Я тебя в Москву отошлю.

— Зачем же, ваше превосходительство, вы меня сюда взяли?

Молчание.

— Сашка, что бы ты делал, если б получил вольную?

— Я б знал, что делать.

— Ну, а что именно?

— Я музыкантом бы стал.

— Но ведь ты играть не умеешь.

— Это не великое дело, можно выучиться.

— Ты думаешь, это так легко?

— Я бы, например, оженился бы на вдове, на лавошнице, и обучался бы музыке и пению.

— Какая ж это лавошница—вдова тебя взяла бы?

— С этой нацией можно обращаться. Они любят хорошее обхождение. Тоже говорить много не надо, а больше молчать. Это на них страх наводит. Они бы в лавке сидели, а я б дома играл бы.

— Ничего бы и не вышло.

— Там видно было бы.

Молчание.

— Надоело мне пение твое. Только я тебя теперь не отпущу. Поедем в Персию на два месяца.

Молчание.

— Тут, Александр Сергеевич, с час назад, как вы спали, приходили за вами от графа.

— Что ж ты мне раньше не сказал?

— Вы разговаривали—с. Адъютант приходил и велели прибыть на совещание.

— Ах ты, черт тебя возьми, дурень ты, дурень мазаный. Одеваться.

16

Паскевич сидел за картой. Начальник штаба Сакен был рыжий немец с бледно—голубыми глазами.

Петербургский гость Бутурлин, молодой "фазан", худой, как щепочка, молчал.

Доктор Мартиненго был худощав, стар, с хищным горбом, окостеневшим лицом, седыми, жесткими волосиками и фабренными, шершавыми усиками. Огромный кадык играл на его высохшей шее.

Ему бы кортик за пояс, и был бы он простым венецианским пиратом.

Полковник Эспехо был плешив, желт, с двумя подбородками, черные усы и неподвижные, грустные глаза были у полковника.

Корнет Абрамович стоял с видом готовности.

Бурцев смотрел на Паскевича.

— Совершенно согласен и подчиняюсь, граф, — сказал он.

— Вот, — сказал Паскевич. — Немедля выступить и идтить на соединение. Больных и сумнительных — в карантин. Доктору Мартыненге озаботиться о лазаретках. Идтить форсированным маршем.

Все это было решено уже две недели назад Бурцевым и Сакеном. Сакен молчал.

— Слушаю, — сказал почтительно Бурцов.

— Переписка наша с разбойниками короткая, — сказал Паскевич, — я Устимова послал сказать, чтобы сдавались.

Ответ, — он взял со стола клочок бумаги: — "Мы не ериванские, мы не карсские. Мы — ахалкалакские".

Паскевич посмотрел на всех. Эспехо и Абрамович улыбнулись.

— "У нас нет ни жен, ни детей, мы все, тысяча человек, решили умереть на стенах". Хвастовня. Итак, предлагаю для сносу сорока этих курятников бить в лоб. С того берегу речонки ставить батареи.

Он искоса взглянул на Бурцева.

— Согласны? —буркнул он.

— Совершенно согласен, ваше сиятельство, — снова ответил равнодушно и почтительно Бурцов.

Паскевич взглянул на Грибоедова.

Он опровергал "Journal des debats".

— Предполагаю, ваше сиятельство, во исполнение вашей мысли, — сказал Бурцов, — заложить большую рикошетную и демонтирную батарею на правом берегу Гардарчая для метания бомб и гранат в крепость, а на правом берегу — брешбатарею.

— Конечно, — сказал Паскевич, — а то какую же?

— Осмелюсь также предложить вашему сиятельству, как уже вами с успехом испытано, впереди левого фланга еще небольшие батареи по четыре мортиры.

— Считаю излишним, — сказал полковник Эспехо.

Паскевич задергал ногой.

— Я потому, что ваше сиятельство сами впервые обратили мое внимание на важность этого предложения, — сказал Бурцов и куснул усы.

— Полковник, — сказал Паскевич Эспехо, — я понимаю, что вы против этого. Разумеется, не стоит в воробьев из всех пушек палить. Но девиз мой: не люди, а ядра. Брить два раза чище. Вот почему я на этом всегда настаиваю.

— Слушаю, — сказал Эспехо.

Мартиненго спросил шепотом у Грибоедова:

— Здоровье госпожи Кастеллас?

— Доктор, каждодневно привозите мне рапорты. Лучше лишних в карантин. Пища осматриваться должна малейшая. На воду обратить внимание.

— Слушаюсь, — прошипел Мартиненго.

— Не задерживаю более. Полковник Бурцов, останьтесь.

Паскевич вздохнул и потянулся.

— План привезли? — спросил Паскевич.

Бурцов положил перед ним листок, на котором был закрашен голубой краской какой-то опрятный домик, а рядом черная клетка. Чертеж был довольно небрежный.

Паскевич взглянул в листок.

— Ну—ну, — сказал он подозрительно, — а... печи имеются?

— Все здесь, ваше сиятельство.

— Но это что же, черновой план?

— Да, предварительный.

— Ну—ну, — сказал снисходительно Паскевич, — Александр Сергеевич, подьте сюда. Здесь я полковнику дал план набросать по проекту Завилейского. Он стеклянные заводы хочет строить на акциях, только сумнительно. Он, кажется, недалек.

Грибоедов глянул на листок. Чертеж этот, план, был чистым издевательством.

— Я не знал об этом проекте, — сухо сказал он.

Бурцев смотрел серьезно и прямо в глаза Грибоедову.

— Вот какое дело, Иван Григорьевич, — сказал Паскевич и сделал губами подобие зевка, — тут вот проект Александр Сергеевич представил. Проект обширный. Я полагаю, заняться им следует. Вот вы возьмите и потолкуйте. Вы ведь адербиджанскими делами занимались уже несколько.

— По вашему приказанию, граф, — ответил Бурцев.

Он встал, и сразу рост его укоротился. У него была широкая грудь, широкие плечи и небольшие, как бы укороченные ноги.

— Возьмите, — ткнул в него бумагами Паскевич. — Мнение мое благоприятное. Более вас, господа, не задерживаю.

17

По Киеву шел молодой офицер. Лицо у него было белое, волосы зачесывались, как лавры, на виски. Он начинал полнеть, но походка его была легкая, уверенная. По эполетам он был подполковник. У маленького дома он остановился и постучал в дверь колотушкой, заменявшей звонок.

Отпер денщик, и сразу же из комнаты выбежал молоденький подпоручик. Они крепко поцеловались и вошли в комнату, где сидел Грибоедов и другой военный, широкоплечий, тоже молодой, полковник.

— Рад вас видеть, — сказал мягко молодой подполковник с лаврами на висках. — Человек от Михаила Петровича чуть не запоздал — я собирался в Тульчин. Иван Григорьевич, здравствуйте; жарко, — сказал он широкоплечему.

Грибоедов обрадовался мягкому голосу и изяществу.

— Я не мог проехать Киев, не повидав вас.

— А я хочу вас в Тульчин везти. Место зеленое, городишко забавный. Павел Иванович Пестель давно ищет с вами знакомства.

— Лестно мне ваше внимание, но жалею — тороплюсь.

— Александр Сергеевич, не благодарите, все мы как в изгнании, и так трудно истинного человека встретить. Вы и не знаете, что здесь вы виною больших военных беспорядков — все мои писаря вместо отношений переписывают ваше "Горе". Ждать, пока цензура пропустит, — состаришься.

Грибоедов улыбнулся.

— Авось дождусь вольного книгопечатания.

— И, конечно, первою его книгою будет ваша комедия народная, прямо русская.

— А сам Сергей Иванович только французские стихи пишет, — сказал подпоручик.

Подполковник порозовел и пальцем погрозил подпоручику.

— Вы относитесь безо всякого уважения к начальству, — сказал он, и все засмеялись. — Иван Григорьевич меня знает, а Александр Сергеевич может поверить. Итак, вы едете в Грузию? "Многих уже нет, а те странствуют далече". Видели вы Рылеева? Одоевского?

— Рылеев занят изданием альманахов карманных. Они имеют успех. У дам в особенности. Саша Одоевский — прелестный. Впрочем, вот вам от Рылеева письма и стихи.

Подполковник не распечатал пакета.

— Какого мнения вы, Александр Сергеевич, о проконсуле нашем, Цезаре Тифлисском?

— Notre Cesar est trop brutal[67].

Подполковник улыбнулся и стал серьезен. Рот у него был очерченный, девичий.

— Кавказ очень нас занимает. Он столько уже поэзии нашей дал, что невольно ждешь от этого края золотого все больше, больше.

Все придвинулись к Грибоедову, и он немножко смутился.

— Война, — сказал он и развел пальцами, — война с горцами, многое делается опрометчиво, с маху. Наш Цезарь — превосходный старик и ворчун, но от этих трехбунчужных пашей всегда ждешь внезапности.

Подполковник посмотрел быстро на подпоручика. Широкоплечий сидел молча и ни на кого не смотрел.

— Очень меня занимает его система, — сказал он вдруг. — Она чисто партизанская, как у Давыдова в двенадцатом году.

— Они друзья и кузены.

— Как там Якубович, — начал подполковник и вдруг смешался, густо зарозовел. — Простите, я хотел спросить, там ли он.

Он посмотрел на руку Грибоедова, простреленную на дуэли, и ее свело.

— Там.

Денщик принес чаю и вина.

Молодой подполковник и другой, широкоплечий, вышли вместе с Грибоедовым. Другой скоро откланялся. Они были одни. Они шли мимо кудрявых деревьев и слушали, как сторожа перекликаются колотушками.

Они говорили о Грузии.

Луна стояла, и политика как будто была из поэмы Пушкина — не из унылого "Пленника", а из "Фонтана"; она журчала, как звон подполковничьих шпор.

Они остановились.

—... И, может быть, если будет неудача, — тихо журчал подполковник, — мы придем к вам в гости, в вашу Грузию чудесную, и пойдем на Хиву, на Туркестан. И будет новая Сечь, в которой жить будем.

Они обнялись.

Луна стояла, луна приглашала в новые земли, цветущие.

Это все было ночью в июле 1825 года. Розовый подполковник был Сергей Иванович Муравьев—Апостол; совсем молодой подпоручик, у двери которого не было звонка, а была деревянная колотушка, был Михаил Петрович Бестужев—Рюмин; широкоплечий полковник, сказавший о

---

[67] Наш Цезарь слишком груб (фр.).

партизанской системе, был Иван Григорьевич Бурцов, а Александр Сергеевич Грибоедов, недовольный войной, — был моложе.

Теперь от Ивана Григорьевича зависела судьба проекта, судьба Александра Сергеевича.

Кем же был Бурцов, Иван Григорьевич?

Был ли он южанин—бунтовщик вроде Пестеля, Павла Ивановича, у которого почерк был ясен и тонкая черта, перечеркивавшая t французское, была как нож гильотины? Или он был мечтатель—северянин, наподобие Рылеева, почерк которого развевался, подобно его коку над лбом? Нет, он не был ни бунтовщиком, ни мечтателем.

Иван Григорьевич Бурцев был либерал. Умеренность была его религией.

Не всегда либералы бывали мягкотелы, не всегда щеки их отвисали и животы их были дряблы, — как то обыкновенно изображали позднейшие карикатуристы. Нет, они бывали также людьми с внезапными решительными движениями. Губы их бывали толсты, ноздри тонки, а голос гортанный. Они с бешенством проповедовали умеренность. И тогда их еще не звали либералами, а либералистами.

Когда на юге возникла мысль о неограниченной вольности, туда был отправлен для переговоров от умеренных северян человек вспыльчивый — Бурцев Иван Григорьевич. Бунт взглянул на пламенный либерализм российский холодными глазами Пестеля.

Тогда отложился юг от севера. Потом произошла известная стоянка российской истории на площади петербургского Сената. Холостая стоянка. И Бурцев Иван Григорьевич, просидев полгода в Бобруйской крепости, остался все тот же: честный, прямой, властолюбивый, заряженный свирепым лаем либералист российский, которого пуще огня боялся Паскевич. Только по вискам выступила солью седина и нос облупился под южным солнцем.

— А теперь садитесь, Александр Сергеевич. Мы с вами не виделись три года.

— Я не помню, Иван Григорьевич.

— Три года — три столетия.

Бурцев говорил тихо и оглядывал Грибоедова.

— "Многих уже нет, а те странствуют далече". Это мы все странствуем с вами.

— Разве вы там были? — спросил изумленный Грибоедов.

Шпоры, журчание, луна, Грузия.

Вот она, Грузия. Однако!

— Я тоже забыл все, — сказал Бурцев, — воюем, как видите... Давно я от России оторвался. Я иногда вспоминаю Петербург, но вдруг вижу, что это не Петербург, а Бобруйскую крепость вспоминаю или что-то другое, Москву, что ли.

— Москва изменилась. А Петербург все тот же. И Бобруйская крепость та же. Как я мог, однако, позабыть?

— Да ведь помнить горько. Вот так же и я. Как-то списал тогда стихи Сергея Ивановича для памяти, понравились мне. И ясно помнил. Стихов-то немного, всего строк восемь, десять. И вот остались только две строки:

Je passerai sur cette terre
Toujours reveur et solitaire...[68]

... solitaire — и дальше забыл. Никто не знает. Вы, кстати, может, знаете случайно?

— Нет, — сказал Грибоедов и удивился бурцовской болтливости.

Не то он давно людей не видал, не то оттягивал разговор.

— Да, — грустно говорил Бурцев, — да. Он во многом ошибался... А "Горе" ваше так и не напечатано?

— Цензура.

— Государя видели?

— Видел и говорил, — кивнул Грибоедов. — Он бодр.

— Да, — сказал Бурцев, — все говорят, что бодр, да, да. Итак, — сказал он, — нам нужно говорить с вами о проекте вашем.

Он подтянулся.

— Я ночь напролет его читал и две свечи сжег. Я читал его, как некогда Рейналя читал, и ничего более завлекательного по этой части, верно, уж не прочту.

И вот они оба подтянулись и стали отчасти: командир Херсонского полка, начальник траншей — и родственник Паскевича. Они говорили, сами того не замечая, громче.

— Идея компании торговой — поэма чудесная. Это новое государство, перед которым нынешняя Грузия — простая арба. Превосходно и завлекательно.

Так он говорил, должно быть, с Пестелем.

— Ваше мнение?

— Отрицательное, — сказал Бурцев.

И молчание.

— Это образец критики французской, — улыбнулся Грибоедов, — сначала: "Cette piece, pleine d'esprit", а потом: "Chute complete"[69].

— Я не критик и не литератор, — сказал грубо Бурцев, и жилы у него надулись на лбу, — я барабанная шкура, солдат.

Грибоедов стал подыматься.

Бурцев удержал его маленькой рукой.

— Не сердитесь.

И дождь сухо забарабанил в полотно, как голос председателя.

— В вашем проекте, в вашей "книге чертежа великого" все есть. Одного недостает.

— Вы разрешите в диалоге нашем драматическом быть без реплик. Я должен, разумеется, спросить: чего?

— Сколько вам угодно. Людей.

— Ах, вы об этом, — зевнул Грибоедов, — печей недостает, как Иван Федорович давеча сказал. Мы достанем людей, дело не в этом.

— Вот, — сказал торжественно Бурцов, — ваша правда: дело не в этом. При упадке цен на имения вы крестьян в России даром купите.

Тут — предостережение дождя. Тут ход прямой и непонятный, тут человек другого века.

---

[68] Я прохожу по этой земле всегда в мечтах и одиночестве (фр.).

[69] Эта пьеса, полная остроумия... Полный провал (фр.).

— АО людях для управления, так они найдутся. Вы вот воюете же у Ивана Федоровича. Есть еще честные люди.

— Мало. Но хорошо, — сказал Бурцов, — что же из вашего государства получится? Куда приведет оно? К аристократии богатства, к новым порабощениям? Вы о цели думали?

— А вы, — закинул уже ногу на ногу и развалился Грибоедов, — вы в чертеже своем — не стеклянном, другом — вы о цели думали? Хотите, скажу вам, что у вас получилось бы.

— Что? — вдруг остановился Бурцов.

— То же, что и сейчас. Из-за мест свалка бы началась, из-за проектов. Павел Иванович Пестель Сибирь бы взял, благо там батюшка его сидел. И наворотил бы. И отделился бы. И войной противу вас пошел бы.

— Я прошу вас, я покорнейше прошу вас, — у Бурцева запрыгала губа, и он положил маленькую руку на стол. — У меня есть еще прямая честь. Я о мертвом неприятеле своем говорить не стану.

— Ага, — протянул Грибоедов с удовольствием, — ну а Кондратий Федорович был человек превосходный... человек восторженный...

Бурцов вдруг побледнел.

— Кондратий Федорович, вкупе с вами, мужика бы непременно освободил, литературою управлял бы...

Бурцов захохотал гортанно, лая. Он ткнул маленьким пальцем почти в грудь Грибоедову.

— Вот, — сказал он хрипло. — Договорились. Вот. А вы крестьян российских сюда бы нагнали, как скот, как негров, как преступников. На нездоровые места, из которых жители бегут в горы от жаров. Где ваши растения колониальные произрастают. Кош—шениль ваша. В скот, в рабов, в преступников мужиков русских обратить хотите. Не позволю!

Отвратительно! Стыдитесь! Тысячами — в яму! С детьми! С женщинами! И это вы "Горе от ума" создали!

Он кричал, бил воздух маленьким белым кулаком, брызгал слюною, вскочил с кресел.

Грибоедов тоже встал. Рот его растянулся, оскалился, как у легковесного борца, который ждет тяжелого товарища.

— А я не договорил, — сказал он почти спокойно. — Вы бы как мужика освободили? Вы бы хлопотали, а деньги бы плыли. Деньги бы плыли, — говорил он, любуясь на еще ходящие губы Бурцева, который не слушал его. — И сказали бы вы бедному мужику российскому: младшие братья...

Бурцов уже слушал, открыв толстые губы.

—... временно, только временно не угодно ли вам на барщине поработать? И Кондратий Федорович это назвал бы не крепостным уже состоянием, но добровольною обязанностью крестьянского сословия. И, верно, гимн бы написал.

Тогда Бурцов ощетинился, как кабан, крупные слезы запрыгали у него из глаз на усы. Лицо его почернело. Он стал подходить к Грибоедову.

— Я вызываю вас, — прокаркал он, — я вызываю вас за то, что вы имя... За то, что вы Кондратия...

Грибоедов положил длинные желтые пальцы на бурцовские ручки.

— Нету, — тихо сказал он. — Не буду драться с вами. Все равно. Считайте меня трусом.

И пальцы, простреленные на дуэли, свело у него.

Бурцов пил воду.

Он пил ее из кувшина, огромными глотками, красный кадык ходил у него, и он поставил на столик пустой кувшин.

— По той причине, что вы новую аристократию денежную создать хотите, что тысячи погибнут, — я буду всемерно проект ваш губить.

Голос его был хриповат.

— Губите, — лениво сказал Грибоедов.

Бурцов вдруг испугался. Он оглядывал в недоумении Грибоедова.

— Я погорячился, кажется, — пробормотал он, вытирая глаза. — У вас те же манеры, что у покойного... Павла Ивановича... и я вас совсем не знал. Помнил, но не знал. Но я не могу понять, чего вы добиваетесь? Что вам нужно?

Он ходил глазами по Грибоедову, как по крепости, неожиданно оказавшейся пустою. Дождь, протекавший сквозь полотно, падал в углу маленькими торопливыми каплями и все медленнее. Значит, он прошел.

Грибоедов изучал эти капли.

— А что вы скажете Паскевичу? — спросил он с интересом.

— Я ему скажу, что он, как занятый военными делами, не сможет заведовать и что его власть ограничится.

— Это умно, — похвалил Грибоедов.

Он стал подыматься.

Бурцев спросил у него тихо:

— Вы видели мою жену? Она здорова? Это ангел, для которого я еще живу.

Грибоедов вышел. Обломок луны, кривой, как ятаган, висел в черном небе.

... И может быть, в случае неудачи... Грузия чудесная... И будет новая Сечь, в которой жить будем...

... Негры... в яму... с детьми...

Je passerai sur cette terre
Toujours reveur et solitaire...

И ничего больше не сохранилось. Ушло, пропало.

18

Тут бормотанье, тут клекот, тут доктор, курносый, как сама смерть, тут страж в балахоне, курящий серной курильней, тут шлепанье туфель. Тут ни война, ни мир, ни болезнь, ни здоровье. Тут карантин.

Тут Александр Сергеевич разбил на три дня палатку.

Александр Сергеевич приказывает Сашке разгрузить все, что осталось, — вино и припасы.

Начинается карантинный пир.

Александр Сергеевич все похаживает по палатке, все усаживает людей за голый стол. Люди пьют и едят, пьют здоровье Александра Сергеевича.

Только чумной ветер мог свести их, только Александр Сергеевич мог усадить их рядом.

Полковника Эспехо, дравшегося за испанского Фердинанда, он усадил рядом с унтер—офицером Квартано, который, будучи полковником русской службы, дрался против Фердинанда и был за то, по возвращении в Россию, разжалован.

Семидесятилетнего рядового, графа Карвицкого он усадил рядом с корнетом Абрамовичем.

"Фазана" Бутурлина, штаб—ротмистра, — рядом с доктором Мартиненго. Мальцева — с доктором Аделунгом.

И Сашка прислуживал.

Почему они уселись в ряд?

А потому, что Александр Сергеевич Грибоедов, полномочный министр и шурин шефа, их усадил так.

И он подливает всем вина.

И он вежливо разговаривает со всеми.

Знает ли он власть вина?

Вина, которое губкою смывает беззаконный рисунок, намалеванный на лица?

Вероятно, знает.

Потому что, когда граф Карвицкий, откинувшись, начинает петь старую песню, он приходит в восторг.

Так Гекла сива
Снегем покрыва
Свое огнистэ печары...

Это очень нежная и очень громкая песня, которую певал назад лет тридцать рядовой Карвицкий в своем родовом поместье.

Вешх ма под лёдэм,
Зелена сподэм.
И вечнэ карми пожары...

И с тою беззаботностью, которою всегда отличаются польские мятежники, пьяный семидесятилетний рядовой уже тыкает корнету Абрамовичу, он уже сказал ему, грозя пальцем:

— Ты бендзешь висял на джеве, як тен Юда.

И корнет Абрамович, пошатываясь, встал, чтоб уйти из-за стола, но Александр Сергеевич жмет ему руку, смеется и говорит:

— О, куда вы? Пейте, корнет, бургонское. Мне нужно поговорить с вами.

А у испанцев идет тихий разговор, и Эспехо, отодвигаясь от стола, пьяный, как Альмавива в опере "Севильский цирюльник", — вдруг кричит Квартане:

— Изменник! Что ты выиграл под флагом Мина?

Фердинанд его расстрелял как собаку. Ты не смеешь говорить мне эти глупости!

И Квартано смеется, каркая, и Эспехо ползет под стол.

Мальцов целует доктора Аделунга взасос, а тот, достав платок, долго утирается.

И только старик Мартиненго, с крашеными усиками, с горбом пирата, пьет, как губка. Он молчит.

Потом он предлагает Бутурлину:

— Здоровье госпожи Кастеллас.

Бутурлин не слышит. Он смотрит в ужасе на солдат: Карвицкого и Квартане. Он еще не решил, уйти ли ему или наблюдать далее. Дело в том, что Паскевич отослал его с пустяшным приказанием, и неизвестно, получит ли он крест. Крест же можно получить разными способами. Например, путем благородного донесения.

Старый Мартиненго хватает его за руку и клекочет:

— Hein, hein, я предлагал пить за дама, ты молчал. Э, как зовется, фанданго, фазан.

И Бутурлин, тонкий, как тросточка, встает и, дрожа, бледный, подходит к Грибоедову:

— Александр Сергеевич, я требую объяснения.

Но Грибоедов занят тем, что ставит полковнику Эспехо под стол вино, рюмку и хлеб.

— Еким Михайлович, дон Лыско ди Плешивое, вы не погибли там?

Он делает это, как естествоиспытатель, производящий опыт.

Услышав Бутурлина, он встает наконец, слушает его и вежливо кланяется:

— Если вам здесь не показалось — можете уходить.

О, дзенкув збёры,
Пенкносци взоры,
Пане, крулёве, богине!

— A bas Ferdinand Septieme![70]

— Здоровье госпожи Кастеллас. Фанданго! Фазан!

— Ты предал польское дело, собака!

— Пейте, голубчики! Пейте, дорогие испанцы! Доны, гранды и сеньоры, луженые рты, пейте!

— Вас просят какой-то немец.

Звезды были старые, как женщины после дурной ночи. Прямо стоял Александр Сергеевич перед незнакомым немцем с рыжими пышными усами.

— Excellenz [71], — сказал немец, — я бедный сектатор виртембергский. Мы высланы сюда. Сегодня кончаю я свой карантин. Я знаю, что вы едете в Персию.

— Что вам нужно? — тихо спросил Грибоедов.

— Мы веруем в пришествие Христа из Персии. И если вы, Excellenz, услышите о нем там, напишите мне об этом. Я прошу вас как бедный человек. Меня зовут Мейер.

Прямо стоял Александр Сергеевич перед бедным немцем с пышными рыжими усами.

Он сказал по-немецки очень серьезно:

— Дайте мне ваш адрес, господин Мейер, и если я встречу в Персии den lieben Gott[72], я скажу ему, чтоб он сам написал вам письмецо. Но знаете ли вы по-еврейски?

---

[70] Долой Фердинанда Седьмого (фр.).

[71] Ваше превосходительство (нем.).

— Нет, — сказал немец, и усы его раздулись, как паруса.

— В таком случае я сильно сомневаюсь, что der liebe Gott знает по-немецки. Вы, верно, не поймете друг друга.

И немец пошел прочь мерным шагом.

Грибоедов вернулся в палатку.

Нех за честь ваше,
Пэлнёнць, те чаше...

— Evviva Florenzia la bella![73]

— Ты не поляк, ты татарин, ты предал знамена народовы !

— За здоровье госпожи Кастеллас!

19

Болезнь бродила по телу, она еще не выбрала места и названия.

Он стоял в полупустой комнате, которая, как женщина, ждала его возвращения. Стоял, расставив ноги, и чувствовал слабость в ногах и теле, которая клонила к полу. Сашка возился в коридоре, потом вошел, что-то сделал, повернулся и ушел.

Было очень рано, и никаких звуков, кроме этих, не слышно было.

— Я влез в неоплатные долги, — сказал Грибоедов, советуясь мутными глазами с мебелью, — фельдфебель Левашов меня допрашивал и теперь говорит со мной снисходительно, Ермолов дал мне время на сожжение бумаг и презирает меня, Паскевич освободил меня и стал мой благодетель. А Бурцов попрекает меня моим "Горем".

Он спустился по лестнице и пошел довольно ровно к улице, где жила Нина. На перекрестке он вдруг остановился и, не раздумывая, повернул к дому генерал—губернатора.

Он ничего не сказал испуганному лакею, оттолкнул его и вошел в кабинет. Там никого не было. Тогда он прошел в столовую залу, налил себе из хрустального карафина воды и выпил.

— Теплая, какая гадость, — сказал он с отвращением. Он двинулся в спальную.

Громадная госпожа Кастеллас натягивала на ногу чистой бронзы чулок и возилась с громадной подвязкой. Он посмотрел на нее задумчиво.

Потом она закричала низким голосом, и откуда-то скатился, выпрыгнул в халате генерал.

Он потащил Грибоедова за рукав, дотащил его до кабинета, и бросил в кресла.

Он был испуган, и нос у него был сизый.

— Вы... больны?

Он вскочил, принес стаканчик с желтой жидкостью.

— Выпейте.

Отмахнувшись от генеральских рук, которые все хлопотали, Грибоедов сказал ему:

---

[72] Любимого бога (нем.).

[73] Да здравствует прекрасная Флоренция (ит.).

— Предупреждаю вас, что готовится ревизия, по безымянному доносу.

Генерал откинулся назад корпусом, и халат разлетелся в обе стороны.

— Хотите верьте, хотите нет, — сказал он дрожащим голосом, — но не боюсь. Пусть приходят, черт возьми, а я всегда скажу: пожалуйста. Вам же, Александр Сергеевич, как человеку, как поэту, как душе русской, объявляю, если хотите, свою солдатскую благодарность. Выпейте, голубчик. Это не вино, это состав... состав...

Он хлопнул в ладоши и звякнул в колокольчик. Вошел вестовой.

Генерал оглядел его подозрительно:

— Ты... употребил?

— Никак нет, ваше высокопревосходительство.

— А я говорю, что употребил.

— Слушаю, ваше высокопревосходительство.

— Карету для его превосходительства.

— Слушаю, ваше высокопревосходительство.

— Хотите верьте, хотите нет, но они все пьяницы, — сказал генерал. Руки его дрожали.

— Вы... приготовьтесь, генерал, — сказал серьезно Грибоедов и лязгнул зубами.

Генерал прошелся по кабинету так, словно на туфлях его были шпоры.

— Александр Сергеевич, человек души прямой, как я и вы, — никогда не приуготовляется. Хотите не верьте, но перед вами я нараспашку. Могут придраться. Могут. Нынче век такой, придирчивость в крови. Но вы думаете, я испугался? Нет, я не испугался. Просто, если хотите знать, по летнему времени ошибусь бокалом, а если зимою, пожалуйста: выеду без белья, в одном мундире под вьюгу. "Лучше убиту быть, нежли полонену". Вот как в наше время разумели. И последнее мое помышление будет—с: Россия. А предпоследнее: человек души высокой, поэт и... друг — Александр Сергеевич.

Генерал был в восторге.

Он подбежал к Грибоедову и чмокнул его в лоб.

Потом убежал и вернулся в сюртуке.

Он взял под руку Грибоедова, бережно, как драгоценность, вынул его из кресла, свел вниз и сам распахнул двери.

Карета... карета... Тифлис просыпался. Небо слишком синее, а улицы — жаркие.

Он опять стоял посредине комнаты и ежился. Сесть он боялся.

Сашка вошел и объявил:

— Господин губернатор.

Завилейский весело протянул обе руки.

— Зачем вы это сделали, — спросил Грибоедов Завилейского, не замечая открытых объятий, покачиваясь и морща лицо от боли, — это гадко.

Он был похож на пьяного. Завилейский внимательно на него смотрел.

— Он всем мешает, — сказал он негромко, — вы многого о нем не знаете, Александр Сергеевич.

Грибоедов забыл о нем. Он покачивался. Завилейский пожал плечами и ушел, недоумевая.

Грибоедов опустился на пол.

Так он сидел, смотрел вызывающим взглядом на стулья и дрожал.

Вошел Сашка и увидел его на полу.

— Вот, Александр Сергеевич, — сказал он и заплакал, — вот вы не мазались деревянным маслом, что ж теперь будет, — утер он нос кулаком, — когда вы совсем больной.

— Ага, Сашенька, — сказал ему с полу Грибоедов и тоже заплакал, — ага, ты не чистил мне платья, ты не ваксил мне сапог...

Тут — постель, холодная и белая, как легкий снег.

И болезнь укрыла его с головой.

20

Ему причудилось:

Отец его, Сергей Иванович, бродит широкой, сгорбленной спиной по детской комнате. Он в халате, халат висит, он его подбирает одной рукой. Короткие ножки отца чуть видны из—под длинного халата. Грибоедов внимательно смотрел на эту широкую спину, которая была его отцом. Отец сейчас слонялся по детской комнате и искал чего-то.

— Папенька глупые, — это сказала вечером горничная девушка.

Он почувствовал вдруг, что любит эту широкую спину и небольшого человека, что ему все время его недоставало, и очень приятно, что он неторопливо бродит по его комнате.

Отец, спиною к нему, подходил к горке с игрушками, поднимал их и заглядывал за них. Упало коричневое пасхальное яичко и не разбилось. Он выдвинул ящичек красного дерева и, отклонившись, заглянул.

Тут ввернулась маменька, Настасья Федоровна.

Настасья Федоровна вертелась вокруг папеньки, увивалась, маленькими хитростями она хотела его отвлечь, чтобы он не делал того, что делает. Но отец, не обращая на нее никакого внимания, как будто ее и не было, все ходил по углам, притыкался к столам, выдвигал ящики, медленно смотрел в них. Он наклонился под стол и заглянул туда.

— Странно, —сказал он серьезно, — где же Александр?

— Но Алексаша, но Алексаша, — вилась Настасья Федоровна, — здесь нет Алексаши.

На отцовском халате висела кисточка на длинном шнурке, и она волочилась по полу, как игрушка.

Тогда отец, поддерживая халат, все так же медленно повернулся в ту сторону, где лежал Грибоедов.

У него были круглые морщины на лбу и маленькие удивленные глаза. Он стал подходить к постели, на которой лежал и смотрел Грибоедов, и стала видна небольшая, белая, прекрасная ручка отца. Отец отогнул одеяло и посмотрел на простыни.

— Странно, где же Александр? — сказал он и отошел от постели.

И Грибоедов заплакал, закричал тонким голосом, он понял, что не существует.

— Лихорадка в высшей степени, но может быть, может быть... и чума, — сказал тихо доктор Аделунг и покрыл его одеялом.

Елиза попятилась к двери.

21

Фаддей ехал на извозчике и поглядывал по обеим сторонам Невского проспекта.

Наконец он увидел знакомого. По Невскому шел Петя Каратыгин. Он остановил извозчика и помахал ему. Петя, однако, не подходил. С некоторых пор он чувствовал свое значение. Водевиль его ставился на Большом театре.

— Подумаешь, — сказал Фаддей, — фанаберия и фордыбачество такое, что боже оборони.

Он слез с извозчика и велел подождать.

— Петр Андреевич, знаешь новость: Александр Сергеевич женится. Как же, как же, на княжне, на Чавчавадзевой. Красавица писаная, получил известие.

Он сел на извозчика и поехал дальше.

Петя Каратыгин посмотрел с удивлением ему вслед, и Фаддей, заверяя, опять помахал ему ручкой. Петя шел по Невскому проспекту и не знал, что ему делать с новостью.

Наконец у Мойки он встретил своего старого товарища, Григорьева 2—го, выжигу и пьяницу, который раньше ему покровительствовал.

— Знаешь новость? — сказал он. — Грибоедов-то женится на княжне Цицадзовой. Губа не дура. Ей—богу, только что получил письмо.

Григорьев 2—й зашел в кофейню Лоредо и съел два пирожка. Увидев знакомого кавалергарда, он спросил:

— Что тебя, братец, не видно? Маршируешь все?

— Да нет, так, — сказал что-то такое кавалергард.

— То-то, что так. А ты слыхал, Грибоедов женится? Только что из первых рук. На княжне Цициановой.

Кавалергард пошел, бряцая шпорами, и окликнул молодого офицера:

— Ты куда?

— В Летний.

— Я с тобой. Ты, кажется, родственник Цициановым?

Тетка офицера была свойственницей старой княгине Цициановой, жившей в Москве.

— Ну?

— Грибоедов женится на Цициановой.

— А!

Молодой Родофиникин остановился с офицерами и тоже узнал о Цициановой. Вечером Фаддей в театре подошел к Катеньке Телешовой, поцеловал ручку и сообщил.

— Знаю уже, — сказала Катя сурово, — слыхала. Пусть женится. Я ему счастья желаю.

Надулась и повернула Фаддею такие плечи, что ему захотелось их поцеловать.

Вечером же старый Родофиникин сообщил Нессельроду, что следует немедля послать высочайшее повеление Грибоедову ехать в Персию. Нессельрод согласился. Сели играть в бостон.

Ночью, когда Фаддей вернулся домой и хотел рассказать Леночке, она лежала носом к стене и, казалось бы, спала. Он покашлял, повздыхал и, когда она обернулась, рассказал ей.

Но она не спала и сказала даже с некоторым негодованием.

— Ты ничего не понимаешь. Александр Сергеевич не создан для семейной жизни. Das ist doch unmoglich. Это завяжет его, и он больше не будет писать комедию.

— Ну да, завяжет, — сказал Фаддей, немного смутясь, — не на того наскочила. Он такую еще штуку напишет, что...

Фаддей посмотрел испуганными глазами.

— Вот что он напишет. А не комедию.

Потом, стаскивая сапоги, он сказал примирительно:

— Говорят, Пушкин на Кавказ просился. За вдохновением. Или в картишки поиграть. В долгах по горло сидит. Только нашего не перешибет, шалишь. Про фонтаны во второй раз не напишешь. Баста.

Но когда он влез под одеяло и простер свои руки к Леночке, оказалось, что она уже спит мертвым сном и холодна, как статуя в Летнем саду.

22

Голову ломит с похмелья так, что ноги не держат.

"Заболею", — думает Грибоедов.

Стоят они на снегу, на поле, вдвоем с чужим офицером.

"Якубович, нелегкая принесла. Ведь он на каторге".

А двое стоят поодаль, в снегу, в одних сюртуках, и им холодно. Белобрысый — это Вася, смешная персона.

"И зачем я их вытащил сюда, когда я болен".

И все они целятся без конца, тоска такая.

"Стреляйте же!"

Ни выстрела, ни дыма, но Вася упал.

"Хорошо".

Хорошо, потому что можно будет сейчас домой, напиться горячего чаю — и лечь — и спать.

Тут его Якубович толкнул в локоть.

И как пуля выскочил Александр Сергеевич.

Белобрысый лежит смирно, а он пляшет над ним, поет ему песню. Песня старая, как Москва, песня старорусских блудников на кружале. Он приплясывает:

— Эх ты репка, ты матушка моя.

— Вот тебе, Вася, и репка.

Он поет, он безобразничает и зорко в то же время смотрит на студень глаз: куда его припрятать?

— В прорубь, — говорит он тихо и деловито.

— В лес? — говорит он белобрысому мертвецу. — А, Вася?

Он волочит его за рукава, в которых болтаются руки. И белобрысый смотрит на него.

— Ай, — говорит вдруг бесстыдно белобрысый (не ай, а: ать), — мне щекотно. Куда ты меня, дурак, тащишь?

Он жеманничает.

Грибоедов прячет его неумело, и все видят.

— Вот так так! Вот так так!

— Проюрдонил! Проюлил!

— Недосмотр какой!

— Слово и дело! Вяжите меня! Пардону прошу! Только в постель уложите, только чаем напойте, только его схороните, белобрысого Васю, треклятого.

— А я увернусь, — сказал вдруг громко Грибоедов.

Он хотел перекреститься — рука не шла.

В ноябре 1817 года состоялась дуэль Васи Шереметева с графом Завадовским и должна была состояться дуэль Якубовича с Грибоедовым. Шереметев был убит. Дуэль была из-за танцовщицы Истоминой. В Петербурге говорили, что стравил всех Грибоедов, который сосводничал Завадовскому Истомину. После этого он уехал в Грузию.

Дуэль Якубовича с Грибоедовым состоялась уже позже, на Кавказе, и Якубович прострелил ему руку.

23

Совмещение нескольких профессий никогда не обходится даром. Доктор Аделунг заподозрил чуму.

Поэтому Елиза, забаррикадировав свою дверь, отдала приказание искать доктора Макниля, который еще был в Тифлисе. Макниль велел поставить пиявки и на атаки Аделунга отвечал равнодушно, мычанием. Назавтра он выехал в Тебриз, к посланнику Макдональду.

Нине ничего не сказали, но на третий день она прибежала, небрежно одетая, простоволосая, и поэтому более молодая и прекрасная, чем всегда. Она осталась у постели Грибоедова.

24

И он очнулся.

Стояла ночь. На всем протяжении России и Кавказа стояла бесприютная, одичалая, перепончатая ночь.

Нессельрод спал в своей постели, завернув, как голошейий петух, оголтелый клюв в одеяло.

Ровно дышал в тонком английском белье сухопарый Макдональд, обнимая упругую, как струна, супругу.

Усталая от прыжков, без мыслей, спала в Петербурге, раскинувшись, Катя.

Пушкин бодрыми маленькими шажками прыгал по кабинету, как обезьяна в пустыне, и присматривался к книгам на полке.

Храпел в Тифлисе, неподалеку, генерал Сипягин, свистя по-детски носом.

Чумные, выкатив глаза, задыхались в отравленных хижинах под Гумри.

И все были бездомны.

Не было власти на земле.

Герцог Веллингтон и Сент–Джемский кабинет в полном составе задыхались в подушках.

Дышал белой плоской грудью Николай.

Они притворялись властью.

И спал за звездами, в тяжелых окладах, далекий, необычайно хитрый император императоров, митрополит митрополитов — бог. Он посылал болезни, поражения и победы, и в этом не было ни справедливости, ни разума, как в действиях генерала Паскевича.

Не было старших на земле, не было третьих, никто не бодрствовал над ними.

Некому было сказать:

— Спите. Я не сплю за вас.

Чумные дети тонко стонали под Гумри, и пил в карантине десятую рюмку водки безродный итальянец Мартиненго.

Преступление, которое он совершил десять лет назад и искупал его десять лет трудами и бедствиями, — совершилось вчера. Он не увернулся.

Потому что не было власти на земле и время сдвигалось.

Тогда-то Грибоедов завыл жалобно, как собака.

Тогда-то полномочный министр, облеченный властью, вцепился в белую, поросшую пушком, девичью руку, как будто в ней одной было спасение, как будто она одна, рука в пушке, могла все восстановить, спрятать, указать.

Как будто она была властью.

25

С этой ночи выздоровление пошло быстрым ходом.

С этой ночи Грибоедов успокоился.

Через три дня пришло высочайшее повеление покинуть Тифлис. Он встал еще нездоровый. Он был не весел, не темен, он был спокоен. На окружающих он производил впечатление человека вдруг постаревшего и задумчивого.

Пятнадцатого августа был взят Ахалцых.

Двадцать второго августа вечером их с Ниной венчали в Сионском соборе. И только во время венчания стало ему грустно, тошно, и он обронил свое венчальное кольцо.

Но кольцо быстро подняли и не дали ходу бабьим толкам. Очевидцы утверждали, что это обстоятельство, однако же, произвело впечатление на Грибоедова.

Назавтра Грибоедов сидел уже за бумагами и писал отношения.

В воскресенье 22 августа генерал Сипягин дал бал в честь Грибоедова.

Генерал с откинутой назад головой открыл этот бал польским, в паре с Ниной.

И Грибоедов улыбнулся ему.

Девятого сентября Грибоедов вышел прямой, в раззолоченном

мундире и треуголке, на крыльцо. Нина ждала его. Суетилась княгиня Саломе.

Стояли повозки, кареты.

Его окружил почетный конвой.

Абуль—Касим—хан подошел к нему в шитом золотом халате и низко склонился:

— Bon voyage, votre Excellence, notre cher et estime Vazir—Mouchtar[74].

Грибоедов сел в карету.

Так стал он — Вазир—Мухтаром.

---

[74] Счастливого пути, ваше превосходительство, наш дорогой и уважаемый Вазир—Мухтар (фр.).

ГЛАВА ШЕСТАЯ

Говорят про Персию —
Что богатая.
Она не богатая,
Распроклятая.

Солдатская песня

1

Она не богатая, она не проклятая. Бледные дороги, голубые поля с утомленным жнитвом, красные горы, реки хрюкают по ночам: хр—хр—хр.

Азиатская сторона, голая ладонь старого человека, волнообразные горы, как мозоли, как следы долгой работы — работы зель—зелэ, землетрясения.

В Мугане — змеи, в Миане — клопы, кусающие только иноземцев. Ядовитость клопов сильно преувеличена путешественниками двадцатых годов и развенчана путешественником сороковых.

Азиатская лень, удобство: тут же преклониться к земле и смотреть в разноцветные стеклышки окон, частью выбитых, — да еще персидская важность — ташаххюс, — да любовь к игрушечным калейдоскопам — такова персиянская роскошь. Дома окнами во двор, глухою стеною к улицам, как человек, ставший спиною к пыльному ветру.

Выстраданные на станках ковры — персиянская мебель, но так же выстрадали рубанки наши кресла и стулья.

Старая страна ничего не знает о своей старости, потому что в ней живут люди.

В 1829 году она похожа на Россию времени Ивана III или, может быть, Алексея Михайловича; вероятно, Петра не было или его не заметили. Соперничество двух городов, старшего и младшего: Тебриза и Тегерана, как Москвы и Петербурга. Но Тебриз существовал уже в восьмом веке, а Тегеран — во время Тамерлана.

Тегеран сделал столицею первый Каджар, родоначальник династии Каджаров, евнух Ага—Мохамед.

Каджары — не персияне. Они жили в Мазандеране, среди лиственных лесов маэандеранских. Они — тюрки. Их очень немного, и слово "каджар" было ругательством у персиян, но в восемнадцатом веке они сменили усталую династию Сефиев, любителей изящного.

Каджары стали персидской династией, как немцы были русской, как французы — шведской, шведы — польской, как ганноверцы — английской династией.

Евнух Ага—Мохамед—шах провел жизнь в войне, как Наполеон.

При взятии одного города евнух велел поставить у городских ворот весы.

На весах этих взвешивались выколотые глаза: глаза были выколоты у всех мужчин города. В Астрабаде он взял к себе маленького племянника Фетх—Али.

Когда Фетх—Али возрос, шах сделал его правителем Фарса и объявил Тегеран столицей. В 1796 году, когда евнух вступил в Шушу, для того чтобы окончательно завоевать Грузию, поссорились двое его слуг. Ага—Мохамед велел обоих казнить. А они не хотели умирать. Они пробрались ночью в его спальную и зарезали его кинжалами.

Тогда же, потратив некоторое время на убийство своего брата, сел на престол персидский Фетх—Али—шах, которого дядя—евнух прозвал с нежностью: Баба—хан.

Старший сын шаха, Мамед—Вали—Мирза, был не чистой крови, матерью его была христианка. Ермолов во время посольства обещал ему поддержку; Мамед—Вали—Мирза в 1820 году умер.

Третий сын шаха, Аббас—Мирза, овладевший Адербиджаном и сидевший в стольном городе Тебризе, был объявлен наследником, шах—заде, велиагдом. Хотя был жив второй сын, Гуссейн—Али—Мирза, губернатор Шираза, лентяй и сластолюбец.

Так произошла война с Россией.

2

Как произошла война с Россией?

Из-за престола — персиянского и русского.

В 1817 году, при заключении трактата Гюлистанского, Ермолов отказал Аббасу—Мирзе в титуле наследника. Александр Павлович, посвященный в обстоятельства смерти отца своего и не доверявший братьям своим, знал, в чем дело. Он вовсе не хотел резаться в Персии, на стороне какого—либо принца, хотя спать ему не давала дальняя мысль, что при этой кутерьме могли бы незаметно "быть присоединены нужные для нас дополнения" из числа персиянских земель.

Александр ждал, когда умрет старый Фетх—Али, Фетх—Али ждал, когда умрет "до небес возносящийся дядя Александр". Первым умер Александр. Фетх—Али и не думал умирать.

Шах—заде Аббас—Мирза узнал, что войска шах—заде Константина дерутся против войск шах—заде Николая.

Когда же, после вступления на престол Николая, Аббасу—Мирзе донесли, что шах—заде Константин собрал войска в Варшаве и в России идет междоусобная война, — он решился. В тот же час Аббас—Мирза послал курьера в Тегеран и отдал приказ — быть в готовности войску.

Но как мог он решиться на эту войну?

3

Всегда есть третий, молчаливо радующийся.

Англия не отказала в звании наследника Аббасу. Александр, жонглер Европы, превосходно знавший все законы балансирования, еще в 1817 году писал в инструкции Ермолову: "Англия естественно должна желать, чтобы все виды и помышления персидского правительства были обращены к северу, и будет возбуждать в нем против нас подозрения, дабы отвлечь его внимание от юга".

Англия думала не о Персии, а об Индии. Александр не думал о Персии, а думал о Кавказе. Сама по себе Персия была стертой бумажкой, но эта бумажка была ассигнацией.

"Нужно остановить перевес английского влияния в Персии, — писал Александр, — ослаблять оное неприметным образом и наконец вовсе истребить его". — Александр любил и умел "неприметным образом истреблять". Он отказался от посредничества англичан при заключении Гюлистанского трактата. Но англичане, не присутствовавшие при его подписании, принимали, даже по наблюдениям Нессельрода, "деятельное в нем участие".

А при заключении Туркменчайского мира — победоносного для России — Паскевич и Грибоедов никак не могли обойтись без посредничества англичан, и полковник Макдональд, как добрый друг, поручился собственным состоянием перед русскими за исправный платеж контрибуции.

"Неприметные" действия Александра были, по существу, весьма приметны.

А у Англии не было даже своей миссии, была только скромная миссия Ост—Индской компании.

Сидел в Тебризе у Аббаса полковник Макдональд, сидел в Тегеране доктор Макниль.

В 1826 году Ермолову донес вскользь Мазарович, русский уполномоченный: "Сукна, сахар и всяческие произведения Индии — вот и все, чем торгуют на базарах из английского".

Когда Аббас—Мирза ввел петровские реформы — регулярных сарбазов, пехоту, случайно при нем оказались: майор британской службы Монтис, капитан Харт, ставший начальником всей пехоты, британский лейтенант Ши, высланный после 14 декабря из Петербурга (по неисследованным причинам), и лейтенант Джордж Виллок, брат старого посла в Персии. Еще в 1809 году англичане вытеснили из Тебриза наполеоновского генерала Гарданна и его офицеров — первых учителей Аббаса в военном деле. Франция была представлена теперь только артиллеристом Бернарди, унтер—офицером, ставшим офицером во время Ста дней, а потом бежавшим из Франции, да бродягой Семино.

Россия — Самсоном.

Из всех них только англичане служили своей родине.

Мазарович писал о них: "Они здесь то, чем были капитаны—греки у сатрапов Малой Азии во времена Павзания".

Ермолов выражался более резко: "Вся сия наемников сволочь", но он чуял лучше мясистым носом.

Он писал задолго до кампании: "Англия сильным влиянием своим возбудит войну, дабы Персия не обратила внимания своего на беспокойства в Индии, а более опасаясь, чтобы мы по дружественным связям не заставили ее на них оглянуться".

И еще за десять лет до войны он, побывав в Персии, вгляделся исподлобья в механизм политики английской. Он писал, что англичане выдают себя за единственных спасителей Персии — тем, что учредили у персиян регулярное войско. "А персияне по глупости не видят, что это не для ограждения их, но чтобы иметь средство продать выгодною ценою самое гадкое сукно и брак из оружия. И в то время, как заводят они литейные дома, строят крепости, тогда же все употребляют меры отдалить персиян от заведения своих суконных, шелковых и бумажных фабрик. Не дают им средств вычищать сахар, который имеют они в изобилии, и ежегодно привозят оного из Индии на миллион червонцев. Словом, овладели совершенно торговлею и, придав поступкам своим наружности почтенные, все действия свои учреждают на правилах ростовщиков, то есть на законах чести, свойственных купеческим нациям". И рассказав не без удовольствия, как англичане ходят в угождение наследнику Аббасу в овчинных шапках и "не имеют у персиян стула", а сидят на ковре, сложа ноги, да и входят без сапог, в одних чулках, — заключил: "Следовательно, господа купцы честь свою положили в курс, и, конечно, выгодный. Не знаю, не положат ли и телесное наказание в цену".

И уже накануне войны доносили Ермолову: "Англия обязалась давать ежегодно Персии по 200 тысяч туманов, если только она будет иметь войну с Россией". И уже во время войны доносил Мадатов:

"В Испагань привезли до 200 вьюков английского оружия для войска Аббаса—Мирзы, а через Испагань проехал Касим—хан, зять шаха, к англичанам в виде посланника". И старик наложил резолюцию: "Весьма правдоподобно". Весьма правдоподобно, что дело было не в шах—заде Аббасе и даже не в шах—заде Константине и что игра шла большая, а курс был выгодный.

4

Когда Наполеон в медвежьей куртке бежал через Польшу, он танцевал с польскими дамами мазурку и, осведомившись, что поляки любят его, засвистал и сказал: "Мы еще повоюем".

Аббас—Мирза — чернобородый сорокалетний человек с легкой, танцующей походкой. Он человек, погубивший несчастной войной Персию. Он болен. От переутомления — доносят дворам. От любовного — доносят позже — и уже выздоровел.

Ташаххюс — в его приплясывающей походке то изящество, которым персияне встречают напасти.

Свирепый евнух мало ему мог передать наследственных черт.

Легкость движения нежной руки, улыбка женам, улыбка англичанам, улыбка русским.

И сумасшедший древний военный гнев на поле сражения, который называется храбростью.

И щедрость к этим темным, белым, розовым женам, воспоминание о которых путается, но остается весь день в теле. У велиагда тридцать детей.

И внезапная ярость, и тонкие ноздри раздуваются, когда говорят о его братьях.

Персия сдалась, Аббас не сдается. У него затеи, у него один день не похож на другой. Он падает духом быстро и быстро воскресает.

В Тебризе жарко, и шах—заде переехал на загородную дачу — Баги—шумаль — Северный сад. Одно уже имя севера приносит прохладу.

Перед домом четырехугольник бассейна, от дома идут аллеи.

Стены в зале отделаны зеркальными кусочками, и на них персиянская кисть изобразила, не совсем по закону аллаха, женщин.

Над дверьми портрет Наполеона.

И ковры, персиянская мебель.

— Принес ли уже живописец портрет русского царя?

— Перл шахова моря, он мажет его.

— Я повешу его над дверью в андерун. Пусть он висит против Наполеона. Прибыл ли Мирза—Таги?

— Он дожидается.

Начинается разговор с Мирзой—Таги, вовсе не о том, для чего приехал Мирза—Таги, а об убитых козах, коврах, халатах и перстнях. Их привез в подарок Аббасу Мирза—Таги.

И Аббасу хочется их щупать, хочется тут же надеть перстень на руку и сесть на новый ковер.

Но он молчит. Ташаххюс.

И потом он говорит вскользь:

— Мирза—Таги, я забыл, почем продаешь ты мой хлеб?

— По аббасу батман.

— Дешево ты продаешь его. По два аббаса батман. Мне говорили, что такова цена.

Не говорили этого. Нужны деньги, деньги. Аббас торгует своим хлебом, он продает его голодным жителям.

Задом удаляется Мирза—Таги от шах—заде.

Ташаххюс. Молчание.

Как хороши женщины на стеклах. Наполеон нарисован хуже. Аббас посылает за евнухом.

Евнух, маленький, важный, похожий на бабушку.

— Как чувствует себя Амие—Бегюм?

— Она счастлива.

— Приготовь мне Фахр—Джан—Ханум и Марьям—Ханум.

— Они будут чисты, тень шаха, но Марьям—Ханум все еще нездорова.

— Приехал ли доктор Макниль?

— Его ждут со дня на день.

— Хаким—баши пусть ее лечит лучше. Позови писца и приди после него.

Писец пишет французскую записку полковнику Макдональду.

Не найдет ли полковник Макдональд и его супруга возможным для себя дать мебель в помещение прибывающего русского министра, ибо, к несчастью, дворец, для сего приуготовлявшийся, почти пуст. Пусть полковник сочтет это величайшею услугою ему, Аббасу.

Аббас подписывает:

Ma reconnaissance et ma sincere amitie vous sont acquises a jamais[75].

---

[75] Моя признательность и искренняя дружба принадлежит вам навсегда (фр.).

И алмазной печатью оттискивает по-персидски:

Перл шахова моря, Аббас.

Перл шахова моря знает, что он делает. В последнее время — есть у него известия — брат его, губернатор ширазский, в великой дружбе с индийскими властями. Нужно как можно яснее высказать свое доверие и дружбу. Пока не приедет русский министр. Ибо губернатор ширазский — второй сын, а Аббас — только третий. Трон персидский, на котором сидит еще Фетх—Али—шах, каждый день может стать свободным. Фетх—Али стар.

А потом, когда русский министр приедет, — будет даже полезно, чтоб лев и медведь сидели на одной и той же мебели.

Пусть они подружатся, потолкуют, — а друзья всегда толкуют между собою как раз о том, что знает и тот и другой. Чего же не знает один из них, остается тайною для другого.

Кто-нибудь промахнется. Аббасу придется говорить тогда только с одним. Но он будет говорить, говорить до упаду с обоими. К тому же — "дворец пуст" — это значит для русского: нет мебели, нет денег, нет ничего. Сбавляйте цену.

Евнух.

— Сегодня ты вынешь серьги у жен моих и под точными квитанциями запишешь и сдашь мне.

Старушка вытягивает губы — и ни с места.

— Светлая тень шаха, они еще не могут простить, что я отнял у них алмазы.

Ноздри у Аббаса раздуваются. Живот евнуха ходит от волнения. Аббас улыбается.

— Хорошо. Иди.

И день идет. И он обедает, а потом читает французский роман о разбойнике. Потом молится, небрежно.

Диктует письма. Читает донесения Абуль—Касим—хана: Грибоедов задерживается в Тифлисе, и это, может быть, любовь, но, может быть, и намерение. Он сказал в разговоре, что, кажется, подождет уплаты куруров в Тифлисе, чтобы приехать расположенным и уверенным в искренности намерений.

Аббас вспоминает Грибоедова.

Длинный, в очках, спокоен.

Бойся худощавого, сказал Саади, бойся худощавого жеребца.

— Parbleu![76] — говорит Аббас, смотря на портрет Наполеона.

... Но, пишет Абуль—Касим—хан, не все еще потеряно: как слышно, из Петербурга настаивают на скорейшем отъезде посла.

Аббас тащит из-за пояса европейский носовой платок и сморкается.

— Петербург, Петербург — у них тоже не одна воля. В Петербурге одно говорят, на Кавказе другое. Но все же хвала аллаху и за то.

И он идет вечером в гарем—ханэ, и пестрый курятник, поющий, курящий и ругающийся, притихает.

Он подходит к старой своей, сорокалетней жене, и она опускает глаза в землю, а жены разевают рты: как давно этого не было.

И Аббас осторожно вынимает у нее из ушей серьги.

---

[76] Черт побери! (фр.)

Только на пятнадцатой жене, на тридцатой серьге, жены всполошились.

Они заплакали, заныли тонкими голосами и стали обнимать ноги Аббаса.

Аббас смеялся.

Он прикоснулся к тридцать первому уху, щекотливому и тонкому, смуглому.

Евнух подвернулся:

— Тень шаха, приехал Назар—Али—хан. Русский посол в Нахичевани, быстро, быстро едет в Тебриз.

Аббас остановился над тридцать первым ухом и вдел обратно серьгу.

— Я пошутил над вами, мои радости, я пошутил. Вот ваши серьги. Подать сюда перстни и ковры, которые сегодня я купил для них.

5

У полковника Макдональда в Тебризе хороший дом, недалеко от ворот Миермиляр и также недалеко от ворот Таджиль. Здесь ближе к предместьям с зелеными садами.

Тебриз недаром по-персидски значит: льющий жар. Впрочем, азиатские ученые производят его от: таб—риз, изгоняющий лихорадку. Перед домом искусственная лужайка и цветник. Леди Макдональд ухаживает за ними и жалуется, что цветы сохнут, гибнут от пыльного ветра. Деревья не в состоянии их защитить.

У полковника Макдональда вечерний чай и гости — два французских купца.

Полковник с седыми усами рассказывает об Индии, где долго жил.

— Слоны, которых здесь предпочитают водить в процессиях, там работают. Не хотите ли кальянов?

Лакей разносит кальяны, каждому по три.

— Их высылают в лес ломать деревья, и они поразительно проворно справляются с этим.

Но француз тоже слышал о чем-то таком.

— Да, да, белые слоны.

— Нет, совершенно обыкновенные, серые. Вина?

Разносят вино с английскими галетами, белыми как снег, жесткими как камень, не имеющими вкуса. Но они из Англии, они долго путешествовали, и полковник крепкими зубами медленно ломает их.

— Слон подходит к дереву, напирает на него плечом и затем, если дерево уступает, тотчас идет ко второму. Если же дерево крепкое, слон кричит, и к нему являются на помощь товарищи.

Все, кроме французов, слышали это не раз, но все слушают с удовольствием. Леди тихонько улыбается.

— Это значит заставлять за себя работать животных. Quod erat probandum[77].

---

[77] Что и требовалось доказать (лат.).

Французы привезли новости о модах. Пожилой француз посмеивается над шляпами a la карбонари. M—lle Жорж постарела и отправилась в турне.

Из-за стола встают без церемоний. Играют на бильярде. Расходятся.

Вечером в спальню к леди стучится полковник. Это его день.

— Дорогая, вы позаботились о комнатах для приема русских?

— Я думаю, внизу будет хорошо. Там не так жарко.

— О, напротив, я полагаю, лучше на парадной половине. Наверху.

— Говорят, он поэт и странный человек? Вроде этого Байрона.

— Нисколько. Это любезнейший человек, джентльмен во всем значении слова. Его жена — из грузинского царского рода. Вам будет веселее. Вы получили журналы?

—Да. Они, кажется, скучные.

— Дорогая, почему бы вам не развлечься? Верховая езда так развлекает.

И только в постели полковник забывает телеграмму лорда Веллингтона, шифрованную: "Поручительством недоволен. Используйте его и все обстоятельства, чтобы склонить шаха и принца к союзу с Турцией".

6

Серебром украшены Каджары,
А лошади в золоте у них!

Аварская песня

Снаружи — это большие опрокинутые горшки.

Изнутри они открыты и пусты, то есть завалены нечистотами. Это башни городских стен тегеранских. Если б они не были из глины, а из плитняка, они напоминали бы городские башни псковские, встречавшие Стефана Батория. Но они земляные, и в земляном дремучем Тегеране сидит на златом столе Фетх—Али—шах, или Баба—хан.

Он небольшого роста, с теми же живыми глазами, что у Аббаса, но уже тусклыми, уже покрасневшими, он старый красавец с мясистым тюркским носом.

Самое красивое в нем — борода, считающаяся длиннейшею во всей Персии, борода, спускающаяся двумя ассирийскими колоннами до "нижних областей желудка" — как пишет стыдливый путешественник, борода, лезущая до глаз, застилающая уши.

Если б Баба—хан жил на Руси, его называли бы льстецы тишайшим, а за глаза прозвали бы Черномором.

Баба—хан, вовсе не занимающийся государственными делами, — умен и, пожалуй, не менее умен, чем сын его Аббас, занимающийся этими делами.

Он знал вкус нищеты и помнил убийство полководца—евнуха.

В молодости жил он в великой бедности. Мать его варила в горшках скудный плов, купленный на деньги, занятые у соседок.

Жизнь дяди его, родоначальника Каджаров, знаменитого евнуха, его вразумила еще в ранних летах.

Ничего хорошего из этой знаменитой жизни не вышло. Дядя был евнух. Согласно донесения князя Меньшикова от 1826 года, у Бабы—хана было:

Сыновей 68

Старших внуков 124

Вместе 192

Дочерей замужних 53

Сыновей у них 135

Вместе 188

"Что же касается жен шаха, — писал Меньшиков, — трудно исчислить их правильно, по причине частой мены, которая в хареме происходит. Число сие определяется по сю пору в 800 особ, две трети коих рассматриваемы быть не могут как супруги шаховы на деле". Путешественники тридцатых годов определяют это число до "тысячи душ женского пола (!)". К восьмидесятому году его жизни число потомков его (сыновей, дочерей, внуков, правнуков) исчислялось в 935 человек, что составляло для Тегерана, в котором жил Фетх—Али, ощутительный прирост населения.

Дядя всю жизнь занимался войною. Чувствуя, что без войны никак не прожить на этом свете, Баба—хан предоставил войну сыну.

Что осталось?

Жены, деньги, вещи и возлюбленная тишина.

Из этих основ вытекала политика Бабы—хана.

В итоге, оказалось, он приобрел все, не теряя ничего.

Провинции он отдал в управление сыновьям—губернаторам. Губернаторы—сыновья, доставлявшие вовремя и в достаточном количестве деньги, были хорошими губернаторами, а сын, например, сидевший в Фарсе и слишком надеявшийся на скорую кончину отца, не платил дани, задолжал шестьсот тысяч туманов и был плохой губернатор.

Как правили губернаторы?

Просто.

Барон Корф, русский чиновник тридцатых годов, знавший, вероятно, двор Николая и, должно быть, приятель нескольких русских губернаторов и городничих, написал о персидском государстве следующее: "Принцы—правители, обремененные по большей части огромными семействами и привыкшие к роскоши шахского двора, при котором они воспитаны, тратят гораздо более денег, нежели сколько позволяют их средства. Откуда же взять остальное? —

Разумеется, с их помощников. А тем откуда? — С ханов. А тем? — С беков. А тем? — С народа. — Вот вам и нищие. Расчет верен, короток и прост".

Но к чести этого простого и открытого строя следует сказать, что Фехт—Али—шах вовсе не отгораживался от простого народа, вовсе не был недоступен.

На его земляной двор приходят простые крестьяне персидские и приносят, по официальной "Записке о тегеранских новостях 1822 года", "по 6 куриц, по 100 яиц и горшочек масла, за что почти всегда получают удовлетворение в их просьбах".

Тот же надежный источник описывает соколиную охоту тишайшего

Бабы—хана: "Шах, когда вздумает поживиться от своих придворных и министров, приглашает их быть свидетелями искусства своего стрелять в цель. С ним всегда бывает казначей с деньгами, не для раздачи их, однако. Как только шах попадает в цель, то желающий оказать свою преданность его величеству берет от казначея 50, или 100, или 200 туманов и подносит шаху, который, увидя сие приятное явление, простирает обе руки для принятия подарка. Подносящий целует обе руки его величества, а он изъявляет ему свою благодарность".

При этом, подобно Людовику XIV, Баба—хан не знал промаха ни из лука, ни из ружья, ни при метании джерида: на сей случай слуги имели с собой достаточное количество "благовременно убитой дичи".

И что же? Дяде его, евнуху, случалось спать на земле или войлоке. Баба—хан спал на кровати, о которой есть историческая литература. Кровать была хрустальная. Это был подарок Николая, при самом восшествии на престол: Николай как бы молчаливо приглашал шаха нежиться на постели и войн не затевать. Поэты Персии избрали ее темою. "Она сияет, — согласно одной поэме, — как 1001 солнце"

Сам Баба—хан был тоже поэтом, но кровати своей не воспевал, хотя темы черпал, именно на знаменитой кровати. Вот пример его стихов, собранных в обширный "Диван":

Локоны твои являют вид райских цветов,
Твой взгляд терзает душу стрелами.
Яхонт губ твоих льет силу в умирающее тело.
Взор предвещает бессмертие старцам и юношам,
Яхонт губ твоих берет душу в обмен на поцелуй.
О прелесть моя! возьми мою душу и дай поцелуй.

Стихи недурны, роскошь же дворца вообще сильно преувеличена. Главные средства страны поглощал гарем.

7

Гарем.

Забудем связанные с ним слова: подушки, кальяны, шальвары, перси и глаза.

Подушек этих тысяча, кальянов — три или четыре тысячи, шальвар тысяча и глаз две тысячи.

Гарем не гарем, гарем — учреждение, военный лагерь, женское войско, с предводителями, штатом, с бухгалтерией тканей и поцелуев, с расписанием регул, с учетом беременностей, с интригами ложа.

И как в грозное военное время солдат тысячной армии подвергался обыску перед допросом со стороны победителя, так и женщина представала перед шахом трижды обысканная и совершенно голая.

Возможны были повышения в чине и понижения — шла внутренняя война в этой армии.

Так, любимая жена, старшая жена Бабы—хана была танцовщица, дочь кебабчи, торговавшего жареным мясом на базаре, и она звалась Таджи—

Доулэт — венец государства. Но с нею соперничала дочь хана Карабахского — и состоялось заседание, и долго обсуждало этот вопрос, и дочь хана победила дочь кебабчи. Звали победительницу Ага—Бегюм—Ага.

Но дочь подрастала у старшей жены — дочь ее и шаха. И когда она выросла и стала прекраснее, чем была когда-то мать, она стала женою шаха. И дочь хана смирилась перед нею, потому что новая жена шаха была еще и дочерью шаха. У нее был свой многочисленный двор и целый отряд гулям—пишхедметов — камер-юнкеров.

В ее комнате вместо мебели стояли на полу фарфоровые и стеклянные карафины, умывальники, стаканы, рюмки, молочники, соусники. Они стояли в беспорядке, но в таком количестве, что для прохода были только узкие дорожки.

У нее было двое сыновей — и так как шаху они приходились и сыновьями и внуками, они были болезненны.

Их лечил опытный врач, доктор Макниль.

Он заставлял их разевать рты, щупал им животы и ставил очистительное в присутствии самого шаха и главных евнухов. Возможно, доктор Макниль щупал не только детские пульсы. Возможно, говорили не только о жабе и сыпях.

Кто мог предводительствовать этой армией, кому можно было ее поручить?

И женщина и мужчина равно погибли бы.

Предводительствовали поэтому евнухи, приставленные сидельцами к гарему, как скопцы были сидельцами у русских менял.

Главных евнухов было три: Манучехр—хан, урожденный Ениколопов, Хосров—хан, урожденный Кайтамаэянц, и Ходжа—Мирза—Якуб, урожденный Маркарян.

Представление об этих евнухах как о жалких и даже комических лицах, подобных евнухам комедий из восточного быта, следует сразу же откинуть.

Титул мирзы дается в Персии лицам, владеющим пером, титул хана — лицам власти.

Предводители тысячной женской армии были лицами по самому положению своему могущественными.

Манучехр—хан, брат русского полковника, был главным шахским евнухом. Он имел право докладывать лично шаху о чем угодно. И он, естественно, часто встречал шаха. Сам Аббас—Мирза, перл шахова моря, искал в могущественном евнухе, но евнух отказал ему в покровительстве. Евнух был хранителем всего достояния шаха — жен и казны.

А Ходжа—Мирза—Якуб был наиболее опытным бухгалтером государства, он, искушенный в двойной бухгалтерии, составлял годовые отчеты шаху. Он первый в Персии заменил старинные персидские знаки, запутанные и доступные только метофам, индийскими цифрами, которые в Европе зовут арабскими. И метофы страны, старые грамотеи, были его врагами.

Манучехр—хан, Хосров—хан и Ходжа—Мирза—Якуб составили особое торговое товарищество.

Они устанавливали цены на нужные гарему товары и драгоценности, закупали их и перепродавали женщинам.

После шаха они были самыми богатыми людьми.

Весть о прибытии доктора Макниля занимала дочь—жену шаха и самого Фетх—Али: мальчики были опять нездоровы.

Весть о прибытии Вазир—Мухтара их мало занимала: это было дело Аббаса—Мирзы.

Но один из евнухов, узнав о том, что едет Грибоедов, крепко задумался.

Задумался Ходжа—Мирза—Якуб.

8

Узкая улица, очень похожая на уездный русский переулок, отделяла шахский дворец от дома Самсон—хана.

Самсон проснулся рано, как всегда. Он поглядел на спящую жену, сунул босые ноги в туфли, надел синие форменные штаны и накинул халат. Бесшумно, чтоб не разбудить жены.

Он постоял над нею, посмотрел на спутанные черные волосы, на полуоткрытый рот, на груди, золотистые и жирные, сунул трубку в бездонный карман и вышел на балкон.

Жена его была халдейка.

Первую жену, армянку, он убил за неверность и построил после этого из собственных средств мечеть, а при ней содержал школу. Во искупление греха. Второй женой его была побочная дочь грузинского царевича Александра. Через нее сносился Самсон с царевичем, но не любил ее. Она умерла.

Тихо шлепая туфлями, он прошел по коридору. Ноги у него были кавалерийские, с выемкой, как буква О.

На женской половине, хотя еще было рано, уже стрекотали дочки, и в дверь всунулась женская голова с черной челкой до глаз.

Это была любимая дочка Самсона, от первой жены армянки.

Тотчас дочка выскочила в коридор.

Узкий архалук сползал у нее с плеч и стягивал их назад, на руках были браслеты с бумажками. (На бумажках были написаны стихи из корана). Шелковые шаровары, широкие, как два кринолина, едва держались на ее узких бедрах, и живот у нее был голый.

Босыми ногами, окрашенными в темно—оранжевую краску, почти черными, она юркнула к Самсону. Дочка была модница.

— Застрекотала стрекоза, ходит франтом, сапоги с рантом, — сказал ей Самсон по-русски. — Спи, рано еще, — сказал он ей по-персидски и чмокнул ее в лоб.

Черноглазая дочка дотянулась до Самсонова лба, провела по нему рукою и юркнула на свою половину.

Каждое утро они так встречались.

Самсон умылся тепловатой мутной водой у хрустального умывальника и с мокрыми волосами вышел посидеть на край балкона.

Волосы у него были длинные с проседью. Длинные волосы — зульфа — один из признаков военного сословия, Самсон подстригал их в скобку, как раскольники. С балкона был виден переулок и четырехугольная внутренность двора.

На дворе росли кипарисы в чехлах из пыли, подстриженные чинары и сох цветник.

Дед в белой рубахе ходил по двору и подметал его.

— Яковличу, — сказал он и мотнул головой.

Он был старый раскольник, бежавший еще до Самсона в Персию. Самсон его взял к себе дворником.

Хан набил трубку и закурил.

— Много будешь работать, дед, скоро помрешь, — сказал он равнодушно.

— А я, смотри, тебя переживу, — дед был сердит.

Самсон ухмыльнулся в бороду.

У шахского гарем—ханэ, наискосок через переулок, сидели двое бахадеран, его солдаты, и мирно спали.

Самсон курил и смотрел на них. В этот ранний час солнце еще не пекло, и часовые спали сладко.

Из батальонных казарм, красного и длинного одноэтажного здания, с другой стороны дворца, вышел офицер в высокой остроконечной шапке. Он приближался к Самсонову дому и к часовым. Походка его была мерная и быстрая. Он был молод.

Самсон окликнул его сверху:

— Астафий Василич! С дежурства?

Это был наиб—серхенг Скрыплев, недавно бежавший прапорщик. Он вытянулся перед ханом и отдал честь.

— А ну—ко, посмотри—ко, это твоей роты молодцы так шаха стерегут?

Скрыплев подошел к спящим солдатам.

— Встать, — сказал он резко. — Вы что, на часах или с бабами спите?

Часовые встали.

— В другой раз не в очередь на дежурство, — сказал Скрыплев. Часовой, старый солдат, нахмурился. Но сон клонил его, и он ничего не ответил. Увидя Самсона, они вытянулись. Самсон пальцем подозвал Скрыплева.

— Гоже, — сказал он тихо. — Взбирайся—ка ко мне.

Он курил и смотрел на молодого офицера.

— Гоже, да не очень, — сказал он, — люди на землю ушли, а этим завидно. Вот и нос в землю.

На летнее время он распускал батальон. У батальона под Тегераном была земля. Холостые оставались в городе.

— Молодое дело, Астафий Василич. Ты не тянись с людями. Ты выругай так, чтоб их мать проняло, а потом одно слово скажи. Это легче людям.

— Слушаю, ваше превосходительство.

Прапорщик был слегка обижен.

— И превосходительства эти забудь. Точно, что я превосходительство, а ты подполковник. Только что я сартипэввель, а ты, выходит, наиб—серхенг. А я еще, на приклад, вахмистр, а ты прапорщик. Тут превосходительства не замечается. Молодые как справляются?

— Отлично, Самсон Яковлич. Полковник Ениколопов ими весьма доволен.

Серхенг Ениколопов был брат евнуха, Манучехр—хана, беглый русский поручик. Молодые были дети дезертиров. Самсон отдавал их учиться в армянскую школу, и по окончании учения им предоставляли на выбор: идти в батальон или учиться ремеслу.

— Харадж исправный?

— Вполне хорош.

— Ну и хорошо.

— Самсон Яковлич, — сказал почтительно наиб—серхенг, — люди беспокоятся.

— Чего? — сказал Самсон и пыхнул дымом.

— Песельник один говорил намедни, что едет русский посол сюда и якобы приказ у него имеется батальон отсюда вывести. Якобы такой указ вам от его высочества послан.

Самсон курил.

— А ты этого песельника ко мне доставь, — сказал он, — я с ним поговорю. Тебя ж попрошу дело людям, как случится, и самому толковать.

— Слушаю.

— Точно, что сюда посол едет. Господин Грибоедов, старый знакомый. Это верно. И указ я от шах—заде получил. И выходит, что песельник был прав.

— Слушаю, — сказал Скрыплев и раскрыл рот.

— Только та ошибочка, что указ не тот. Я фирман от Аббаса получил: за отличие, как я был у него в кампанию военным советником, он дает людям наделы под Тебризом, на выбор. Там земля лучше. Такой указ. А об выводе, так это песельник с головы напел.

Скрыплев улыбнулся.

По улице шныряли мелочные торговцы, прошли, медленно пританцовывая, двое купцов. Рота сарбазов, плохо одетых, небрежной походкой завернула из-за угла. Мальчишки свистали и бегали.

— Ты сегодня к Алаяр—хану будь. О джире напомни от меня. Он знает. Задерживают джиру. Как справишься, обедать приходи. Дочки спрашивают, что ходить перестал.

И прапорщик в остроконечной шапке с султаном — их пугались мальчишки и звали ослиными хвостами — вытянулся перед ханским халатом.

Самсон выколотил трубку и немного понурился. Он сказал Скрыплеву не всю правду. Фирман Аббаса—Мирзы, полученный им вчера, действительно предоставлял наделы русским бахадеранам в Адербиджане. Но в выписке из сообщения Абуль—Касим—хана говорилось о том, что Вазир—Мухтар имеет тайное предписание вывести всех русских и самого Самсона из Персии. Он сидел и молчал, смотря себе на ноги.

— Назарка дурак выболтал. Повесить бы его за язык за бабий. Хараб.

"Хараб" имеет много значений: дурная дорога, опустевший и развалившийся город, глупый или больной человек.

— Хараб, — пробормотал Самсон и вдруг вспомнил нос и рот Грибоедова. И очки. Рот был тонкий, сжатый.

Самсон скривился и вполголоса выругался.

Потом он сплюнул и неторопливо пошел в андерун.

9

Алаяр—хан, к которому Самсон направил Скрыплева, имел титул Ассиф—оуд—Доулэта.

Титул этот заслуживает внимания.

Ассифом он назывался более потому, что так звали министра одного из царей Израилевых, по официальной догадке князя Меньшикова (от 1826 года), сообщенной им Нессельроду, — Соломона.

Один из путешественников двадцатых годов неправильно переводит этот титул так: "государственный Соломон". Каковы обязанности "государственного Соломона"? Это — столь же подозрительные звания, как вице—канцлер, просто канцлер и министр без портфеля. Отсутствие портфеля у министра — признак, всегда производящий зловещее впечатление.

Все люди пристроены, один к финансам, другой еще к чему—нибудь, и только у одного человека пустые руки. У такого государственного Соломона руки, пожалуй, не только пусты, но и развязны.

Он путается и в финансы и во все. Он может разрешить вопрос о джире — конском довольстве — к большому, может быть, неудовольствию людей.

Алаяр—хан был первым министром Фехт—Али—шаха, министром без портфеля. Был он еще и садр—азамом и, сверх того, был почему-то подчинен евнуху Манучехр—хану.

Алаяр—хан не был Каджаром. Черные остановившиеся глаза были у него как у человека задумавшегося.

Он презирал Фетх—Али—шаха и молча, неохотно ему повиновался. Он думал о судьбах династии. Он не забыл, как по занятии Тебриза шах велел бить его по пяткам, желая этим не столько наказать его и не столько опозорить — наказание от шаха даже по пятам вовсе не было позорно, — сколько указать, кто виноват. А ведь это он стоял за занавеской в палатке Аббаса, когда тот торговался о мирном трактате с кяфиром в очках. Алаяр—хан стоял за занавеской и слушал, и слезы, крупные, как град, падали на бороду. Он стоял за занавеской и теперь, стоял и думал за занавеской своего андеруна.

Кто виноват?

В восточных семьях, когда умирает глава семьи, долго обсуждают этот вопрос: кто виноват? И виноватым оказывается либо врач, либо невестка, не вовремя подавшая питье, только не язва желудка, от—которой умер больной.

Персия умирала от язвы. Базары нищали, дани увеличивались. Толпы нищих бродили по Тегерану. Лоты и распутные женщины так возросли в числе, что ночью окраины казались оживленными. Они бродили еще, эти толпы, они еще не задумались. Но Алаяр—хан уже задумался.

Виноваты Каджары.

Алаяр—хан, присоветовавший войну и построивший после этого дворец, не виноват.

Виноват Аббас—Мирза, и следует его свергнуть. Если его свергнут, Алаяр—хан возьмет свой старый персиянский нож. Трон Каджаров перейдет к персиянину.

Они еще бродили, лоты и обнищавшие кебабчи, сапожники,

бросившие свои молотки, плотники, продавшие свои топорики. Шах их не видел. Алаяр—хан видел их.

Они были задумчивы. Но они еще не думали:

— Кто виноват?

Виноват Аббас—Мирза.

Алаяр—хан ждал доктора Макниля и того длинного, узкого кяфира, который посмеялся над ним во время переговоров. Кяфира — неверного.

Он был невесел даже тогда, когда привели к нему двух новых пленниц в его гарем—ханэ, немку и армянку. Он пресытился. Он велел своему евнуху хорошо содержать их и забыл о них.

ГЛАВА СЕДЬМАЯ

1

Грибоедов въехал в город Тебриз 7 октября. Он ехал верхом. Он снял очки, неприличные при сем случае, и Тебриз казался ему разноцветной колышущейся выветренной глиной.

Тяжелый караван шел за ним.

Сто лошадей, и мулов, и катеров везли за ним Нину, Мальцева, Аделунга, Сашку, армян, грузин, казаков, кладь. Он ехал так прямо, как будто конь его по близорукости боялся сбиться с пути.

Стреляли французские пистолеты, трещали фальконеты сарбазов, какая-то желтая персиянская рвань по бокам галдела, и ехал навстречу медленно, на пританцовывающей кобыле чернобородый, улыбающийся, изнеженный Аббас—Мирза — голубое с белым. Что-то шевелилось за Аббасом, за свитой, за полками, словно шевелились серые палатки, — шли слоны. Грохот барабанов встречал победителя, ровный, глухой, безостановочный.

Ворота Тебриза закрылись.

Были выметены дорожки у английской миссии, как сени.

Жеребцы храпели, наезжая на оборванцев.

Барабаны били.

2

Снизу слышался смех — это Нина, леди Макдональд и юный Борджис из английской миссии играли в новую, только что привезенную игру. Круглый, полный стук шаров, потом шорох платьев и смех.

Кабинет был убран хорошо и спокойно, без маменькиных штучек, не голые палаты Паскевича. Он был с кожаною мебелью, глубокими английскими креслами, в которых можно курить, но нельзя отчаиваться.

Путь был дальний, месячный. Путь и лихорадка. И лицо Нины.

Камни, версты, халаты были позади.

Камень у Амамлы, могила Монтрезора, русского майора, который был послан Цициановым за провиантом, подвергся нападению и, видя, что все заряды вышли у него, бросился на орудие, крепко его обнял и так был изрублен, и — стал Монтрезоровым камнем.

Халаты, сотни халатов ханских у Эривани — всех этих Мамед—ханов, Амед—ханов, Паша—ханов, Джафар—ханов, которых с этого времени Нина зовет вообще: чапарханы. И речь эриванского плац—адъютанта: "Эриванское ханье честь имеет... " И цветные мантии, армянские золотые хоругви у моста через Зангу, встречавшие его, как будто он был королем Болдуином и шел на Иерусалим.

И обеды из тридцати блюд, и депутации от курдов в пестрых чалмах, в шароварах—юбках, с древними щитами, похожими на дамские соломенные шляпы, с копьями, на которых волосатые султаны трепались, как головы врагов.

Все отступились.

Он был один в кабинете, и курил, и улыбался, когда внизу выделялся Нинин голос. Он ждал своего гаремного часа и отдыхал, курил. Он очень постарел за болезнь. Новое государство затерялось в папках Нессельрода, квитанциях Финика. После разговора с Бурцевым он более не думал о нем.

Песня.

Песня в нем гуляла, болела, назревала, бродила и рассыпалась. Это не о новом государстве он думал, не из-за него старался, а из-за старой русской песни он бился, которая сменит нежные романсы Сашки и альманашников. Теперь, когда он постарел и молодость сняли с него, как тесное платье, он это понял. Не театр военный и не театр Большой, не министерство иностранных и престранных дел, не журналы лавошников и чиновников, а хотел он построить простую, прямо русскую, не петербургскую, древнюю песню, полунощное слово о новом полку Игореве.

И пробудет он здесь месяц или год, самое большое, у этих чапарханов, будет честным царским чиновником, слушаться будет Паскевича, и ему дадут награждение. А на деньги он будет жить в уединении, в Нинином Цинондале. Там будет его труд. Людей не нужно ему. К чапарханам он будет грозен, когда надо, а когда надо, и милостив. Так легче с ними. И так как людей он знает и люди тошны ему по этой причине, удастся ему эта бестолковая музыка — быть представителем десяти властей у двенадцати.

Ничего, что он устал и нездоров еще, что как будто он взбирается на шестое жилье и на четвертом заметил, словно остальные два подъема и лишние. Голова на плечах, Нина смеется внизу.

Он курил и перелистывал английские журналы, новенькие. Перелистывал и прислушивался к стуку шаров и веселому спору внизу, и вдруг перестал прислушиваться.

Он читал.

"Известный актер Эдмунд Кин снова вернулся в Лондон. Причина его отъезда — то обстоятельство, что он был освистан лондонскою публикою в Кобургском театре. Сей достопамятный скандал завершился тем, что г. Кин, подойдя к рампе, с обычным хладнокровием своим сказал зрителям: "Я играл во всех образованных государствах, где только говорят по-английски, но никогда еще не видел столь грубых скотов, как вы".

Грибоедов согнулся над тонкой книжкой "Review".

"Вскоре после сего случая г. Кин распрощался с Англией и отправился в Америку. Но, будучи от природы тщеславен, г. Кин не столько был польщен успехом своим как художника, сколько тем, что одно индейское племя, у которого прожил он некоторое время, избрало его в число вождей своих. Вот что сказывает по сему поводу друг его, лицо почтенное, наш известный журналист Г. Ф.: "Мне доложили, что меня приглашает к себе индейский вождь по имени Элантенаида, на карточке же, оставленной сим вождем, значилось имя Эдмунда Кина. Я отправился в гостиницу, и слуга указал мне его нумер. Комната, куда я вошел, была освещена весьма тускло, и лишь в противоположном ее конце яркая лампа освещала подобие подмостков, а на них некое подобие трона, на коем восседал вождь. Я приблизился и невольно содрогнулся... "

Смеялся внизу юный Борджис, и коротко засмеялась Нина. Грибоедов вздрогнул, смех был слишком ясный, почти грубый, как будто смеялись в комнате. Он зажал себе уши.

"... фигура, которая предстала моим глазам. На плечах у странного этого человека была накинута медвежья шкура. Сапоги, нечто среднее между штиблетами и сандалиями, утыканы были иглами дикобраза. На голове орлиные перья, сзади ниспадала черная лошадиная грива. Золоченые кольца в носу и ушах. За широким поясом томагавк. Руки его, украшенные браслетами, по временам протягивались судорожно вперед, точно желая что-то схватить. Он спустился с трона своего и стремительно подошел ко мне. Глаза его дико блестели.

— Элантенаида! — воскликнула хриплым голосом фигура..."

— Фигляр, — сказал, пожимая плечами, Грибоедов и вдруг нахмурился.

"По голосу тотчас же узнал я Эдмунда Кина. Гуроны допустили его в племя свое и избрали вождем под именем Сына Лесов, каковой титул он ныне присоединяет к своему имени. Передают, что уже в Дрюрилене утверждал он, будто никогда не чувствовал себя столь счастливым, как среди гуронов, когда дали они ему титул вождя".

Грибоедов швырнул книгу.

Этот несчастный актер, освистанный, который принужден был бежать из Англии, как он сам восемь лет назад бежал из Петербурга, зачем не остался он у гуронов, зачем фиглярил перед этим журналистом, позорил обычаи людей, среди которых жил, и свое звание? Или любовь к театральному тряпью больше всякой другой, и как пьяницу тянет усыпанный опилками пол кабака, так и у актера и драматического автора в известный час после обеда заноет какой-то червь в груди — и он отовсюду убежит и всех покинет? Он поймал себя на мысли, что собирался строить свой театр домашний, в Цинондалах, и усомнился: кто же играть будет? Тогда вдруг понял, что трудно ему будет жить без того, чтоб свое "Горе" не увидеть на петербургском театре.

Он придвинул опять книжку.

"По возвращении г. Кин не имел успеха в роли Шейлока".

И захлопнул ее.

Журналисты, сволочь мира сего, живущие за счет дымящихся внутренностей. Господин Ф...

Нина стояла на пороге.

И он протянул к ней весело руки.

3

Крик стоял на дворе.

Пять голосов кричали по-персиянски:

— Нет. Нет. Нет. Нам не нужно никаких денег, мы принесли эту козу от велиагда, и пусть Вазир—Мухтар ест ее с удовольствием.

Было всего семь часов. Грибоедов прислушался.

Жирный голос Рустам—бека покрывал персиянские крики:

— Я довольно вам дал, и совершенно довольно.

Рустам—бек приходился дальним родственником княгине Саломе и поэтому заведовал хозяйственной частью. Грибоедов невольно взглянул на спящую Нину, как бы ожидая от нее ответа.

Повторялось это, к сожалению, часто.

Каждый день от Аббаса приносили то плоды из его сада в тяжелых корзинах, то козу, "собственноручно убитую его высочеством", то конфеты на серебряном блюде.

Гулям—пишхедметы, как и подобает камер-юнкерам, стояли скромно, они ожидали приличной мзды за труды и удивились бы, вероятно, если бы узнали, что Вазир—Мухтар называет это: давать на водку.

Бог, если уж не поминать княгини Саломе, послал Грибоедову двух людей, с которыми он не знал, что делать: Рустам—бека и Дадаш—бека.

Рустам—бека, с лихими курчавыми усиками, он назначил поэтому заведовать хозяйством, а Дадаш—бек так и болтался без дела.

Грибоедов звал их Аяксами.

Денег было действительно мало до ужаса. Финик до сих пор не распорядился высылкой. Но Аяксы вели себя в этих случаях, как привыкли вести себя в Тифлисе с татарами—продавцами.

— Берите свою козу и убирайтесь на все четыре стороны, — ревел на дворе Рустам—бек.

— Это коза? Это кошка, — помогал ему Дадаш—бек.

— Нет. Нет. Нет. Не нужно нам денег. Ешьте на здоровье, — горланили гулям—пишхедметы и не трогались с места.

Грибоедов накинул халат и шмыгнул в кабинет.

Там он сел в кресло и только уже потом медленно и лениво подошел к окну и окликнул Аяксов.

— Давайте каждый раз столько, сколько я приказал.

— Посмотрите на козу, Александр Сергеевич, — багровел внизу, подбоченясь, Дадаш—бек, — это кошка. Ведь это не от велиагда. Они сами приносят всякую дрянь и дерут с нас втридорога. Они нас обманывают.

— Дадаш—бек, это не ваше дело.

Аякс пожал широкими плечами, а камер-юнкеры, получив на водку, ушли довольные.

Грибоедов знал, что дня через два это снова повторится.

Пора было идти суд судить, а к двенадцати он должен быть у Аббаса. По три раза в день он виделся с его высочеством.

Напялив мундир, в котором было жарко и неудобно по утрам, он спустился во внутренний дворик.

Там уже ждали его.

Казаки вытянулись и стали на караул.

Люди примолкли.

Грибоедов отыскивал глазами очередного родителя. На этот раз им был старенький немец—колонист. Вместе с Грибоедовым приехали в арбах, в повозках, в старинных колымагах и телегах эти родители, армяне, немцы, грузины, у которых были взяты в плен или похищены дочери.

Родители жили в караван—сараях, шатались по базарам, пропадали по окрестностям, выспрашивали, вынюхивали, а потом являлись с доказательствами, что дочка живет у сеида Мехмед—Али или у сеида Абдул—Касима.

Грибоедов вызывал сеида, и сеид являлся с невинным лицом. В пространной речи он доказывал, что никакой дочки в гареме у него нет и что сосед его, пустой, дрянной человек, наплел на него. После долгого прения с родителями, взглянув попристальнее в очки Вазир—Мухтара, он соглашался привести дочку, "если только это она".

Начиналось третье действие комедии о блудной дочке — дочка являлась.

Это как раз и происходило теперь.

С видом скромным и равнодушным стоял сеид в меховой шапке, усатый и толстогубый.

Старенький родитель в очках, перевязанных веревочкой, стоял, заложив руки за спину.

И перед ним была дочка. Дочка большая, как идол, величавая, с белобрысыми кудерьками по височкам. По загорелому лицу густо насели светлые веснушки.

Двое детей тыкались ей в тугие колени и обтягивали шелк на рубенсовых бедрах. Увешана она была бусами, в ушах висели тяжелые серьги, а на руках блестели перстни, толстые, как черви.

Старенький родитель смотрел на нее помаргивая, не без боязни. Рубашка у родителя была новенькая, чистая.

— Сусанна, — говорил родитель сладко, как говорят толстой кошке, от которой можно ждать неприятностей, — Сусанна, дитя мое.

Дочка молчала. Казаки смотрели на нее во все глаза.

Грибоедов стал творить суд.

— Признаете ли вы господина Иоганна Шефера родителем своим? — спросил он дочку по-немецки.

— Aber, um Gottes Willen, nein[78], — ответила дочка голосом грудным и густым, как сливки.

Родитель заморгал красноватыми глазками.

— Ваше фамильное имя?

— Я позабыла, — ответила дочка.

— Sie hat schon den Familiennamen vergessen[79], — отметил с горечью родитель.

— Сколько лет вы замужем?

— Шесть лет и три месяца, — ответила дочка точно.

— Вам хорошо живется?

— Благодаря бога.

— Не притеснял ли вас ваш родитель?

— Excellenz[80], — сказал оскорбленный родитель и прижал руку к груди, — она жила у нас как кукла, wie'n Puppchen.

— Puppchen? — спросила дочка и оттолкнула детей. — Ptippchen? — спросила она и подалась вперед.

Отступил родитель.

— Коров доить? — кричала дочка, — пшеницу жать? — наступала она на старика, — сено сгребать? Сусанна — туда, Сусанна — сюда? Вы постыдились

---

[78] Клянусь богом, нет (нем.).

[79] Она уже забыла свою фамилию (нем.).

[80] Ваше превосходительство (нем

бы, Vater[81], смотреть мне в глаза, если б вы не были такой жестокий, бессовестный человек.

— Erziehungskosten? —отбояривался тонким голоском родитель. — Воспитание? Кто тебе дал воспитание? Сколько! Сколько оно стоило! Sakrement![82]

— Я вас вижу в первый раз, — сказала дочка величаво, и грудь у нее заходила.

— Документы, — совал дрожащими ручками родитель грязные клочки в руки Грибоедову, — Excellenz, вот все мои документы, и извольте усмотреть.

Грибоедов смотрел с некоторым удовольствием на дочку. Излишен был вопрос, не дает ли она показания в запуганном состоянии. Сеид сам сжался, когда услышал ее голос.

— Господин Шефер, — сказал он родителю и отвел двумя пальцами родительские клочки, — на основании закона вы имеете право получить дочь свою Сусанну как похищенную.

Дочка молча посмотрела на родителя.

— Vater, — сказала она, — если вы возьмете меня, если вы осмелитесь на это, я этими руками задушу вас по дороге. Руки у нее были действительно сильные.

— Но, — закончил Грибоедов, — сама похищенная должна признать своих родственников. Таков закон, — добавил он с удовольствием.

Клочки трепетали, как бабочки, в родителевых руках.

Родитель заморгал усиленно.

Он моргал до тех пор, пока слезы не потекли у него из глаз. Он стоял, равнодушный, маленький, без всякого выражения на красном сморщенном личике, моргал, и из глаз падали у него чужие слезы.

Потом он вынул обтрепанный бумажник, открыл грязными пальчиками отделение в нем и бережно засовал туда клочки.

Выпрямился господин Шефер, заложил левую ручку за спину. Сделал он шаг к Грибоедову. Низко поклонился.

— Excellenz, — сказал он важно и медленно, — честь имею откланяться. Эту женщину, — он ткнул пальчиком в немку, — вижу я, — он ткнул себя в грудь, — в первый раз.

И он поднял палец строго. А потом согнулся и засеменил прочь, не оглядываясь, маленький седенький немец, в новой чистой рубашке, на которой не хватало пуговиц.

Грибоедов сделал знак. Сеид и немка пошли прочь со двора. Немка шла медленно. Двое мальчиков цеплялись за ее широкие шальвары. Казаки смотрели ей вслед.

Пойдет старенький немец на базар, купит овса для катера и будет торговаться, и по равнодушному лицу будут течь слезы, потом он вынет красный большой платок из кармана, высморкается, закурит аккуратно вонючую трубку и затрусит дни и ночи по дурным дорогам. И дома он сразу возьмет топорик наколоть дров, и будет их колоть каждый день, и за десять лет так ничего и не скажет об этой поездке своей рыхлой старухе.

---

[81] Папаша (нем.).

[82] Черт побери (нем.).

— Отца не признала, — сказал один казак и повел головой.

— Богатая, — зевнул другой.

— Обидно немцу, ей—богу, — сказал первый, — тратился, ездил, а она — вот, во внимание не берет.

— Давеча Серопка—купец тоже порожняком уехал. Закон. А разве баба посмотрит на закон?

4

Три раза в день посылал за Грибоедовым Аббас, ощупывал его лицо со всех сторон живыми глазами и наконец в разочаровании — вздыхал.

Аббас умел обманывать и обманывал со вкусом и смелостью. Когда обманутый уходил, Аббас не улыбался, а складывал руки на животе и делал вкусную гримасу сытого человека. Но по уходе Грибоедова Аббас с тоской смотрел на портрет Наполеона и в разочаровании — вздыхал.

Добро бы Вазир—Мухтар был сердит, резок или настойчив. Добро бы он требовал немедля, сейчас же, уплаты следуемых куруров. Тогда Аббас знал бы, что делать, — он торговался бы, изворачивался бы, смеялся бы, а затем вдруг, как кинжал из-за пазухи, спокойно достал бы такое слово:

— Его величество султан Оттоманский шлет ко мне посла и предлагает соединиться.

Он умел изворачиваться в беде.

Но тут беды никакой не было. Вазир—Мухтар был вежлив, вел себя совершенно естественно и ни на чем не настаивал. Собственно, он даже и говорил о курурах (вернее, отвечал Аббасу), даже настойчиво говорил. Но слух у Аббаса был музыкальный: настойчивости настоящей не было, она была понижена на какую-то шестнадцатую тона.

Жизнь и смерть Ирана были в кармане у этого человека в очках. Он тащил из кармана платок — и сморкался. Людей загонял Аббас, посылая за Вазир—Мухтаром, церемониалы, встречи — и ничего.

Ему решительно неоткуда было достать куруры, и все же он предпочел бы, чтоб Грибоедов был настойчивее. Он недоумевал: где здесь западня, гиблое место?

Недоумения хватило на неделю. Все еще не доверяя, понимая, что это какая-то кошачья оттяжка, Аббас, однако, повеселел. Западни же не было никакой: Паскевич приказал не выводить из Хоя русский корпус, а это было возможно только в том случае, если персияне не выплатят куруров.

Вазир—Мухтар хоть и добивался уплаты куруров, но не мог настаивать на полной уплате.

5

Полковник Макдональд был очень доволен, что его жена подружилась с молодой русской.

— Я рад, дорогая, что наше захолустье оживилось и что вы наконец свободно вздохнули. Русская леди — очень забавная молодая женщина. Она почти ребенок.

И действительно, они гуляли вместе, ездили кататься и даже устроился небольшой музыкальный вечер: леди Макдональд пела. Заставили играть и Грибоедова.

Полковник и Грибоедов сидели в креслах и смотрели на своих жен, окруженных молодежью.

Шершавый город вонял трупами собак и остовами лошадей, там ругались, спорили, голодали и пели. Здесь было тихо и приятно пахло: старомодными сухими духами.

Полковник спокойно курил. Лицо его было немного усталое. И Грибоедов сказал ему:

— Новый роман, который вы прислали мне, необычайно занимателен.

— Не правда ли? Я и сам с удовольствием его читал. Этот Купер пойдет далеко. Я знавал одного Купера лет двадцать назад, но это, вероятно, другой. Он должен быть моложе.

Новый роман был "Прерии" Купера. Прерии в этом романе словно помещались в просторной и чистой комнате, и все опасности были только для того, чтобы их избегнуть на той же странице. Старый траппер, ловец дичи, был главным героем. Он был когда-то охотником, испытал много неудач, а теперь спокойно жил в прериях и стал ловцом дичи, справедливым, хитрым по необходимости, и спасал людей своей нации.

Нужно было хоть немного воображения, чтобы поскучать месяц, два или год в Персии.

Грибоедов отчасти воображал себя старым траппером, ловцом дичи. Немногословие полковника, его седые усы нравились ему.

6

За ужином Грибоедов засмотрелся на лысый сыр и вдруг ткнул в него пальцем.

— Вот тебе Фаддей.

— Но ведь он поэт, ты говорил.

"Ты" она говорила еще робко. Он все-таки был ее учитель — сначала в музыке, а потом в Овидиевой науке.

— Фаддей? О да, да, он истинный поэт. Со слезой.

Что теперь делает Фаддей? Но, боже мой, он тоже ужинает. И, может быть, такой же сыр стоит у него на столе. О чем говорит он теперь, никак не представишь, но толстые губы шлепают. Катя, может быть, танцует. Он придвинул козье молоко и отставил его с отвращением. Молоко было сладкое, персиянское. Эх, Катя, Катя.

— А Пушкин похож на свои портреты?

— И да, и нет.

— Лучше или хуже?

Ну как ей объяснить, каков Пушкин?

— Он очень быстрый, прыгает, и вдруг холоден и вежлив. И тогда говорит комплименты и дерзости, как француз. Вообще он человек светский, любит блистать. Может быть, добрый человек. Но я его близко не знаю.

Нина очень внимательно слушает о Пушкине.

— Папа переводил его стихи.

И она прочла ему грузинское стихотворение, которое оказалось пушкинской элегией: "Мечты, мечты, где ваша сладость... " Он этой элегии не любил.

Он знакомил ее заочно со своими знакомыми. Она мало знала о его жизни.

Ей очень нравился ташаххюс: эриванские ханы, склоняющиеся перед Грибоедовым.

В существенном она была еще девочкой, даже девчонкой. Она взбиралась на диван, поджимала под себя ноги и неподвижно разглядывала Грибоедова. Ее правый глаз начинал немного косить. Сидение кончалось изумлением:

— Как это все случилось? Где я, что и с кем?

Тут уж она протягивала к нему руки:

— Будем век жить, не умрем никогда.

Ей шел шестнадцатый год, Грибоедов был вдвое старше. Один день у нее было одно лицо, другой — другое. Она менялась у него на глазах, росла еще. Большая темноглазая девочка.

7

Полковник Макдональд тоже с удовольствием прочел роман Купера "Прерии".

Это была наука о поведении.

Молодые французы и какие-то лейтенанты слонялись в этом романе как неприкаянные, в кого-то влюблялись, путались во все дела, и только старый траппер неизменно за всех и за вся выкручивался.

Трудно было извернуться полковнику Макдональду. Он видел: все, что строилось им в течение двадцати лет прямолинейной службы, вдали от зеленых лужаек его Шотландии, — проваливалось. Неблагополучие, вкус которого полковник позабыл смолоду, — вот оно, собственной персоной.

Как будто учитель погрозил ему пальцем в колледже и поговорит с ним после уроков.

Накануне назначения на важный пост, который по праву ему был обещан, дела сложились так.

Он слишком горячо оказал английское влияние во время переговоров русских; следуя давнишнему опыту, он знал, что, вмешавшись в дела, приобретает влияние на обе стороны.

И он поручился всем своим состоянием за сто тысяч туманов. Правда, тут же он взял в залог у Аббаса его золото. Но Сен—Джемс послал свое неодобрение, и афронт налицо, если не...

Если... если...

Полковник часто сидел, курил и думал об этом.

Если персияне выплатят все сполна русским...

Но тогда сможет ли Персия соединиться с Турцией?

Она обнищает вконец, и даже не стоит ей платить после этого двести тысяч туманов в год, согласно договору.

No doubt[83]. И тогда прощай влияние английское, долго и упорно, как растение, привезенное из-за моря, насаждавшееся им.

Либо русские сократят контрибуцию. А по всему видно, что именно так и будет. Но тогда — трижды — прощай влияние английское.

Аббас—Мирза говорил уже ему, весело улыбаясь:

— Мой дорогой друг, я не могу вас больше слушаться. Я раз послушался — и что же вышло?

И полковник неспокоен. Рука, которую он тридцать лет подносит к своим тонким усам, стала непроизвольно дрожать.

Спокойствие.

Будущее неясно.

Но.

Но нужна дружба с русскими. И он действительно прекрасный человек, Грибоедов. К тому же он молод.

Леди Макдональд. Супруга Грибоедова. Это полезная близость.

И.

И нужно действовать в возможных пределах, так сказать использовать то, что дано. Он не охотник, а траппер.

При этом.

Все дела распутываются обыкновенно, а не только у Купера, каким—нибудь вовсе неожиданным индейцем, который вырастает из—под земли и о котором раньше даже сам автор не думал. Кстати, например, пришла телеграмма из Константинополя о поражении Паскевича. Правда ли, нет ли, но это неплохо.

И полковник Макдональд проводит вечера напролет, запершись наглухо в кабинете с доктором Макнилем, который спокоен, как всегда.

8

Макдональд был во власти Грибоедова. Грибоедову было немного жаль Макдональда.

И англичане стали его приказчиками.

Он настоял, чтобы майору Гарту Аббас выдал фирман на наложение контрибуции в каком угодно адербиджанском округе на пятьдесят тысяч туманов. Пусть накладывает. Во всяком случае, лучше наложит, чем персиянин, и возбудит ту же ненависть, что русский чиновник на его месте.

Мальцов, оказалось, обладал недурным слогом. Он писал деловые бумаги. Хотя слишком хитро он их писал. Мальцов полагал, что дипломатия — это сплошь тонкая штука, что каждое слово должно быть закорючкой. Он не знал, что вся сила дипломатии — это после ходов конем пойти прямым и размашистым ходом, через всю доску ферзью. И все же он был дельный, очень дельный чиновник.

---

[83] Без сомнения (англ.).

А доктор Аделунг успевал и еще более того. Его уже пригласили в гарем—ханэ к Аббасу, и он прописывал горячительные любимым женам его. Кроме того, он, бесплатно разумеется, лечил кого угодно, и больные персияне, большей частью в лохмотьях, часами толпились у его комнаты в нижнем этаже.

Мехмендар, приставленный к миссии, Назар—Али—хан говорил учтиво Грибоедову:

— Доктор Аделунг заставил позабыть дорогу к нашим хаким—баши, а дорога к английской миссии начала уже зарастать.

Вечерами, засунув руки в широкие плебейские штаны, выдававшие немецкую национальность, бродил доктор Аделунг по улицам Тебриза бог весть для каких еще там научных наблюдений.

Двое феррашей с палками ходили перед ним и кричали на встречных, дорога расчищалась.

Так, Бетховеном каким-то, бродил доктор Аделунг по Тебризу, и все привыкли к нему, как будто он век жил в Тебризе.

Вечерами Нина уходила к Макдональдам, и ее сопровождал Мальцов.

И вдруг Грибоедов получил бумагу, вернее две, которые все перевернули вверх дном.

Но началось с Сашки.

9

Он сох, изменился в лице, на вопросы Грибоедова он не отвечал. У него начались столкновения с Ниной.

Он входил молчаливо и грубо в ту комнату, где сидела Нина, и начинал метелкой отряхать пыль. Он водил метелкой, задевал что-нибудь, стакан или карафин летел на пол, и Сашка словно добивался этого, кончал уборку и начинал подметать пол. Он переколотил изрядную часть посуды.

Грибоедов сулил ему черта, обещался пройтись по его спине, но Сашка скалил зубы, не улыбаясь, и шел вон.

Нину он ненавидел, по-видимому, медленно, методически. Он наступал на ноги старой няне—грузинке Дареджане, которую Нина привезла с собой. Он вымел щеткой Нинину фамильную брошь и бросил ее в помойное ведро.

Он вовсе отбился от рук, и когда Нина ему что-нибудь приказывала, шел и звал старую грузинку. Сам он не исполнял ее приказаний. Он говорил казакам, что Александр Сергеевич взял жену, потому что пожалел молодой возраст: совсем забросили ихние родители.

— Молоды, — говорил он повару, — не знают петербургской жизни. Может, привыкнет.

Он спал без просыпу или бродил по базарам. Раз его привели мертвецки пьяного двое каких-то персиян.

Сашка погибал.

И вдруг, в одночасье, исчез Сашка.

Его поймали за городом. Он шел с котомкой, неведомо куда, болтаясь головой, не смотря под ноги. Когда привели его к Грибоедову, Грибоедов усмехнулся горько.

— Ты что ж, Сашка, — сказал он ему, — в тюрьму захотел?

— Как пожелаете, — ответил Сашка.

Они помолчали. Дело было в кабинете, Нины не было.

— Разве я тебя притесняю? — тихо спросил Грибоедов. Сашка стоял в комнате обломом, каким-то обломком Москвы, грибоедовского студентства.

— Куда ты бежал? —спросил Грибоедов.

Он думал, что Сашка собрался бежать в Москву.

— Говорили мне, — сказал Сашка с усилием и глухо, — что за Тебризом русские люди живут...

— Ты что же, — спросил Грибоедов и поднялся, — ты что ж, к беглецам, к сволочи уходил?

Сашка жевал губами.

— Из-за барыниных притеснениев, — сказал он вдруг. Грибоедов смотрел на Сашку, которого видел пятнадцать лет.

— Ты выдумываешь, — сказал он, беспомощно разводя руками, и вдруг покраснел. — Пошел вон, дурак, — сказал он тихо.

И, когда Сашка вышел, он приложил руку ко лбу.

Ночью, проходя зачем-то мимо Сашкиной каморки, он приложился ухом к двери.

В каморке было темно, черно, но ему показалось, что Сашка ворочается, мается, и он услышал как бы глухое бормотанье:

— Мамынька... Померли давно.

Грибоедов долго прислушивался.

Бумаги ж, полученные им, были неприятного свойства. Паскевич потерпел неудачу и требовал немедля уплаты куруров и немедленного же вывода корпуса из Хоя. Может быть, он даже рад был неудаче, так как теперь мог с честью присоединиться к мнению Нессельрода. Размеры неудачи были неопределенны и издали казались велики.

Приходилось разом менять весь план действий.

10

Аббас был задумчив, Аббас был весел, портрет Николая висел у него на груди, наряд его был совсем прост, и только кинжал за поясом играл камнями.

Ложь его имела все достоинство искренности и под конец оказывалась правдой.

— Надобно много времени, чтобы каждый народ образовать для войны, — говорил он Грибоедову с необыкновенным достоинством. — Мы только начали, вы также имели свое время испытания, пока не дошли до нынешней степени.

Только в Риме, вероятно, были такие смугло—бледные лица и живые ноздри.

— И я ничего не потерял за эту войну, если приобрел ваше доверие.

Он сидел неподвижно — ходить по комнате, разговаривая, — обычай европейцев и сумасшедших. Но пальцы его двигались, глаза танцевали.

— Я рад, что со мной говорите вы, счастливый человек. Ваши глаза теперь любят счастье. К моему огорчению, до сих пор я не знаю, что нравится вашей супруге. Может быть, она любит шелк, может быть, конфеты? Так трудно разгадать женские вкусы. А я не хотел бы, чтобы ваша супруга скучала. Если она будет скучать — она будет бранить меня. Таковы женщины.

— Ваше высочество, мы довольны всем, и моя жена просит передать вам благодарность за ваши заботы.

Нужно сейчас что-нибудь похвалить. Но что именно?

Похвалить детей — неприлично, это сглазит их, а о женах и совсем не полагается говорить.

— Плоды из сада вашего высочества необыкновенно ароматны.

— Я достал этот сорт из Франции, но сад мой сохнет. — И Аббас говорит просто, так же как о конфетах:

— И страна моя сохнет. Mon cher ami[84], вы уже достаточно осмотрелись кругом, вы говорили со мною, я говорил с вами — сложите с меня эти два курура, parce que dans ma poche il n'y a qu'un sou, monsieur[85].

И ведь действительно, сохнет страна. Грибоедов сидел прямой как палка. Голос его был сухой:

— Ваше высочество, разрешите мне быть откровенным, я как раз собирался вам сказать: уплатите немедленно два курура. Ибо дальнейшая оттяжка может повести к несчастью.

Пальцы прекращают свой плавный танец, и Аббас смотрит с недоумением: наконец-то, наконец-то он заговорил. И как заговорил!

— Да, но ведь шеф, великий шеф мне это обещал.

Паскевич этого вовсе не обещал.

— Боюсь, ваше высочество, что я все же буду поставлен в необходимость потребовать немедленной уплаты. Мы ждали довольно, ваше высочество. Я вижу сам положение вашего округа. Но его величество?

Аббас играет кинжалом.

— Ах, — пальцы ползут по алмазам, как по клавиатуре, с рукояти до конца, — ах, его величество ничего не хочет слышать. Я оставлен на самого себя. И на вас.

— Слушайте, — говорит он и вдруг успокаивается, — слушайте, я нашел средство. Я буду вполне откровенным. Я поеду к императору, моему другу, в Петербург. У меня столько забот. Я хочу отдохнуть. В вашем отечестве столько прекрасного. Я повидаю великого визиря Нессельрода. Правда ли, что Деревня царя прекрасна? Мне говорили об этом.

Зайчики бегают по коврам, синие, желтые, зеленые и фиолетовые. Оживает то индийская завитушка, то персиянский квадратик.

— Я хочу наконец изъясниться с императором, как человек с человеком.

— Я полагаю, и император будет счастлив увидеть ваше высочество, несмотря на неусыпные военные труды свои.

— Именно вследствие их, — говорит твердо Аббас. — Я сказал бы дяде своему, императору: пусть вспомнит он решительный день своей династии. У меня теперь решительный день, и он поймет меня, как наследник

---

84 Дорогой друг (фр.).

85 Потому что у меня нет ни гроша в кармане (фр.).

наследника. Колесо идет вверх и вниз. И здесь нечему радоваться. Удача, как женщина, — у нее закрыто лицо.

Ровная, беспрерывная улыбка у него на лице, зубы белы, а кто поймет его глаза?

— Ваше высочество намекает на слухи о якобы свершившемся поражении генерала Паскевича?

И Грибоедов смеется, как будто перед ним Фаддей. Аббас тоже смеется. Сейчас он скажет что-нибудь о плодах, о женщинах, о...

— Именно на это я и намекаю, — он любуется переменою в лице Вазир—Мухтара. — Дело в том, что его величество султан Оттоманский шлет ко мне посла и просит присоединиться противу вас.

Все это он говорит так именно, как сказал бы о плодах, о шелке, о табаке.

— Как жаль, что я не видел ваших столиц, дорогой Грибоедов, — ведь их у вас тоже две, как и у нас?

— Ваше высочество, наших столиц скоро будет три.

— Hein?

Аббас не понимает.

— Стамбул.

Аббас говорит быстро:

— Вы великая сила. Я не сомневаюсь в этом. Я предлагаю императору союз. Его величество султан не исполняет договоров. Я возьму командование на себя.

Грибоедов вздыхает:

— Боюсь, что ваше высочество опоздали. Баязет в наших руках, Муш и Ван вскоре падут. Не затруднили бы действия вашего высочества операции наши?

— Зачем мне Ван, — откидывается назад Аббас, — так не воюют, дорогой Грибоедов. Я обойду Ван, я пойду на Багдад. Кербелайский шейх ждет меня, и, если я появлюсь, бунт испепелит оттоманов.

План выработан. "Я появлюсь" — он сказал это, как Вася Каратыгин на Большом театре. Но Вася Каратыгин не улыбается при этом. Если б Аббас был серьезен и ноздри его раздувались, — это значило бы, что он обманывает. Но он улыбается, следственно, верит в себя, следственно, не лжет.

Грибоедов низко, медленно склоняет голову перед улыбкой, перед легкомысленным, нерешительным и внезапным юношей с черной бородой. Да, он из того... теста, из которого испечен был Наполеон и... Карл XII. У него есть лишние черты. Он еще двинет свой Иран, свою старую колымагу на гору и еще, может быть, слетит с горы. И поэтому Грибоедов склоняет голову — нельзя любоваться им, нельзя этого показать.

Аббас говорит на прощанье, как будто это вовсе не он говорил "я появлюсь":

— Мой почитаемый брат Гуссейн—Али—Мирза пишет мне: принять дары его величества султана, ибо страна нищает. А что я могу ответить ему? Я ведь только человек. Страна моя нищает. Вы простите мне два курура.

Дождь размывает улицы Тебриза, нищие, голые, желтые.

Грибоедов едет домой, и ферраши бьют мокрыми палками по мокрым привычным спинам прохожих.

11

А дела прибывали, дела кучею русских пленных, прошениями армянских семей, которые стремились перекочевать в Россию, алмазами Аббасовых жен, слухами о поражениях Паскевича, туманами, тысячами туманов ложились на стол.

Аббас был нищ, Адербиджан был гол.

Его мухессили сдавали все податные деньги в цитадель при русской миссии, а персиянским чиновникам и гарему была задержана выдача жалованья. Были срезаны бриллиантовые пуговицы у любимых жен Аббаса.

В Хорасане кипело возмущение.

В городе Иезде и округе был открытый мятеж.

В Луристане боролись друг с другом Махмуд и Махмед—Таги, двое шах—заде. Там резались.

Керман восстал против шах—заде Хасана—Али—Мирзы, губернатора. Шефи—хан командовал мятежниками.

Сам старый Фетх—Али выехал в Ферахан, чтобы собирать деньги и войска у сыновей — губернаторов тех провинций, которые еще пока не восстали.

Грибоедов писал донесение за донесением. Он писал их, торопясь, стиснув зубы и с выражением решительным.

Страна разорена, и Аббас истощил до конца свои средства. Позволить ему ехать в Петербург? Может быть, заключить союз с ним против турок? Намерения его чисты, ибо положение безвыходно.

Ответы приходили как бы с того света. Финик писал ему, что крайне недоволен его действиями. Пусть Аббас сидит в Тебризе, куруров не прощать, все знают, что Персия страна богатая, и он изумлен, что куруры идут так медленно, когда они нужны и Канкрину, и Волконскому. Он удивлен, что Грибоедов не едет к шаху.

Нессельрод писал, что крайне недоволен его действиями. Если Персия вступит в союз с Россией, Ла—Ферроне и лорд Веллингтон прервут с ним отношения и европейское равновесие подвергнется серьезной угрозе. Пусть он достанет эти... куруры... и поскорее выведет войска из Хоя.

Паскевич требовал, чтобы он беглецов всех без остатка вывел, не то срам и срам.

Компас плясал на русском корабле. Как в 1814 году, лебедь, щука и рак двигали им, но лебедь подох давно, щука была безграмотна, рак звался вице—канцлером. Однако подохший давно лебедь, щука и рак сходились в одном: деньги нужны. Денег у Аббаса не было, дело было за шахом.

Макдональд предложил отправить доктора Макниля в Тегеран настаивать перед шахом на участии его в платежах.

Грибоедов подумал и согласился.

Это было еще нужнее Макдональду, чем Грибоедову.

Грибоедову казалось, что он пишет в несуществующее пространство, что письма его не доходят. Он справлялся о них. Письма доходили исправно. Стало быть, их не читали.

Была какая-то ошибка в адресе, вряд ли существовал адресат.

— Свиньи, свиньи, — бормотал он.

Он начинал сомневаться в своих обязаностях. Он переставал понимать звание: полномочный министр.

Персиянское слово Вазир—Мухтар казалось ему понятнее.

12

— Во—первых, вы скажете ясно шаху о желании кабинета видеть его в союзе с султаном.

— Но...

— Не беря на себя обязательств.

—... Не беря на себя обязательств. Но намекнете, что таковые возможны. Затем вы поднесете ему прибывший сегодня хрусталь.

— Разумеется.

— Только из-за хрусталя я задержал вас до завтра. Это имеет свое значение. Прошу обставить пышно поднесение. Далее, вы сообщите, что в скором времени выплата туманов нами прекращается сполна.

Макниль щурился. Макдональд был бледнее обыкновенного. Он трогал пальцем ус.

— Не опасно ли это, сэр? Я полагаю, что именно сейчас...

— Я прошу вас исполнить приказание буквально. Именно сейчас это необходимо. Далее, вы в настойчивых выражениях от имени русского посла потребуете выплаты ста тысяч туманов.

— Он ответит мне отказом, сэр.

— Я надеюсь, даже грубым.

Макниль начинал понимать. Он улыбнулся.

— Ваши переговоры с шахом будут продолжаться возможно долее. Вы поднесете также приношения — перстни, зеркала и все, что там есть в пяти ящиках, Манучехр—хану, Алаяр—хану и Ходже—Якубу. Вы с ними переговорите. Говорил ли вам Грибоедов о русских гренадерах?

— Нет, сэр.

— Очень жаль. Вы увидите Самсон—хана и поднесете ему подарки для его дочери. По моим сведениям, дочь его выходит замуж.

— Нужно ли с ним говорить, сэр?

— Нет. Принц осведомил его об инструкциях русского правительства. Возьмите с собой также чай, перочинные ножи, ножницы, очки — словом, пять тюков из прибывших.

Макниль молчал. Потом, все так же прищурившись, он сказал медленно:

— Грибоедов сам поедет тогда в Тегеран.

Макдональд быстро на него поглядел.

— Нет. Он предопочитает действовать издалека. Принц в его руках. К тому же у него молодая жена.

— Нет, он поедет, — спокойно сказал Макниль. — Я его знаю.

Макдональд потушил сигару и придавил ее двумя пальцами о край пепельницы. Он думал.

— Может быть, — сказал он, — может быть, вы правы. Но тем лучше. Оттоманскому послу вы передадите о том, что мы решили вчера.

Они встали.

— Прошу вас торопиться, — сказал Макдональд, — и как можно чаще сноситься со мною. Я буду отвечать немедленно. С вами едут двадцать человек.

За окном был слышен осклизающийся конский шаг: его жена, мистер Борджис, Нина Грибоедова и другие возвращались с прогулки.

— Вы помните, доктор, что сказал кардинал Ришелье?

Доктор не помнил и терпеть не мог классических изречений.

— Он сказал: кто уклоняется от игры, тот ее проигрывает. Quod est probandum. Приложите все старания. Помните, что принц всецело под влиянием русских. Желаю вам счастливого пути.

13

Грибоедов получил приглашение от Аббаса—Мирзы на монетный двор.

Пожав плечами и назвав Аббаса старым плутом, Грибоедов отправился знакомым путем.

Ферраши били палками зевак и прохожих по спинам, и он их не останавливал. Это был ташаххюс.

Он посмотрел на башню дворца и на баляханэ, как на Красные ворота. Только наверху, в баляханэ выставлены были старые барабаны. Сарбазы стояли на часах так, словно это были зеваки, а не солдаты.

Уверенно вошел он в боковую дверь и вышел на продолговатый двор. Здесь встретили его какие-то чапарханы и повели. По красной кирпичной дороге прошел он сквозь феррашную на другой, четырехугольный двор. И опять какие-то чапарханы присоединились к ним. Он прошел, окруженный халатами, пустой диванханэ, и еще два чапархана примкнули к ним. Из четырехугольного двора повели его в восьмиугольный. Шли по сторонам огромные рамы с разноцветными стеклами. Солнце било в них, и они разноцветно вращались, как калейдоскопы. И еще башня и совсем маленький дворик. Вход в какую-то каморку. Это был монетный двор Аббаса.

Дверь была достаточной высоты, но Грибоедов, входя, нагнул голову.

Монетный двор весь помещался в одной комнате. Здесь было полутемно, после солнца и калейдоскопа. Полутемно и даже прохладно от земляного пола.

Аббас сидел на простом деревянном троне. Он молча указал Грибоедову сесть.

Люди без верхних одежд, полуголые, разводили в глубине комнаты огонь в жаровнях.

Грибоедов щурился; он не понимал. Аббас сидел прямо, в белом халате, и лицо его было от неверного света желтое. Он не смотрел на Грибоедова и не смотрел на чапарханов. Он смотрел на жаровни и полуголых людей.

Так пытали некогда персиянские сатрапы изменников.

Огонь разгорался.

Молчал Аббас.

Молчали чапарханы, Грибоедов.

Дрова потрескивали, дышали запыхавшиеся люди, над чем-то копошившиеся в углу, присевшие на корточки.

Огонь разгорался.

Аббас протянул худую руку.

Тотчас люди, копошившиеся в углу, привстали. Они клали на длинные блюда тяжелые, тусклые, опухшие вещи.

И так, приплясывая под тяжестью, они встали в ряд и стали подносить блюда Аббасу.

Аббас наклонился вперед.

Он пощупал руками первое блюдо и пальцем указал на Грибоедова.

Грибоедов поднялся и отступил несколько.

Древней работы громадный золотой канделябр, несоразмерно вздувшийся в серединной части, лежал на блюде, как плод, свисал тусклыми кисточками, пузырился крохотными виноградинками.

И Грибоедов не посмел прикоснуться к нему.

Так проносили один за другим эти канделябры, и одни были длинные, толстые сверху, другие опухшие книзу, третьи — вздутые посредине. Потом пошли чаши, сосуды. И все были с мельчайшими иголочными надписями.

Их несли к огню, и полуголые люди копошились, перекладывали их и ставили в огонь.

В комнате стало светлее от золотых струек, завитков, кулачков, падавших в огонь.

Аббас сидел и не смотрел ни на Грибоедова, ни на чапарханов. Важный, суровый, чернобородый, с тусклыми глазами, он смотрел на золото, следил за каждым сгустком.

И Грибоедов вдруг почувствовал, что Аббас будет резаться за трон свой с братьями страшно, без конца, без удержу.

Он не подумал о том, что он, Грибоедов Александр Сергеевич, хоронит империю Каджаров. Ни тепло, ни холодно не было ему от этого. И о Персии он не подумал.

Но ему показалось, что он всю жизнь свою просидел заложником в земляном погребе, и рядом сидел чужой, на тысячу верст и тысячу лет, более чужой, чем расплавленные канделябры, Аббас, до которого нет ему никакого дела и которого кто-то все же связал, спутал в недобрый час с ним. Безобразное одиночество тогда самым жалостным и проклятым образом, как живое существо, влезло в него.

— Шестьдесят тысяч туманов, — сказал Аббас по-французски, — завтра их отвезут в вашу миссию.

14

Много скрывается в палатках
женщин, прекрасных под чадрою.
Но открой чадру — и ты увидишь
мать своей матери.

Саади

Глина была скользкая, как лед; камины не грели. Нина зябла, укутавшись в теплый платок, и разговоры неприметно сокращались. Она была беременна, и беременность ее была тяжелая, мучительная, со рвотами, выворачивавшими внутренности, с приступами, с задыханьями. Когда начинались эти задыханья, Грибоедов досадовал и пугался. Потом он чувствовал себя виноватым. Он был внимателен к Нине и как-то почтительно присматривался к ней. Лицо ее стало дурного цвета и изменилось.

Он получил письмо от маменьки, Настасьи Федоровны.

"Дорогой мой сын Александр.

Я твое письмо получила, только почта нынче плохо доходит, поздно получила и поздно отвечаю. Радуюсь как мать твоему счастью, и передай мое благословение твоей жене, хоть запоздалое, которую я по твоему письму довольно ясно себе представила... Ума не приложу, что ты скрытен был и даже нужным не почел родную мать в намерения посвятить. Хоть мать ваша бедная старуха, а все, дорогой сын, она следит за вашими успехами с замирающим сердцем, и единственная мечта — чтоб в его сердце для нее осталось хоть небольшое, но свободное место. На большее моей претензии давно уже нет.

Надеюсь, что здоровье свое ты не чрезмерно переутомляешь на службе. Побереги себя хоть для своего lune de miel[86]. Зная характер твой, я без ума от беспокойства. Ты горяч, но скоро остываешь, все фаты—морганы, как папенька твой говорил.

Огорчила меня Марья Алексеевна, которая все еще гневаться изволит на тебя за намек твой в водевиле твоем: всем говорит, что будто недовольны. На это смотрят, мол, как на faux pas [87]. Остерегись, дружок. Мать тебя предупреждает. Ну да бог с ней, что говорить, слава богу, что не напечатано этого. Я и то говорю, что нету этого ничего в водевиле, да не верят. И вот плоды театральных кулис, ристалищ.

Александр, именем бога и отца твоего прошу: слушайся ты Ивана Федоровича, один ведь заступник, и то, помнишь, наговорил Елизе, что ты вывел его под именем Скалозубова, и я тогда насилу отписалась. В нем будущее наше, и только в нем. Папенька в старое время приязни менял да пофыркивал, да так секунд—майором и преставился. Ты же как человек рассудительный и его помнишь, и дяденьку Алексей Федоровича. Выбор-то, кажется, нетруден: голы как церковные мыши. Хоть и не жалуешь, знаю, дядю-то. А из упрямства из одного. Мать-то тебя, мой дружок, знает. Не

---

[86] Медового месяца (фр.).

[87] Ложный шаг (фр.).

хочу говорить, а только эти театральные позитуры, друг мой Александр, это зелено еще и, как дяденька говорил, горчит. А сердцем-то ты понимаешь, что жить он умел, а век прожить, поверь старой матери, это наука. Кувырк да кувырк, как дяденька говорил, ан глядь и вынырнул. Теперь же ты семейный человек. О житье старухином что писать. День за день и сутки прочь, одолели меня долги, ну да справлюсь. Тобой, мой сын, только и живу, тебя, mon cher, поджидаю с твоею молодою женою, которую жажду увидеть поскорей.

Ах, mon Dieu, qu'elle est romantique, ta lune de miel dans ce pays pittoresque!"[88]

Он медленно порвал письмо сверху донизу. Из-за нее он поехал сюда. И как она знала его. Никто в мире поэтому не имел над ним такой власти.

Ночью он не спал.

Бил нечленораздельный дождь в разноцветные стекла и напоминал о том, чего он не успел сделать за день.

Нина спала. Лицо ее было желтое, как лицо княгини Саломе. Он был без очков и вдруг увидел это. Он отвел взгляд.

Денег не было. Финик задержал, подарки для шаха застряли в Астрахани, Дадаш—бек поколотил старика на базаре. Дяденька Алексей Федорович, куруры, куруры.

Ему стало ясно: это война.

Никто не понимал этого.

Паскевич воевал с турками, но война шла здесь, без солдат, без пушек, еще более страшная. И он один ее ведет, главнокомандующий и заложник. Поэтому, несмотря на дела, проклятое время тянется. Может быть, один Сашка это почуял.

Недоставало чего-то в комнате. Это лишало его мужества, уверенности..

Недоставало какой-то вещи. Он водил близорукими глазами по комнате.

Было холодно, Нинино платье желтело комком.

В комнате недоставало фортепьяна.

15

Так началась качка на небольшом русском корабле, плавающем по нищей стране.

Капитан бодр, он сидит за картами, как всегда. Не верьте ему, он обесцвечен. Он не желает прислушиваться к себе, и вот это вы принимаете за бодрость.

Раз он застал себя за странным занятием — сидел и бормотал нелепую песенку:

Мальчик с пальчик,
Мальцов с пальцов.

---

[88] Ах, боже мой, как это романтично, твой медовый месяц в этой живописной стране (фр.).

И обнаружил, что терпеть не может Мальцева, почтительного, старательного и даже дельного человека.

16

Это было одно из тех писем, которые он получал как бы с того света. Ничего особливого в нем не было. Но одна фраза, в нем попавшаяся, привела его в такой гнев, что он задохнулся. Даже не фраза, а слово.

Нессельрод писал по-французски, чтобы по отношению к великобританской миссии не вышло никакой zizanie[89]. И что куруры медлят.

Грибоедов бормотал:

— Zizanie.

Он вскочил бледный, зеленый.

— Zizanie.

Он одним движением сбросил все бумаги на пол.

Мальцов вошел в кабинет.

— Что вам нужно? — крикнул Грибоедов. — Я слушаю вас, — сказал он, увидев, что Мальцов побледнел и смотрит на сброшенные бумаги.

— Александр Сергеевич, полковник Макдональд прислал вам письмо, на имя ваше, из Тегерана.

Грибоедов сломал сургуч и бросил искромсанный конверт на пол.

"... Я нагнал его величество на пути его в Ферахан и со всею вежливостью передал слова вашего превосходительства, но его величество грубо приказал мне сесть снова на лошадь и запретил показываться на глаза. В ожидании инструкции вашего превосходительства... Макниль".

Грибоедов расхохотался.

— Ну и садись, садись на свою лошадь.

Мальцов смотрел на него широко раскрытыми глазами.

— Иван Сергеевич, — сказал Грибоедов, и Мальцов вытянулся перед ним, — все подготовить к отъезду. Снестись с Аббасом, пусть дает мехмендаря. Сообщите доктору. Казаков привести в походное состояние. Через два дня мы выступаем в Тейрань.

Мальцов молчал.

— Вы слышите меня, Иван Сергеевич?

— Но, Александр Сергеевич, — забормотал Мальцов, — вспомните ваши слова... Подарки шаху не прибыли... Вы сожалели, что торопились в Тебриз. Но торопиться в Тейрань...

— Я прошу вас распорядиться немедля. И никакой zizanie, пожалуйста.

Исчез Мальцов.

Тейрань.

---

89 Раздора (фр.).

17

Когда ночью он открыл, что он полководец без солдат, главнокомадующий без фронта, когда рядом с ним, тут же в комнате, зашевелился этот ни с чем не сообразный, безлюдный театр военный, он стал искать глазами друга и не нашел даже фортепьяна.

Это была скука, та, что в молодости двигала его пером, бросала его от женщины к женщине, заставляла его стравливать людей на снежном поле.

Он отсиживался здесь, и скука была естественна.

Но в эту проклятую ночь скука была другая: она постарела. Вот лежала рядом его жена; он любил ее. Но скука подумала за него, что Цинондалы будут широкой постелью, кашлем, зевотой, сном, а он сам — дяденькой Алексей Федоровичем в отставке или помещиком грузинским, чихирь будет тянуть.

Скука была везде. Государства строились и уставлялись, как комнаты, чтобы заполнить скуку. Войны возникали из-за нее и театральные представления. Люди дрались на дуэлях, сводничали и клеветали, все из-за нее, из-за скуки.

Счета за харчи и списки армянских семейств рябили в глазах, когда он садился за стол.

Когда он смотрел в живые глаза Аббаса и тусклые глаза полковника Макдональда, не было врагов. Были недурные люди, с которыми он столкнулся в пустыне, как старый траппер. А он русский чиновник по необходимости, сосланный сюда и отсиживающийся от холода и снега, а также некоторых служебных неприятностей у нетопленного персиянского камина. Итак, что ему Гекуба? Трижды несчастная Гекуба персиянская и международная Гекуба Нессельродова? "Пожалуйста", — как говорил генерал Сипягин.

Месяц, два — и он вернется в Тифлис. В Петербург не вернется, а от Москвы отложился. Теперь же дело идет о Тейрани.

Тейрань — он вспомнил какую-то улицу, угол улицы, и продавца плодов, сидящего на углу, мечеть, бело—розовую, как тело, дремучие башни, грязных нищих; подумал об Алаяр—хане; о шахе, который может умереть в одночасье, и тогда начнется.

Он был спокоен, и лоб его был в поту.

Тейрань — вот его последний страх. А он никогда не бегал от опасности.

Раз катался он по окраине тифлисской, и вдруг пули зажужжали у самого лица: кто-то выстрелил за откосом. Он испугался, поворотил коня, стиснул шпоры и понесся по дороге; никого кругом не было. Потом он позабыл об этом, никто этого не видел. Как-то вечером, сидя в собрании и разговаривая с кем-то, вдруг вспомнил: выстрел, свой страх, осечку. Не сказав ни слова собеседнику, сорвался с места, пошел на конюшню, велел седлать жеребца и медленно поехал по тому самому обрыву. Целую неделю он ездил ночами по этому немирному месту, медленно, методически, и в клубе говорили: рисуется, Якубовича лавры спать не дают. Выстрелов больше не было, и он сожалел.

Время оседлать жеребца.

Тейрань его ждала, последний страх. Стыдно тому, кто ушел, не совершив своего дела, когда ударили в барабан к отъезду, и он не навьючил своей клади.

Он приложил руку ко лбу и пригладил волосы. Ему стало приятно от собственной ласки.

Ноги его ныли, как у человека, который идет не туда, куда хочет, а в противоположную сторону.

18

Перед самым отъездом он получил из Тифлиса известие, что генерал Сипягин скончался скоропостижно, не дождавшись приезда генерала Паскевича. Он выехал на парад в бурную осеннюю погоду слишком легко одетый, сразу же почувствовал себя дурно, слег, велел никого не допускать и в сутки умер. Перед смертью был спокоен, распорядился насчет своих похорон и, умирая, смотрел на свои ордена, которые велел положить на постельный столик.

Генерал Паскевич поручил разборку бумаг покойного Завилейскому. Говорят, найдены большие беспорядки.

Тогда же скоропостижно скончался фабрикант господин Кастеллас. Бумаги его опечатаны. Опекуном над вдовою назначен доктор Мартиненго.

Грибоедов немного подумал над листком. Потом усмехнулся. Ничего не изменилось.

"Хотите верьте, хотите нет... Россия—с..."

Вот тебе и Россия—с. Вот тебе и... Баярд.

Он махнул рукой.

Он распорядился перевезти Нинины вещи к Макдональдам. Немыслимо оставаться ей одной в пустынной миссии. Макдональды очень любезны и отвели ей лучшую половину, у них тепло. Нянька Дареджана хлопотала, ворчала.

Дом сразу же опустел, и голоса стали в нем раздаваться гулче — дом, как музыкальный инструмент, отметил предстоящий отъезд.

Когда он прощался с Ниной в уже чужой, захватанной сапогами комнате, она ничего не сказала ему, прижалась и заплакала.

Он опустил глаза, заколебался. Она ведь была очень покорна и так легко обо всем говорила; его иноземное счастье. Он крепко ее обнял. Все-таки он очень любил ее. Он подумал, что нелегко ему будет без нее.

И снова улица, музыка барабанов, проводы, Назар—Али—хан на пляшущей лошади, пестрый караван его людей, тюки, катеры, конские копыта, бьющие, как молотки, в сухую мерзлую землю. Только снег хлопьями, очесьями падал и быстро таял. Кучка верховых казаков, восемь пар, мотались на седлах; человек тридцать прислуги возились еще у повозок; армяне, грузины, тифлисские немцы, которые присоединились к каравану, выглядывали из мокрых крытых телег. Свита Назар—Али—хана стояла поодаль.

Богатые чепраки были подмочены и грубы, как войлок бродячего цирка, а персиянская толпа дрожала от холода и любопытства.

— Вазир—Мухтар, — толкнул старик персиянин другого.

— Сахтыр, — ответил тот и тряхнул головой горько.

У него было пепельное лицо и красная борода.

Грибоедов услышал это и тотчас забыл.

Когда тебризские ворота чернели уже за ними и караван стал тем, чем и был на самом деле, — нисколько не сильною и даже жалкою горстью конных, неповоротливым маленьким обозом катеров, медленно и покорно бредущими животными, равнодушными людьми, — Грибоедов рассеянно спросил у доктора Аделунга:

— Что такое сахтыр?

Доктор достал из кармана небольшой словарик, листнул его и чуть не свалился с седла. Потом наконец нашел.

— С?ur dur, жестокое сердце, — прочел он, — может быть, есть и другое значение, но это издание уже старое.

Грибоедов не слушал его. Он думал: не повернуть ли назад?

ГЛАВА ВОСЬМАЯ

1

Самсон—хан выдавал дочку замуж за наиб—серхенга Скрыплева.

Хоть он и был исламского закона, хоть любимая дочка мало отличалась от других ханских дочек, но все же у него была в доме некоторая свобода, в противность персиянским обычаям. Обед, например, был общий, и, если к Самсону приходили его подчиненные, дочки не вскакивали и не удалялись тотчас же в андерун, а только закрывали лицо чадрами. Есть было неудобно, а чадры скоро сползали с лиц. Его никто не осуждал, он был на особом положении. Прапорщик Скрыплев скучал без женщин. Самсон часто звал его к обеду, и так случилось, что прапорщик, раз оставшись с ним наедине, вдруг заикнулся, вдохнул воздух и потом уже сразу, с военной храбростью сказал:

— Ваше превосходительство, разрешите у вас попросить руки любезнейшей Зейнабы.

Самсон усмехнулся, потом тронул пальцами бороду и оглядел прапорщика.

Прапорщик, несмотря на загар, был белобрысый, и Самсон согласился.

— Только я тебе скажу так: здесь баб много, здешний обычай срамной. Тут тебе и агда, тут тебе и сига.

"Агда" — было звание постоянной жены, "сига" — временной жены, по контракту "отдававшей страсть свою на служение такого-то за сумму такую-то на срок такой-то". Контракт по-персиянски — сига, и законтрактованных жен звали поэтому сига.

— Я, конечно, сам, — сказал Самсон, — здешнего закону, но я для дочки своей ни на агдов, ни на сигов не согласен.

Оказалось: прапорщику не нужно было ни агдов, ни сигов. Это было ему непривычно.

— Теперь дело такое. Не хочу, чтоб дочка моя жила нужно. Я приданое ей справлю.

Прапорщик встрепенулся и пробормотал:

— Верьте, Самсон Яковлевич, что я вовсе и в мыслях не...

— Ладно, — махнул рукой Самсон и вдруг согнулся, подумал несколько.

Невесело он поглядел на прапорщика и даже слишком откровенно. Потом, так подумав, пожевав крепкими губами, он усмехнулся:

— А как у тебя достаточной квартеры нет, так я дом свой надвое разгорожу — живите в другой половине. Вот и ладно. И хорошо.

Самсону не хотелось, видимо, отпускать от себя черноокую модницу.

— Я тесть легкий, — сказал он, — живите, как хотите. Не бойся, мешаться не стану, Астафий Василич. А помру, твой дом будет. Только ты скажи мне, ты православного закону, а дочка моя — исламского. Венчать-то как же?

Прапорщик, оказалось, вовсе об этом не думал.

— Ничего, — сказал Самсон, — мы вас сперва по-исламскому окрутим, а потом по-православному обернем. Ладно, это можно. Это ничего.

Самсон—хан пошел к Алаяр—хану приглашать его на маджлес—ширини.

Подали завтрак, конфеты, шербет, кальяны.

Алаяр—хан был неприятно сладок. Были счеты между ними. Почем знать, предстояли, может быть, большие дела. Самсон—хан с его багадеранами был все же караульщиком Каджаров. Поэтому — они были приятели.

— Самсон—хан, или тебе не нравится этот нун—и—ширин? Увы. Он, кажется, действительно недостаточно сладок. А маскати? Может быть, они неприятно пахнут?

— Свет совета, — сказал ему Самсон—хан, — прости меня: я не привык к сладостям, а к тому же дома я недавно поел.

Алаяр—хан мотал черной бородой.

— Обмакни, лев битвы, по крайней мере палец в соль, — сказал медленно и важно, — и ты докажешь мне тем, что любишь меня.

Самсон погрузил заскорузлый палец в золотую солонку и облизнул.

— Теперь я убедился, что ты любишь меня.

И Самсон пригласил приятеля на маджлес—ширини, первый день свадьбы.

Он побывал также у евнухов.

Хосров—хан, черноволосый, безбородый, похожий на молодую женщину, жил, как и его товарищи, при дворце.

Пушистые ковры, как трава, приминались под ногами, золотые сосуды стояли на маленьких столиках, и хорасанские ткани по стенам развешаны были так, что разноцветные стекла казались той же тканью, только светящейся.

У хана был женский голос, женские белые руки в перстнях. Подведенными, томными глазами он смотрел на крепкую бороду Самсона.

Он был оскоплен в раннем детстве, и мужская память еле в нем бродила; он был большой любитель лошадей. Он любил объезжать их, покупал для них лучшие сбруи, серебряные. Конюшни его были не хуже шахских. И с Самсоном у этой амазонки были разговоры о лошадях, о статях, мастях, о сбруях. Случалось им менять лошадей.

Услышав о свадьбе, Хосров—хан улыбнулся и со всем изяществом поздравил. Он непременно придет. Зейнаб, говорят, звезда всех девушек.

Манучехр—хан, полный, гладколицый старик, принял Самсона величаво. Брат его был в подчинении у Самсон—хана, но старик терпеть не мог свадеб, потому что был скуп до невероятия. В его покоях стояли тяжелые сундуки, крытые мехами, но покои пахли пустотой, старческой затхлостью, смешанной с запахом сухих померанцев.

А Ходжа—Мирза—Якуб, как всегда, спокойно и без выражения приветствовал Самсона.

Гладкий, как доска, с черными мохнатыми бровями, с сухим ртом, с нежной кожей, он всегда так встречал людей.

И мысли его были неизвестны.

2

Первый день был маджлес—ширини.

Сидели, заложив правую ногу на левую, на коврах у Самсона, персияне в больших чалмах и цветных носках — джурабах. Какой-то мулла, приятель Самсонов, прочел брачную кебелэ, а прапорщик отвечал, как научил его Самсон:

— Бэли. (Согласен.)

Долго пили шербет из огромных золотых мисочек, ели пушеки и протягивали руки за кальянами, которые угольками раскуривали слуги.

Уходили гуськом, перед лестницей спорили, уступали друг другу дорогу, и никто ни за что не соглашался выйти первым.

Слуги внизу тащили за каждым по огромному мешку пешкешей.

И второй день — вели невесту в баню.

Стреляла из ружей толпа перед банным входом, и кто-то кричал, что дарит невесте десять тысяч туманов, и сотни голосов тотчас же закричали, что отдают их плясунам. Факелы чадили. Зейнаб в белой чадре, окруженная шестью женщинами в синих шелковых чадрах, вышла из бани.

Самсон—хан ждал ее у ворот.

Он взял ее за плечи и толкнул легонько:

— Иди в сад, который дарится тебе.

Он был слегка пьян, в богатом халате.

На дворе принесли и бросили к ногам Зейнаб связанного толстого барана с позолоченными рогами.

Баран пыхтел и блеял, бока его ходили.

Мальчишки кричали за воротами, чадили факелы, сотни глаз облепили, как живые уголья, забор.

Самсон отошел несколько.

— Ты ноги распутай—ка маленько, — приказал он кому-то по-русски.

Барана поставили на ноги, он дрожал.

Самсон вытащил кривую саблю.

Стиснув зубы и вынеся вбок саблю, Самсон сделал два коротких шага к барану.

Он ударил его длинным, свистящим движением между рог, и тотчас мальчишки загалдели, заорали на заборе: он рассек пополам барана.

Кровь забила на белую чадру Зейнаб, в крови были сапоги и штаны Самсона, кровь начала растекаться маленькими ручейками в стороны.

— Багадеранам по рублю жертвую и по две чарки, — сказал Самсон, пошатываясь, и посмотрел мутно кругом.

— Мешок давай сюда, Астафий Василич, — и он стал вынимать из мешка медные деньги и бросать их за двор, в чужие глаза, что светились на заборе.

И двор опустел, слышно было, как за забором дерутся из-за денег и пыхтят, собирая их.

— А теперь в дом пойдем.

Дома началось другое.

Маленький старый священник из русской часовни, которую Самсон построил для православных, священник, которого еще тридцать лет назад расстригли в России, певучим голосом прочел о рабе божием Евстафии и рабе божией Зейнабе (он так и сказал: Зейнаба) и, окая, произнес:

— Поздравляю с бракосочетанием законным и здравствовать желаю многие лета.

И ушел так же незаметно, как пришел, с потайного хода.

Пришли наибы и наиб—серхенги: Борщов, Наумов, Осипов, Ениколопов и еще много других русских наибов, и Самсон сказал им:

— Ну, нынче праздник у меня, не обессудьте.

Крепкая кизлярка, безо всяких пушеков, стояла на столе, и наибы пили, и пил Самсон.

— Скучно мне несколько, — сказал он, когда напился.

Глаза у него потемнели, губа отвисла.

— Ух, и скучно мне, Астафий, — сказал Самсон и заплакал. — Пей теперь до утра, к жене потом ужо пойдешь. Мальчишник твой.

Пели наибы.

У Борщова был тонкий, чувствительный голос. Он убил на родине двух человек.

Маленький, верткий, щербатый от оспы, он сидел, приложив к груди правую руку и закатив глаза.

Как не пава—свет по двору ходит,
Не павлины сизы перья роняют,
Тяжко лежати сизу перу во долине,
Трудно жити на свете сиротине...

— Вот Борщов поет, — сказал что-то такое Самсон, шаря руками, — вот поет как Борщов.

Ай, что сказана мне царска служба,
Показана широкая дорожка
Ко славному городу Петербургу...

— Что Борщов поет, — жаловался Самсон, — эх, что он такое поет? Я эту песню от него всегда слышу. Не хочу я эту песню, наибы.

Другую запели:

Она писаря псковского ругала,
Ух, ругала да весьма поносила...
Поедем, душа Аша, погуляти,
Ашенька, мамашенька, гуляти.

— Деда зови! — кричал Самсон. — Деда зови со двора, пусть ругается, дед—от, ругательство его интересное.

Притащили деда—дворника.

Он поклонился истово хозяину и гостям.

— Яковличу с праздником.

— Пей, дед.

— Я из мирской посуды не пью, я из рабской.

— Неси свою рабскую.

— Вот те новая посудина, не поганая, пей.

Дед выпил до дна и не поморщился. Поклонясь, собрался уходить.

— Ты куда? — спросил Самсон. — Не пущу, ты мне песню, дед, спой, — и мигнул Наумову.

— Горе тебе, город Вавилон, — сказал дед ядовито, — со наложницы.

— Ты стой, каки наложницы?

— Кимвал бряцающий, — сказал дед и икнул маленько.

— Нет, ты говори: каки—таки наложницы? — говорил Самсон.

— И отверже бога праведного и круг тельца златого скакаше, окаянные. И плясаше, — бормотал дед в бороду.

— Ты выпей, дед, голос прочистишь.

Дед пил, не отказывался.

— Дедушко, не умеют плясать наибы мои. Как это казачка пляшут, никто даже не понимает.

Дед был пьян. Кроме того, что он был раскольник, он еще был и горький пьяница.

— Я могу, ты не смейся, что я старый.

Дед прошелся:

— Ех, тедрит, тедрит, тедрит...

— Скакаше, — сказал Самсон, — плясаше. Вот тебе и скакаше...

Он встал с места.

— Ех, тедрит, тедрит, тедрит...

Дед приседал на одном месте, а ему казалось, что он ходит по всей комнате.

— Стой, дед, — сказал Самсон, — за твое скаканье тебя нужно сказнить.

Он пхнул легонько его в стену, и дед стал столбиком.

— Сейчас, сейчас тебя казнить будем, — говорил Самсон спокойно.

— Ну держись, Вавилоне.

Самсон вытащил пистолет.

Скрыплев схватил его за халат.

— Ты что? — спросил Самсон. — Ты кто такой?

Он был красен, глаза его были полузакрыты.

Скрыплев, пьяный, бормотал:

— Осмеливаюсь указать вашему превосходительству...

Самсон уже не помнил о нем.

Он выстрелил.

Дымок рассеялся. Дед столбиком стоял у стены. Над самой его головой чернела дыра.

— Скучно мне, наибы, — сказал Самсон, — уходите теперь. Деда к чертовой матери тащите.

3

Мерцание наступает в теле. Губы молчат, тело одно говорит, в нем идет гул, который, верно, все слышат, но притворяются, что не замечают.

Это бывает ночью? Нет, это бывает любовью.

Мысли пропадают, остаются хитрые, веселые самозванцы. Человек отвечает впопад, шутит, работает, но, собственно говоря, отвечает, работает и шутит за него тот человек, который назывался его именем, а новый человек молчит, и мысли его гуляют на свободе. Хозяин ушел. Это бывает в двадцать лет и неоднократно описывалось. Длительность такой любви — год и два, но не более. Описывалась также любовь мужа и любовь старика, из которых первая похожа на ярость, на желание человека войти в запертые двери. Ему дела нет до того, смеются ли над ним прохожие или нет и много ли людей прошло уже до него в эти двери. Он ломится в двери. Любовь старика, по описаниям, похожа на желание притулиться поудобнее к спинке стула, посидеть в тепле, умыться теплой водой и поесть сладких ягод. И непонятна любовь евнуха.

4

Давать замок, золотые ключи,
Золотые ключи, чтоб не спать в ночи,
Нарекать им имена,
Надевать им стремена,
Золотые удила.

Скопческая песня

В 1804 году во время осады крепости Эривани конный отряд грузин—добровольцев поссорился с князем Цициановым и решил возвратиться на родину. К отряду пристало много армянских купцов и случайных людей. Караван проходил мимо монастыря Эчмиадзина.

В это время проживал в монастыре юноша Якуб Маркарян. Ему было восемнадцать лет, и он отличался упорною любовью к науке. Родители его были бедные люди. Он был уроженец Эривани и изучал в родном своем городе древне—армянский язык, но для усовершенствования в нем отправился, расставшись со своими родителями, в монастырскую школу.

Когда караван проходил мимо монастыря, Якуб, не сказав ничего своему учителю, ни товарищам, тайком вышел из монастыря и присоединился к отряду.

За спиной у него была небольшая котомка с книгами. Он не захватил даже сухарей на дорогу. Когда один купец спросил у него, куда и зачем он направляется, он отвечал, что в Тифлис недавно приехал знаменитый ученый, Серопе Патканян, и что он идет учиться к нему. И купец уделил немного хлеба и сыру из своего запаса. Якуб был высокий и угрюмый мальчик.

Так прошло два дня.

Когда караван проходил мимо Бабокацора, на него внезапно, с военным криком, напал какой-то персидский отряд. Завязалась битва, и грузинский отряд с частью армян был перебит. Остальных взяли в плен и под сильным конвоем отвели в Тебриз, дурно кормя и гоня по дороге, как стадо баранов. Там, в Тебризе, Якуба и еще несколько молодых армян оскопили.

После этого его, как наиболее ученого, отослали в Тегеран, в гарем Фетх—Али—шаха. Там он два года изучал персидский и арабский языки под руководством старого евнуха и преуспел во всех науках. Так Якуб Маркарян стал ходжой. Когда же он перенял от приезжего ученого искусство двойной бухгалтерии, он получил титул мирзы и сделался известным шаху. Шах трижды посылал его в Хорасан проверять отчеты губернатора и дважды в Шираз. Он стал казначеем шаха. Он посылал деньги своим родителям. И когда бедные эриванские родители получали их, они каждый раз восклицали: "Благодарение богу".

5

Конь подкованный.

Язык скопцов

Ноги в колодки, на морду мешок, и вот тугие яблоки дымятся кровью на снегу.

Потом мешок снимают, и из сумасшедших конских глаз падают слезы на снег. Пар идет из ноздрей, пар стоит над боками. Бока ходят.

Таково ремесло коновала.

И конь становится тучен и покоен, он тащит тяжести и больше не ржет. Изредка только, чуя самку, он поводит носом и тотчас клонит покорно голову. У лошадей память коротка.

Но долгая память у человеческого тела, страшны пустоты в теле человека.

И есть евнухи тучные, как кони, как старухи, есть евнухи худые и прямые.

Хосров—хан заполнял пустоту — амазонскими играми и роскошью. Манучехр—хан — властью, деньгами, сундуками. А у Ходжи—Якуба была библиотека, он занимался наукою яростно, как любовью. По целым дням сидел он над книгами. Но по ночам он не спал. Сухими глазами он смотрел в гладкий потолок. Пустота лежала рядом с ним. Когда она делалась очень большой, он засыпал. Днем он бывал спокоен, как и прилично евнуху. Он был богат, строен и учен.

Не нужно думать, что евнухи бесстрастны.

Сварливость их, как и сварливость пожилых женщин, вошла на Востоке в поговорку. Так они по мелочам растрачивают запас пустоты.

Но Ходжа—Якуб был молчалив, а при встречах и разговорах вежлив.

Вежливость евнуха страшнее, однако, чем сварливость.

Геродот рассказывает.

Жил юноша Ермотим в городе Педасее. И жил там почтенный купец Панноний. Был он продавец живого, не мужского и не женского, товара. Он оскопил юношу Ермотима и продал его за большие деньги царю персидскому Ксерксу. И Ермотим понравился Ксерксу, он был умен и храбр, и Ксеркс приблизил его к себе. И когда Ксеркс завоевал город Педасею, Ермотим попросил назначить его туда сатрапом.

И Панноний ужаснулся, когда услышал об этом назначении.

Но сатрап, прибыв в город, обласкал Панинония и оказал ему радушный прием.

Вскоре устроил он роскошный пир в честь Паннония и троих его сыновей, бывших в юношеском возрасте. И пир длился всю ночь, и Паннонию с сыновьями были воздаваемы почести.

Потом встал сатрап Ермотим и вынул меч из ножен.

И он приказал отцу оскопить своих сыновей.

И стоял и смотрел.

И потом велел сыновьям оскопить своего отца.

Такова вежливость евнуха.

И у Ксенофонта говорит евнух Гадат, оскопленный царем ассирийским и предавший его: "Опозоренная и разгневанная, душа моя смотрит не на то, что более безопасно, потому что нет и не может быть рожденного от меня, которому я оставил бы мой дом: со смертью моей угаснут и род мой и самое имя".

Так предсказал Ксенофонт византийских евнухов, потрясавших мир, Абеляра, который был модным профессором, изящным краснобаем и стал яростным монахом после того, как стал евнухом.

Потому что у них "тяжело судно нагружено, душа плотью утруждена".

И есть одно древнее свидетельство.

У Еврипида в "Оресте" есть евнух, влюбленный в Елену Прекрасную, он машет над нею веером и над ним издеваются.

И Петроний и Апулей описывают, как евнухи становятся любовницами.

Так на диком дереве, которое надрезал садовод и забыл привить, растут терпкие и кислые плоды, яблоки с диким зеленым мясом.

6

Хосров—хану прислал приятель его, другой известный хан, в подарок одну пленницу, за целомудрие которой ручался. Ей было всего девять лет, звали ее Назлу, и она была из Шамхора. Но Хосров—хан прозвал ее Диль—Фируз — радость, и так стали звать ее все.

Она была говорунья, умница и хохотунья.

Хосров—хан заказал для нее несколько пар платьев, дал двадцать золотых монет для ожерелья и двадцать для лобной повязки, и она стала жить у него.

Она полюбила его черные, подведенные глаза, его немужское веселье, быстроту и шутки. Он рассказывал ей самые смешные рассказы, которые только знал, и она падала со смеху на ковер. Они возились.

Так Хосров—хан стал уделять меньше внимания своим конюшням. Когда же он объезжал жеребца, Диль—Фируз, притаясь, смотрела в красное стеклышко окна, и боялась за него, и гордилась им.

Ходжа—Якуб увидел пленницу, когда пришел говорить с Хосров—ханом по делу: их торговое товарищество терпело убытки. Увидя Диль—Фируз, он позабыл все цифры. Он помолчал, потом снял с мизинца перстень, надел ей перстень на палец, сказал одно армянское слово: любовь, и приказал ей, чтоб она повторила. Потом надел ей второй перстень и сказал армянское слово: жизнь, и приказал, чтоб она повторила. И дал ей третий перстень и заставил повторить слово: поцелуй.

Так он стал учить ее армянскому языку. Он зачастил к Хосров—хану и каждый раз приносил подарки Диль—Фируз и заставлял ее повторять по три слова.

Хосров—хан смеялся над этими уроками, а Ходжа—Якуб был грустен.

Раз он сказал Хосров—хану:

— Хосров—хан, моя жизнь безутешней твоей, я не люблю ни лошадей, ни сластей, а моя наука иссушила меня. Если ты отдашь мне Диль—Фируз, я достану тебе трех арабских жеребцов, которых нет во всем Иране.

У Хосров—хана загорелись глаза. Он подумал несколько.

— Нет, Мирза—Якуб, — сказал он, — на что мне они, у меня нет свободного места в конюшне.

— Я отдам тебе свою долю в нашем деле, — сказал Мирза—Якуб, и голос его пресекся, — и сам останусь беден. Отдай мне Диль—Фируз.

— Я ее сам спрошу, — сказал после некоторого колебания Хосров—хан, — и если она захочет, пусть она идет к тебе.

Он подозвал к себе Диль—Фируз, которая, хоть не понимала армянского языка, но все чувствовала, что говорят о ней. Она смотрела исподлобья и подошла неохотно.

Когда Хосров—хан спросил ее, хочет ли она идти к Мирзе—Якубу, она стала целовать белые ханские руки и заплакала.

— Отчего ты не хочешь идти ко мне? — спросил ее тихо Мирза—Якуб. — Я дам тебе кольца, сласти и платья.

— У него черные глаза, — сказала Диль—Фируз и указала пальцем на Хосров—хана, — а у тебя зеленые, я боюсь твоих зеленых глаз.

Тогда Мирза—Якуб усмехнулся и больше ни о чем не просил у Хосров—хана.

Но он приходил к нему каждый день и каждый день приносил ей подарки и брал ее руки в свои.

И когда Хосров—хан уходил за чем—нибудь в соседнюю комнату, Ходжа—Якуб обнимал ее.

Вот почему, когда он услышал, что едет русский посол и у него есть предписание — отбирать пленниц, Ходжа—Якуб задумался.

7

Визит доктора Макниля кончался. Были прописаны сладкие пилюли и вонючая целебная мазь.

Фетх—Али смотрел на маленькие тела своих сыновей—внуков.

И, как всегда, доктор Макниль остался в комнате, когда увели маленьких принцев и ушла мать.

Вошли, осторожно ступая, три евнуха, как три шахских мысли: Манучехр—хан, как мысль о золоте, Хосров—хан, как мысль о веселой конской скачке, и Мирза—Якуб, как мысль об отчете, написанном индийскими цифрами.

Они сидели неподвижно на коврах и разговаривали.

Потом доктор Макниль пошел на второй визит к Алаяр—хану, у которого была больна одна из жен, и на третий — к Зилли—султану, сыну шахову, губернатору тегеранскому.

Вот и все, что известно об этих визитах доктора Макниля.

8

Молодой лоботряс мистер Борджис слегка захворал в Казвине. Доктор Макниль оставил его с двумя людьми и наказал задержаться там на две недели. Иначе он не отвечает за здоровье мистера Борджиса—младшего. Ничего опасного, но предпринимать дальнейшее путешествие рискованно. А чтобы мистер Борджис не скучал, вот ему и маленькое поручение: писать доктору Макнилю с курьером обо всем, что услышит.

Мистер Борджис оказался легок на перо.

Сколько дряни писал он доктору Макнилю!

О том, например, что местный шах—заде, губернатор, вовсе не расположен к женщинам, а, напротив, любит изящных мальчиков, которые исполняют перед ним в женских платьях сладострастные танцы.

Что азиатцы, по его мнению, хмурят брови не потому, что сердиты, а потому, что не носят козырьков, что защитило бы их от солнца.

Что странные понятия в Казвине о приличии: на днях он видел молодую женщину в повозке, голова которой была завернута в грубый холст, а ноги и грудь обнажены.

Что некоторые места Казвина напоминают ему деревни между Флоренцией и Римом.

Что он ежедневно гуляет по базарам, хотя еще и слаб, его сопровождают ферраши, и вчера они так были усердны, что закидали каменьями и разбили голову нищему мальчику.

— Идиот, — бормочет доктор Макниль.

... Что мистер Грибоедов едет в Тегеран, проезжал Казвин и оставил всех очень недовольными.

Рустам—бек и Дадаш—бек (говорят на базарах — родственники Грибоедова) требовали здесь семьдесят пять червонцев в день; мистер Борджис разъяснил, что они только родственники жены посла. Все-таки персияне остаются недовольны и говорят, что у русских совсем нет денег, и он, мистер Борджис, разъяснил, что русским чиновникам плохо платят жалованье, о чем он слыхал от мистера Макдональда. Под Казенном в одной деревне был большой скандал: мистер Рустам—бек избил старика старшину, который давал ему на расходы девять червонцев, а тот требовал четырнадцать. Но когда мистер Грибоедов узнал об этом, он велел прекратить сбор денег вообще...

В самом Казвине мистер Рустам—бек насильно отнимал у сеида русскую армянку, у которой от сеида было уже двое детей и которая громко плакала и не хотела переходить к русским. Мистер Грибоедов, узнав об этом, тотчас велел ее отпустить. Едет он бешено быстро и загоняет лошадей. "Снег здесь глубокий, дороги отвратительны, и не знаю, дорогой доктор, когда смогу к вам приехать. Может быть, удастся выехать через неделю".

— Очень хорошо, — сказал доктор Макниль, дочитав, — можете ехать и не ехать.

9

Снег был действительно глубок. Дороги были действительно дурные. Время было зловещее, когда персияне греются у холодных каминов и много молятся: солнце было в созвездии Скорпиона, стоял месяц режжеб. И езда была бешеная, так не случалось никому ехать на свидание с любимой.

Далеко еще за городом увидел Грибоедов как бы колеблющееся темное облако — он вздел очки и понял: идут военные отряды навстречу. Столько этих встреч было, что он знал все заранее.

Он оглядел свое войско. Казаки имели вид понурый и лохматый. Мальцов подбоченился на своем коне, еле передвигающем ноги, доктор сидел мешком.

Грибоедов загнал двух жеребцов и теперь ехал на приземистой казачьей лошадке. Только взглянув на темное облако, которое было сарбазами, он вдруг заметил это. Российская держава въезжала в Тейрань на выносливом и низеньком Гнедке.

Он еще раз осмотрел своих казаков. Только один из них, молодой еще урядник, ехал на хорошей лошади. Вороной карабахский жеребец шел под ним. Грибоедов поменялся с ним. Уже видны были остроконечные шапки сарбазов, и зацветились седла персиянских генералов.

Так они встретились.

Трое знатнейших чапарханов ехали впереди отряда.

Сарбазы стали, гортанная команда — и они разбились на две шпалеры. Медленно, гусем, подъехали длиннобородые к Александру Сергеевичу.

Медленная речь, и пар шел от этой речи и от встречной речи жеребца, похрапывающего на морозе. Сквозь строй сарбазов прошли вовсе не церемониальным маршем — Грибоедов, доктор, Мальцов, понурые казаки и трепаные повозки.

Сарбазы сомкнулись за ним. Сколько раз уже это бывало. У ворот города их встретил шум, выстрелы. За стенами слышались мерные крики, значения которых Грибоедов не понял.

Въехав, он увидел: их встречают по-царски. Они остановились.

Жеребец, непривычный к шуму, прянул ушами, осадил назад. Грибоедов медленно натянул поводья, и трензель впился в конские губы. Что-то пестрое, живое, громадное морщинилось перед конем, и конь похрапывал. Но все это поднялось очень быстро и оказалось ученым шаховым слоном. Слон, украшенный пестрыми лоскутьями, с золочеными ушами и посеребренным хоботом, стоял на коленях перед черным жеребцом.

Стояли войска вдоль узкой улицы, а впереди на площади толпы зевак копошились, галдели. Сотни фальконетов на сошках, вкопанных в землю, решетили площадь.

Их увидели. Заорали глашатаи, музыканты заревели в трубы, засвистали пронзительно, и охнули, как гул зельзелэ —землетрясения, персиянские барабаны. Над площадью на канатах заплясали с мерным криком плясуны, засеменили, балансируя разноцветными палками. Это они и кричали так мерно и жалобно, когда он подъезжал к воротам.

Внизу им ответили топотом и пеньем пехлеваны.

Жеребец вот—вот вырвется.

Из рук фокусников—хоккебазов били бумажные фонтаны.

Вот они — халаты — стоят впереди и ждут.

И толпы, толпы, спереди, сзади, с боков. Как добраться до халатов? Жеребец понесет.

В алемы — знамена — бьет ветер, широкие полотнища стучат, и внизу головы склоняются, как от ветра, низко, рядами.

Черт их возьми с их царскими встречами. Это балаганы масленичные, ни пройти, ни проехать. И звук идет сквозь гул и крики, особенный звук, это не пехлеваны кричат, не глашатаи.

Точно кто-то подвывает, тошнотворно и тонко.

Что-то неладно: не задавили ли кого—нибудь?

Жеребец не понесет, бояться нечего, он смирился, руки Грибоедова, как пьявицами, обвиты поводьями. Медленно въезжает он в безголовую улицу: все склонились так, будто у них головы отвалились.

Кто это там воет?

Как человеческий ветер, качнулась толпа. Они бегут, шарахаясь, давят друг друга, сорвался какой-то плясун, сарбазы роняют алемы, толпа замешалась. Они воют:

— Я Хуссейн! Ва Хуссейн!

Жеребец ступает медленно по вдруг открывшейся дороге.

Впереди кучка халатов; халаты все-таки ждут его. Едет к ним Грибоедов.

— Ва Хуссейн!

И передние, которые еще теснятся, закрывают лица руками.

— Я Хуссейн!

И вот нет ни одного человека на площади. Только впереди халаты — свитские. По пустой площади медленно едет Грибоедов.

— Ва Хуссейн! — кричат издали, из переулков.

И он не понимает, он оглядывается на своих. Белые пятна вместо лиц у них у всех.

Что произошло?

Убийца святого имама Хуссейна, сына Алиева, въехал некогда на вороном коне. Ибн—Саад было его проклятое имя. Близок черный месяц мухаррем, когда грудобойцы будут терзать грудь свою, проклиная Ибн—Саада и плача по имаме Хуссейне.

Вазир—Мухтар въехал на вороном коне.

ГЛАВА ДЕВЯТАЯ

1

Прапорщик Скрыплев, как и всякий человек, имел свои привычки и свои сны.

Будучи по официальному своему положению страшным преступником, чуть ли не ренегатом, подобным Абдаллаху, он был простой и смирный человек.

Для него и самого было не ясно, как он стал наиб—серхенгом, дважды законным обладателем Зейнаб—Ханум, правою рукою Самсон—хана и черт его знает еще чем.

Он был просто прапорщик Нашебургского пехотного полка Евстафий Васильевич Скрыплев, но теперь все это бесконечно запуталось. В мыслях у него не было становиться наиб—серхенгом. Дело было в картах, и безобразное это было дело.

Он даже не любил карт самих по себе, во всяком случае, побаивался их. Отец его, отставной чиновник, расставаясь с ним, сказал ему:

— Ты, Сташа, не пей в полку, не буянь. Это, знаешь ли, Сташа, нехорошо буянить и безобразничать. Больше всего карт беги, Сташа, с дядей Андреем, знаешь, что из-за карт случилось. Христос с тобой. А товарищей не бегай, нет. Товарищей не нужно бегать. Если там какая девица приглянется, ты легко... легко... потоньше... Лучше уж с простыми девками, Сташа, это легче, легче. Ну, ну, вот.

В полку Сташа действительно вел себя вначале сдержанно и несколько скуповато. Сташа в глубине души был педант. Он мог быть впоследствии полковником или даже генерал—майором при своей выдержке. Вернулся бы через двадцать лет с подагрой, с орденом, с военной отставной палочкой в калошке — к себе, в Херсонскую губернию, доживать. Его жизнь могла бы отлично устроиться. Но самая сдержанность его погубила.

Полковой командир любил играть в карты и любил, чтобы ему проигрывали. Он начал коситься на Сташу и решил, что прапорщик "себе на уме, стручок".

При первом деле, в котором прапорщик Скрыплев вел себя отважно, он был обойден крестиком. Крестики и повышения достались всем, только не ему.

Человеческая несправедливость приносит тайную радость отставным полковникам, даже если она направлена лично против них, потому что отставной полковник к концу жизни ощущает в груди горькую точку. Эта горькая точка требует пищи. Отставные полковники могут умереть от благополучия. Не то прапорщик.

Такая простая вещь, как человеческая несправедливость, может мгновенно изменить его всего, целиком, особенно если прапорщик безупречен. Он уже не тот прапорщик, он изменен в своем составе. Подобный прапорщик способен на безумие.

Прапорщик Евстафий Васильевич Скрыплев стал картежником. Но его картежная деятельность коль скоро началась, толь скоро и кончилась.

Вероятно, у него возникла мысль отомстить командиру, обыграть его. Картежная деятельность его протекла вся в одну ночь. В большой избе, заменявшей собрание, он проиграл все свои деньги и небрежно написал командиру записочку на десять тысяч.

Вышел он прямой и ровной походкой и в ту же ночь хотел застрелиться, не только потому, что десяти тысяч он решительно не мог достать, но также из-за унижения. Но это быстро прошло. Мысль прапорщика, аккуратного, впрочем, как всегда, начала работать без его помощи, сама по себе. То вдруг он представлял себе, что встречает богатую помещицу, она влюбляется в него, и командир раздавлен. То вдруг просто получается бумажка от графа Паскевича: командира под суд, прапорщика в полковники, и командир раздавлен. То случается что-то непонятное, происходит какой-то ералаш, и командир в результате опять—таки раздавлен.

Прапорщик Скрыплев иногда забывал про десять тысяч, но тогда-то он ясно, как бы со стороны, и замечал, что он, Сташа Скрыплев, изменился.

И вот под Карсом, во время одной ночной вылазки, когда прапорщик только и хотел, что неправдоподобно отличиться, он полз к неприятелю и подпола очень близко. Сердце его забилось: он услышал вражеский разговор.

Вместо того чтобы гаркнуть "ура" и врезаться или сделать еще что-нибудь отчаянное, прапорщик стал прислушиваться и услышал русскую речь.

— Ты не кури, черт, — говорил кто-то.

— А чего мне не курить? — отвечал кто-то.

Прапорщик оглянулся на своих пятерых солдат. Оказалось, солдаты тоже слушали.

— Это, ваше благородие, Самсон Яковлича люди, — сказал ему шепотом унтер, лежавший рядом.

Тут прапорщику как раз и нужно было гаркнуть "ура" и совершить нечто отчаянное. Вместо этого он посмотрел на унтера, осторожно отстегнул шашку, положил ее на землю и быстро, наподобие змеи, пополз на самый вражеский разговор. Солдаты полежали, посмотрели на уползающего прапорщика и вдруг сделали то же самое.

Так совершилось ренегатство Скрыплева.

Очнувшись уже в Тегеране, он постарался ни о чем этом не думать, был аккуратен, как всегда, прекрасно исполнял все, что требовалось, и легко и незаметно стал правою рукою Самсон—хана. Но можно было заметить, что он относился к перемене положения слишком легко, как временной и случайной, как будто его перевели в другой полк или дали другое назначение.

Самсон его полюбил, верно, за тихость и внимательность. Но ему казалось подозрительным в Скрыплеве одно, очень неважное обстоятельство: Скрыплев никогда не пел.

Была ли это привычка старого драгуна или что другое, Самсон любил поющих людей. Он им доверял. Песельники у него были действительно превосходные.

Прислушиваясь иногда к тому, что творилось на другой половине его дома, Самсон усмехался:

— Тихони. Чисто монастырь.

Скрыплеву он, разумеется, ничего не говорил об этом, но мало—помалу начал как бы тяготиться. Зейнаб—Ханум зато была довольна свыше меры. Она смотрела на прапорщика, как смотрит человекоподобная обезьяна на своего хозяина. Она змеей свертывалась у его ног. Кроме всего этого, она была очень хороша, не в пример лучше тех женщин, которых довелось знать Скрыплеву.

Всего этого, пожалуй, было уже слишком с него, он прежде всего был аккуратный человек.

Сны у него были всегда такие: он совершал какую-то провинность. То распотрошил так, здорово живешь, полковой журнал и спрятал на груди какую-то бумажку, вовсе ненужную. То воткнул какому-то лохматому, в бараньей шапке, кинжал, впрочем игрушечный; лохматый, тоже как игрушка, пошатнулся и упал, он заглянул в кошелек убитого, а там две копейки, и он взял их.

Все в этом роде.

После того как взбесившийся Тегеран встречал Грибоедова, Скрыплев стал еще тише и аккуратнее, но все у него начало валиться из рук. Он вдвое больше ходил, вдвое больше старался, и все невпопад. А на Зейнаб он посматривал с унынием.

Зейнаб думала, что все оттого, что она еще не беременна, и к ней ходили старухи персиянки, что-то делали над нею, шептали и уходили.

Прапорщик Скрыплев ловил русскую речь на улицах. Встречая казака на базаре, он отшатывался. Раз увидел он, как проехал по улице высокий человек с вытянутым стремительно вперед узким лицом, неподвижным и как бы насмешливым, и он содрогнулся.

— Вазир—Мухтар, — сказали рядом.

Прапорщик почувствовал, что его час пришел.

2

На второй день по приезде Грибоедова произошло событие очень неважное: у двух людей отняли то, чем они не пользовались.

Дело в том, что Грибоедов еще до приезда был в Тегеране.

Он был для Самсон—хана предупреждением Аббаса—Мирзы, воспоминанием об очках и неподвижном лице и совсем уж смутной и как бы не связанной ни с чем памятью о деревне, пахнущей терпкой рябиной, о лае русских собак, о какой-то речке, в которой он ловил мальчишкой рыбу. За все это поплатился дед, впрочем не пострадавший.

Для Алаяр—хана он был разговором доктора Макниля, деньгами и вдруг скользнувшей мыслью о знакомом троне, кусок резьбы которого он на секунду представил так ясно, что даже зажмурился.

Для Манучехр—хана он был вестью, переданною ему племянником, Соломоном Меликьянцем, русским коллежским асессором, который приехал в Персию вместе с послом и опередил его в Тегеране. Соломон сказал дяде, что русский посол совсем загнал английского и делает что хочет. И Манучехр—хан взглянул на свои сундуки подозрительно, как бы взвешивая их. Шах поручил ему до приезда посла вести дела о русских пленных, опрашивать их и передавать владельцам.

А для Мирзы—Якуба он был шамхорцем, обыкновенным, грязноватым шамхорцем в кудлатой бараньей шапке. Как человек ничем не занятый, шамхорец бродил по базарам и присматривался.

Мирза—Якуб стал его замечать у дворца. Шамхорец равнодушно прохаживался не раз и не два на дню у дворца, как человек гуляющий и бездельный. Вместе с тем его движения были несвободны, как у человека чем-то занятого.

И Мирза—Якуб встревожился. Он выслал своего слугу поговорить с шамхорцем и расспросить его, откуда он и зачем прибыл в Тегеран.

Слуга вскоре вернулся и сказал, что шамхорец прибыл с людьми русского посла, что посол должен вскоре прибыть, а он обогнал посла, и что ищет он в Тегеране свою племянницу.

И Мирза—Якуб приложил руку к сердцу, потому что сердце зашевелилось. Но он ничего не сказал Хосров—хану.

И вот через два дня, когда двор, а в том числе и Хосров—хан и Мирза—Якуб хлопотали: скоро должен был приехать русский посол, — Хосров—хану доложили, что его спрашивает какой-то шамхорец.

Хосров—хан вышел на балкон и без приветствия выслушал шамхорца. Потом, ничего не ответив, он вернулся к себе и стал думать.

Можно было временно услать Диль—Фируз из Тегерана. Но как скучно и пусто будет без нее. Лицо ее было как абрикос, в детском пушке. Она была толстенькая и смешливая.

К вечеру он решился отослать Диль—Фируз. Тогда к нему пришел Мирза—Якуб. Якуб внимательно выслушал своего друга.

Никогда нельзя было по лицу определить, что думает Мирза—Якуб, когда смотрит неподвижными и как бы бессмысленными глазами. Служба в гареме приучает лицо к спокойствию.

Но на этот раз он усмехнулся и сказал беспечно:

— Шамхорец? Я видел этого шамхорца. Он, кажется, сумасшедший, который ищет здесь вчерашнего дня. Его племянница, правда, была взята в плен, и она была в Тегеране, но она уже давно теперь в Миане.

— Откуда ты это знаешь, — спросил Хосров—хан, удивленный, — и у кого была эта племянница?

И Мирза—Якуб снова усмехнулся и сделал знак рукой.

Хосров—хан понял этот знак: дело шло о шахе.

Но он все же обеспокоился.

— Но ошибка здесь невозможна?

— Ошибка всегда возможна.

И Мирза—Якуб ушел.

А Хосров—хану вывели из конюшни необъезженного коня, и он долго объезжал его, а когда конь совсем обессилел, хан, не ужиная, лег спать и так ни на что не решался. Он был нерешителен, как женщина, и храбр, как наездник. Он был к тому же легковерен и охотно верил в то, что успокаивало. Постепенно он усвоил мысль Якуба и совершенно уверился в ней.

Так прошла неделя, и ничего не случилось.

Потом Хосров—хана позвали к Манучехр—хану. Манучехр—хан жил в большом доме, сзади шахского дворца, около крепости Шимлах. У него сидели Ходжа—Мирза—Якуб и племянник Манучехр—хана, коллежский асессор Соломон Меликьянц. Встретив Хосров—хана, старик выслал из комнаты племянника, и в ней остались три человека, три евнуха.

Подали пушеки.

Гладколицая высокая старуха жевала молча пушеки и смотрела на амазонку с подведенными глазами.

Потом она сказала амазонке:

— Хосров, я люблю тебя как племянника, и все трое мы здесь как братья. Один шамхорец подал просьбу на тебя. Он подозревает, что у тебя находится его племянница.

Амазонка быстро посмотрела на того и на другого.

Но другой молчал.

Манучехр—хан сказал еще:

— Мои люди придут с ним к твоему крыльцу, и ты должен будешь показать им свою Диль—Фируз.

— Я думаю, — сказал тогда лениво Якуб, — что ее нужно все-таки увезти.

Хосров—хан выпятил губу.

— Может быть, это и не она еще.

— Все-таки я посоветовал бы ее увезти, Хосров, — повторил Мирза—Якуб. — Возможна ошибка, и ее нужно увезти подальше, чтобы никто не знал, где она. У русского тысяча рук и тысяча глаз.

— Это невозможно, — сказал Хосров—хан нерешительно.

— Почему? — спросил Якуб. — У меня есть одно место под Казенном.

— Неизвестно, на сколько времени придется ее увезти. И потом я все же уверен, что это не она.

И Мирза—Якуб не возражал.

Манучехр—хан вздохнул свободно: не предупредить Хосров—хана он не мог, но боялся неприятностей. Этот русский посол! Манучехр—хан был осторожен. Истлевшими глазами цвета жидкой пыли он посмотрел на товарищей и улыбнулся.

— Мирза—Якуб всегда предполагает дурное, Хосров—хан — всегда хорошее. Я старик и сам не ожидаю ни хорошего, ни дурного. Я только знаю, что человек, ожидающий дурного, сам идет к дурному. Вы думали, дети мои, о шамхорце, но не подумали о Диль—Фируз.

Оба евнуха подняли на него глаза.

— Недостаточно, чтобы шамхорец признал твою Диль—Фируз: нужно, по уставу, чтобы Диль—Фируз признала тоже шамхорца.

Об этом действительно не подумал Хосров—хан.

— Ты знаешь ее лучше моего. И вот мой совет: ты покажешь ее шамхорцу, но она не признает его.

3

Непонятна любовь евнуха. Хосров—хан просил Диль—Фируз остаться у него, что бы ни случилось. Девочка привыкла к нему. Она ела самые любимые свои блюда. Он подарил ей еще десять туманов для лобной повязки и еще сорок для ожерелья, и девочка рассыпала монеты и собирала их в кучки. Ей нравился блеск и звон монет.

Наступил день, когда пришел шамхорец.

Перед его приходом пришел к Хосров—хану Мирза—Якуб, и хан, взяв за руку Диль—Фируз, вывел ее из комнаты.

Шамхорец уже ждал.

Тут началась охота.

Диль—Фируз, увидя шамхорца, побледнела. Она отвела от него взгляд.

Хосров—хан смотрел на нее, как на необъезженную лошадь, внимательно и ясно.

Диль—Фируз стала тогда бросаться с места на место. Она бегала неровными маленькими шажками по крыльцу, как зверь по открытой поляне.

Потом остановилась и остолбенела.

Сдвинув брови, она прищурилась, как будто стоял не солнечный день, а густой туман.

Она всматривалась в шамхорца.

Хосров—хан еле заметно пригнулся, как будто нужно было ему сейчас вскочить на дикую кобылу, ни разу не видавшую плетки.

Тут стал подходить шамхорец.

Руки его повисли по бедрам, как они невольно и естественно виснут у солдат, когда они видят генерала.

Диль—Фируз была одета в богатые одежды. Халаты хана и ходжи блестели на солнце.

— Назлу—джан, — сказал шамхорец хрипло.

Диль—Фируз испугалась. Она подалась назад. Она прикоснулась к руке Хосров—хана. Она закинула голову и смотрела на хана, как на верхушку мечети.

И тут Хосров—хан улыбнулся слегка, уголком рта. Ходжа—Якуб смотрел на Диль—Фируз и не шевелился.

Дрожащими грязными руками шамхорец стал что-то доставать из глубоких карманов. Он протянул узловатые руки к Диль—Фируз, а на руках у него лежали сморщенные маленькие лиму — сладкие лимоны, и белые конфеты, черствые, дешевые, с приставшими волосками и всем, что там накопилось сору в глубоком шамхорском кармане.

Диль—Фируз с отвращением коротко взмахнула обеими руками.

Потом она посмотрела на Хосров—хана плутовато, как котенок.

И Хосров—хан засмеялся. Белые зубы открылись в улыбке сполна. Он смеялся, как женщина, уловившая женскую черту в своем ребенке. Он сказал:

— Диль—Фируз, не бойся, не убегай.

Тогда только Диль—Фируз медленно подошла к шамхорцу и сгребла небольшой рукой сласти с обеих рук.

Слезы засочились у шамхорца из глаз. Он схватил руку Диль—Фируз и поднес ее к глазам.

— Назлу—джан, Назлу—джан, — забормотал он, — неужели ты не узнаешь меня? Я ведь твой аму—джан. Подойди же, подойди ко мне, не уходи от меня, Назлу—джан.

Хосров—хан еще улыбался. Но стоял скромно и неподвижно, задумавшись, как-то покорно стоял Ходжа—Якуб.

Диль—Фируз покраснела, она надулась, напружилась, голова ее стала дрожать и уходить в плечи. Шамхорец взял ее в большие руки и чмокнул громко в голову.

Диль—Фируз стала тихонько плакать.

Когда же она почувствовала на голове своей поцелуй шамхорца, она взвизгнула негромко и жалобно, как собака, и вдруг, уткнувшись в руки шамхорца, стала их лизать, не целовать. И шамхорец урчал, а Диль—Фируз бормотала:

— Аму—джан, аму—джан.

Хосров—хан заплакал тогда.

То ли ему было жалко Диль—Фируз, то ли шамхорца даже, то ли самого себя. Он стоял, плакал и утирал слезы рукавом.

А Мирза—Якуб смотрел на него с удивлением, как будто видел его впервые.

Так Диль—Фируз, радость сердца, стала в этот день печалью сердца — Суг—э—диль.

4

Существо таинственное, с тысячью рук и глаз, русский Вазир—Мухтар занимал дом прекрасный и вполне подобающий его званию.

Дом этот принадлежал одному из шестидесяти восьми шах—заде и стоял у крепости, издавна носившей имя крепости Шах—Абдул—Азима.

Если учесть кривизну улиц, он находился в полутора верстах от шахского дворца, и послу не угрожали ежедневные свидания с шахом.

Стоял дом у самого рва крепостной ограды, и главный вход приходился с запада над рвом. Перед входом была полукруглая площадка, которая незаметно сливалась с улицей. Площадку нарочно устроили перед самым приездом Вазир—Мухтара, чтобы у входа и во рву можно было многим свободно собраться и даже поставить лошадей, чтобы все могли приветствовать Вазир—Мухтара. И действительно, много народу толпилось теперь на площадке — армяне и грузины, родственники пленных, торговцы, ходатаи.

Главные ворота были высокие и широкие, переход вовнутрь двора был темный, плохонький, в пятьдесят шагов. Зато внутренний двор, четырехугольный, был просторный, с бассейном посередине. Он был перегорожен на четыре части, четыре цветника. Цветов в нем, впрочем, никаких не было. Была в нем теперь персиянская стража под начальством Якуб—султана.

Окружала этот двор одноэтажная постройка, службы, вроде гостиничных нумеров где-нибудь в Пензе, только с плоской крышей. В одной половине жил Назар—Али—хан, мехмендарь Грибоедова, со своими феррашами и пишхедметами, в другой были квартиры Мальцева и Аделунга. Охраняли их те же ферраши.

Еще один двор — ив нем большой тополь. Один—одинешенек, как рекрут на часах. Низенькую калитку теперь охраняли русские солдаты.

На третьем дворе — не двор, а дворик, с южной стороны — двухэтажное здание, узкое, как недостроенный минарет. Три комнаты наверху, три комнаты внизу.

С середины двора вела наклонная, узенькая и частая, как гребенка, лесенка прямо во второй этаж.

Во втором этаже сидело существо таинственное, Вазир—Мухтар. Он сидел там, писал, читал, никто не знал, что он там делает. Добраться до него было трудно, как до человека закутанного, нужно было распутать три входа и размотать три двора.

5

Он сидел там, во втором этаже, писал, читал, никто не знал, что он там делает.

Он мог, например, там сидеть и писать бумаги всем иностранным державам. Или день и ночь думать о величии своего государя и русской державы. Манучехр—хан, который приготовлял для него покои, думал, что Вазир—Мухтар будет смотреться в зеркала. Он много наставил там зеркал с намалеванными по стеклу яркими цветами, и, сидя за столом, можно было видеть себя в десяти видах одновременно.

И правда, Вазир—Мухтар видел себя в зеркалах. Но он старался не смотреть долго. Удесятеренный, расцвеченный Вазир—Мухтар не приносил особого удовольствия Александру Грибоедову.

И правда, что он сидел за бумагами с видом величайшего внимания. Он писал:

Из Заволжья, из родного края,
Гости, соколы залетны,
Покручали сумки переметны,
Долги гривы заплетая.

Он следил ухом за небогатыми, потерявшими вид звуками, которые доносились через три двора, и ловил старорусскую песню об удалых молодцах.

— Вот они —

На отъезд перекрестились,
Выезжали на широкий путь.

На широком пути много разбойничков, сторожат пути солдаты и чиновнички — надобно в сторону спасаться.

И спасся.

Терем злат, а в нем душа—девица,
Красота, княжая дочь.

И медленно потягивал он холодный шербет, что принес Сашка, и уже кругом была прохлада, которой искал всю жизнь:

Ах, не там ли воздух чудотворный,
Тот Восток и те сады,

Где не тихнет ветерок проворный.
Бьют ключи живой воды.

Тут бы радость, тут бы нужно веселье, а фортепьяна нету. Стоит белая, слоновой кости, чернильница, калямдан, выделанный как надгробный камень. И похож на могилку Монтрезора.

Грешный позабыл святую Русь...

Тут ему и славу поют.

Буйно пожил век, а ныне —
Мир ему! Один лежит в пустыне...

Эту песню петь будут. Будут петь ее слепцы и гусельники по той широкой дороге, и будут плакать над нею бабы:

У одра больного пожилая
Не корпела мать родная,
Не рыдала молода жена...

Он отложил тихонько листок, с недоумением.

— Молода жена.

Что-то похожее пел десять лет назад у его окна пьяный Самсон, и он к нему тогда не вышел.

Он теперь добьется его выдачи. А умирать он и не собирался, последний страх оказался чиновничьей поездкой по приказанию.

Он увидел свое лицо сразу в четырех зеркалах. Лицо смотрело на него пристально, как бы забыв о чем-то, лицо, странно сказать, — растерянное.

Он кликнул Сашку, но Сашка куда-то запропастился.

6

Аудиенция у шаха.

Ферраши облаком со всех сторон. Сарбазы во дворе берут на караул по-русски.

На каждый шаг Вазир—Мухтара смотрит двор, и каждый его жест кладется на весы. Англия взвешивается глубиною поклона Вазир—Мухтара, продолжительностью аудиенции, количеством и качеством халатов, качеством золотых сосудов, в которых подается халвиат.

У лестницы стоят карлики шаха в пестрых одеждах.

И Грибоедов вспомнил слоновьи шаги Ермолова.

В 1817 году Ермолов тонко и терпеливо, со вкусом, отвоевал все мелочи этикета и под конец ступил в солдатских сапогах к самому трону его величества и уселся перед ним на стул.

Потому что малое расстояние от трона есть власть державы, а сиденье перед ним — главенство.

С 1817 года русские, с тяжелой руки Ермолова, избавлены были от мелочей этикета.

Мелочи исполняли с великим удовольствием англичане. Они снимали сапоги, надевали красные чулки и стояли красноногими птицами перед шахом.

Но этикет прервался через десять лет после грузной аудиенции Ермолова, когда тысячами кланялись персияне и русские земными поклонами друг другу и так оставались лежать.

Теперь он возобновлялся, и теперь снова нужно будет отвоевывать стул и сапоги, потому что стул и сапоги весят много куруров.

Кальянчи в древней персидской одежде, с высокой шапкой на голове, держал золотой кальян на жемчужном коврике.

Евнухи взглянули на золотую грудь Грибоедова. Треуголка, как портфель, была прижата к боку.

Манучехр—хан заглянул ветошными глазками в глаза Грибоедову и нерешительно указал на маленькую комнату.

Комната эта была кешик—ханэ — палатка телохранителей. Там стягивали сапоги с послов и облачали их в красные носки. Там, исполняя древний обычай, прикасался персиянин к иностранному мундиру, что означало обыск.

Манучехр—хан только заглянул много видевшими старушечьими глазами в глаза Грибоедова. Но тотчас его рука в голубом рукаве приняла свое обычное положение.

Вазир—Мухтар смотрел спокойно, с неопределенною сосредоточенностью, как бы мимо глаз евнуха, или сквозь него. Манучехр—хан понял: носки отменяются. Он раздвинул занавес — пердэ — бережно, как священные покровы.

Когда, окруженный краснобородой толпой, вошел Грибоедов в залу, где стоял шах, — снова посмотрел Манучехр—хан в глаза Грибоедову. Глаза были узкие, сухие, прищуренные. И, вздохнув, евнух дал знак, и Грибоедов почувствовал за спиною кресла. Мальцов и Аделунг стали за ним.

Преклонившись глубоко, но быстро, он опустился в них, как в 1817 году опустился в них впервые перед шахом — Ермолов.

Шах—ин—шах — царь царей, падишах — могущий государь, Зилли—Аллах — тень Аллаха, Кибле—и—алем — сосредоточие вселенной — стоял в древней одежде на троне.

Твердая, стоячая, она была из красного сукна, но красного сукна не было на ней видно: жемчужная сыпь сплошь покрывала ее, и нарывы бриллиантов сидели на ней. По плечам торчали алмазные звезды, как два крыла, которые делали плечи царя широкими, а на груди жемчужное солнце, два дракона с глазами из изумрудов и два льва с глазами из рубинов. Четки — тасбих — из жемчугов и алмазов висели у него на груди, борода была расчесана, напоминала драгоценную дамскую ротонду больших размеров. Шах был как возлюбленная тишина, Елисавет Петровна, только что с бородой. Ротонда стояла, и могущий государь стоял, но пошевелиться не мог: одежда весила полтора пуда.

Позолоченный Наполеон стоял под стеклянным колпаком по правую руку шаха и мрачно смотрел на происходящее.

Парадные министры в многоэтажных джуббе, красных и коричневых, одетых одна на другую, похожих на фризовые шинели, были в белых шалях, намотанных на черные каджари.

Стоял в первом ряду принц Зилли—султан, нарядный, толстый, с алмазным пером на шапке. Во втором ряду — стянутый в рюмочку, гибкий и беспомощный, со смуглым гладким лицом молодого развратника, черноусый Хозрев—Мирза, младший принц, сын Аббаса, внук шахов, поставленный во второй ряд за происхождение: он происходил от христианки, стало быть был нечистой крови.

Толстяк, вроде Фаддея, но только бронзового цвета, стоял рядом с ним. Толстяк громко сопел и, выкатив глаза, слегка приоткрыв рот, без всякого выражения глазел на происходящее.

Это был придворный поэт Фазиль—хан.

В обязанность его входило чтение стихов шаху, министрам и знатным иностранцам, а также и плохое качество стихов, потому что Баба—хан, подобно Нерону, и Людовику Баварскому, и хану монгольскому Юн—Дун—Дорджи, сам был поэт и не любил соперников.

Пристально смотрел на Вазир—Мухтара Ходжа—Мирза—Якуб.

А Вазир—Мухтар сидел в креслах необыкновенно свободно и смотрел на шаха и на золотого Наполеона.

Он внятно отвечал на все вопросы, но сила была не в том.

Вазир—Мухтар словно задумался.

Он сидел Олеарием перед царем московским, и торопиться некуда, потому что все это случилось уже за триста лет назад.

Золоченый Наполеон, сложив руки на груди, смотрел, наклонив несколько набок простую голову, как стоял живой древний царь перед троном, и сидел, прижав треуголку к боку, Олеарий.

Шах сизел.

Со лба его упали две крупные капли.

Прошло четверть часа.

Мальцову казалось, что все видят, как он дрожит.

О чем он думает, Александр Сергеевич, в своих креслах, на что он смотрит, чего он сидит? Боже, какая тоска, шах задохнется.

В самом деле, о чем думает Вазир—Мухтар?

Может быть, о курурах?

Может быть, о своей жене, о ее руках, о том, что она сказала при расставании?

Может быть, он сравнивает наружность деспота азиатского, в крыльях, которые никуда не летят, в одежде полуторапудовой, с наружностью другого, тонкого и круглого, как кукла, в синем мундире, небесного жандармского цвета?

Или, может быть, просто в голове у него неуместно проносятся срамные стихи великого русского поэта:

> — Борода предорогая!
> Жаль, что ты не крещена...

Грибоедов сидел.

Доктор Аделунг, стоявший сзади и похожий в своем мундире на круглый и низкий кальян, присматривался к евнухам.

Евнухи интересовали его как явление натуральное, физическое; один из них смотрел неприятно и в упор.

Шах закрыл глаза, как умирающий петух.

— Борода в казне доходы
Умножает по вся годы...

Тут Грибоедов заложил ногу на ногу.

Так сидел он, внезапно отрешенный от всего, созерцая жемчужный поднос и не думая ни о чем.

Министры сгорбились. Алаяр—хан прикусил губу.

Он сделал это нарочно: чтобы громко не сорвалось слово, страшное слово, которое может произнести один шах:

— Муррахас — я отпускаю.

Алаяр—хан хотел бы этого слова. Тогда бы началось...

Руки у шаха повисли. Он раскрыл рот и тяжело дышал.

Наполеон под стеклянным колпаком как будто повел головой.

У Мальцева пустели ноги, и ему хотелось сесть на пол.

Никто ничего не говорил.

— О, коль в свете ты блаженна.
Борода, глазам замена!

Шах пошевелил губами. Вот пройдет еще одна минута, и...

Грибоедов встал и поклонился глубоко и быстро.

Все зашевелились. К шаху подходили уже, брали его под руки, выводили. Его величеству было дурно.

В соседней комнате угощали Грибоедова и его секретарей халвиатом, ледяным розовым шербетом, чаем и кофе.

Угощали их Манучехр—хан и Ходжа—Мирза—Якуб.

Фазиль—хан мелкими шажками подошел к Грибоедову и сказал ему по-французски:

— Ваше превосходительство не посетует на поэта, приветствующего знаменитого сына великой страны.

Грибоедов посмотрел с удовольствием на персиянского литератора.

— Вы не историограф? —спросил он вежливо.

— О да, отчасти. Это входит в мои обязанности. Карамзин, однако, был много тоньше.

— Прошу вас. Я слушаю.

Фазиль—хан выпятил несколько живот.

Голос у него был тонкий, теноровый, и он декламировал похоже на Шаховского — подвывая.

Против ожидания стихи были порядочные — о благоухании цветов некоторой могущественной державы, донесенном до Ирана в сердце лилии, принявшей вид человека прекрасного.

— Прекрасно. Я тронут. Ваши стихи можно сравнить со стихами нашего знаменитого поэта, сиятельного графа Хвостова.

И Шазиль—хан покраснел от удовольствия.

Старик, которого не замечал ранее Грибоедов, был в бедной одежде дервиша. Как попал дервиш на церемонию? Поднятые вверх брови, бесцветная борода, старый халат и сгорбленная древняя спина юродивого. Здесь не пахнет графом Хвостовым. Это Никита Пустосвят пришел в Грановитую палату.

Никита еле пошевелил губами и сказал Фазиль—хану нечто. Фазиль—хан просиял и перевел Грибоедову:

— Величайший государь России был его величество могущественный Петр, прозванный повсеместно Великим.

Комплимент дервиша.

— Я счастлив услышать в дружественной стране имя великого государя.

Дервиш еще пожевал губами.

Фазиль—хан выпучил глаза и пролепетал:

—... который, однако, не имел удачи в делах с Блистательной Портой...

Грибоедов прищурился:

— Эту удачу он уделил своему праправнуку.

И дервиш более ничего не говорил и не прикоснулся к кофе.

Вазир—Мухтар просидел перед его величеством шахом час без малого.

Значение России возросло так, что, протягивая Вазир—Мухтару золотой стакан, Манучехр—хан не смел глядеть ему в глаза. По близорукости Вазир—Мухтар не разглядел дервиша. Это был Абдул—Вехаб, муэтемид—уд—Доулэ, враг Алаяр—хана, человек старой Персии. Так небольшая неудача идет рядом с удачей.

7

Двое сарбазов привели под руки Сашку и сдали его с рук на руки казакам.

Казаки подняли Сашку и пронесли через все три двора.

Они внесли его в первый этаж, где Сашка занимал довольно хорошую комнату.

— Эк его, — говорил с сожалением один казак. — Выше, выше держи, руки зацепают.

Грибоедов все видел в стеклянную дверь, сверху.

Он сбежал вниз к Сашке.

— Доктора, — сказал он быстро и серьезно.

Аделунг пришел и тотчас же послал за бинтами и корпией.

Сашка лежал окровавленный, как бы весь выкрашенный в свежую красную краску. Только руки, бледные, с крепкими ногтями—лопатками, крючились на бедном коричневом одеяле.

Грибоедов низко над ним склонился.

Правый глаз у Сашки был скрыт за радужным и выпуклым синяком, фонарем, рот был его раскрыт, и тонкая струйка слюны задержалась в уголку, а левый глаз серьезно и внимательно глядел на Грибоедова.

У Грибоедова задрожала губа. Он отвел смякший колтуном кок с Сашкина лба.

— Саша, ты меня слышишь? — сказал он. — Саша, голубчик.

Сашка мигнул ему глазом и промычал.

— Ммм.

— Кто это избил его так безобразно? — спросил Грибоедов беспомощно и с отвращением. — Мерзавцы.

— Известно кто, ваше превосходительство, — на базаре, — ответил столь же тихо и как-то важно казак.

Доктор Аделунг возился уже над Сашкой. Он смыл теплой водой кровь, присмотрелся к голове и прикоснулся к пульсу, аккуратно, как писец, помедливший на красной строке.

— Ничего нет опасного, — сказал он Грибоедову. — Нужно дать ему водки.

Влили в Сашкины губы водки, и Сашка, чистый, в белых бинтах, смирно лежал на своей постели. Грибоедов не отходил от него.

Он поил его с ложки и смотрел на него с тем отчуждением и боязнью, которая бывает в таких случаях только у самых близких людей.

Сашка вскоре заснул. Грибоедов просидел над ним до самого вечера.

Сашка был его молочный брат. Он помнил его маленьким мальчиком в синем казакине. Мальчик был с туманными глазами, желтыми цыплячьими волосами и вздернутым носом. Он стоял неподвижно посредине барской комнаты, словно ждал, что его толкнут сейчас. И Грибоедов толкал его. Сашка не плакал.

Грибоедов глядел в окно на четырехугольный двор с белеными стенами.

Саша Одоевский, его кузен, приезжал тогда, и они запрягали Сашку и долго его гоняли, а Сашка, как гонялый зверь, мчался туда и сюда, натыкался на кресла, пока маменька Настасья Федоровна не выпроваживала его в людскую. Саша Одоевский теперь в кандалах, а Сашка забинтован.

И он вспомнил, что папенька словно сторонился Сашки, словно даже побаивался его и хмурился, бывало, завидя его в комнатах, а маменька точно назло зазывала Сашку. Он вспомнил косой папенькин взгляд. И посмотрел на покатый лоб, на тонкие Сашкины губы; неужели Сашка и впрямь — его единокровный брат? Словно что-то в людской говорили об этом при нем, маленьком, — или словно спорил кто-то, няню поддразнивали, и няня плакала?

И еще дальше — теплые колени няни, Сашкиной матери, и важное, певучее вразумление:

— Ай, Александр Сергеевич, заводач!

Нина сидит в Тебризе и мучается. Он виноват, телом виноват.

Пусть спасутся все любимые им когда-то: Саша Одоевский, Нина, Фаддей, Катя и — Сашка. Пусть спасутся они, пусть их жизнь будет тихая, незаметная, пусть они спокойно пройдут ее. Потому что, если отмечен кто-нибудь, нет тому покою, и спасаться он должен на особый манер.

— Как я человек казенный, — хрипло сказал Сашка.

Грибоедов прислушался.

— Необразованность, — заявил Сашка.

— Спи, чего расходился? Заводач, — сказал Грибоедов.

Сашка успокоился.

Уже свечу зажгли, и заглянул Мальцов: ему нужен был Грибоедов.

— Рази? — спросил тоненько Сашка. — Рази мы уже уезжаем из городу Тегерану?

8

Вечером Грибоедов писал письма: Нине, матери, Саше Одоевскому. Письмо к матери он отложил в сторону. Отложил и письмо к Саше. Саша сидел в сибирском каземате, и нужно было ждать случая — годы.

Потом он принялся за письмо Паскевичу:

"Почтеннейший мой покровитель,
граф Иван Федорович.

Как вы могли хотя одну минуту подумать, что я упускаю из виду мою должность и не даю вам знать о моих действиях... Я всякую мелочь, касательно моих дел, довожу до вашего сведения, и по очень простой причине, что у меня нет других дел, кроме тех, которые до вас касаются... Вот вам депеша Булгарина об вас, можете себе представить, как это меня радует: "... Это суворовские замашки... Герой нынешней войны, наш Ахилл — Паскевич Эриванский. Честь ему и слава. Вот уже с 1827 он гремит победами". — А я прибавлю, с 1826. Впрочем, посылаю вам листочек в оригинале. Я для того списал, что рука его нечеткая..."

И писал, и писал, и писал.

Потом остановился вдруг и приписал:

"Главное".

Подчеркнул и разом:

"Благодетель мой бесценный. Теперь без дальних предисловий просто бросаюсь к вам в ноги, и если бы с вами был вместе, сделал бы это и осыпал бы руки ваши слезами... Помогите, выручите несчастного Александра Одоевского... У престола бога нет Дибичей и Чернышевых..."

9

Сашка проболел неделю. Его избили действительно довольно сильно.

Все эти дни Грибоедов заходил к нему и подолгу сидел.

Мало—помалу Сашка рассказал в чем дело, и дело было не так просто.

Здесь была не только необразованность.

Сашка, будучи казенным человеком, гулял по базару. Он не интересовался никаким товаром и ничего не хотел купить, но прицենивался ко всему.

Так он ущупал рукою кусок какой-то ткани и поднял его с прилавка, чтобы посмотреть на свет, для наблюдения. Может быть, он отошел шага на два с куском, так как у самой лавочки было темновато. Он не собирался не то что стащить этот кусок, но даже и купить его. Просто в рядах на Москве все барыни делали так же, самого тонкого образования. По персиянской серости торговец закричал. Что он кричал, Сашка не понял, но понял одно: торговец ругма—ругается. Сашка двинулся к лавочке — положить кусок настоящей материи и обругать лавочника.

Тут разные шарабарщики закричали, и особенно много кричал сапожник, тощий, как конь, тогда как Сашка даже не подходил близко к его лавочке, потому что от его товару идет смрад и кругом грязь: обрезки и хлам.

В это время подбежали двое сарбазов в длинных волосьях и враз ударили палками по Сашкиной спине. Сашка сказал им, что он человек казенный, из русского посольства, и его господин — главный, поставленный над всем здешним городом, а палочки их, может, пройдутся по их же пяткам.

В ответ на это сарбазы на чистом русском языке закричали ему: "Сволочь! Гнида московская" — и уж стали бить его палками почем зря.

Шарабарщики тоже начали его хлестать, кто чем, а он все стоял бодро.

Потом, когда у него немного затуманилось ясное зрение, будто бы появился персиянский офицер, который на чистом русском языке сказал сарбазам: "Это что? Это что такое?" Потом он будто бы им сказал: "Не в очередь в караул" и прибавил как бы: "Хану доложу". Больше он не помнил ничего, а принесли его к дому сарбазы уже чисто персиянского вида.

— Московская гнида? — спросил Грибоедов.

И он написал шаху предложение о выдаче Самсон—хана и употребил при этом половину титулов шахских, что означало требование.

10

Оправившись, Сашка повеселел.

Он встрепанной белокурой птицей бродил по трем дворам и затевал разговоры с казаками.

— Вы, служба, родились, конечно, в Донских областях, — говорил он молодому казаку, — вам рано, как говорится, забрили лоб и отдали под барабан. Мое же дело — казенное, я по статской части. Я более интересуюсь хорошим разговором, и когда мы с Александром Сергеевичем вернемся в Петербург, то уж будет: музыка, разговоры и гостей без конца.

Другому казаку он даже сказал как-то покровительственно:

— Мне вас даже, служба, хочется спросить: что у вас в жизни впереди? Сегодня барабан, завтра барабан. Время вы не можете проводить, как хотите. А я скоро получаю вольную.

Эта неосновательность и болтливость была вовсе не свойственна Сашке. Никакой вольной Грибоедов, по-видимому, не собирался ему давать. И казаки хмурились, когда он болтался по двору. Он стал размахивать руками, чего с ним ранее не бывало. Его как-то взмывало. Он часто повторял, что он человек казенный, что он теперь видел Персию и может в будущем очень пригодиться. Кому? — оставалось неизвестным.

Вернее всего, ему было стыдно казаков, которые видели его в избитом состоянии, и он растерялся. Раз, выйдя за ворота и отойдя малую толику в сторону, он повстречал того русско—персиянского офицера, который избавил его от палок русских сарбазов.

Сашка прошел, не подавая виду, но офицер остановился.

— Постой, любезный, — сказал он и сразу покраснел.

Сашка возразил, что он человек казенный и стоять с офицером не может по закону.

Но офицер, видимо, и сам заробел. Он сказал, не глядя на Сашку:

— У меня дело самонужное. Не могу ль я повидаться с кем—либо из господ чинов российской миссии.

Сашка осмотрел его всего.

— А для чего—с? — спросил он отрывисто.

— Это дело я смог бы объяснить кому—либо из чинов, — ответил офицер вежливо.

— Как я теперь казенный человек... — сказал Сашка.

11

— Хабар—дар! Хабар—дар!

Верблюжий погонщик так ловко вел свой караван по базару, что чуть не задавил трех бедняков.

Бедняки кричали пронзительно:

— Я—Али.

Они влезли в самую лавку агенгера, кузнеца. Кузнец с щипцами в руках кричал на них и толкал их вон. Молотки звенели, визжали напильники челонгеров, слесарей. Погонщики ругались, нищие кричали, и какой-то сарбаз стащил поэтому кусок мяса у мясника.

Мясник схватил камень, служивший ему вместо гири, и пустил в удирающего сарбаза. Он попал прямо в полку художника, где стояли расписные калямданы, чернильницы. Художник, рассвирепев, выскочил из лавочки, по дороге ему попался эзгиль и арбуз в корзине у продавца, он схватил арбуз и метнул им в мясника.

Шла драка. Нищих избивали лоты, а лотов кусали за икры голодные, ошпаренные собаки.

— Хабар—дар! Хабар—дар!

Толпа слуг, спереди и сзади окружавших парадную колымагу, били кулаками в спины прохожих — чтоб расступились.

В кофейной сидели посетители и смотрели на мясника, художника и челонгеров. Они пили кофе из маленьких чашечек и разговаривали.

Крытые базары, полутемные, с чашками куполов, растянулись на версты. Сквозь дыры в куполах било солнце, и солнечные столбы как бы подпирали купола.

На базарах дрались с особым ожесточением именно в эти дни.

Погонщик был виноват перед нищими, нищие перед агенгером, сарбаз перед мясником, мясник перед художником, художник перед фруктовщиком.

Толпы нищих и лотов бродили по базару.

Все были виноваты.

А посетители кофейной пили кофе и разговаривали.

Среди важных прений о делах государственных визири пьют кофе, чай, курят кальяны. Многочисленные пишхедметы всегда при них в комнатах, ибо невозможен без этого ташаххюс. Визири рассуждают громогласно, при открытых окнах и дверях. Стоящие на дворе ферраши прислушиваются.

Потом слова выползают на улицу и гуляют по базарам.

Посетители кофейной говорили о новостях.

Ковер в Персии — мебель, и кофейная — газета. Кадий, пришедший сюда, — суровая официальная статья, прихлебывающая кофе, два старика —

статьи забавные, они курят кальяны, один купец — хроника, а другой, потолще, — объявление о товарах.

— Самых лучших ковров у меня нет, из Хорасана не присылают, но лучшие ковры у меня есть, и они стоят недорого. И они еще лучше хорасанских.

— Мелик—ут—туджар суконщиков берет себе после мухаррема сразу трех сига. Когда у него будет время для своих агда? Нравы у нас портятся. Мой отец имел только четырех агда и ни одной сига, и у него хватало времени для всех.

— Английский хаким—баши раздавал очки и перочинные ножички. Он прислал мне очки на дом, но я их не ношу, потому что еще хуже вижу в них.

— Я скажу вам, — говорит кадий, — с тем, чтобы вы никому не говорили: две жены Алаяр—хана перешли к русскому Вазир—Мухтару. Они чистокровные персиянки, и они ночью ушли в русское посольство и сидят там.

— Мы уже слышали, мы уже слышали. Но они неверные, и говорят, что они из Караклиса. Они неверные, — говорит старик.

— Торговля упала, — говорит купец, — и я дал обет резать себя в дни ашуры.

— У меня сын дал обет, — говорит беспечно старик, — и я нанял еще одного. А другой сын будет изображать Езида, да будет проклято его имя.

Близок печальный месяц мухаррем, когда убили святого имама Хуссейна. Будут резать себя саблями давшие обет. Будут окрашены кровью белые саваны, в которые они облекутся. Проткнут себя иглами и ущемят замками свое мясо. Пеплом посыплют себе головы. И актера, который будет изображать проклятого Ибн—Саада, въехавшего на черном коне, чуть не растерзают эти же вот старики и купцы, которые пьют кофе из чашечек так спокойно. И, засветив восковые свечи, во второй день ашуры будут искать по дворам исчезнувшего пророка, остатков его.

А пока они пьют кофе.

Вести о Вазир—Мухтаре скудны на базаре, как хорасанские ковры. Ковров не получить из Хорасана, там возмущение, можно обойтись и без них. Никто уже не помнит, что слугу—кяфира избили на базаре. Кяфиры — чужие люди, и с ними ведут дела чиновники. Товары стали хуже, лоты бродят толпами, не стало житья от лотов.

Каждый день на базаре палачи бьют воров по пяткам, отрезают правые руки, вспарывают животы.

12

Визиты были отданы не совсем удачно: к Абуль—Хасан—хану он попал к третьему, надо бы ко второму. С этим ташаххюсом можно было поистине потерять голову. Зато — за него двое других.

Кое-кто из высокопоставленных не захотел удостоить ответным посещением. И ладно. Дело на том и кончено.

Шах поддавался, шах уплатит восьмой курур сполна. На приватной аудиенции, когда шах весил на пуд меньше, чем на официальной, он сказал ему: "Вы мой эмин, вы мой вазир, все мои вазиры — ваши слуги, во всех делах ваших прямо адресуйтесь к шаху, шах ни в чем вам не откажет", и еще и еще. Положим, что это форма пустая, но чутьем можно было понять: будет восьмой курур.

Пленные были много неприятнее. Прежде всего не все они были пленными. Многие жили уж здесь по десять—пятнадцать лет, а происходили из провинций, которые были русскими завоеваны без году неделя. Но трактат должен был быть исполнен. Влияние русское должно было быть утверждено, иначе непонятно, зачем он здесь сидел.

Он представлял российскую державу на Востоке, а это не безделица. Тысячи семейств переходили, изменяли жизнь свою — он выводил их из Персии, как некогда вывел Моисей из Египта евреев. Все же надоедали они, путались целый день.

Раз ночью две женщины попросили казаков пропустить их в посольство для важных разговоров. Казаки не хотели. Вызвали Мальцева.

Женщины оказались — одна армянкой, другая немкой. Они были похищены недавно и доставлены в гарем Алаяр—хана. Обе происходили из Караклиса и хотели вернуться на родину. Уйти им удалось через Алаяр—ханова евнуха, которого они подкупили.

Мальцов приказал доложить Грибоедову. Грибоедов, не вставая с постели, распорядился: принять, поместить во втором дворе, отвести им особое помещение.

Алаяр—хан по силе трактата был то же, что и любой лавочник. Ему не мешает подумать о русском трактате.

Назавтра пришел к Грибоедову Ходжа—Мирза—Якуб.

Евнуху шахскому было поручено просить Грибоедова уступить жен Алаяр—хана. Он просидел недолго, и разговор был короткий.

Грибоедов посоветовал Алаяр—хану обратиться в российское министерство иностранных дел, к господину Нессельроду. Может быть, он сделает исключение в трактате для Алаяр—хана. Ходжа—Мирза—Якуб посмотрел в зеркала, увидел себя и Грибоедова, подумал немного, потом медленно поднялся, поклонился вежливо и ушел.

13

Когда Самсон узнал, что Грибоедов добивается дестхата о его выдаче, он никому ничего не сказал. Он подтянулся только, подвязался покрепче и пошел для чего-то осматривать свой дом.

Стройка была крепкая.

— Белить нужно, — сказал Самсон деду—дворнику и ткнул пальцем в облупившуюся белую скорлупу на стене.

Он ковырнул ее пальцем, скорлупа стала в нежных трещинах, и трещина поползла далее. Он осмотрел забор.

— Забор чинить, подпоры новые ставить.

Лужи на дворе его огорчили:

— Мостить надо.

И назавтра же стали белить дом.

Когда дом починили штукатуры и плотники и поправили забор, Самсон послал за Скрыплевым.

— Садись, — сказал он ему.

Скрыплев присел на край стула.

— Мне с тобой трудно говорить, — сказал Самсон, — и мой разговор недолгий. Только ты не хитри. Хитрить со мною ни к чему. Я кой—кого поумней пересиживал.

И только тогда взглянул на белобрысые волосы и крупные веснушки.

Скрыплев посапывал и молчал.

— Ты петь умеешь? — спросил серьезно Самсон.

— Петь? — Прапорщик удивился, и лицо у него стало обыкновенное, как всегда. — Н—нет, не умею.

— Знаю, что не умеешь, — сказал Самсон, — но если говорить не хочешь, так, может, попоешь?

— Прошу вас не шутить, ваше превосходительство, — сказал сипло прапорщик.

— А я шучу, — сказал Самсон, — я все шучу. Все как ни на есть. Всю жизнь шутил, а ты за меня отшучиваться будешь. Ну и хорошо. Помолчи. Я первый говорить буду. Есть о выводе дестхат.

Прапорщик опять удивился и опять стал как всегда.

— Выводить нас будут в Россию, под почетным караулом. Тебя, как командира, простят и дадут тебе в награждение шелковую нашивочку. На шейку твою. Как ты из высоких чинов и отец твой сидит в Херсоне главным куроводом.

Прапорщика покоробило. Он встал быстро.

— Прошу вас, Самсон Яковлич, не затрагивать...

— А я затрагиваю, — сказал Самсон, — я всех затрагиваю и на твое прошение не гляжу. Ты прошение, чтобы не затрагивать, напиши на листочке и дай мне.

Скрыплев двинулся вон из комнаты.

— Не спеши, Астафий Василич. Ты это прошение изготовь, я подпишу, и мы его превосходительству главному Грибоедову вместе отправим. Что ж в одиночку!

Прапорщик уже не спешил. Он стоял, и кадык ходил у него над воротником.

Самсон помолчал.

— Я паршивую овцу в баранте держать не стану, — сказал он ровно, — и уходи на все четыре стороны. Я тебя не держу. Сегодня же собирай хламишко свой. Тебе дед подсобит, да я еще на дорогу тебе рыбьих мехов подарю. Зейнаб сюда зови.

Прапорщик двинулся.

— Не то постой, — сказал Самсон, — может, не отпускать тебя? Ты, пожалуй, болтать станешь. Птица ты великая, беглый его императорского величества прапорщик. Тебе ж пропитание достать нужно будет.

Он смотрел на прапорщичьи ноги.

— Продашь, пожалуй. Нет, лучше я тебя в яму посажу. Здесь ямы хороши. Посидишь годка два и подохнешь. Посадить тебя разве в яму? Дед тебя по-раскольницкому отпоет. Не то попа позвать можно.

Но прапорщик молчал. Белобрысое существо с яркими домашними

веснушками, российский прапорщик Евстафий Васильевич Скрыплев прислушивался к словам Самсона, как к словам, не относящимся к нему. Словно он попал на театр, и там шло представление: переодетый ханом мужик ругал кого-то. Случайно кто-то это и был он сам. Персидские ямы, оскорбление: старого отца звали куроводом, какие-то рыбьи меха — все путалось у прапорщика, у Евстафья Василича Скрыплева, у Сташи.

— Зейнаб зови, — сказал Самсон лениво.

Вошла Зейнаб и стала почему-то у двери.

Самсон оглядел ее и усмехнулся.

— Не нагуляла еще брюха. Ничего.

Зейнаб на него глядела очень ясно.

— Твой муж уезжает отсюда, — сказал он по-персидски. — К себе домой. Ты у меня жить будешь. Перебирайся в андерун. Сегодня же.

Зейнаб не заплакала, не испугалась.

— Ты поняла? Муж твой хараб. Я другого тебе мужа найду. Не плачь.

Она и не плакала.

— Моя вина, — сказал по-русски Самсон, — загубил девку.

Он не подозвал ее и не приласкал. Она опостылела ему почему-то сразу же после замужества. Она была его дочь, но ни разу после свадьбы она уже не проводила рукой по его лицу.

— Что ж ты стоишь? Уходи, — он махнул рукой.

— Я не хочу, чтобы муж уезжал, — сказала Зейнаб, — сделай так, чтобы он остался.

— Уходи прочь.

Самсон встал и показал ей кулак. Не хан стоял в комнате, а беглый вахмистр Самсон Яковлев.

— Уйди!

Зейнаб стояла так, как когда-то стояла ее мать—армянка, которую он убил, — подалась назад и не уходила.

— Убью, сволочь! — крикнул Самсон.

Он ударил ее кулаком в плечо, и, дрожа, потому что ничего уже не видел, а кулак ходил по своей воле, он вдруг разжал пальцы, схватил ее за волосы и бросил в дверь.

Потом отшвырнул ее сапогом и прошел, топая, к скрыплевской половине. Он постоял у коричневой, обитой коленкором двери, сопя и тарахтя.

У двери он остановился. Он сжался, подтянулся. Он метнул кулаком в дверь, как в пустое место. Дверь ничего, не поддавалась. Тогда, отступив с отвращением, так же все сжавшись, он медленно отошел от двери и стал бить стекла в галерее. Он метал кулаком в стекло, как в пустое место, и стекло разбрызгивало, как мису с водой.

Дойдя до последней рамы, он сунул в нее локтем, потому что руки у него были окровавлены.

Он стоял у конца галереи, там, где она выходила на балкон, и смотрел, как падает кровь с его рук.

Капли вздувались на красной ладони, потом текли к пальцам и медленно, толстыми струйками падали с них.

— Куроводы, — сказал он тихо.

14

Месяц уже истекал с того дня, как приехал он в Тегеран.

Курур будет, кажется, выплачен.

В сущности говоря, он был прежде всего честный и дельный чиновник. Хоть он и ругал Паскевича и Нессель—рода, он уважал их все-таки. Потому и ругал, что уважал. Он, может быть, даже и был рад своему подчинению: вот и Тейрань пройдена, да как еще пройдена — восьмой курур будет получен. Его карьер теперь обеспечен. Фаддей и маменька рады будут, а о страхах он никому не скажет.

Ведь вот как все оборачивалось.

Что такое Тейрань?

Это просто город Тегеран, это служебное усердие, благородная жажда служебных подвигов. Да и подвиги-то какие? Делопроизводство по большей части.

Маменька Настасья Федоровна знала о его честолюбии. Вкус служебной субординации был у него на губах. Еще немного, и он ощутил жажду покровительства, хотелось ему представить к крестишку доктора Аделунга. Он даже написал предобродушнейшее письмо об этом Паскевичу. "Он меня об этом не просит, но еще в бытность мою в Тифлисе он очень желал быть лично известным вашему сиятельству. Все его знают за самого благонамеренного и расторопного человека... Мне самому смешно, когда вспоминаю свой собственный стих из "Горя от ума":

Как станешь представлять к крестишку ли, к местечку,
Ну как не порадеть родному человечку.

Иногда уже навертывалась шуточка: он повнимательнее относился к своим привычкам. А все оттого, что заметил, как Мальцов с добродушием, как будто так уж богом положено, мирился с тем, например, что он вначале рассеянно слушал всякую бумагу, а потом заставлял повторять. Привычка, дескать, начальника.

Таков-то он был. Осанку свою и статуру он разок уж как-то оценил вдруг совершенно со стороны: что это очень полезно в персиянской политике. Ему нравилось уже, что при каждом поступке он сообразовался с мирным трактатом. Трактат был вполовину его рук дело, но теперь он вырос до размеров необычайных: шутка сказать, ничего не поделаешь, трактат!

Он несколько досадовал, что иногда какой-то провор толкал его на не совсем обдуманные поступки, например, перед шахом следовало просидеть поменее, ну хоть десять минут. Что за рассеянность дурацкая. Ведь это чудом только кстати вышло. Только с дервишем некстати, а все остальное кстати. Днем он, впрочем, скоро прощал себе и объяснял дело неопытностью. Вообще же он держался трактата. Были служебные недоразумения с Нессельродом, и, возможно, дело кончится отставкой.

По ночам же он смотрел на мебель, на ковры. Молился. Случилось раз — заплакал. Таков уж он был. Старел он быстро.

15

Все дальше близкие предметы, и день кажется годом, и Сашку били на базаре чуть не в прошлом году.

Воздух разреженный, и в редком воздухе он делает шаг, а ему кажется, что прошел версту.

Дестхат о выдаче Самсона шел по путям медленным, бумагами, переговорами, и вел их Мальцов.

Путался у миссии прапорщик Скрыплев, и Мальцов вел с ним переговоры.

Можно подождать и в Тебризе разрешения сего конфликта.

Все-таки он медлил.

16

Наконец дал ему шах прощальную аудиенцию. Он не томил старика больше. И старик прислал ему орден Льва и Солнца первой степени, а Мальцеву и Аделунгу — второй. Ордена были изрядной работы.

Рустам—бек и Дадаш—бек хлопотали: укладывались вещи, стучали во дворе молотки, заколачивались ящики, чистилась в конюшне сбруя. Была выволочена карета во двор, и казаки ее мыли мочалой и мылом старательно, и она блестела. Сашка стоял над коврами и медленно, лениво, словно нанося оскорбление, выколачивал их.

Завтра они уезжали из Тегерана.

17

Грибоедов сидел у Мальцева. Они ходили теперь, в остатние дни, друг к другу в гости: с третьего двора на первый. Это делало русскую миссию похожей на усадьбу, из которой выезжают на зиму. Мальцов оставался в Тегеране для ведения дел.

Грибоедов что-то говорил незначащее, когда послышался клекот марширующих солдатских ног и звук барабана. Потом барабан замолчал, и слышны были только шаги. Вдруг защекотал где-то невдалеке высокий голос:

Солдатская душечка...

И подхватили ровно, по-солдатски, а шаги аккомпанировали:

Задушевный друг...

Грибоедов вздрогнул. Он прислушался. Чайную ложечку, которую подносил уже к губам, так и не поднес и, не обращая никакого внимания на Мальцева и доктора, вышел. Он прошел в ворота, и казаки взяли на караул. Шли по улице сарбазы в парадной форме. Шли они, не ловя ртом ворон, как персиянские сарбазы, а грудью вперед, как русские гвардейцы. И в каком-то казачьем синем мундире, перехваченном золотым кушаком, в высокой персидской шапке шел впереди, с обнаженною, как на параде, саблей — командир. Густая канитель была у него на эполетах, как у русского генерала.

Он прошел мимо ворот легко и прямо и только глазом скосил на людей, стоявших в воротах. Но он увидел Грибоедова, и Грибоедов увидел его.

Проходили мимо солдаты, загорелые, молодые и старые. Один улыбнулся. Выправка у него была превосходная. Прошли. Снова застучал барабан.

Так прошел мимо него со своим батальоном Самсон. Попрощаться, спеть на прощанье.

В смешном положении оказался Грибоедов.

Он не вернулся во флигель к Мальцеву, и чай его стыл там. Он прошел к себе, на задний двор. Он стоял над закрытым чемоданом. Чемодан распирало от вещей.

Грибоедов подумал и вдруг всунул ключик. Крышка отскочила, точно этого и ждала. Вывалились две книги, второпях сунутые поверх белья. Он посмотрел на них, как на старых знакомых, встретившихся в неудобное время. Одна из них была философия Джерандо, другая — книжка "Вестника Европы". Он листнул для чего-то. "Игорь, или Война половецкая, рассуждение Н. С. Арцыбашева".

Он поскорее зарылся в чемодан, вытащил какие-то бумаги. Пересмотрев, очинил перо и сел писать.

Появилась точность, которой давно не наблюдали в Вазир—Мухтаре: он сам написал отношение к шаху, сам его порвал и написал другое.

Он требовал немедленной выдачи Самсона Яковлева сына Макинцева, беглого российского вахмистра, называвшегося Самсон—ханом.

Он более не думал ни о Нессельроде, ни об Англии, не вспоминал о Петербурге, он думал о беглом вахмистре. Книжки лежали на полу, и чемодан был раскрыт.

Уперся в точку. Бродил, бродил, была и любовь, и слава, и словесность русская, и государство, а остался беглый вахмистр. Было дело до него.

Он отложил отъезд на день.

ГЛАВА ДЕСЯТАЯ

1

Дремлет в поле Ольгово хороброе
гнездо, далече залетело.

Слово о полку Игореве

О, дремота перед отсроченным отъездом, когда завязли ноги во вчерашнем дне, когда спишь на чужой кровати, и в комнате как бы нет уже стен, и вещи сложены, а ноги завязли и руки связаны дремотой.

Из порожних тул поганых половцев сыплют на грудь крупный жемчуг, без конца.

Дремлют ноги, что чувствовали теплые бока жеребца, лежат руки, как чужие государства.

Дышит грудь, волынка, которую надувают неумелые дети.

Тириликает российская балалайка на первом дворе.

Дремота заколодила дороги, завалила хворостом, спутала Россию, подменила ее в потемках Кавказом. Какая долгая дорога даже здесь, с третьего двора на второй, со второго на первый — не перебраться через порог, не найти калитки. Стоят часовые.

Тириликает балалайка на первом дворе.

Одеяло сползает с ног, ноги стынут, и дремоте кажется, что человек переходит через холодный ручей. Снова натягивается одеяло, и ручей высыхает. Встречается человек с родными и друзьями, но все они безымянные — дремота позабыла имена. Силится человек на кровати вспомнить имя, и нужно ему назвать женские руки, которые здесь, близко.

Ярославна плачет в городе Тебризе на английской кровати. Она беременна, и беременность ее мучительная.

Тириликает казацкая балалайка на первом дворе.

Ведет дремота бумажное делопроизводство об одном каком-то неприятном деле, и ни за что ей не вспомнить, почему дело возникло, и каков нумер, и как зовут того человека. Но дело самонужное, человек этот провинился. Кажется, он русский человек, и кажется, он кому-то изменил, чуть ли не Россию он предал. А где Россия?

Дремота заколодила дороги, спутала Россию. И нужно разгрести тысячи верст хворосту, чтоб добраться и услышать: плачет Ярославна в городе Тебризе.

Тириликает российская балалайка на первом дворе.

О, дремота, упадшая на тело российское! Копошится в дремоте безымянный Паскевич, увязнул на заднем дворе — тегеранском? московском? — Чаадаев, и нет никого в воздухе, сером, как глаза Нессельрода. Тихо стало. Это в сумерках роются, разрывают хворост скрипучими лопатами, добираются до лежащего на кровати под чужим одеялом человека.

Перестала тириликать балалайка на первом дворе.

На три удара открылась, скрипя, калитка русского посольства.

Стоял человек и требовал немедленного свидания с господином Грибоедовым.

2

Поеживаясь от ночного холода, в халате и туфлях, Грибоедов щурился на человека, которого ввели два казака. Очки, он помнил, положил на столик, а на столике их не было. Две свечи колебались и чадили. Сашка застрял позади, в дверях, и наблюдал. Он был в исподнем платье.

Вошедший человек был большого роста, в простой одежде: кулиджа его лоснилась, а баранья шапка была в лысинах.

— Мне нужно переговорить с вами наедине, ваше превосходительство, — сказал он по-французски.

Грибоедов помедлил.

— Кто вы? —спросил он осторожно.

— Я имел честь угощать ваше превосходительство на приеме у его величества и был у вас по делу. Вероятно, вы не узнаете меня из-за одежды.

Грибоедов махнул рукой казакам и Сашке.

— Садитесь, — сказал он.

Ходжа—Мирза—Якуб опустился на стул прямо и бережно. Он оглядывал комнату, в которой еще стояли чемоданы. Снег таял на его востроносых богатых туфлях. Потом, слегка вздохнув, как человек, уставший от дела, о котором предстояло говорить, он начал:

— Ваше превосходительство! Простите меня за ночное беспокойство. Фамилия моя Маркарян, и я происхожу из города Эривани.

3

Уже столетие назад слово "измена" казалось взятым из оды или далекого предания. Уже столетие назад заменил Мицкевич "изменника" — "ренегатом".

Перешедший границу государства изменял не государству, а одежде, речи, мыслям, вере и женщинам. Немецкий поэт, принужденный жить в Париже, писал, что мысли его сосланы во французский язык. Двоеверие, двоеречие, двоемыслие — и между ними на тонком мостике человек.

Столетие назад государство русское имело руководителем иностранной политики Нессельрода, человека многоязычного и поэтому бессмысленного. Терялась граница между дипломатическим дамским письмом и изменничьим шифром.

"Измена" стало словом военным и применялось только в том случае, если человек изменял один раз, — двукратная измена уже переходила в разряд дел дипломатических.

Самсон—хан, выдачи которого добивался Александр Сергеевич, друг Фаддея, был изменником не потому, что изменил России, а потому, что изменил Павлу, Александру и Николаю. Он был ренегатом. Прапорщик

Скрыплев просто болтался у русской миссии. Он не был ни изменником, ни ренегатом. Для него в языке существовало другое слово: переметчик.

Пространство и время по-разному влияют на слово "измена". Пространство делает его коротким и страшным. Солдат пробирается ночью во вражеский лагерь и предается врагам. Несколько сот сажен бездорожья, лесистого или голого, ровного или гористого, меняют его навсегда. Замешиваются, теряются — не границы государства, а границы человека.

Фаддей, верный и любимый друг Александра Сергеевича, русский офицер, передался французам, сражался против русских войск в 1812 году, попал в плен к своим и стал русским литератором. Восемь лет сделало измену расплывчатым словом, пригодным для журнальной полемики.

Простое дело переметчика.

Русский поэт Тепляков, бывший в 1829 году свидетелем турецкой кампании, так ее описывает:

"Посреди толпы увидел я двух турецких переметчиков. Один из них поразил меня своим колоссальным ростом, своей гордой, воинственной поступью; другой — блеском женоподобной красоты своей, цветом юного, почти отроческого возраста. Оба явились к нашим аванпостам и передались, наскучив дисциплиною регулярных войск, посреди коих принуждены были тянуть лямку". Им задержали жалованье — сорок пиастров.

И все же нет слова более страшного, чем измена. Государства оскорблены ею, как человек, которому изменила любовница и которого предал друг.

Ходжа—Мирза—Якуб, человек большого роста, учености и богатства, был евнух.

Его оскопило государство персиянское, без злобы и ненависти, потому что этому государству требовались евнухи. Были места, которые могли заниматься только людьми изуродованными — евнухами. Пятнадцать лет росли его богатства и росли пустоты его тела. Он был священною собственностью шахова государства, личной собственностью шаха. Жизнь его была благополучна. В руках его были большие торговые дела и гарем. И руки его принадлежали, как и сам он, шаху. Он почувствовал, что эти руки — его, что они — простые, человеческие руки, белые и в перстнях, когда он обнимал девочку по имени Диль—Фируз.

Грязный шамхорец отнял ее. Он не противился. Да она и не жила у него. Ему казалось, что будет лучше, если ее не будет и у Хосров—хана. По тому, как скучно ему стало, он понял, что это не совсем так.

Тут случилось, что человек со свободными движениями и небрежный просидел перед шахом час без малого. В сапогах. В первый раз за всю жизнь Ходжа—Мирза—Якуб видел, как шах, каждый жест которого он понимал, задыхается, как пот каплет с его носа. Шах был недолговечен, английский доктор подбивал его на новую войну, и войну будет вести Аббас—Мирза. Богатства евнуха были поэтому тоже недолговечны. Он подумал, глядя на Вазир—Мухтара, что власть его велика, но что ему недостает многого: знаний.

Он совершил много ошибок: визит Алаяр—хану нужно было нанести первым, а доктора Макниля посылать от своего имени не нужно было.

Знания были у него, у Ходжи—Мирзы—Якуба.

Вазир—Мухтар представлял Россию. Для евнуха Россия была ранее бумагами из посольства, разговорами и записками доктора Макниля. Теперь она стала Эриванью, где жили его родители и где он сам жил мальчиком.

Может быть, на секунду Эривань привела его к монастырю Эчмиадзина и к Бабокацору, где он попал в плен, и кончилась Тебризом, где его оскопили. В этот день он подписался на одной квитанции: Якуб Маркарян, хотя всегда подписывался: Мирза—Якуб.

Это все и решило. Границы евнуха Ходжи—Мирзы—Якуба замешались. Он был тегеранским человеком, но основным местом его жительства была снова Эривань. Пятнадцатилетняя жизнь в Тегеране была временной жизнью скопца, восемнадцатилетняя жизнь в Эривани была молодостью, вечерним столом, за которым сидит его отец и разговаривает с соседом, а мать покрывает чистой скатертью стол. Ходжа—Мирза—Якуб был богат и жил в почете. Якуб Маркарян был безвестный эриванский человек.

Когда он вернется домой, мать покроет чистой скатертью стол. Он смотрел на свои белые, длинные, опозоренные руки. Он не вернется домой с пустыми, немужскими руками. Соседи не будут смеяться над ним.

Снова Вазир—Мухтар сидел, заложа ногу на ногу, перед шахом в полуторапудовой одежде, и шах задыхался.

Он сидел час, и какие—нибудь две минуты сидел на его месте перед Фетх—Али—шахом Якуб Маркарян, оскопленный в городе Тебризе.

Якуб Маркарян, который знал многое и у которого были руки полные, белые, унизанные перстнями.

По росту он был не ниже Вазир—Мухтара, по бесстрастному лицу не хуже.

Потом он виделся с Вазир—Мухтаром наедине, но ничего ему не сказал.

Когда же Алаяр—хан пригрозил Ходже, что будет его бить по пятам, сказал в раздражении, будто это Ходжа—Мирза—Якуб указал на его жен Вазир—Мухтару и что будто Ходжа—Мирза—Якуб был в стачке с его собственным евнухом, он решился.

Доля правды была в этом, Мирза—Якуб покрывал своего товарища, и Мирзу—Якуба будут, возможно, бить по пяткам.

Медленно, не торопясь, все взвесив и обдумав, действовал Мирза—Якуб.

Он совещался с Хосров—ханом и Манучехр—ханом. Они запирались по часам, и Хосров выходил с блуждающими глазами, а Манучехр — согнувшись.

Они колебались — может быть, действительно не стоило дожидаться смерти Фетх—Али и стоило перейти к Вазир—Мухтару. Оба они были русскими уроженцами.

Но Ходжа—Мирза—Якуб не колебался более. Ему казалось, что всю жизнь он только и думал, что о русском посольстве. И когда была дана прощальная аудиенция Вазир—Мухтару, он привел в порядок все свои дела: уложил все вещи в пять сундуков, а квитанции за вещи, купленные им для гарема, письма и деньги — в маленький сундучок.

Вечером он прошелся мимо русской миссии и слышал стук молотков и суетню во дворе.

В два часа ночи он был у Грибоедова.

И Александр Сергеевич Грибоедов, друг изменника Фаддея Булгарина, требовавший немедленной выдачи изменника Самсона, слушал рассказ Ходжи—Мирзы—Якуба.

Ходжа—Мирза—Якуб не был изменником, потому что по Туркменчайскому трактату уроженцы областей русских или отошедших по этому трактату к России имели право вернуться на родину.

4

Грибоедов запахнул халат и сжался. Было холодно в комнате.

Он закрыл на минуту глаза. Потом он сказал:

— Я не могу вас принять тайно ночью — все мои дела должны быть известны и явны. Мне не нужны секреты персиянского двора. Поэтому теперь вернитесь в дом свой. Подумайте хорошенько. И если вы действительно желаете вернуться на родину, приходите в другой раз, днем, чтобы я мог принять вас под свою защиту.

Сашка в казакине, накинутом на исподнее платье, светил евнуху. Евнух спускался по лестнице.

Грибоедов видел, как он остановился у конца лестницы, посередине двора и потом медленно, нехотя пошел прочь.

В восемь утра принесли Грибоедову отказ шаха в выдаче Самсона.

В восемь часов пришел Ходжа—Мирза—Якуб с тремя слугами во второй и последний раз. Ходжа—Мирза—Якуб остался в русском посольстве, и ему отвели комнату во втором дворе. Комната выходила на юг.

5

— Скажите, пожалуйста, правда ли, что, когда гарем выезжает за город, даются сигналы ружейными выстрелами и все убегают с дороги, а неубегающие подвергаются тюремному заключению?

— Нет, это неправда. Когда мы выезжаем в Негеристан на гулянье, нет отбою от нищих и зевак.

— Да, но Шарден описывает это. Шарден — надежный источник.

— Вы забываете, господин доктор, что Шарден жил, когда существовали во Франции рыцари, а Россия, кажется, не имела даже императоров.

Доктор Аделунг сидел у евнуха и расспрашивал его о восточных обычаях.

— Я видел здесь у одной женщины бумажку на локте, даже несколько выше локтя, на веревочке. Что это такое?

— Изречение из Корана.

— Я так и думал, — сказал с удовольствием доктор. — Амулеты.

Евнух посмотрел на него и улыбнулся.

— Женского корана, доктор.

— Женского?

— Его величество поручил принцу Махмуду—Мирзе собрать и записать женский коран. Он во многом отличается от мужского.

— Но это совершенная новость, — сказал озадаченный доктор. — Чем же отличается?

— Когда прибудут мои книги и рукописи, я дам вам ответ.

— Вы — образованный человек... — сказал доктор, слегка озадаченный.

— Образование мое скудное.

— Вы образованный человек, — сказал доктор строго, — вы напишите свои воспоминания, мы вместе переведем ваши рукописи, и господин Сеньковский издаст их в Петербурге. Успех будет шумный.

Ходжа—Мирза—Якуб помолчал.

— У вас большая библиотека?

— Все мое имущество помещается в семи ящиках.

— Когда прибывают ваши рукописи и книги?

— Я жду их с часу на час. Мои слуги, слуга господина Грибоедова и двое ваших чапаров отправились за ними.

Прошло полчаса.

— А скажите, пожалуйста, — спросил доктор, — есть ли в женском коране расхождения по поводу омовений?

— Есть, — ответил Мирза—Якуб и выглянул в окошко.

Сашка, курьеры, Рустам—бек и его люди стояли на дворе.

Сашка разводил руками. Вид у него был серьезный.

Вещей евнуха с ними не было.

Рустам—бек передал Ходже—Мирзе—Якубу письмо от шаха. Письмо было ласковое и приглашало Якуба вернуться для переговоров.

6

Так они сидели и разговаривали о женском коране, и Ходжа—Мирза—Якуб становился литератором, товарищем Сеньковского.

Ничего не изменилось в Тегеране.

Разве только опустела площадка перед русским посольством.

Но она пустела исподволь, родители, получившие детей своих и не получившие их, — разъехались, армяне с прошениями рассеялись. А сейчас не стало и торговцев.

По ночам три больших машала освещали вход в русское посольство, и дым от машалов бежал пылью по красным и как бы нагретым лужам.

Тряпки, смоченные нефтью, сухими выстрелами трещали в железных клетках, на длинных древках машалов.

Дверь была наглухо замкнута, и у двери стояли сарбазы.

За дверью говорили о женском коране.

Ничто не изменилось за дверью.

Но изменилось, нарушилось нечто по ту сторону ворот.

Доктор Макниль был бледен, его дрожки стояли то у дворца Алаяр—хана, то у дворца шаха.

Государство английское менялось в эти дни: его восточная политика была в руках белых, немужских, унизанных перстнями, опозоренных человеческих руках. И не только в них: она была уже в узких, длинных, цепких пальцах русского поэта, действовавшего в силу трактата.

И были уже разграблены семь сундуков Ходжи—Мирзы—Якуба, запечатанные Манучехр—ханом. Исчезли квитанции на вещи, купленные евнухом для гарема, исчезли рукописи и записки. Исчезли и письма разных лиц — в том числе и доктора Макниля. Не было, стало быть, и того женского корана, которым так интересовался доктор Аделунг, желавший издать его под редакцией Сеньковского.

7

— Послать сарбазов и взять Ходжу из посольства.

Таково было мнение шах—заде Зилли—султана.

— Но это явное нарушение трактата, и пропадет восемь куруров.

Но Зилли—султан ночей не спал именно из-за этих куруров, заплаченных изменником Аббасом.

— Вернуть Ходже все его имущество и наградить по-царски. Склонить обещаниями. Когда же он выйдет из посольства, убить его, — было предложение Алаяр—хана.

Доктор Макниль еще утром в разговоре с Алаяр—ханом одобрил этот план.

— Он не поверит.

— Выдать кяфиру Самсон—хана, и тогда он согласится на выдачу Ходжи, — было мнение Зилли—султана.

Самсон мозолил ему глаза. Если друг Аббаса не будет охранять отцовского дворца, Зилли—Султан много не потеряет.

— Я ему послал уже дестхат о выдаче Самсона. Дестхат у него. Он не хочет выдавать Ходжу.

— Вызвать к себе на загородную дачу Грибоедова, и в это время убить евнуха, — предлагал Алаяр—хан.

— Это явное нарушение трактата.

Но этого бы и хотелось Алаяр—хану. Каджарская династия пусть повоюет еще раз.

Абдул—Вехаб, дервиш с лицом Никиты Пустосвята и колтуном нечесаных волос, внес тихое предложение:

— Вызвать его на духовный суд.

Доктора Макниля на этом совещании не было. Курьеры день и ночь скакали в Тебриз.

8

Дело перешло в духовный суд.

Якуб Маркарян был собственностью шаховой. Собственность эту охраняла сила, более могущественная, чем государство, шах и его сарбазы: шариат.

Старый человек с крашеной бородой, невысокого роста, сидел в Тегеране для того, чтобы охранять шариат. Имя его было Мирза—Масси.

Ему были известны все повеления шариата, закона, под которым ходит сам шах.

Мулла—Мсех, человек с бледным жирным лицом, человек святой жизни, служивший в мечети Имам—Зумэ, был его правою рукою.

Когда Иран нищал от войны и податей, наложенных кяфиром, Мирза—Масси молчал: это было наказание божие, наложенное на Каджаров, которые лицемерно подчинялись шариату, но действовали исподтишка по-своему. Не он воевал с кяфирами.

Когда жены Алаяр—хана перешли под русский кров, Мирза—Масси сказал: нечистые суки ищут нечистых кобелей. Обе они были кяфирками. Мирза—Масси не одобрял обычай брать женами кяфирок. Не он писал мирный договор с кяфирами.

Теперь евнух, пятнадцать лет исповедовавший ислам, убежал к кяфирам, чтоб ругаться перед безбородыми и безусыми, как он, кяфирами над исламом.

Мирза—Масси и Мулла—Мсех сидели у шаха.

Не они воевали, не они писали мирные договоры.

Но они сидели над шариатом. Дело перешло в духовный суд.

В тот же вечер шах услышал слово, которого долго не слыхал: джахат.

Он ничего не возразил. Он хотел одного: освободиться от этих дел, которым не было конца, освободиться от уплаты куруров — его хазнэ была полна, но кяфир и до нее добирался, — забыть о кяфире, уехать в Негеристан, отдохнуть, руки Таджи—Доулэт пусть успокоят его. Он был стар.

— И все же, неужели джахат?

В тот же вечер он уехал тайком в Негеристан с женою своей, своей дочерью Таджи—Доулэт, без огласки.

Да, джахат,

В тот же вечер уехал с юным Борджисом и всеми своими людьми за город доктор Макниль — тоже отдохнуть, рассеяться немного, подышать чистым воздухом. Всего на один день.

Джахат.

Священная война.

Против кяфира в очках. Священная война города против человека.

— Запирайте завтра базар и собирайтесь в мечетях! Там вы услышите наше слово!

9

Самсон пообедал, отер рукавом усы, пригладил бороду и послал за Борщовым.

Борщов, хлипкий, с бегающими глазами, прибежал тотчас. Они заперлись.

— Вот что, — сказал Самсон тихо, — людей завтра начинай готовить. Послезавтра выступаем. Без шуму. Понял?

— Понял, — сказал Борщов и качнул головой.

— Мы в Мазендеран теперь пойдем. Там леса хорошие. Палатки все как есть захватить. Довольство перевел уже.

— Есть уже дестхат? — жадно и с пониманием спросил Борщов.

— Черта им дестхат, — сказал Самсон и выругался. —

Ихним не дадимся, сарбазов на печку пошлем. Мало штыка, так дадим приклада. Нету никакого дестхату, дело нерешенное, только вечером дело решится.

Дестхат о выдаче Самсона с его батальоном лежал уже у Грибоедова, и Самсон знал об этом.

— Ты до вечера ничего людям не говори, — сказал Самсон, — слышь, Семен.

— Я что ж, я ничего, куда ты, Самсон Яковлич, туда я. Вместе воевали, вместе по уговору и лягем.

— Вот.

Самсон подумал.

— Ты, Семен, на меня не обижайся. Я знаю, что у тебя обида на меня.

Борщов развел руками.

— Мало чего бывало, так все не упомнишь.

— Я эту гниду к чертовой матери услал. Пусть чешется об забор.

Самсон говорил о Скрыплеве, которому Борщов завидовал.

Борщов встал.

— Военное дело. Обижаться нам не приходится.

Вечером Самсон опять послал за Борщовым.

— Никому, Семен, не говорил?

— Как ты сказал, Самсон Яковлич. Только видно, что знают.

— Ну так вот, никаких приготовлений не делай. Никуда мы пока что не выступаем.

— Что так?

— Не будет дестхату. Вот и все. Только вот что: здесь шум, может, будет.

Борщов смотрел внимательно.

— Так людям не баловаться.

— Как скажешь, все одно, — сказал уклончиво Борщов.

— А я говорю: не баловаться, — сказал Самсон и вдруг побагровел. — Из казармы никого не выпускать. Слышь, Семен? Все отвечать будут. Запереть казармы.

Он заходил по комнате, топча сапогами ковры.

И давно уже не было Борщова в комнате, а Самсон все ходил по коврам кривыми кавалерийскими ногами в смазных сапогах, как баржа по мелководью.

Потом он остановился, спокойно набил трубку, задымил и снова стал ходить.

Раз в нерешительности он посмотрел на дверь и сунулся было в нее.

Потом махнул рукой, сел и уставился на стену, на ковер с развешанным оружием. Посмотрел на кривой ятаган, который ему подарил в прошлом году Хосров—хан, и на свои кривые ноги.

— Ну и что? — спросил он негромко. — Тебе какое дело? Ништо.

И нижняя губа отвисла у него, как в обиде.

10

В этот день Мирза—Масси говорил народу.

В этот день Мулла—Мсех говорил народу в мечети Имам—Зумэ.

В этот день спор шел между городом и человеком, мирным трактатом и шариатом, Персией и Европой, Англией и Россией.

В этот день привезли наконец в русскую миссию подарки шаху, сильно запоздавшие. Ящики выгружались на дворе.

Вечером метнулся тенью к русскому посольству человек. Спокойны были улицы, лежащие близ русского посольства.

Человека привели к Вазир—Мухтару.

Он был бледен, и глаза его блуждали.

— Ваше превосходительство, — сказал он трясущимися губами, — я прихожу от имени Манучехр—хана. Мулла—Мсех и Мирза—Масси говорят сегодня народу. Они объявили джахат.

Грибоедов закрыл глаза. Он стоял спокойно, только глаза его были закрыты.

— Ваше превосходительство, — лепетал человек, — ваше превосходительство, отдайте, пока не поздно, Мирзу—Якуба.

Грибоедов молчал.

— Или пусть сегодня вечером Мирза—Якуб пройдет тайно в мечеть Шах—Абдул—Азима, ваше превосходительство, это два шага, только через ров перейти. В мечети его никто не тронет, ваше превосходительство.

У человека были слезы на глазах, и он трясся.

— Если кто-нибудь, а особенно русский подданный, — медленно и чужим голосом сказал слова закона Грибоедов, — приходит под русское знамя и находится под его покровительством, — я не могу его выгнать из посольского дома. Но если Якуб сам захочет уйти, я мешать не буду. Прощайте, господин Меликьянц.

Человек неверными шажками, запинаясь, скатился с лестницы, и Грибоедов послал через десять минут Сашку с запиской к евнуху.

Сашка вернулся и доложил:

— Господин главный евнух просили передать, что если ваше превосходительство захотят, так они завсегда рады исполнить, но только сами не согласны.

— Спасибо, Саша, — сказал Грибоедов, — спасибо, Сашенька, ты верно передал.

— А господин Меликьянц прямо не в себе приходили, — прибавил Сашка, довольный.

— А теперь позови сюда, голубчик, Мальцева Иван Сергеича.

— Будьте добры, Иван Сергеич, — сказал Грибоедов Мальцеву холодно, — написать ноту. Изложите все мои поступки со сносками на статьи. От самого приезда в Иран. Выражения допустите сильные, но титулы все сохраните. Закончите примерно так: нижеподписавшийся убедился, что российские подданные не безопасны здесь, и испрашивает позволения у своего государя удалиться в Россию, или лучше — в российские пределы. Всемилостивейшего, разумеется.

Мальцов встревожился.

— Есть какие—нибудь известия?

— Нет, — сказал Грибоедов.

— Сегодня же составить?

— Лучше сегодня. Простите, что обеспокоил.

Когда Мальцов ушел, Грибоедов взял листок и начал изображать:

aol, otirsanatvfe' easfrmr

По двойной цифири листок означал:

Nos affaires vont tres mal[90].

Кому писал это Александр Сергеевич?

Он положил листок к бумагам на столе, не дописав его.

Выдвинул ящик, пересчитал деньги. Оставалось немного, расходы были большие. Он становился скуповат.

11

Так наступила ночь, и никто в русском посольстве, кроме евнуха Мирзы—Якуба и Александра Сергеевича, не знал, о чем говорил растерянный человек.

Сашка о нем забыл. Он читал на ночь любимую свою поэму "Сиротка", сочинение господина Булгарина. Потом он улегся. Грибоедов сидел у себя, и окно его было освещено поздно.

— Все сидит, — сказал казак, взглянув в окошко со двора.

— Да, дела, — зевнул другой.

12

И вот перед ним встала совесть, и он начал разговаривать со своей совестью, как с человеком.

— Дело прошлое, оставь свои бумаги, не хлопочи так над бумагами.

— Присядь, подумай.

— Ты сегодня пнул ногой собаку на улице, вспомни.

— Неприятно, — поморщился Грибоедов, — но, вероятно, она привыкла.

— Ну что ж, жизнь не удалась, не вышла.

— Здесь ты прожил даром и совершенно даром...

— Птичье государство, Nephelokkukigia?

— Кто это сказал? — заинтересовался Грибоедов. — Птичье государство? Ах да, это доктор говорил.

— Зачем ты бросил свое детство, что вышло из твоей науки, из твоей деятельности?

— Ничего, — сказал Грибоедов негромко, — я устал за день, не мешайте мне.

90 Наши дела очень плохи (фр.).

— Может быть, ты ошибся в чем—нибудь?

— Зачем же ты женился на девочке, на дитяти, и бросил ее. Она мучается теперь беременностью и ждет тебя.

— Не нужно было тягаться с Нессельродом, торговаться с Аббасом—Мирзой, это не твое дело. Что тебе сделал Самсон? Нужно больше добродушия, милый, даже в чиновничьем положении.

— Но ведь у меня в словесности большой неуспех, — сказал неохотно Грибоедов, — все-таки Восток...

— Может быть, нужна была прямо русская одежда, кусок земли. Ты не любишь людей, стало быть приносишь им вред. Подумай.

— Ты что-то позабыл с самого детства. Твои шуточки с Мальцевым! Ты ошибся. Может быть, ты не автор и не политик?

— Что же я такое? — усмехнулся Грибоедов.

— Может быть, ты убежишь, скроешься? Ничего, что скажут: неуспех. Ты можешь выдать евнуха, ты можешь начать новую жизнь, получишь назначение.

— Да мимо идет меня чаша эта.

— Ты же хвалился, что перевернешь всю словесность русскую, вернешь ее к истокам простонародным, песни ты хотел, феатра русского.

— Я не хвалился, — сказал холодно Грибоедов. — Просто не удалось.

— И притом все это преувеличено. Я надену павлиний мундир, выйду, и они уймутся.

— Разве же впрямь нет России, нет словесности? Кажется, это зависть. Ты маменьки боишься, мой милый. Отсюда и провор.

— Вспомни о Кате, ты ведь любил ее.

— Золото мое, — сказал тихо Грибоедов и улыбнулся смущенно.

— У тебя будет сын, Нина его будет качать: люшеньки—люли... Ради сына...

— Ты можешь выдать евнуха, ты сам можешь укрыться в мечети.

(— Завтра же поднести подарки шаху.)

— Отрастишь бороду, как Самсон... Чего уж тут ловчиться. Будут Цинондалы.

— Может быть, не поздно еще?

— Поздно, не поздно, — отмахнулся Грибоедов рукой, как от надоевшего болтуна, — я все знаю сам.

— Но бежать нужно, бежать. Это очень страшно умирать — больше ничего не увидишь, не услышишь.

— Я не хочу об этом думать, — сказал Грибоедов. — Я честно исполнял трактат, — сказал он и встал.

Он нехотя взял со стола какую-то кипу бумаг — может быть, дестхат о Самсоне, может быть, счета Рустам—бека или шифрованные записки. Он затолкал их в камин и зажег. Бумага тлела, плохо загоралась, тяга была дурная.

Вошел Мальцов с листком в руках.

— Разрешите прочесть вам... Вы сами растапливаете камин?—спросил он, озадаченный. — Вы больны? Где Александр?

— Александр спит, — сказал Грибоедов, не оборачиваясь. — Александр спит, Александр спит, — тихо запел он.

— Вы больны, — сказал, чего-то дрожа, Мальцов, — может быть, позвать доктора? Почему вы жжете бумаги?

— Я вовсе не жгу бумаги, — серьезно ответил Грибоедов, — бумага плотная, сырая, она еще не скоро сгорит. Не мешайте мне, прошу вас, Иван Сергеич.

И Мальцов ушел.

Бумага горела ярко. Стало тепло.

Тогда Грибоедов стал обогревать руки перед камином.

— Тепло, — сказал он весело, — все всегда хорошо.

И, ложась спать, он укутался в одеяло и еще раз посмотрел на огонь. Потом повернулся к стене и заснул сразу же здоровым, спокойным и глубоким сном.

ГЛАВА ОДИННАДЦАТАЯ

1

Агенгер, кузнец, живший неподалеку от мечети Имам—Зумэ, постился уже вторую неделю и вторую неделю не прикасался к жене. Он поступал так всегда перед днями мухаррема, но в этот год погиб его сын на войне и погибло много лошадей, подковывать стало некого. Он не ощущал обычного облегчения от поста, хотя исхудал. Он был голоден, снилась женщина, не его жена, а другая, он мучил ее, выворачивал ей руки, и все было мало. Он спал глубоко, но в шесть часов утра вскочил и, еле одевшись, выбежал на крышу. Протирая глаза, он смотрел на соседние крыши, плоские и пустынные, и сердце у него колотилось. Он подумал, что проспал. Тогда на крыше, напротив, через узкий переулок появился его сосед, сапожник, и тоже посмотрел испуганно на агенгера. Не говоря ни слова, они побежали вниз, каждый в свою каморку. Агенгер схватил свой тяжелый молот. Он показался ему слишком тяжелым, агенгер бросил молот и поднял с пола, из разного хлама, ножик, обмотанный тряпкой. Ножик был слишком легок. Он заткнул его за пояс, схватил молот и, волоча его, снова выбежал на крышу. Соседние крыши шевелились: женщины смотрели, вытянув шеи, в сторону мечети Имам—Зумэ. Мужчины легко бежали по переулку, один, другой, третий. Воздух был стоячий. Вдруг кузнец соскочил опрометью с крыши на широкую низкую стенку забора, спрыгнул и побежал — к мечети. Белая задняя стена ее была видна, и там никого не было.

Колебался, как бы легкий человеческий ветер, — прозрачный звук, вздох:

— Эа—Али...

И когда кузнец, как мальчик, прыгая кувалдой по земле, вскочил в тысячную толпу, Мулла—Мсех кончил говорить, — и кузнец успел закричать, глядя в рот соседу:

— Эа—Али—Салават!

2

Доктор Аделунг вставал рано, в шесть—семь часов. Ложился он спать не позже девяти. Он уверял, что дисциплина сна и пищи для человека важнее, чем климат и температура тела. В половине седьмого он сидел в старом шлафроке за столом и вносил в дневник те сведения за истекший день, которых не успел вчера внести за поздним временем. Он писал:

"Января 30.

М—г Maltzoff ведет себя расточительно и неприличен в сем случае: ибо не должно выставлять частное богатство на вид, при общей некой скудности. Что неприятно А. С. Г. Закуплено им столько тканей, будто бы дома имеет гарем. Между тем холост. Хвалится Львом и Солнцем и носит оный на груди; остается для ведения дел. Завтра поднесем подарки шаху. Послезавтра — снова в дорогу.

Разговор с евнухом. Оказывается, нравы гарема шахского не вовсе чисты. Измена одной жены. (Много способствует одеяние женское, под чадрою сам муж не в состоянии определить, его ли то жена.) NB. Безнаказанность. Ибо шах не должен всенародно признаваться в таком событии, а здесь все скоро разносится. Сообщил также: в уплату восьмого курура предназначено шахом нечто из его сокровищницы: алмаз, повсеместно известный под именем Шах—Надир. Принадлежал сему воителю, и на гранях вырезаны три арабские надписи — одна из них имя теперешнего шаха. Убедил Якуба писать записки".

Доктор прислушался. Несся отдаленный шум, неясный, слитный. Он подумал и записал:

"Тегеран по сравнению с Тебризом гораздо шумнее. На базарах нет того дня, чтобы не было драки. NB. Сообщить Сеньковскому о музыкальных инструментах".

Без стука ворвался Мальцов. Доктор с неудовольствием на него взглянул. На Мальцеве был фрак, накинутый на ночную рубашку.

— Что привело вас, любезный Иван Сергеевич, в столь раннюю пору?

Но Мальцов схватил его за руку.

— Доктор, доктор, бежим ради бога... Вы слышите?

Шум, действительно, рос. Он становился более членораздельным.

— Эа, А—ли, — всплеснуло где-то.

Доктор поднялся и выпучил глаза.

— Ну и что же?

Мальцов заплакал.

— Доктор, милый, разве вы не видите? — сказал он в тоске.

Доктор подумал.

— Вы полагаете, что это...

— Бежим, бежим немедля.

— Куда?

— Ах, я не знаю куда. — Мальцов метался и плакал.

Доктор надулся. Шлафрок его разлетелся в обе стороны.

— Вы сошли с ума, — сказал он, — идите к Александру Сергеевичу и немедля разбудить!

Мальцов замахал на него руками, пальцы прыгали каждый в отдельности. Он, не слушая, выскочил. Доктор пил воду и прислушивался. Вдруг он поставил стакан.

—Джаххxат... — шло издали.

Он постоял еще секунду, держа в руке стакан, быстро скинул шлафрок и надел мундир. Оглянулся и нацепил шпагу, коротенькую, как мышиный хвост, надел фуражку и вдруг снова бросил на стол. С удивительной быстротой затолкал свои листки в стол. Вышел за дверь. И на дворе, раздув ноздри, он понюхал, как пес, воздух.

Гарью не пахло.

Шум шел из соседних улиц, и шел прямо на ворота. Доктор резко повернулся и замаршировал на задний двор. Казаки на часах крепко спали. Он не разбудил их.

3

— Авв—а—вв—а—вва, — говорил Сашка.

— Авва—а—вва, Александр Сергеевич, — он стучал зубами и толкал Грибоедова.

Грибоедов спал.

Наконец он сел в постели и посмотрел на Сашку далеким взглядом. Надел очки и проснулся.

Старик Дадашянц, привезший ночью подарки для шаха, стоял за Сашкой.

Грибоедов свесил голые ноги. Ему было холодно.

— Что тебе нужно? — спросил он сердито.

— Ваше превосходительство, — сказал сипло старик и снял круглую шапку, — идет толпа. Нужно гнать Якуба.

Грибоедов смотрел на редкие потные волосы, привыкшие к шапке.

— Ты кто такой?

— Я Дадашянц, — сказал жалобно старик и попятился за Сашку.

— Так вот, если ты Дадашянц, так я запрещаю тебе вмешиваться не в свои дела. Тебя сильно избаловали. Ступай.

— А ты что? — спросил он Сашку, — чего ты взыскался? Я еще полежу. Через десять минут подашь одеваться.

И Сашка успокоился.

Ровно через десять минут Грибоедов оделся. Он надел шитый золотом мундир, а на голову треуголку — как на парад. Вышел на двор распорядиться. И он услышал шум, похожий на вой райка, аплодирующего Кате Телешовой, как он однажды слушал его из буфетной комнаты. И вой вдруг прекратился, как будто Катя стала повторять нумер.

4

Мальцов выбежал от доктора Аделунга.

— О—о—о—у...

Он гудел на ходу.

— О, дорогие, голубчики, — проговорил он и топотал ногами, как капризный ребенок.

Он влетел в свою квартиру, на баляханэ, бросился к шкатулке и всунул ключик.

Ассигнации, расписки, золото. Он скомкал расписки, затолкал ассигнации в боковой карман.

Золото. Он набил карманы.

— Бежать.

— Куда, дурак, куда, дурачина, бежать? — спросил он себя с отвращением, передразнил и заплакал.

И слетел опять во двор. Побежал, наткнулся на двух персиянских солдат из стражи Якуб—султана. Они уходили со двора.

— Якуб—султан? — закричал он им. — Где Якуб—султан?

Они, не ответив, прошли мимо.

— Эа—а, — донес ветер.

Он пробежал несколько шагов за ними уже подгибающимися ногами. Потом отстал, споткнулся. Якуб—султан ушел — понял он и повернул.

Его отнесло к квартире Назар—Али—хана.

Персиянская стража стояла. Ферраши его оглядели.

— Эа—али, — все слышнее, не прекращается, не прекращается...

— Мне нужен Назар—Али—хан, немедленно, — сказал Мальцов, стуча зубами, и ткнул пальцем в дверь, поясняя.

— Назар—Али—хан вчера ушел, — сказал один на ломаном русском языке.

Мальцов вгляделся в него и понял: толмач.

—... Салават...

Он схватил за руку толмача. Отозвал его. Сунул руку в карман. Сжал золото: пять, десять монет, горсть. Сунул ему в руку.

— Укройте меня, — сказал он, — здесь, а? У Назар—Али—хана? А? Он ведь ушел? а?

Толмач посмотрел на ладонь.

— Мало.

Мальцов полез в карман. Брюки его были плохо застегнуты, он поправил их.

— Всем надо дать, — сказал толмач.

— Дам, всем, даю, все, — сказал Мальцов и поднял ладонь ребром.

Толмач отошел к феррашам, поговорил и вернулся.

— Давай, — сказал он грубо.

Мальцов стал сыпать золото ему в руки. Толмач подозвал двух феррашей. Золото исчезло в карманах. У него осталось немного на дне левого кармана. Ферраши помедлили. Они смотрели на Мальцева. Теперь они прогонят его.

— Дорогие мои, голубчики, — сказал скороговоркой Мальцов. Толмач открыл ключом дверь, пропустил Мальцева, посмотрел ему вслед и запер дверь.

И Мальцов лег ничком в ковры. Ноздри его ощущали сухой запах пыли. Он закрыл глаза, но так было страшнее, и он начал смотреть в завиток оранжевого цвета, в форме знака вопросительного.

Потом, через минуту или через полчаса — рев.

Он вцепился обеими руками в край ковра, пригнул голову и смотрел на знак вопросительный.

5

Когда они выходили из ограды мечети Имам—Зумэ, их было пятьсот, шестьсот человек. Когда они подошли к проклятым воротам, их было десять тысяч.

Муллы и сеиды, шедшие впереди, не оглядывались. Но они чувствовали за собой рост дыхания, шагов, криков. Бежали кузнецы, фруктовщики, художники, кебабчи — торговцы жареным мясом. Они из переулков замешивались—одиночками, десятками, из улиц — сотнями.

Сарбазы с ружьями. Однорукие люди в оборванных кулиджах поднимали левой рукой камни с дороги. Однорукие люди — лоты, воры. Кинжалы, палки, молоты, камни, ружья. Они прибывали из переулков. Их передавали старики, которые сами не шли. Топоры.

Глаза были красные, и черные зрачки масляные.

Лавки были закрыты, иначе бы их разгромили по дороге.

Но когда они подошли к проклятым воротам, наглухо запертым, они вдруг остановились.

Они стали. Руки сжимали молоты, камни, ружья, но ворота были заперты, и дом молчал.

Крики прекратились.

Русский флаг слегка потрепывался на древке.

6

— Слушать команду, — сказал Грибоедов. — Главные ворота запереть. Урядник Кузмичов, взять двадцать человек, стать у ворот. Урядник Иванов и Чибисов, взять пятнадцать человек, стать на крышу. Ружья держать наготове.

Он взбежал по узкой лестнице к себе.

7

Якуб Маркарян, выгнув голову, выглянул из двери и снова вошел в свою комнату. Он сел посредине комнаты на пол и поджал ноги. А ведь он стал уже отвыкать от этой привычки. Потом он услышал, как шум приблизился. Потом все затихло, и вдруг высокий голос где-то неподалеку прокричал его имя.

И сразу же:

— Аллах. Аллах.

И тишина.

Якуб Маркарян оскалил зубы. Он смеялся. Ворота были крепкие.

8

— Саша, — сказал Грибоедов, стоя в приемной комнате, рядом со спальной. — Ну—ка, Саша, тащи сюда вино. Корзину тащи или две. И припасы.

Сашка позвал кучера; они возились в кладовой.

Доктор Аделунг, в мундире, сосал сигару. Рустам—бек и Дадаш—бек тоже были в комнате, полуодетые. Комната не имела ни жилого, ни человеческого вида.

— Откупори нам эту бутыль. А остальное тащи—ка на крышу к казакам. Пусть позавтракают. Ваше здоровье, доктор. Это аи.

Доктор Аделунг кивнул головой важно и грустно и чокнулся с Грибоедовым.

9

И только когда увидела толпа, что казаки на крыше пьют вино и едят, она очнулась. Белокурый человек в казакине, накинутом на белье, отдыхал от тяжелой корзины на крыше.

Полетели каменья в ворота.

Ворота чуть дрогнули.

Белокурый человек в казакине, согнувшись, побежал по крыше обратно, во внутренний двор.

Тогда щелкнул выстрел в толпе. Это был первый выстрел, и все его услышали.

Белокурый человек бежал, согнувшись.

И крик в толпе: мальчик в кулидже упал. Кровь была у него на лице. Кровь увидели. Его оттащили в сторону кузнец и сапожник. Он умирал.

Заговорили фальконеты. В крышу, в казаков летели камни.

Передние телами, без разбега, сотнями тел ударялись в ворота и, оглушенные, прядали назад. Казаки торопливо допивали вино.

Человек на лошади показался внизу. Он что-то кричал, махал рукой. Казаки видели, как его стащили с лошади, поволокли к упавшему мальчику, в воздухе поднялись палки, и человек провалился.

Казаки на крыше утерли рты, стали на колена и прицелились.

Так погиб Соломон Меликьянц, который метнулся к русскому посольству, как муха на огонь.

Были одновременны: кровь на земле, ворота, о которые бились тела, высокий белокурый человек, который бежал по крыше, трое или четверо казаков, вдруг растянувшиеся на крыше. И тут же увидели, что крыша конюшни, слева — шире, чем правая, с казаками.

Так десять—пятнадцать человек взобрались на крышу конюшни. Троих передних сняли казаки пулями.

— Джахат!

— Эа—Али—Салават!

— Смерть собакам!

Сотни уже были на крыше первого двора.

Казаки отступили в узкий проход.

10

Зилли—султан получил в семь с половиной часов сообщение, что у русского посольства собралась толпа. Сообщение было сделано гулям—пишхедметом, который пришел помочь ему одеться.

Зилли—султан одевался медленно. Потом ему подали умываться. Умывался он булькая и фыркая.

Он совершил утренний намаз.

После намаза подали ему завтрак.

11

Казаки стреляли. Люди прыгали с крыши, один за другим, десятками. Уже наполнился двор.

Люди метались — направо, налево — и вперед. Направо — был дом Назар—Али—хана. Налево — квартира Мальцова — в баляханэ, а внизу — доктора. Впереди — в узком проходе были казаки. Они не знали, кто где, они метались, как слепые. Искали ходжу, евнуха.

Три сарбаза Якуб—султана указали им на второй двор. Сотни человек с молотами и кинжалами стояли у дверей Назар—Али—хана. Дом, в котором доктор писал тому полчаса свой дневник, били, как человека. Листки пухом летали по воздуху.

12

Якуб Маркарян увидел, как сразу десять голов всунулось в его дверь. Они открыли дверь и застряли в ней. Ослепленные дневным светом, они ничего не видели в полутемной комнате, и глаза смотрели мимо него.

Медленно, важно стал подниматься с ковра Ходжа—Якуб. Потом он шагнул к двери, и люди отступили. Они сжимали в руках кувалды и ножи, и они отступили: никто из них ни разу не видел Ходжи—Мирзы—Якуба. Он был высок ростом, бел лицом, брови его были черны и казались насурмленными.

Ходжа—Мирза—Якуб смотрел на людей, которых видел в первый раз. Потом зубы его оскалились: евнух улыбался или сжимал челюсти.

— Меня хотите? — сказал он высоким голосом. — Меня хотите? — И еще шагнул вперед.

— Я безоружный, бейте — бзанид!

Молотобоец, медленно размахнувшись, метнул в него молотом, издали, не подходя. Молот попал в грудь. Евнух покачнулся.

Только тогда вскочили в комнату, только тогда руки вцепились в халат. Они прикоснулись к нему. Они держали его. Палки враз ударили по голове, как по барабану.

— Бзанид!— кричал радостно евнух.

Агенгер ударил его ножом в живот и кулаком в зубы. Его ударили еще раз в бок, а он все кричал высоким голосом:

— Бзанид, бейте, — и выплевывал зубы.

Его выволокли во двор. Он упал. Мальчик лет пятнадцати, вынув длинный нож, мясничий секач, плеснул над шеей. Старик придавил ногою тупее с другой стороны. Голова полетела, как мяч, за ворота. Там ее поймали. Поймали потом еще руку, на которой плотно держался изорванный голубой рукав, ногу. Поймавшие крепко их держали, высоко поднимая, и грудь их сразу промокла.

— Эа—Али—Салават...

Грохот — разрушали второй двор. На крышах стояли, отдирали дрань. Топорами раскачивали, расшатывали бревна, проваливались, снова вылезали, бросали, раскачиваясь по двое, балки в третий двор. Запыленный голый тополь подрагивал, как пес.

13

— Александр, Александр, — крикнул Грибоедов, — назад!

Он стоял на узенькой лестнице, ведущей в его покои. За ним стоял Аделунг, за Аделунгом выглядывали Рустам—бек и Дадаш—бек. Пятнадцать казаков на коленях, внизу, вертя головами во все стороны, стреляли по крышам и забору.

Сашка не слышал его. Второй двор гудел и трещал. Стоял туман от известки и пыли.

Сашка, открыв рот, не говоря ни слова, прислушивался. Неизвестно, куда он смотрел. Он выбежал за казачий круг, стоял, смотрел.

— Александр! — крикнул еще раз Грибоедов.

Сашка повернулся и посмотрел на Грибоедова.

Тут казаки выстрелили: на плоской крыше забора стояло человек десять оборванных персиян. Двое упали и скатились, как кули с мукой, во двор. Третий выстрелил наугад.

Сашка, смотря на Грибоедова ясным взглядом, капризно сдвинул брови, неодобрительно скривил рот, согнулся набок, как будто его укусила муха, и упал.

— А, — сказал Грибоедов, — они Александра убили.

Мертвый казак лежал, сжимая ружье, рядом с Сашкой. Грибоедов быстро сбежал по лестнице и опустился на колени. Он разжал мертвые руки и вынул ружье. Потом легко взбежал наверх.

И он стал стрелять, целясь, точно и быстро.

Крик заполнил двор, узенький и темный. Люди были во дворе.

Выстрелы были точные.

Люди подались назад. Дворик был очищен. Теперь остались только те, что стояли по стенам. Со стен редко стреляли. Потом стали кидать балки. Одна балка покрыла четырех казаков. Они шевелились под нею.

Доктор Аделунг притронулся рукой к плечу Грибоедова. Грибоедов обернулся.

— Они убили Александра, — сказал он доктору, и губа задрожала.

— Нужно отступать в комнаты, — сказал доктор Аделунг.

Было убито еще двое казаков.

14

Первая комната — его спальня. Еще была не убрана постель, Сашка так и не прибрал ее.

Девять казаков примостились у окон.

Грибоедов заглянул в окно.

На дворике теперь их было много. Они были белые от известки в полутемном дворике. Он отошел от окна и стал ходить. Ногою он отодвинул чемодан, чтобы было больше места.

— Где кяфир? Где Вазир—Мухтар? — Они не знали, кто жил на третьем дворе.

Все выстроились по боковым стенам. Небольшой камень попал Грибоедову в голову, он не заметил боли. Запустив руку в волосы, он почувствовал, что она мокрая, и увидел кровь.

— Фетх—Али—шах пришлет помощь, — хрипло сказал Рустам—бек. — Еще десять минут...

— Фетх—Али—шах... его мать, — сказал Грибоедов, смотря с отвращением на свою красную липкую руку.

Камни летели реже.

— Надо отступать в гостиную, — сказал доктор Аделунг.

Он прислушивался, подняв глаза к потолку. Ему почудились шаги на крыше. Вдруг потолок затрещал под сотнею ног. Послышались острые удары — били топорами. Они перешли в гостиную.

15

Доктор, втянув голову в плечи, смотрел вперед, в дверь гостиной. Лицо его было похоже на бульдожью морду. Он был почти спокоен. Сверху, на крыше, топали, словно танцевали. Трещало — отрывали дрань.

— Они занимают лестницу, — сказал доктор, вглядевшись. Дверь со двора в спальню была густо забита людьми, в нее ломились сразу сотни, и ни один не пролезал.

Не смотря ни на кого, доктор Аделунг отступил на шажок и вытащил шпажонку из ножен.

Грибоедов ходил по комнате, сложив с усилием руки на груди. Доктор, со шпагою в руке, выбежал в спальную.

Грибоедов стал смотреть.

Он видел, как доктор добежал до двери, сунулся в нее и сделал выпад. Потом сразу подался назад. Что-то там случилось. Дверь яснела — отхлынули.

— Молодец.

Доктор рвал в спальной оконную занавеску. Левой руки у него не было, вместо нее был обрубок. Он быстро замотал обрубок тряпкой. Потом вскочил в окно и прыгнул. Грибоедов видел короткое движение: доктор Аделунг сделал выпад шпажонкой в воздухе.

— Молодец, — сказал Грибоедов, — какой человек!

Не было ни Сашки, ни доктора Аделунга.

Известка посыпалась ему на голову. Балки рухнули, он едва успел отскочить. Люди прыгнули сверху. Какой-то сарбаз ударил его кривой саблей в грудь, раз и два. Он услышал еще, как завизжал Рустам—бек, которого резали.

16

У ворот посольства появился отряд сарбазов. Их было сто человек, и начальствовал над ними майор Хади—бек, высланный Зилли—султаном. Сарбазы постояли, посмотрели и смешались с толпой. Прошло уже три часа с тех пор, как впервые появилась здесь толпа. Улица теперь была шире, чем раньше, развалины расширяли ее. Так как приказано было влиять на толпу красноречием, у сарбазов не было ружей.

17

Пол и стены ходили, время стояло.

Постепенно он начал распознавать характеры шумов. Были разные грохоты, разные шумы: лай фальконетов, яркий треск отдираемой драни, музыкальный гул бросаемых балок.

Самыми опасными были человеческие звуки. Рисунок на ковре, от которого он не отрывался, соразмерял звуки, как метроном. Стоило оторваться — и голова кружилась.

При этом он сжался таким образом, что все время грудью ощущал ассигнации, сунутые в боковой карман. Ассигнации были единственно надежным из всего, что еще оставалось на дворе и в комнате.

МОЛИТВА МАЛЬЦОВА

— Я не виноват, я не виноват, господи. Это он виноват. Я молод. Только бы без мучений, только без мучений умереть! О, я хитрю, я обманываю тебя, господи, не слушай меня: я жить хочу. Опять они кричат. Неужели к моей двери? Пусть все погибнут, если так нужно, господи, все пусть погибнут. Только спаси, сохрани, помилуй меня. У меня жизнь впереди. Я поеду в Петербург, я никогда сюда больше не вернусь, обещаю тебе, господи. Только бы выбраться, я на все согласен. Я раздам все свое состояние бедным, только выведи меня.

В грохоте явились промежутки, и он прекратился наконец. Тогда раздались звуки самые непонятные.

Что-то тащили по земле, и у самого окна — зашлепало. Были рабочие мерные крики, которые он помнил у персидских грузчиков, когда они выгружали кладь. Раскачивались, вскрикивали и бросали, а потом шлепало. Свист раздался у самого окна, словно от тонких досок. Но, опускаясь, доски не стучали, они мягко ложились. Тут же, за окном, неподалеку, рядом; люди ухали, когда доски ложились.

Он подтянулся к окну, отогнул занавес, и ему показалось, что со двора его все видят. Все же он не мог противиться: доски свистали. Еще подтянулся он и стал смотреть одним глазом.

Черные балки висели. Он смотрел довольно долго и понял: балки висели с крыши его и Аделунговой квартиры, с противоположной стороны, не так уже близко, через двор, и на уровне второго этажа. Мягкий звук не прекращался у самого носа, а он ничего не видел, кроме балок. Он приподнялся еще, на руках.

Бежал персиянин, обхватывая толстые вязки дел, кружились листки, тащили громадное зеркало, мальчик бежал с охапкой форменного платья, в охапке белел рукав рубашки. Мальчик остановился и стал шарить глазами по земле: что-то вывалилось из платья.

Тогда он закосил вниз, смотрел с минуту и без шума, мешком упал на пол.

Все были голые. Желтоватая спина была на уровне его ног. Была большая пирамида из голых. Старик с ножом, очень близко от него, возился над мертвецами. Трое сарбазов били досками, уравнивая кучу.

Они лежали, обнимая друг друга, непристойно.

Без роду без племени лежал человек на ковре, час, другой, третий. Спать он не спал, но и не бодрствовал. Он был как сонная рыба.

Потом, в неизвестный час, у двери завозились, ее отомкнули, кто-то заговорил в соседней комнате. И сразу же, как автомат, Мальцов встал. Он еще раз ощупал ассигнации.

Незнакомый серхенг вошел в комнату, не замечая его. Он заметил его и попятился.

И сразу Мальцов понял: хорошо сделал, что встал. Нельзя было показаться серхенгу лежачим. Лежачего можно по ошибке стукнуть палашом по голове.

Он сказал серхенгу по-французски:

— Я прошу немедля...

Но серхенг стоял и прислушивался.

Тогда Мальцов заворочал сухим языком и со всех сил крикнул:

— Я прошу немедля сообщить его высочеству принцу Зилли—султану...

Голос был сиплый, еле слышный. Он не кричал, а шептал.

Серхенг запер его на ключ и ушел. Наступила ночь.

Мальцов услышал военные шаги: маршировали солдаты.

В комнату вошел тот же серхенг с узлом в руках. Он бросил его Мальцеву:

— Одевайтесь.

И сам вышел.

В узле была старая, затрепанная одежда сарбаза. Переодевшись, Мальцов сунул в карманы широких, висящих по бокам штанов ассигнации. В комнату вошли несколько сарбазов и окружили его. Его повели. Земля была избита. Воздух был свежий, большой.

ГЛАВА ДВЕНАДЦАТАЯ

1

Вазир—Мухтар продолжал существовать.

Кебабчи из Шимрунского квартала выбил ему передние зубы, кто-то ударил молотком в очки, и одно стекло вдавилось в глаз. Кебабчи воткнул голову на шест, она была много легче его корзины с пирожками, и он тряс древком.

Кяфир был виноват в войнах, голоде, притеснениях старшин, неурожае. Он плыл теперь по улицам и смеялся с шеста выбитыми зубами. Мальчишки целились в него камешками и попадали.

Вазир—Мухтар существовал.

Правую руку с круглым перстнем тащил, крепко и дружески пожимая ее единственною левою рукою, лот — вор. Он поднимал ее изредка и сожалел, что рука была голая и не сохранилось хоть лоскута золотой одежды на ней. Треуголку напялил на себя подмастерье челонгера, она была слишком велика и опускалась до ушей.

Сам же Вазир—Мухтар, в тройке с белокурым его слугою и каким-то еще кяфиром, привязанный к стае дохлых кошек и собак, мел улицы Тегерана. Их тащили, сменяясь, на палке четыре худых, как щепки, персиянина. У белокурого была обрублена одна нога, но голова была совершенно целая.

Вазир—Мухтар существовал.

В городе Тебризе сидела Нина и ждала письма.

Матушка Настасья Федоровна перешла из будуара в гостиную и там говорила гостье, что Александр не в нее пошел: с глаз долой, из сердца вон, забывчив.

Фаддей Булгарин, склоняясь над корректурою "Пчелы", правил: "... благополучно прибыв в город Тегеран, имел торжественную аудиенцию у его величества. Первый секретарь г. Мальцов и второй секретарь г. Аделунг в равной мере удостоились... "

2

Мальцов стоял посередине комнаты и старался не смотреть на свои широкие штаны. Комната, хоть и в шахском дворце, была довольно бедная; малая, но чистая.

Зилли—султан, толстый, бронзовый, разводил руками и, не глядя в глаза, низко склонялся перед сарбазским мундиром. Горесть его была большая, и он был действительно растерян.

— Mon dieu[91], — говорил он и подносил руку ко лбу, — mon dieu, я, как узнал, бросился усмирять, но меня изругали, стреляли в меня, — и шепотом,

[91] Боже мой (фр.).

сделав страшные глаза: — я боялся за его величество — дворец был в опасности, — я потерял голову, я бросился защищать дворец его величества. Это бунт, ваше превосходительство... Аллах!

Мальцов вовсе и не был превосходительством.

— Ваше высочество, я понимаю вас, — сказал Мальцов, — эти народные волнения... Будьте уверены, ваше высочество, что я ценю... Единственная просьба к вашему высочеству — отпустить меня немедля в Россию, чтобы я мог засвидетельствовать... Печальное недоразумение... Народное волнение...

Зилли—султан притих и, склонив несколько набок голову, наблюдал за человеком в широких штанах.

Потом он спохватился:

— Через три дня, ваше превосходительство. Через три дня. Вы понимаете сами: чернь... cette canaille[92]. Необходимо подождать три дня. Все, что вам угодно, найдете вы здесь. Эти ферраши будут охранять спокойствие вашего превосходительства...

И ушел. Ферраши стояли у дверей. Мальцов подождал и — высунул нос. Он оглядел их, улыбнулся, зазвал. Один понимал по-французски.

— Прошу вас, — сказал Мальцов, — вот тут на мелкие расходы...

Он вытащил перед самым их носом пакет с ассигнациями и всунул тому и другому по пачке. Взяли, конечно.

— Прошу вас, — сказал Мальцов, — вы понимаете? Мне нужно узнать. Мне нужно было бы узнать, что обо мне говорят. И каждый раз... — он прикоснулся пальцем к пакету.

3

Три дня с утра до вечера волочили Вазир—Мухтара с казаком, Сашкой, кошками и собаками по улицам Тейрани.

Он почернел, ссохся.

На четвертый день бросили его в выгребную яму, за городом.

Голову кебабчи бросил в канаву на третий день. Она ему надоела. Он брал ее к себе по ночам, чтобы никому не досталась, но нужно было носить пирожки, праздник прошел, и он бросил ее в канаву.

На четвертую ночь пришли тайком к развалинам люди. Их послал Манучехр—хан. Они вырыли большую яму в крепостном рву, перед развалинами, собрали в большую кучу мертвецов, свалили их и засыпали. Вазир—Мухтар же пребывал за городской оградой, в выгребной яме.

Три ночи по дорогам тянулись из Тегерана молчаливые караваны; убегали армянские купцы.

Так тянулись во все стороны слухи.

Появился в городе Тегеране доктор Макниль, довольно спокойный.

Скакал курьер от шаха к Аббасу—Мирзе.

Юный Борджис совершал обратное путешествие из Тегерана в Тебриз с письмом доктора Макниля полковнику Макдональду.

---

[92] Эти негодяи (фр.)

Ждала Грибоедова Нина и смотрела в глаза леди Макдональд, как смотрят девушки на старших подруг.

Она беспокоилась: не было писем. Она думала, что Александр забыл ее. Ей было очень скучно. Тошноты у нее прекратились.

4

Ферраш оказался толковым. В тот же день он сообщил Мальцеву, что принц Зилли—султан был у Мирзы—Масси и что Мирза—Масси посоветовал: оказать Мальцеву всевозможные почести, содержать его хорошо, ни в чем не отказывать, отправить его, по его желанию, в Россию и дорогою убить.

"Сделанное дело есть сделанное дело, свидетели же всегда излишни", — сказал Мирза—Масси.

И Мальцов дал феррашу пачку ассигнаций.

Содержали его хорошо. Ему приносили жирный плов, фрукты, конфеты, шербет. Он делал вид, что сыт до отвалу, — и в самом деле пишхедмет уносил пустые блюда. Как только закрывалась дверь за пишхедметом, принесшим обед, Мальцов пригоршнями брал плов и конфеты и, тихонько ступая, согнувшись, нес в темный угол. Там он складывал все под ковер; шербет же выливал в урыльник. Он голодал жестоко и все бегал в темный угол, все щупал руками жирные куски, но тотчас же прятал их, не прикоснувшись. Только два раза в день просил он ферраша принести ему воды похолоднее, никого не беспокоя, прямо из фонтана, ссылаясь на то, что привык к этой воде и она хорошо действует на его здоровье.

И на третий день утром в комнату к нему собрались все визири. С глубочайшим уважением, медленно кланялись они. Тут были старый дервиш, Алаяр—хан и другие. Толмач стоял, переводил. Другой толмач расположился скромно в углу, с чернилами и бумагой, и чинил перо. Мальцов, в халате, сидел. Он чувствовал боль под ложечкой, и его тошнило. Это была аудиенция, какой не бывало у Вазир—Мухтара.

— Аллах, аллах, — сказал дервиш, — вот падишах уплатил восьмой курур, и что же? Воля Аллаха!

— Аллах, — сказал Алаяр—хан, и Мальцов впервые услышал его голос, — вот что сделали муллы и народ тегеранский, народ непокорный и дикий.

— Mon dieu, — сказал Абуль—Гассан—хан, — ah, mon dieu! Какой позор для всего Ирана! Что скажет император! Падишах, видит бог, не хотел этого.

Они почти не смотрели на него, они сидели, покорные, тихие. Много их было.

Мальцов быстро подумал: вот оно!

Он вскочил с места, и все подняли на него головы, все смотрели и ждали.

Мальцов был бледен, в вдохновении.

Переводчик еле успевал переводить.

И чем далее он говорил, тем шире раскрывались глаза у сидящих, и глаза эти были удивленные.

— Нужно быть безумцем и преступником, — говорил Мальцов, все больше бледнея, — чтобы хоть на одно мгновение подумать, что его величество допустил бы это происшествие, если бы хоть минутою ранее знал о намерении черни. Увы, я происхожу из такой страны, которая довольно знает своевольство народное, и император русский, взошедший на престол при известных вам обстоятельствах, твердо надеюсь, поймет это. Я знаю, что дворец падишаха был в опасности. Я — единственный ныне русский свидетель того, как милостив был падишах к послу, какие беспримерные почести оказывал он ему. Но, — он перевел дух, остановился и горестно покачал головой... — Но — я буду говорить правду, — он вздохнул, — я знаю, кто виноват во всем, что случилось.

Алаяр—хан повел глазами. Мальцов и вида не подал.

— Виноват, к великому моему сожалению, — русский посол. Он, и только он.

Было тихо в комнате.

— Император в премудрости своей ошибся. Господин Грибоедов не оправдал доверия. Это я могу теперь говорить и буду говорить везде и всюду. Он презирал и ругался обычаям Ирана, священным обычаям его, он отнял двух жен у одного почтенного лица, он не остановился перед тем, чтобы отнять у самого падишаха, у его величества, слугу...

Он говорил, стиснув зубы, с выражением злобным. Он не притворялся. Он действительно ненавидел теперь Грибоедова. Эти штучки, это всеведение в очках, жесты небрежные! "Попрошу вас, Иван Сергеевич, исполнять то, что я предписываю!"

Вот он голодает второй день, вот его хотят убить. Поехал в Тегеран, даже не дав ему разинуть рта. Грибоедов существовал. Мальцов не видел его с кануна того дня, когда все началось. Он вовсе не был для Мальцева безголовым предметом, который теперь лежал в выгребной яме, в братской могиле с дохлыми собаками. Мальцов об этом не знал. Был Александр Сергеевич Грибоедов, который довел—таки до несчастья его, Мальцева.

— Я не буду таиться перед вами, — говорил Мальцов, — он заставлял меня насильно участвовать в черных делах своих, я принужден был защищать перед лицом духовного суда этого евнуха, но сам евнух... он говорил тайно Вазир—Мухтару, что ограбил казначейство. Я засвидетельствую перед лицом моего императора деяния его недостойного посла. Меня содержат здесь по-царски. Храбрый персиянский караул, спасший меня, защищал всех доблестно, и кто скажет, сколько этих храбрецов погибло? Войска были присланы, и кто может обвинить их в победе черни неистовой? Я уверен, что государь, которому я засвидетельствую почести, оказанные нам, вникнет в дело и сохранит дружбу с его величеством.

Молчали. Думали. Чуть слышно скрипел пером в углу тихий, невидимый толмач.

— Mon dieu, — сказал Абуль—Гассан—хан, — как счастливы мы, что здравомыслящий и благонамеренный человек сам был свидетелем печального происшествия и знает, кто истинно виноват. Но не откажетесь ли вы повторить то, что вы нам сказали, самому его величеству, который скорбит чрезмерно, чтоб снять с души его тяжесть?

Мальцов поклонился. Он вдруг ослабел, растаял.

Вечером принесли ему дымящийся плов. Первый раз за эти дни он поел. Он хватал крупные куски, почти не жуя, со сладострастием глотал, давился.

Ночью его затошнило, он испугался и всю ночь пролежал с открытыми глазами. Потом прошло. Просто он слишком долго голодал и объелся.

Вечером того дня был составлен фирман официальный шаха Аббасу—Мирзе в двух копиях: одна предназначалась для России.

Начинался фирман так: "Не знаем, как и описать превратности света. Аллах, аллах, какие случаются происшествия". Дальше следовал текст придворного толмача (и Ивана Сергеевича Мальцева) относительно Вазир—Мухтара.

Еще дальше писал Фетх—Али—шах рукою Абуль—Гассан—хана и мыслью дервиша:

"Наш посланник был тоже когда-то убит в Индии. И мы не хотели верить, чтобы это было сделано народом, без потворства властей, но когда убедились в добром расположении английского правительства, то узнали, что это произошло не намеренно, а случайно".

И в самом конце: "Все убитые с должною почестью преданы земле. Мы утешаем первого секретаря, виновников же не замедлим наказать".

В неофициальной же записке спрашивалось у Аббаса: отпустить или убить? или и отпустить и убить? заключать ли немедля союз с Турцией? И приказывалось: слать эмиссаров в Грузию поднимать восстание.

Вазир—Мухтар лежал смирно. Имя Вазир—Мухтара ползло по дорогам, скакало на чапарских лошадях, подвигалось к Тебризу, плескало восстанием у границ Грузии.

Вазир—Мухтар существовал.

5

Уже дополз он, дотащился до Тифлиса, уже билась в истерике княгиня Саломе и плакала тяжелыми бабьими слезами Прасковья Николаевна:

— Моя вина, моя вина, Ниночка бедная...

Елиза поднесла надушенный платок к карим грибоедовским глазам и вспомнила, как в молодости Александр был дерзок, настойчив и чуть не добился всего и как гневался папенька Алексей Федорович и велел ему носа к ним не казать.

Она не плакала, но заскучала, затосковала и написала бешеное письмо Ивану Федоровичу: "Радуйтесь, Jean, вот плоды вашей политики — не нужно прощать этих денег персиянам, говорили вы, не нужно того и другого. И вот плоды — Александр Грибоедов убит".

И Паскевич, внезапно ощетинясь, ударил кулаком по столу, когда получил известия — и письмо Елизы — и крикнул, хрипя и брызгаясь, Сакену, и полковнику Эспехо, и Абрамовичу:

— Взять пять батальонов, тыловых, вести в Персию. План турецкой кампании меняю. Корнет, зовите Карганова — в Грузии восстание. Взять батальон для усмирения. Пороть сволочей. Вздернуть по мулле в каждой деревне!

И только потом вспомнил, что это ведь Грибоедов, Александр Сергеевич убит, — как же так, и не воевал, штатский человек, а вот — убит.

— Англичане! — рявкнул он. — Позвать сотника Сухорукова! Аббасу написать, если не приедет сам, я пойду на Каджаров. И что шах англичанами подкуплен.

Уже горели деревни в округе Горийском и в округе Телавском и бунтовала Ганжа. И приняли на себя команду восстанием помещики князья Орбелиани, Тархановы, Челокаевы.

— Посол убит в Тегеране, Персия соединяется с Турцией, царевич Александр идет в Грузию!

Но был остров, которого не касался Вазир—Мухтар, который он обходил. Остров был в Тебризе, в доме Макдональда, в верхнем этаже, в комнате Нины.

6

Толстая Дареджана рассказывала ей по вечерам о том, как княгиня Саломе была молода — и князь, только увидав ее, в один вечер на ней женился. Она чесала Нине волосы, как в детстве, и мало говорила об Александре Сергеевиче. Письма становились реже. Может быть, он забыл о ней, может быть, дел было много. Леди Макдональд была с нею ровна, иногда разговоры ее были шаловливее, чем надо бы. Английские журналы были скучны. Местопребывание ее было по видимости в Тебризе, и настоящая жизнь в Тегеране. А писем не было.

Только однажды что-то замешалось в доме. Полковник не вышел к обеду, у леди были красные пятна на щеках, ей нездоровилось.

Потом полковник попросил ее спуститься к нему в кабинет. Нина взглянула в круглые, тусклые глаза Дареджаны и пошла.

Полковник Макдональд встретил ее на пороге и поклонился глубоко. Он усадил ее, и Нина вдруг заплакала. Потом она отерла слезы и улыбнулась полковнику. Макдональд сказал спокойно:

— Ваш супруг, миледи, нездоров. Он писал мне, что просит вас отправиться в Тифлис и ждать его там. Он рассчитывает прямо из Тегерана ехать в Тифлис и там с вами встретиться.

Помолчали.

— Покажите мне его письмо, — сказала тогда Нина и протянула руку.

Макдональд не глядел на нее.

— Простите, письмо было совершенно деловое, только приписка касалась вас, и я должен был приложить его к своему отношению в правление Ост—Индской компании.

Нина встала.

— Я не понимаю вас, вы отсылаете, полковник, письма, касающиеся женщины, в какую-то компанию.

Полковник развел руками.

— Пока я не получу письма от моего мужа, — сказала Нина, — я не уеду отсюда. Если я вас обременяю...

Снова поклонился ей глубоко полковник.

Придя к себе, Нина полежала с полчаса, Дареджана вязала чулок.

Нина написала письмо. Она несколько раз закрывала глаза, пока его писала. Письмо она послала с курьером в Тегеран.

Очень тихо стало в ее комнате с этого дня. Она более не выходила к обеду, обед подавали ей в комнату. Что-то происходило вокруг комнаты, кто-то по ночам не давал ей спать, садился рядом, говорил с нею. Дареджана молчала.

Через неделю Дареджана сказала ей, что какой-то купец из Тифлиса спрашивает позволения взойти к ней.

Незнакомый старый армянин подал ей письмо. Косой почерк матери был на конверте.

Она держала письмо в руках, как руку матери.

Княгиня Саломе просила ее приехать в Тифлис, Александр Сергеевич разрешает ей. Он писал в Тифлис, княгине Саломе.

Нина стояла перед незнакомым стариком и смотрела на него спокойно.

Александр Сергеевич писал полковнику Макдональду, писал княгине Саломе, распоряжался ею — и только ей ничего не писал. С нею он молчал, ее обходил.

Слезы у нее покатились, круглые, готовые, она их не утирала.

Вечером Дареджана стала укладываться.

— Сахар продавать? — спросила она Нину.

— Сахар?

— Три пуда сахару осталось.

— Пока я не получу письма от него, я никуда не поеду, — сказала Нина.

Дареджана не возражала и укладывалась. Сахар продали.

Тринадцатого февраля подали коляску с крыльца.

Нина, одетая, покорная, ждала уже.

Макдональды ее провожали, полковник поцеловал ей руку.

Она не сказала ни слова.

Дареджана хлопотала, возилась. Английские офицеры и конвой отдали Нине честь.

— Трогать? — спросили у нее.

Но она не ответила.

Александр Сергеевич был где-то близко, хитрил, таился, прятался от нее.

Нина Грибоедова с этого дня стала молчаливой.

В Тифлисе родился у нее мертвый ребенок.

7

В три недели Мальцов успел во многом.

Его приходили изучать каждодневно разные министры. И он так привык ругать Грибоедова, что редко уже опоминался, он уже не мог вспомнить отчетливо, с чего это началось.

Наконец пришел совет от Аббаса—Мирзы отпустить его. Шах дал ему прощальную аудиенцию. Полуторапудовая одежда висела в хазнэ, министры занимались своими делами в домах своих, кто пил шербет, кто писал отчеты и приказы. Мальцева обыскали в кешик—ханэ, два ферраша надели ему красные чулки. Манучехр—хан ввел его в небольшую комнату, и шах выслушал довольно терпеливо вторую речь Мальцева.

Она отличалась от первой некоторой поэтичностью стиля. Мальцов чувствовал себя свободнее. Он даже щегольнул. Шаха назвал опорою звезд, трон его — львом, на котором отдыхает солнце, Вазир—Мухтара — волом, который истоптал жатву дружбы. Фетх—Али даже изъявил сожаление, сказал, что грустно ему расставаться с Мальцевым, пусть Мальцов остается Вазир—Мухтаром при нем. Тут Мальцов тоже немного погрустил, но сообщил, что без его объяснений величественный племянник Фетх—Али—шаха, пожалуй, не поймет причин печального недоразумения, так что лучше уж будет ему, Мальцеву, отправиться туда. Племянник его послушает.

Титул Николая был "величественный дядя", но Мальцов заодно уж назвал его племянником.

Шах прислал к вечеру ему ужин из своего андеруна, и гулям—пишхедмет просил Мальцева от шахского имени не забыть особенно рассказать об этой милости своему правительству.

Наутро получил он подарки: две истрепанные шали и клячу, которая еле передвигала ноги, думая, что ведут ее к живодеру.

Представитель российского правительства уехал на этой кляче ходатайствовать об опоре звезд.

Отъехав, он вдруг подумал, что Паскевич, чего доброго, опять пошлет его в Персию, нарочно может послать, и решил тотчас же, как прибудет, писать двум теткам в Петербург, чтобы они хлопотали за него у Нессельрода.

Голова у него немного тряслась. На второй день, когда ничего с ним не приключилось дурного, он, размыслив, решил более не вступать в государственную службу, а основать в Петербурге какую—нибудь мануфактуру на наследственные деньги или заняться литературою.

"Сочинения Ивана Мальцева", — подумал он, приободрившись. Или: "Большая Мальцовская Мануфактура".

Но, поймав себя на этом успокоении, он сунулся в кибитку и решил, пока не доедет до Тифлиса, не предаваться свободным мыслям. О Грибоедове и докторе Аделунге он не хотел вспоминать, и это ему удавалось. В дорожной тряске Вазир—Мухтар становился сомнительным, как дурной сон. Это было очень давно, это был какой-то эпизод из древней истории, от которого он убегал.

8

А Вазир—Мухтар перегнал Мальцева. Он полз, тащился на арбах, на перекладных, по всем дорогам Российской империи.

А дороги были дурные, холодные, мерзлые, нищих было много, проходили по дорогам обтрепанные войска. А он не унывал, все ковылял, подпрыгивал на курьерских, перекладных, в почтовых колясках. Фигурировал в донесениях.

А Петербург и Москва были заняты своими делами и вовсе не ждали его.

А он все-таки вполз нежданным гостем в Петербург и в Москву. И там строго был распечен графом Нессельродом Вазир—Мухтар. И опять превратился в Грибоедова, в Александра Сергеевича, в Александра.

9

Отношение графа Нессельрода графу Паскевичу Љ 527. 16 марта 1829 года.

"Отношение в сиятельства государь император изволил читать с чувством живейшего прискорбия о бедственной участи, столь внезапно постигшей министра нашего в Персии и всю почти его свиту, соделавшихся жертвою неистовства тамошней черни.

При сем горестном событии е. в. отрадна была бы уверенность, что шах Персидский и наследник престола чужды гнусному умыслу и что сие происшествие должно приписать опрометчивым порывам усердия покойного Грибоедова, не соображавшего поведения своего с грубыми обычаями и понятиями черни тегеранской, а с другой стороны, известному фанатизму и необузданности сей самой, которая одна вынудила шаха и в 1826 году начать с нами войну.

Сопротивление мятежникам, сделанное персидским караулом, бывшим у министра Грибоедова, немалое число людей из сего караула и из войск, присланных от двора, погибших от народного возмущения, служат, по-видимому, достаточным доказательством, что двор персидский не питал никаких против нас враждебных замыслов.

Опасение, однако, мщения России может заставить оный приуготовиться к брани и внять коварным внушениям недоброжелателей Каджарской династии.

При настоящем положении дел нельзя не ограничиться приездом сюда Аббаса—Мирзы или другого из принцев крови с письмом к государю императору от шаха, в коем объяснена была бы невинность персидского правительства в гибели нашей миссии.

Если бы от персиян, при получении в. с. сего отношения — моего, не был еще сделан решительный шаг касательно отправления сюда кого—либо из принцев крови, то е. и. в. угодно, чтобы вы отозвались к Аббасу—Мирзе, что высочайшему двору известно, сколь далеко персидское правительство от малейшего участия в злодеянии, совершившемся в Тегеране, г. и. соизволяет удовольствоваться токмо приездом сюда Аббаса—Мирзы или принца крови, дабы в глазах Европы и всей России оправдать персидский двор.

Коль скоро кто-либо из сих особ прибудет к вам, то е. в. благоугодно, дабы поспешнее был отправлен в СПб. самым приличным образом; между тем вы пришлите сюда расторопнейшего курьера с предварительным о том уведомлением и с ним же известите губернаторов по всему тракту о приуготовлении нужного числа лошадей для посольства.

Отсрочку платежа 9 и 10—го куруров г. и. совершенно предоставляет благоразумию вашему".

Частное же письмо графа Нессельрода графу Паскевичу было отправлено и ему и русскому послу в Лондоне князю Ливену, в копии. Паскевич извещался о гневе императора. "Каково бы ни было справедливое и высокое уважение императора к генералу, государь порицает его последние поступки, письмо к его высочеству Аббасу—Мирзе, содержащее инсинуации. Какими глазами посмотрит на эти письма господин Макдональд, который столь дружественно и честно к нам расположен, что без английского паспорта велел даже не выпускать ни одного русского из Тебриза, — дабы оградить их, конечно? Не сообщит ли он эти документы своему правительству, что, несомненно, возбудит ревность и подозрительность лондонского кабинета?"

Генерал Паскевич должен был передать все персидские дела князю Долгорукову. Князь Кудашев посылался в Тебриз для переговоров с Аббасом. Пока же Паскевич должен был удовлетвориться присылкою извинения — буде принц крови не приедет, достаточно и какого—либо вельможи, все равно какой крови. Кровь не важна. Покойный министр Грибоедов сам был во всем виноват, согласно ноте его величества Фетх—Али—шаха Каджарского. Династия Каджаров есть законная династия, и генерал Паскевич должен ее уважать. Мерами по подавлению возмущения в Грузии император оставался, впрочем, доволен.

Там получили строгий выговор генерал Паскевич и полномочный министр Грибоедов. Карьера Вазир—Мухтара была испорчена. Собственно говоря, если бы он был жив, это было бы равносильно отставке.

10

— Рябит, — сказал Фаддей, задрожав, — рябит чего-то, Леночка, в глазах — прочти—ка. Я очки не знаю куда дел.

Леночка взяла листок, прочла, задохнулась.

— O Gott, du barmherzlicher! Alexander ist tot![93]

Она покраснела, взглянула на Фаддея грозно и не узнавая его и всхлипнула.

— Очки вот, — лепетал Фаддей, — забыл и не вижу.

Он повозился, покружился по комнате, нашел очки и еще раз прочел.

Перед ним лежала корректура его романа и официальная бумага о смерти А. С. Грибоедова — для напечатания в "Северной пчеле".

— И вот не понимаю, милый друг Леночка, как это так, без предупреждения... Как это возможно так делать?

Но Леночка ушла.

Тогда он смирился, сел за стол, вспотел сразу и нахлюпился, стал жалок.

Посмотрел на корректуру своего романа, который собирался отправить Грибоедову для критики, — и сдался — так, как когда-то сдавался русскому офицеру.

---

[93] Милосердный боже! Александр умер! (нем.)

— Ах ты, боже мой. И почитать некому — роман выходит, — и вдруг ему стало жалко себя. Он поплакал над собой.

— Родился-то когда? Когда родился? — захлопотал он. — Батюшки! — хлопнул он себя по лысине. — Писать-то как? Не помню! Убей меня, не помню. Лет-то сколько? Ай—ай! Тридцать девять, — решил он вдруг. — Помню. Нет, не помню. И не тридцать девять, а тридцать... тридцать четыре. Как так? — И он испугался.

— Траур, — вскочил он, — траур надеть. На весь дом траур налагаю. На всю Россию надеть, — и струсил, спутался, опять сел за стол.

— Сообщить... Гречу.

Но уже звонок раздался в парадной.

Входили к нему Греч, Петя Каратыгин, важные. Фаддей обиделся, что они раньше узнали.

Но когда увидел важное лицо Пети и горький рот Греча, — он встал, и слезы обильно полились безо всякого предупреждения по его лицу.

Потом сразу прекратились, и он очень быстро стал говорить:

— Вот, четырнадцатое марта. Вот годовщина-то. Ровно год назад привез трактат Туркменчайский, и вот — четырнадцатого марта — известие. Того же самого числа. Врагов торжество не страшно—с, — говорил он о каких-то врагах, чуть ли не о своих собственных. — Есть люди, которые живут по правилу:

Гори все в огне,
Будь лишь тепло мне!

— Мне доверял он все, друг единственный, — ударил он себя в грудь. — Гений единственный скончался! И нет более!

И, уловив почтительные взгляды, Фаддей вдруг перевел дух. Единственный друг единственного гения, которого нет более! Это он! Он стал деловит, еще раз шмыгнул платком по глазам и потащил всех к выходу. Он не знал еще ясно, что нужно предпринять — хлопотать в цензуре о "Горе", хлопотать о каких—нибудь еще других делах, сообщать.

Он вдруг оставил Петю и Греча в передней, побежал в кабинет, выдвинул ящик в столе, достал рукопись, побежал к Пете и Гречу и сунул им под нос, забарабанил пальцем.

— "Горе мое поручаю Булгарину. Верный друг Грибоедов. 5 июля 1828 г. ". Знал ли я, знал ли он! Когда писал, обнял я его, говорю: ты мне твое горе даришь, а у меня своего много.

И опять побежал в кабинет, запер "Горе" на ключ.

На улице он быстро отстал от Пети и Греча, встречал, останавливал, говорил, что бежит печатать некролог, и бежал дальше. Но почти все знали уже и только кивали сочувственно. Тогда он взял извозчика, поехал к Кате, потом подумал, что неприлично, и прихрабрился: "Как так неприлично! Александр Сергеевич скончался". Он не боялся уже произносить его имени, как вначале. Катя его приняла не сразу:

— Барыня одеваются к репетиции.

Фаддей услышал смех и подумал с облегчением: не знает.

Катя вошла в костюме Армиды.

Когда она узнала, она побледнела, перекрестилась набожно:

— Царство небесное, — и не заплакала.

Посидела, сложа руки, потом вздохнула всею грудью:

— На репетицию нужно. Эх, сегодня гадко танцевать буду.

А не заплакала потому, что была в костюме Армиды.

Очутившись на улице, Фаддей почувствовал себя сиротливо. Сочувствовали и даже очень, но какое-то равнодушие было, равнодушие общее. Удивления не было. Он поплелся в "Пчелу". Там он сидел важный, надутый и удерживался от обычных шуток. Принял двух литераторов, просмотрел хронику. Несколько успокоился. Сиротство исчезало мало—помалу. Роман выходит в свет в мае, газета какую роль, чисто европейскую играет. Да, можно будет жить и так, и без... Но все-таки... Тут же он забеспокоился. Александр Сергеевич был теперь далеко, может, он и видит, и слышит, и всякую мысль примечает без труда. Бог, может быть, ему все скажет. Он похитрил:

— Не смогу жить без друга единственного. Упокой, господи, душу гениального Александра Сергеевича.

Вечером он заскучал, домой не поехал, а зашел в портерную. Там его знали, и половой низко поклонился. Увидя старого отставного офицера—пьяницу, которого разок описал уже в очерке как ветерана двенадцатого года, пригласил к столу и угостил портером. Он стал ему рассказывать о Грибоедове.

— А вот был случай у нас в полку, — ответил старый офицер, — служил в прапорах некто... Свенцицкий. Вот он поехал раз — дай, думает, погуляю... И назавтра что же? Нашли без головы.

Фаддей отер фуляром лоб.

— Не было, — сказал он и вдруг побагровел, — не было этого... Свенцицкого. Врете вы все.

И смахнул бутылки со стола.

11

А Вазир—Мухтар после выговора притих, стал неслышен.

Были усмирены беспорядки в Телавском и Горийском округе и в Ганже.

Мелькало еще имя его в нотах, отнесениях и секретных депешах из Петербурга в Тебриз и обратно. И мало—помалу

Вазир—Мухтар обратился в цифры. Потому что все имеет свою цену, и есть также цена крови.

Паскевич потребовал, по совету Елизы, чтобы уплатил за него Петербург: Настасье Федоровне 30 000 — единовременно, потому что по закону наследницей Вазир—Мухтара она не являлась, а выплатить можно было якобы за часть разграбленного в Тегеране добра, и Нине по 1000 червонцев в год пенсиону как шестую часть жалованья покойного мужа.

Нессельрод поехал к министру финансов Канкрину, побеседовали и решили, чтоб было и великодушно и не столь дорого. Обеим, и матери и вдове, отпускалось по 30 000 единовременно, и обеим пенсион, но уже не червонцами, а по 5000 ассигнациями. Старухе оставалось жить недолго, получалась экономия.

И еще один вопрос о Вазир—Мухтаре неожиданно выплыл, вопрос товарный.

Князь Кудашев, уже прибывший в город Тебриз и прямо подчиненный Нессельроду, прислал Паскевичу донесение.

"Английский министр Макдональд объявил мне, что вещи, покойному министру Грибоедову принадлежавшие, состоящие в вине и провизии, находятся в Тебризе: то и приказал мне спросить у господина Главнокомандующего, нужно ли оные доставить в Тифлис, продать ли в Тебризе или оставить до прибытия российской миссии".

Паскевич, умышленно, в отместку, написал сбоку: "Сказать об этом Родофиникину. Паскевич", и отправил в Петербург.

В Петербурге Родофиникин усмехнулся хитро на Паскевичеву надписку и надписал с другого боку: "Продать. Родофиникин".

Пока прибыла родофиникинская надпись в Тебриз, половина провизии погибла безвозвратно, испортилась. А сахар еще и того раньше продала Дареджана.

В Персии тоже занимались Вазир—Мухтаром. Посовещавшись, решили в Тегеране (а Тебриз подтвердил) послать в Петербург Хозрева—Мирзу. Он был молод, притом недурен собою и вовсе не глуп. Если бы его убили в России — решили в Тегеране (а Тебриз подтвердил), — было бы жалко, очень жалко, но государство персиянское и династия Каджаров не пострадали бы от этого: принц был смешанной крови, "чанка". В случае, если не убьют, — извиниться и хлопотать о курурах.

В свите Хозрева были: хаким—баши — лекарь, Фазиль—хан — поэт, мирзы и беки, назырь, или дядька, пишхедметы — камер—лакеи, три туфендара, или оруженосцы, секретный ферраш (постельный), абдар (водочерпий), кафечи (кофейный), шербетдар (шербетчик) и сундуктар (казначей). У последнего и хранился выкуп — за Вазир—Мухтара.

Вынут был из хазнэ Фетх—Али—шаха драгоценный бриллиант, по имени Надир—Шах, а сундуктар вез его в подарок императору.

Тотчас Паскевич отдал приказ — никаких особых встреч в Тифлисе не оказывать, кормить обыкновенно, парадов не устраивать и содержать вежливо, но строго.

12

Посидев недельку у Паскевича, Хозрев сильно заскучал и решил: убьют. В дороге ему тоже было несколько скучно. Но когда показалась Москва, у Хозрева, и у Фазиль—хана, и у всех, кто там еще был с ним, отлегло от сердца: их встречали по-царски.

Он пересел в карету, запряженную восьмериком, у городской заставы караул отдал честь, а московский обер—полицеймейстер верхом подскакал к его карете и вручил почетный рапорт. Потом с ординарцами поехал в голове процессии, за ним двадцать четыре жандарма с офицером вдоль тротуаров, чтоб народ не толпился, а за жандармами частные пристава с квартальными надзирателями, рота гренадер с музыкой, двенадцать придворных берейторов и двенадцать придворных лошадей в попонах.

Когда Хозрев увидел лошадей, он успокоился. Он был хитер, неглуп, очень недурен собою. Дядькою к нему приставили графа Сухтелена.

Погода была хорошая, весна, и уже были какие-то воздушные течения, легкие веяния, и лица были кругом радостные, а граф Сухтелен — самым болтливым генералом. И принц понял: удача, не убьют. О, совсем напротив. И тотчас мысли его приняли совсем другое направление, легкое и счастливое.

Нессельрод жил в Петергофе. По дороге в Петербург Хозрев заехал туда. Вице—канцлер! Великий визирь! Но опять же погода была превосходная, лица почище были любопытные и радостные, погрязнее — равнодушные, и Хозрев вдруг послал сказать Нессельроду, что он первым к нему не пойдет. Пусть Нессельрод сам к нему явится.

Нессельрод отдыхал в это время.

Облеченный в цветной, крайне легкого сукна, домашний фрак, он внимательно прочел бумажку от графа Сухтелена и огорчился. Он послал сказать, чтобы Хозрев сам первый явился к нему, Нессельроду, а он, Нессельрод, не пойдет.

Хозрев тогда спросил у Сухтелена: а, собственно, на какой предмет идти ему к Нессельроду? Юноша становился резов, но был легок и мил. Тут Нессельрод подумал и сказал Сухтелену, чтобы Сухтелен внушил Хозреву, что целью визита может быть еще и просьба посла доложить о нем государю и получить указания, в каком порядке он должен представиться его величеству.

Сошлись на том, что все произойдет нечаянно. Хозрев поедет кататься мимо Нессельродова помещения, а в это время выедут камер-юнкеры и пригласят его выпить чашку чаю и перекусить чего—нибудь с дороги.

Хозрев поехал кататься, тут перед Нессельродовым помещением положили красные коврики, выехал камер-юнкер князь Волконский, попросил на чашку чаю, и Хозрев ступил на красные коврики.

Напрасно Нессельрод пригласил его.

Он действительно вздумал изъяснить порядок аудиенции.

И что же?

Получился неожиданный результат.

Нессельрод довольно четко прочел юноше высочайше опробованный церемониал аудиенции.

Юноша слушал.

Нессельрод уже заканчивал и торопился, чтоб его не морить:

— "Посол — то есть вы, ваше высочество, — объяснил Нессельрод юноше, — приступя, держимую им — то есть вами, ваше высочество, — шахову грамоту поднесет его величеству, которую, приняв, государь отдаст вице—канцлеру, — то есть мне, ваше высочество, — объяснил Нессельрод, — а сей — то есть я — положит на приуготовленный стол и потом ответствует послу высочайшим именем, и сей ответ прочтен будет послу — то есть вам, ваше высочество, — на персидском языке переводчиком".

— Не согласен, — вдруг сказал юноша.

Так уж его несло по течению: персидские мысли необыкновенно легко приняли совсем другое направление, нежели вначале, когда он гостил у Паскевича.

Нессельрод поднял брови и поправил очки.

— Я хочу, — сказал юноша, — чтобы сам император мне ответил.

Нессельрод крайне озаботился этими словами и понял, что нужно действовать тонко, издалека.

— Ваше высочество, — сказал он, — в вашей стране именно принят такой обычай, чтобы его величество шах лично, сам отвечал, а в нашей стране принято, напротив, чтобы его величество отвечал через вице—канцлера, то есть, собственно, через меня. Я в этом случае являюсь как бы собственными устами его величества, ваше высочество.

— Ну хорошо, — сказал юноша, — тогда пусть его величество, мой величественный дядя, скажет мне немножко, а остальное уже доскажете вы, ваше сиятельство.

Нессельрод почувствовал уступку.

— Но не все ли равно, ваше высочество, — сказал он, — в сущности говоря, кто скажет все и кто немножко?

— Нет, ваше сиятельство, — ответил разумно Хозрев, — потому что именно его величество шах желает услышать лично от его величества несколько слов о забвении недоразумений.

Нессельрод вздохнул. Весна была, легкая погода, юноша был красив и непонятлив. И он почувствовал, что никакого упорства нет у него и что пора идти к столу, белому, чистому, с фруктами.

— Хорошо, ваше высочество, — вдруг сказал он. — Согласен.

13

Двадцать один выстрел прогрохотал над Петербургом. Это салютовала эскадра.

И тотчас с Петропавловской крепости вернулись все двадцать один выстрел: салютовала Петропавловская крепость.

Персидский флаг развевался на берегах Невы.

Дивизион конной гвардии с обнаженными палашами, с штандартом, трубами и литаврами шел впереди.

Унтер—шталмейстер, два берейтора и двенадцать заводских дворцовых лошадей в богатом уборе шли цугом.

Ехала придворная карета, тоже цугом, и в ней сидел предводитель — граф Сухтелен.

Четыре дворцовые кареты, и в них — Фазиль—хан, мирзы и беки.

За ними скороходы с тростями, числом четыре, два камер—лакея и четырнадцать лакеев, по два в ряд, пешие. И покачивалась дворцовая золотая карета, окруженная камер—лакеями, камер—пажами и кавалерийскими офицерами.

В ней сидел Хозрев—Мирза.

Музыка радостно, утробно ворковала на солнце, и легко плясал в напряженном воздухе штандарт.

Были веяния теплого воздуха, были течения радости, женские лица, женские глаза сияли по тротуарам, белые женские платья клубились, как облака, над башмачками: дамы старались заглянуть, увидеть того, кто сидел в главной карете.

Уже проехали висячий мост, Новую Садовую, Невский проспект, въехали на просторную, умытую площадь.

И здесь остановились все кареты, и только две въехали внутрь императорского двора.

В одной сидел предводитель, граф Сухтелен, в другой — принц Хозрев—Мирза.

Батальон во дворе взял на караул, и музыка испуганно затрещала.

Его встретили у двери церемониймейстер, два камер-юнкера, два камергера и гофмейстер.

Они поднялись — и на верхней площадке поклонился им чисто выбритый, черный как смоль человек, обер—церемониймейстер. Он присоединился к ним.

Принц Хозрев—Мирза был введен в комнату ожидания.

Здесь обер—гофмаршал поклонился и попросил присесть на диван. Гвардейцы стояли у стен в каждой комнате, как лепные украшения.

Обер—церемониймейстер поклонился и попросил отведать десерту.

Два камер—лакея наклонились с подносом, и на подносе стояли: кофе, десерт и шербет.

Неделю бегали квартальные и искали татар—шиитов, и татары—шииты были наняты поварами, и они изготовили шербет.

Снова двинулись — через Белую галерею в Портретную залу.

И в Портретной зале все вдруг остановились.

Обер—камергер медленно отделился — и проследовал, не глядя по сторонам, в неизвестную комнату. И вернулся.

Он приглашал Хозрева—Мирзу вступить в Тронную залу.

Министр двора, вице—канцлер, генералитет и знаменитейшие особы обоего пола стояли на приличном расстоянии от возвышения.

Члены Государственного совета и Сената и весь главный штаб — на приличном расстоянии, по правую руку.

Перед последнею ступенькой стояла фамилия на приуготовленном месте.

На пороге Хозрев—Мирза поклонился.

Гибкая голова сама собой упала.

Он прошел с персиянами до середины комнаты, и персияне тут остались стоять как вкопанные, а Хозрев—Мирза двинулся далее.

И третий поклон.

На троне стоял величественный дядя.

Пять минут говорил Хозрев по-персидски речь.

И дамы смотрели на него, стараясь ноздрями впитать частицы гаремного воздуха.

Он подал ловко свернутую в трубку грамоту в белые руки.

Руки приняли ее, и одна рука, выгнувшись лодочкой, — отдала ее карлику. Известное лицо улыбнулось военной, бесполой улыбкой.

Карлик улыбался. Три минуты дребезжал тонкий, мелодический голосок — вице—канцлер читал высочайшую речь. Словно рыбка в аквариуме плеснула взад и вперед и остановилась.

Тогда величественный дядя спустился со ступенек. Он взял за тонкую желтоватую руку Хозрева—Мирзу и произнес:

— Я предаю вечному забвению злополучное тегеранское происшествие.

И так как было тихо, казалось: время осталось за стенами, здесь же вечно стоит генералитет и знаменитейшие особы обоего пола, разных цветов, вечно л тонко раздуваются женские ноздри, чтобы впитать частицы гаремного воздуха, навсегда застряли кучей посредине зала персияне, давно рос здесь, как дерево, стройный Хозрев.

Тогда вечное забвение окончательно и бесповоротно облекло тегеранское происшествие.

Вазир—Мухтар более не шевелился.

Он не существовал ни теперь, ни ранее.

Вечность.

Все двинулись в Мраморную залу, где ждало купечество, пущенное по билетам.

14

В комнате не было окон, а тяжелую дверь тотчас за ними заперли на ключ. Воздух был здесь плотный, потолки сводчатые, голоса глухие, и поэтому, хотя в комнате не было ни одного стула, она казалась набитой вещами.

Алмаз лежал на столе, на красной бархатной подушечке, его освещали две лампы.

Сеньковский взял лупу. Маленький старик в вицмундире приготовился записывать.

— Очень хорошо, — сказал Сеньковский, щурясь. — Написано хорошо, — сказал он старику. — Пишите. Каджар... Фетх—Али... Шах султан... Тысяча двести сорок два.

Старик писал.

— Написали? В скобках: тысяча восемьсот двадцать четыре. Это награвировали всего пять лет назад.

Старик осторожно, двумя пальцами, повернул алмаз набок.

— Не так, вниз головой, — сказал Сеньковский. — Надпись груба... да, она груба... Видите, как глубоко... Пишите: Бурхан... Низам... Шах Второй... Тысячный год.

Старик вслушивался, зачеркивал, писал.

— По-видимому, правитель индийский. Шестнадцатый век.

Сеньковский сам повернул камень.

— Пишите, — грубо сказал он, — сын... Джахангир—шаха... Тысяча пятьдесят первый год. Напишите в скобках: Великий Могол.

Старик торопливо скрипел голым пером, и перо остановилось.

— Великий Могол. Написали? Тысяча шестьсот сорок первый год после рождества Христова. Скобки.

Лампы грели бархатную подушечку, в комнате было ни темно, ни светло, как будто рассветало.

— Цена крови, — кивнул старику Сеньковский, и старик заморгал красными веками. — Его убил его сын, Авренг—Зеб, чтобы захватить, — и он ткнул пальцем в подушку. — И еще он убил своего брата, я не помню, как его звали, Авренг—Зеб.

Вдруг Сеньковский взял со стола длинными пальцами алмаз и посмотрел на свет. У старика задрожали губы.

— Не полагается.

Свет алмаза был белый, тени в гранях винного цвета, в самой глубине, у надписи Низам—шаха, коричневые. Сеньковский положил камень на стол. Он медленно поглаживал его пальцами. Лицо его смягчилось.

— Взвешивали? — спросил он об алмазе, как спрашивает врач о новорожденном ребенке.

— Еще не взвешивали. Будет больше двухсот пятидесяти, — старик развел руками, удивляясь.

— Четвертая надпись будет? — спросил Сеньковский строго.

Старик, пожимая плечами, открывал дверь.

Только на Невском проспекте, проехав мимо магазина Никольса, Сеньковский улыбнулся. Он смотрел неопределенно. Проспект, люди, вывески, деревья проходили мимо него.

15

Мужья мчались за отличьями, крестиками, ранами. Корабль плыл. Много извозчичьих карет быстро мчались по Невскому проспекту. Было легкое официальное головокружение. У женщин кружились головы. Очень много плясали в то время на балах, не понимая почему.

И объяснилось: это принц Хозрев—Мирза.

Обеды, обеды.

В Таврическом дворце жил Хозрев—Мирза. Была убрана мебель, навалены ковры, наставлены диваны, повешен большой портрет Аббаса—Мирзы. Его спешно писал академик Бегтров и успел написать как раз ко дню прибытия.

Балы.

Ему показали Академию художеств. Статуя консула Балбуса и бюст Николая работы Мартоса особливо понравились Хозреву—Мирзе. Колонны ему тоже понравились.

Минеральный кабинет Академии наук привлек его внимание. Над каждым металлом и минералом он подолгу простаивал, и глаза его разгорались. Ему подарили изображение в хрустальных трубках обращения крови в человеке. Принц был удивлен состоянием российской науки.

Гулянья.

В Монетном дворе Хозрев—Мирза устал и присел на пол. Потом спохватился и сказал, что так лучше можно видеть рубку и тиснение. Тут же, при нем, отчеканили медаль в его честь и подарили ему.

И Смольный институт.

Девы стояли с открытыми лицами, и принц задыхался. И одна из них, покраснев, дисциплинированно выступила и прочла восточное стихотворение, подражание Гафизу.

Хозрев—Мирза зорким персидским оком смотрел в ее открытое лицо, как европейцы смотрят на обнаженные ноги.

Они двинулись под начальством директрисы из комнаты, шурша.

И он, вздохнув, опомнившись уже, сказал:

— Непобедимый батальон.

Что было сейчас же записано.

Поэзия.

Он гулял во дворце под руку с мамзель Нелидовой очень долго.

Увидев затем госпожу Закревскую на балконе ее дачи, Хозрев—Мирза тотчас же пошел сделать ей визит.

И сделал.

У генералов на обеде Бенкендорф пил его здоровье, Левашов рассказал французский анекдот, Голенищев—Кутузов напился.

Потом Бенкендорф отвел его несколько в сторону.

— Ваше высочество, — сказал он со всею свободою светского человека и временщика, — у меня к вам просьба, и притом, может быть, не вовсе приличная. Брат мой, генерал, вашему высочеству, может быть, неизвестный, очень расположен к вашей великой стране. Я патриот, и скажу без утайки: было бы приятно, если бы ваше высочество отметили это расположение пожалованием Льва и Солнца.

Он улыбнулся так, как будто говорил о женских шалостях. Знаменитые ямочки воронкой заиграли на щеках. Хозрев—Мирза не удивлялся более.

Что-то переломилось, в климате Петербурга были изменения, не ясные ни для кого, Хозреву начинало казаться порою, что он победитель. Он становился снисходителен.

Лев и Солнце, подарки.

Ему простили девятый и десятый курур.

Дама Ольга Лихарева поднесла ему вышитую подушку.

Дама Елизавета Фауцен — сафьянный, шитый бисером портфель. Девицы Безюкины — экран из цветов. Живописцы Шульц и Кольман поднесли: первый — портрет императора, второй — четыре рисунка.

И издатель "Невского альманаха" прислал ему "Невский альманах". Даме Фауцен и живописцу Кольману Хозрев отослал обратно портфель и четыре рисунка. Не понравилось.

А Николай Иванович Греч представил ему свою грамматику, два тома. Он обращал в посвящении внимание высочества, что в некоторых местах сей книги высочество найдет доказательства одного происхождения и сходства русского языка и персидского.

Было сходство между языками.

Лакей провел графа Хвостова в апартаменты.

Графу Хвостову подали шербет.

Стояли рядом с Хозревом — придворный поэт Фазиль—хан, Мирза—Салех, лекарь и переводчик. Хозрев—Мирза сидел, поджав ноги, на ковре.

Граф Хвостов склонил небольшую голову перед иранским принцем.

— Вы поэт? — спросил его принц.

— Имею счастье, ваше высочество, — ответил поэт, — называться сим именем.

— Вы придворный поэт? — спросил снова принц.

— Имею счастье быть придворным по званию своему, но поэтом — по милости божьей.

— Bien[94], — сказал принц, — прошу вас.

Граф Хвостов прочел:

Не умолчит правдивое потомство
Высоких душ прямое благородство
И огласит, остепеня молву,
Что внук царей державного Востока,
Едва узрел седмьхолмную Москву,
Средь быстрого любви и чувств потока,
Искал в ней мать — печальную жену.
И лет числом и горем удрученну,
Он, оценя потерю драгоценну.
С роднившею тоски ее вину,
О сыне скорбь, рыданье разделяет
И слез поток, сострадя, отирает.

Переводчик, запинаясь и разводя руками, переводил, слегка вспотев.

— Ничего не понимаю, — сказал по-персидски Хозрев—Мирза, вежливо улыбаясь и восхищенно качая головою, Фазиль—хану, — этот старый дурак, по-видимому, думает, что я обнимался со старой матерью Вазир—Мухтара.

И сказал графу Хвостову все с той же улыбкой, по-французски:

— Граф, я говорил сейчас нашему князю поэтов Мелик—Уш—Шуара — и историографу, что в сравнении с вашими стихами стихи всех наших придворных поэтов — то же, что дым по сравнению с огнем.

Принесли билеты в театр.

Графа поили шербетом.

Омовения, шахматы, театр.

16

Театр.

Старики в позолоченных мундирах, завидующие легкости прыжков на сцене, обеспокоенные живыми стволами и ветвями, там мелькающими.

Юноши в зеленых мундирах и фраках, все до единого в мыслях уже обнимающие розовые стволы.

Женщины на сцене, с непонятным увлечением проделывающие служебные прыжки, полеты и биенья ног одна о другую.

"Что такое вальс? Это музыкальная поэма в сладостных формах — или, лучше, поэма, которая может принимать всевозможные формы. Вальс бывает живой или меланхолический, огненный или нежный, пастушеский или военный, его такт свободен и решителен и способен принимать всевозможные изменения, как калейдоскоп".

Вот он и был пастушеским и военным.

Ставился специально для Хозрева—Мирзы "Кавказский пленник, или Тень невесты, большой древний национально—пантомимный балет Дидло, музыка Кавоса".

---

94 Хорошо (фр.).

Прыжки и вальсы были вдохновлены стихами Пушкина. Но Дидло надоел Пушкину. Пушкина в зале не было. Он был на военном театре.

На сцене была Катя Телешова, и ее военный, ее пастушеский вальс имел в себе много древнего. Она не была тенью невесты, она была осязательна.

Кавказский же пленник только кружился вокруг нее, хватал изредка за талию, поддерживал и потом разводил руками.

Два камер-юнкера дышали в креслах так громко, что мешали бы друг другу слушать музыку Кавоса, если б ее слушали.

Но и вторая невеста, или кем она там была, но и хор грузинских национальных дев производили впечатление.

В средней, царской ложе сидел принц Хозрев—Мирза. Он смотрел на Катю и на вторую невесту.

Фаддей и Леночка сидели в рядах.

Фаддей долго, перед тем как отправиться на спектакль, негодовал.

— Что я за переметная сума, — говорил он, — что я за флюгер такой, чтобы именно пойти на этот спектакль? Я больше крови видал, чем иной щелкопер чернил. Нет—с, дорогие экс—приятели, идите уж сами, — говорил он и одевался перед зеркалом.

Чуть не задавив себя галстуком, надутый, злобный, ухватил он Леночку за руку и потащил в театр. Но услышал за собою: "Это Булгарин" — и несколько повеселел.

В креслах он толкнул в бок экс—приятеля, что сидел рядом, и шепнул:

— Баба какая! Ай—ай. И как пишет хорошо!

Экс—приятель скосил глаз:

— Пишет? Кто? Телешова?

— А что ты думал? Девка преумная, она такие епистолы писала... Она Истомину забьет.

— Кого—с? — спросил экс—приятель.

— Кавос-то, Кавос, — ответил Фаддей, — да и Дидло постарался.

На них зашикали, и Фаддей, помолодев, обернувшись, вгляделся в ложу, в Хозрева (ранее избегал). И почувствовал вдруг легкое, слегка грустное умиление: ведь это принц крови, ведь принца крови прощали, музыка, и Катя, и вообще Россия прощали — вот этого самого принца. Некоторое довольство охватило его: вот согрешил принц, а его простили.

И он подумал, что в "Пчеле" следует описать эту пантомиму именно как национальное прощение древнего принца.

Наступил антракт. Хозрев—Мирза вышел в залу покурить кальян, попить шербет, поесть мороженого с графом Сухтеленом.

Тут Петя Каратыгин нечто надумал. Петя Каратыгин был как вальс, который может принимать разнообразные формы.

Он занимался теперь и живописью.

Актер, театральный писатель и живописец.

Вот, когда антракт кончился, Петя, стоя в местах за креслами, начал постреливать в Хозрева—Мирзу взглядами. Постреливал и рисовал. Когда кончился второй антракт, Хозрев—Мирза был зарисован с некоторой точностью.

Сам же Хозрев этого и не знал. Он сидел как на иголках и съел для охлаждения в антрактах на большую сумму мороженого.

17

Дома Петя не пошел в спальную к жене. Рябая маленькая Дюрова хворала, и... близок был, верно, ее час.

Он сразу же засел за рамочку. У него была чудесная рамочка, а картинка в рамочке — дрянь. Вот он вынул картинку из рамочки.

С утра он и засел, и перерисовал карандашный портретик акварелью на кость, довольно порядочно. Вделал в рамочку, принес на репетицию.

Тут его встретил приятель его, Григорьев 2—й, Петр Иваныч, выжига и пьяница, но добрый малый.

— Что у тебя? — спросил он.

— Да ничего, портретик, — ответил Петя небрежно.

— А ну—ка покажи, — сказал Григорьев 2—й.

Взглянув на портретик, он долго смотрел на Петю, так что Пете даже стало неприятно.

— Ты мужик добрый, — сказал Григорьев 2—й, — а глуп, — и Петя удивился.

Тогда Григорьев 2—й сказал:

— Глуп. Потому что, если поднести, он за эту штуку червонцев десять прислать может. Они ж ни на волос художества не понимают.

— Нет, — сказал Петя, отчасти обидевшись, — не стоит, чего там.

— Ну, если ты сам не хочешь, — сказал Григорьев 2—й, — так я, так и быть, пособлю. Я подам Сухтелену в театре, а он его и покажет принцу.

Он взял у Пети из рук портретик, так что тот даже испугался несколько, как бы не присвоил Григорьев 2—й портрета. Но Григорьев хоть и был выжига, но добрый малый. Он так и устроил. Подошел к Сухтелену, когда тот пил шербет, и вручил портретик. Тут же Сухтелен отдал принцу, и все персияне стали изумляться. Григорьев 2—й сразу же побежал за кулисы.

— Ну, — сказал он, — сделано дело. Только, чур, уговор дороже денег: как пришлет тебе принц червонцы, половина тебе за работу, половина мне за хлопоты.

Петя пожалел, что сам не отдал. Заметив это, Григорьев 2—й его приободрил:

— Тут ведь, голова, работа ни при чем. Если б работа у тебя осталась, так что бы ты с нею стал делать? На стенку бы разве повесил. Да и работа, знаешь, не говоря худого слова...

Петя из гордости, чтоб не ронять себя, не возразил.

Два дня прошли, и Григорьев 2—й пришел к Пете:

— Ну что, брат, ничего еще не прислали?

— Нет, — ответил неохотно Петя.

Григорьев 2—й озаботился:

— Работа, главное, не годится. Сухтелен слово скажет и все напортит...

Регулярно, как служащий, стал приходить после этого Григорьев 2—й каждые два дня.

— Ну что? Все еще нет?

— Ннет...

— Да ты получил, наверное, брат, ты все шутки шутишь. Не поверил бы с твоей стороны.

— Честное слово, — говорил Петя.

— Работа плохая, — убивался Григорьев, — так и не пришлют ничего.

И Петя обижался.

Но работа была вовсе не такая плохая.

Дело в том, что принц Хозрев—Мирза заболел.

Заболел он не опасно, болезнь его считалась даже смешной между молодежью.

Не все женщины были светские. Были еще девицы Безкжины, девица Фауцен и другие.

Его на следующий день после "Кавказского пленника" посетил вице—канцлер Нессельрод, сидел очень долго, и к концу визита принц почувствовал жжение.

Пятьдесят пиявок в продолжение трех дней, Меркурий, шпанская мушка и другие лекарства не принесли ему облегчения.

Тогда стал его лечить лейб—медик Арендт, опытный в этом деле врач, — и в неделю исчезло все, как рукой сняло.

Как только это совершилось, — принц послал подарок в дирекцию театра на Петино имя.

Григорьев об этом пронюхал и тотчас побежал к Пете.

Он имел вид не столько радостный, сколько смущенный, и щипал волоски на большой бородавке, которая была у него на подбородке.

— Пришел подарок-то, — сказал он Пете.

— Ну?

— Вот тебе и ну. Табакерка.

— Золотая? — спросил Петя живо.

— Ну и что ж, что золотая? — ответил злобно Григорьев 2—й. — А делиться-то как? Кому дно, кому крышка? Продать ее нужно.

Тут Петя приосанился.

— Нет, — сказал он, — не хотелось бы. Я сберегу ее на память.

— А уговор? — окрысился Григорьев 2—й.

— Мы пойдем к золотых дел мастеру, — благородно, но твердо сказал Петя, — он оценит ее, и я тебе половину выплачу.

Тотчас и пошли в театр, получили табакерку и отправились в Большую Морскую.

— Сюда? — спросил небрежно Петя и указал на знакомую ювелирную лавку.

— АН нет, не сюда, — ответил с торжеством Григорьев 2—й, — этот мастер тебе, брат, десять рублей скажет за табакерку. Ты с ним, брат, знаком.

Петя несколько огорчился.

— Куда хочешь в таком случае веди. Слагаю с себя всякую ответственность.

Немец—мастер взвесил табакерку.

— Двести тридцать рублей ассигнациями, — сказал он равнодушно.

— Эк какой, — сказал Григорьев 2—й, — мы ж не продавать ее, понимаешь ли ты, несем, мы ее сами купить хотим. Давай уж настоящую цену.

— Двести тридцать, — сказал равнодушно немец.

— Ин все триста стоит, — сказал Григорьев 2—й, — видно, что ты, брат, нечестный мастер.

Во второй лавке русский мастер дал двести.

— Подкупил ты их, что ли, — говорил озабоченно Григорьев 2—й.

В третьей лавке еврей—мастер дал сто восемьдесят.

— Ты, брат, Христа за тридцать Серебреников продал, я тебя знаю, ты мошенник, — сказал ему Григорьев 2—й.

Четвертый и пятый дали по сто шестьдесят и сто семьдесят.

— Подкупил, — говорил Григорьев 2—й, — не ожидал, брат, подкупил. И когда успел?

Петя остановился.

— Вот что, — сказал он с достоинством, — я этот портрет делал более из любви к художеству и чувства патриотического. Зайдем в эту лавку, и полно тебе алтынничать. Что он скажет, тому и быть. Не желаешь — воля твоя. Я б и сам, собственно, мог поднести портрет.

Григорьев махнул рукой.

— Мог, да не поднес.

Мастер—немец посмотрел работу, взвесил аккуратно и дал сто шестьдесят.

— Разбой, — сказал Григорьев 2—й и побледнел, — ей—богу, разбой. Хлопотал, бегал, и нате, получай на здоровье

восемь гривен ассигнациями. Профарфорил я! Ты хоть сам. Петр Андреевич, надбавь. Чего там! Ведь если бы не я, ведь дрянь же портретик.

Петя побагровел.

— Извольте получить на будущей неделе свои восемьдесят рублей и прекратить немедля профанировать.

ГЛАВА ТРИНАДЦАТАЯ

1

Разве знает Хозрев, что российский успех не пойдет ему впрок, что он слишком вскружит ему голову и что через пять лет, во время борьбы за престол, ему выколют глаза и он проживет жизнь свою слепым?

И знают ли почетные караулы, расставленные у Тифлиса для отдания последних почестей телу Грибоедова, медленно движущемуся к Тифлису, знают ли они, кого они встречают?

2

Ночью были посланы люди к дому российского посольства, которое зияло дырами.

В руках у них были фонари и заступы.

Начальствовал ими Хосров—хан, шахский евнух.

Русское правительство требовало выдачи тела Вазир—Мухтара.

Хосров—хан велел копать ров. Вскоре обнаружились черные, полусгнившие тела и части тел. Их выбрасывали на поверхность рва, и они лежали рядом, похожие друг на друга, как будто под одним нумером изготовила их одна фабрика. Только у одних не хватало рук, у других ног, а были и вовсе безыменные, не имевшие названия предметы.

Хосров—хан знал, как приступить к этому делу. Он не полагался на себя: он слишком мало видел Вазир—Мухтара, чтобы узнать его. Поэтому он прихватил с собою несколько знакомых армян—купцов, которые утверждали, что узнают Вазир—Мухтара. Они часто видели его в Тифлисе.

Когда они говорили так, то воображали человека среднего роста, желтоватое лицо, синевыбритое, вытянутые вперед губы музыканта, глаза в очках.

Но когда Хосров—хан и купцы наклонились над не имевшими названия предметами, когда фонарь осветил их цвет и состояние, они отшатнулись и поняли: ничего не узнать.

Хосров—хан растерялся.

Он велел рыть дальше, перейти на улицу и вскопать канаву.

Предметы прибывали. В канаве нашли наконец руку не совсем обычную. Когда фонарь наклонился над нею, она ударила в него светящейся точкой. Хосров—хан вгляделся и увидел бриллиантовый перстень. Он велел отложить руку в сторону.

— Аветис Кузинян, — сказал он старому купцу, — узнай теперь, пожалуйста, Вазир—Мухтара.

Старый купец взял еще раз фонарь и снова обошел мертвецов. Вместе с ним ходили и другие купцы.

— Невозможно узнать, — сказал один из них наконец, и все остановились.

— Что же нам делать? — спросил Хосров—хан и сильно побледнел.

Аветис Кузинян все еще ходил с фонарем и всматривался. Потом он подошел к Хосров—хану. Он был старый купец из Тифлиса, знавший, что такое товар и как его продают.

— Тебе поручил шах отыскать Грибоеда? — спросил он евнуха по-армянски.

И в первый раз прозвучало имя: Грибоед.

— Так, значит, — продолжал старый Аветис Кузинян, — дело не в человеке, а дело в имени.

Хосров—хан еще не понимал.

— Не все ли равно, — сказал тогда старик, — не все ли равно, кто будет лежать здесь и кто там? Там должно лежать его имя, и ты возьми здесь то, что более всего подходит к этому имени. Этот однорукий, — он указал куда-то пальцем, — лучше всего сохранился, и его меньше всего били. Цвета его волос разобрать нельзя. Возьми его и прибавь руку с перстнем, и тогда у тебя получится Грибоед.

Однорукого взяли, руку приложили. Получился Грибоед.

Грибоеда положили в простой дощатый ящик. Его отвезли в армянскую церковь, там его отпели, и там он лежал неделю. Потом взяли тахтреван, наполнили два мешка соломой и установили ящик между двумя мешками, потому что нельзя вьючить ни лошадь, ни осла, ни вола только мертвым.

И тахтреван тронулся. Повез его старый Аветис Кузинян и несколько других армян.

Вазир—Мухтар был ныне другой: граф Симонич, старый, подслеповатый генерал на пенсионе, был извлечен из отставки и назначен Вазир—Мухтаром.

Грибоедов снился по ночам людям. Нине он снился таким, каким сидел с нею на окошке ахвердовского дома.

В шлиссельбургском каземате снился он другу молодости Вильгельму Кюхельбекеру, не знавшему о его смерти. Они ни о чем не говорили, и Грибоедов был весел.

Катя вдруг задумалась в Петербурге, найдя его записку.

Грибоед на арбе, между двумя мешками соломы, медленно и терпеливо ехал к Тифлису.

3

Волы величаво поднимались в гору. Позади, на высоком берегу, была крепость Гергеры, голая, как гора. Впереди — мост, похожий на флейту Пана, быстрая речка играла. Грибоед между двумя мешками приближался к мосту.

Верховой в картузе и черной бурке только что переехал мост. Он быстро спускался по отлогой дороге. Поравнявшись с тахтреваном, он кивнул на ходу проезжающим и быстро спросил по-русски:

— Откуда вы?

Аветис Кузинян покивал ему головой и ответил неохотно:

— Из Тегерана.

— Что везете? — спросил человек, уже проезжая, и взглядом путешественника посмотрел на мешки и ящик.

— Грибоеда, — кивнул ему равнодушно Аветис.

Лошадь быстро несла человека под гору и вдруг затанцевала, остановилась. Человек натянул поводья.

Он всматривался в тахтреван. Волы помахивали хвостами, и виден был передний мешок и двое армян, сидевших сзади.

Пушкин снял картуз.

Смерти не было. Был простой дощатый гроб, который он принял за ящик с плодами. Волы удалялись мерно и медленно.

Он поехал, удерживая коня.

Были ощутительны границы опаленной Грузии и свежей Армении. Становилось прохладнее.

Лиловые вымена впереди были холмами, дорога — пустой строкой черновика.

Река хрипела позади.

"Жизнь его была затемнена некоторыми облаками".

Тучи сгущались, круглые, осязаемые.

"Могучие обстоятельства. Оставил ли он записки?"

Дождь начал накрапывать, и вдалеке зарница осветила пунктиром зеленые пространства. Он обернулся. Волы были мухами внизу. Темнело. Дорога была дурная, и конь устал.

"Ему нечего более делать. Смерть его была мгновенна и прекрасна. Он сделал свое: оставил "Горе от ума"".

Конь брел, спотыкаясь. — Кляча, — сказал Пушкин, затянул ремни у бурки, надел башлык на картуз. Дождь лил... "Мгновенна и прекрасна... Поручим себя провидению. Бурка не промокнет. Гроб каков! Ящик".

Омраченные луга цвели. Плодородие вошло на Востоке в пословицу.

Показались груды камней, похожие на саклю.

Женщины в пестрых лохмотьях сидели на камне — плоской кровле подземной сакли. Мальчишка с детской шашкой в руке плясал на дожде.

— Чаю, — сказал Пушкин, спешился и укрылся под каменный навес.

Ему вынесли сыру и молока.

Пушкин бросил деньги. Дождь внезапно, как начался, так и кончился. Он поехал дальше и оглянулся.

Мальчишка топтался в луже; женщины смотрели ему вслед...

"Влияние роскоши и христианства могло бы их укротить, — подумал он, — самовар и Евангелие были бы важными средствами".

И вдруг вспомнил Грибоедова.

Тонкой рукой прикоснулся к нему Грибоедов и сказал:

— Я все знаю. Вы не знаете этих людей. Шах умрет, в дело пойдут ножи.

И посмотрел на него.

Он был добродушен. Он был озлоблен и добродушен.

Он знал, хоть и ошибся. Но если он знал... — зачем...

Зачем поехал он?

Но власть... но судьба... но обновление...

Холод прошел по его лицу.

"Мы нелюбопытны... Человек необыкновенный...

Может быть, Декарт, ничего не написавший? Или Наполеон без роты солдат?"

"Что везете?" — вспомнил он.

— "Грибоеда".

www.ingramcontent.com/pod-product-compliance
Lightning Source LLC
Chambersburg PA
CBHW011343090426
42739CB00017B/3460